Outdoor Kompass

Südnorwegen

THOMAS KETTLER
VERLAG

Impressum

Von-Hutten-Str. 15
D-22761 Hamburg
Tel: +49 (40) 39 10 99 10
Fax: +49 (40) 390 68 20
mail@thomas-kettler-verlag.de
www.thomas-kettler-verlag.de

3. aktualisierte Auflage Januar 2014
Satz: Thomas Kettler Verlag
Text: Lars Schneider
Fotos: Lars Schneider
Titelfoto: *Auf dem Besseggen-Grat,* Lars Schneider

Karten: Carola Hillmann
Gestaltung: Melanie Walter, Carola Hillmann
Überarbeitung: Johanna Gumz
Druck: Werbedruck GmbH Horst Schreckhase, Spangenberg

Die Deutsche Nationalbibliothek verzeichnet diese Publikation in der Deutschen Nationalbibliografie; detaillierte bibliografische Daten sind im Internet über http://dnb.d-nb.de abrufbar.

Sollten sich Fehler in dieses Buch eingeschlichen oder Gegebenheiten im Zusammenhang mit Touren geändert haben, bitten wir, sich mit uns in Verbindung zu setzen.
Ebenso sind wir an Tipps und Hinweisen zu anderen, im ganzen europäischen Raum liegenden, Outdoor-Touren interessiert.

Dieses Buch ist über den Buchhandel, Outdoor-Läden, das Internet oder direkt beim Verlag zu beziehen.

ISBN 978-3-934014-23-7

Outdoor Kompass

Wander-, Kanu-, Rad- und Wintertouren

Südnorwegen

THOMAS KETTLER
VERLAG

Reiseinfos von A-Z

Stadttelegramme

Sonstiges

Die Touren

Wanderungen

Kanutouren

Radtouren

Wintertouren

Kompakttouren

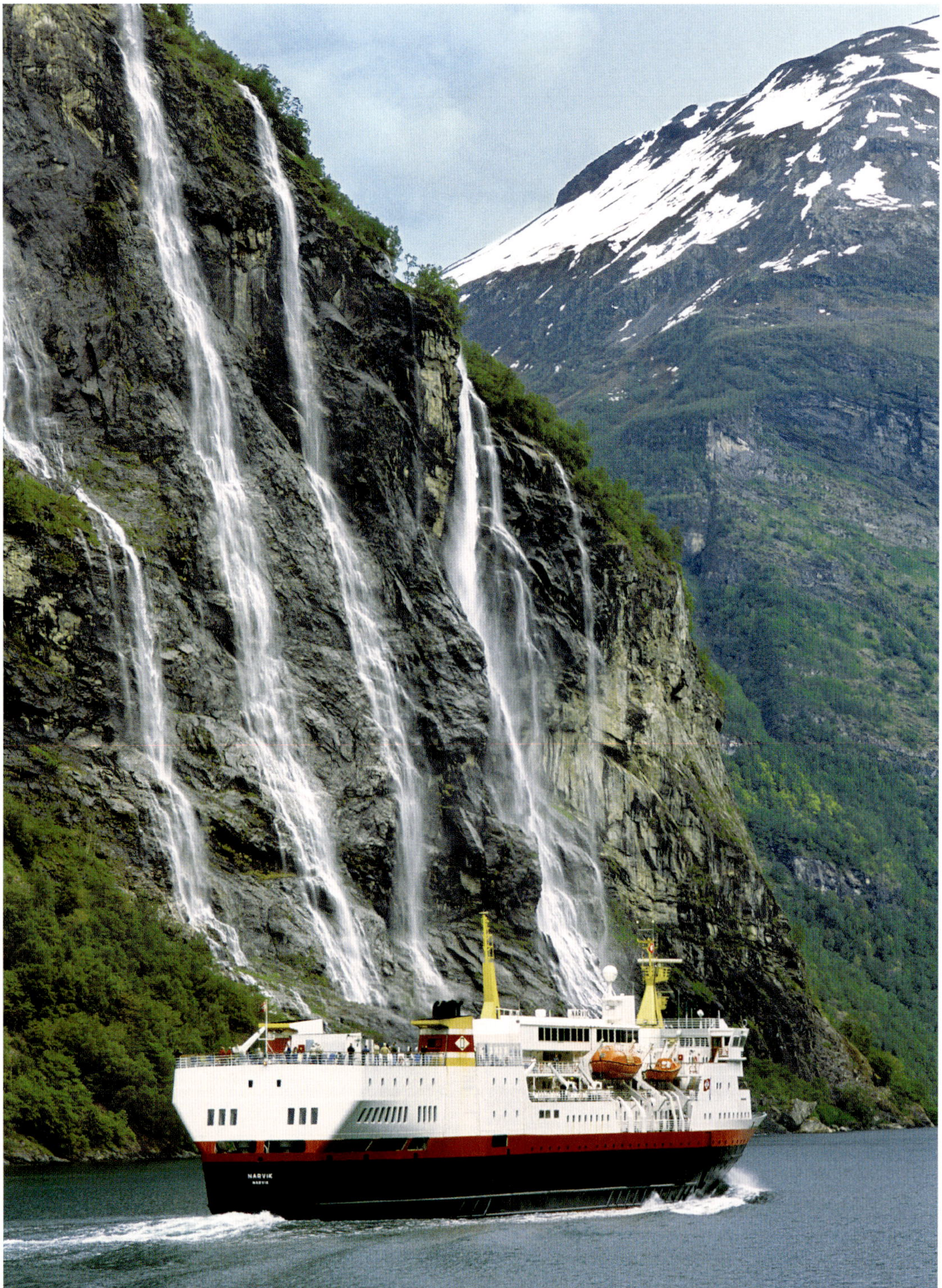

Hurtigruten-Schiff im Geirangerfjord.

Vorweg

Norwegen ist ein Traumziel. Anders kann man es kaum bezeichnen. Das Land bietet Menschen, die gern draußen unterwegs sind – ob zu Fuß und mit Rucksack, per Rad oder Kanu, im Frühling, Sommer, Herbst oder Winter – unendlich viele Möglichkeiten. Allein der Süden des Landes – Thema dieses Buches – der Bereich von Oslo über Kristiansand nach Stavanger im Süden bis hinauf nach Trondheim im Norden, ist so vielseitig, dass Sie Ihren Jahresurlaub in den nächsten drei Jahren (mindestens) dort verbringen könnten, ohne je zweimal das Gleiche zu machen.

Die Hochebene der Hardangervidda und das Jotunheimen-Gebirge, Rondane, Trollheimen und das Dovrefjell sind klassische Ziele für wunderschöne Trekkingtouren. Im Kajak können Sie die Küsten und Fjorde erkunden, Ihr Boot zu Wasser lassen, wo Sie gerade Lust dazu haben. Die Seen der Femundsmarka, wie Femund und Isteren, sind ebenso interessant wie der Telemarkkanal in der gleichnamigen Provinz. Radfahrer können die Schärenküste des Südens erkunden, von Bergen nach Åndalsnes durchs Fjordland radeln oder den Rallarvegen in der Hardangervidda unter die Reifen nehmen – nur drei von vielen möglichen und lohnenswerten Touren. Und wenn Sie lieber im Winter kommen und Norwegen kennenlernen wollen, wie es sanft von einer weißen Decke verhüllt ist, finden Sie in diesem Buch ebenfalls eine Menge Anregungen für Ihre nächste Tour – ob per Ski oder Schneeschuh, ganz wie Sie wollen.

Wenn Sie Ihre Liebe zu Norwegen erst einmal entdeckt haben – und das geschieht in der Regel schon auf der ersten Reise – dann werden Sie wiederkommen, ein zweites, vielleicht auch ein drittes oder viertes Mal – und in diesem Buch einen treuen Begleiter finden, der Ihnen immer wieder neue Anregungen und konkrete Planungstipps für Traumtouren in allen Ecken Südnorwegens geben wird.

Ich wünsche Ihnen viel Spaß beim Schmökern, Pläne schmieden und auf jeden Fall unterwegs in Norwegen.

Viel Spaß und god tur!
Lars Schneider

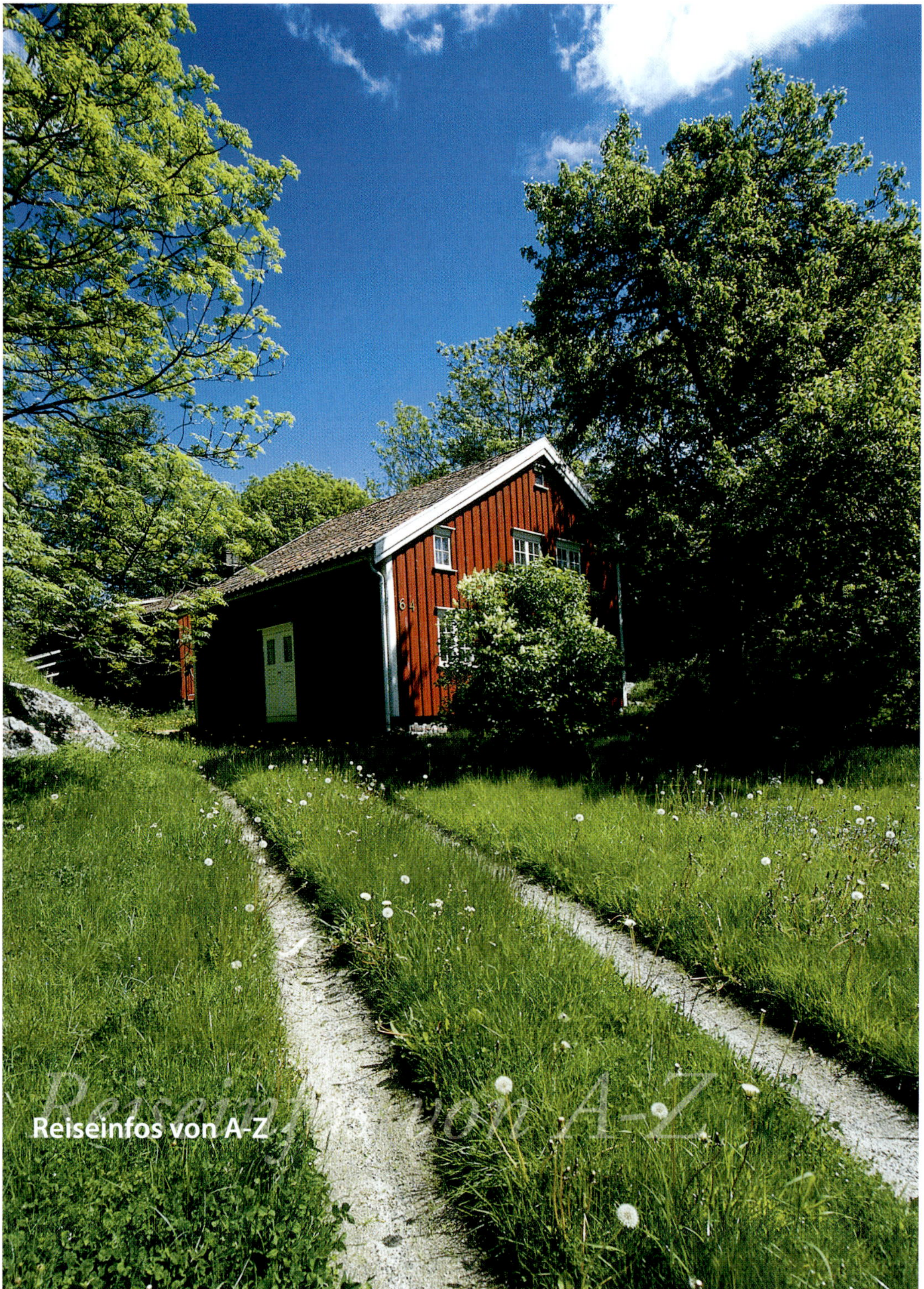

Reiseinfos von A-Z

Angeln

Für Angelfans gleicht Norwegen einem Paradies. Das Land ist bekannt für seine vielen fischreichen Seen und Flüsse, vor allem aber für seinen Wildlachs. Wer angeln will, muss einige Regeln befolgen: Angler über 16 Jahre, die auf Lachs aus sind, müssen zunächst eine staatliche Angelabgabe entrichten. Diese berechtigt sie, eine Angelkarte, die so genannte „Fiskekort", für ein bestimmtes Gebiet zu kaufen.
Abgesehen vom Lachs dürfen alle Süßwasserfische ohne zusätzliche Gebühren allein mit der Fiskekort (erhältlich in Supermärkten und Sportgeschäften, auf Campingplätzen oder an Tankstellen) geangelt werden. Was diese Karte kostet, ist von Region zu Region unterschiedlich. Im Meer kostet das Fischen nichts.

Literatur-Tipps: Outdoor Basixx ***„Angeln"****,* Conrad Stein Verlag, *9,90 €.*
Angel- / Meeresangelbücher Norwegen *im Müller Rüschlikon oder Franckh Kosmos Verlag.*

Anreise

Je nachdem welche Region in Südnorwegen man besuchen möchte, bieten sich verschiedene Möglichkeiten, das Ziel zu erreichen. Zunächst stellt sich die Frage, auf welche Art man anreisen möchte – mit dem eigenen Auto auf dem Landweg, per Bus, Bahn, Schiff (auch in Kombination mit dem Auto) oder Flugzeug. Alles ist machbar. Für die Einreise benötigen Sie einen **Personalausweis** oder **Reisepass**, der noch mindestens drei Monate gültig ist.

Auto

Seit der Eröffnung der Öresund Brücke ist es möglich, Norwegen (über Schweden) auf dem Landweg zu erreichen. Interessant ist das aber nur, wenn man sehr viel Zeit hat und vielleicht auch noch ein paar Touren in Schweden unternehmen möchte. Das Land bietet in dieser Hinsicht fast ebensoviel wie Norwegen. Für Fahrt muss man (bis Oslo) etwa zwei Tage Zeit einrechnen. Die Entfernung von Hamburg über Dänemark und Schweden nach Oslo beträgt ca. 950 km. Dazu kommt, dass die Kosten für Benzin, Übernachtung, Verpflegung sowie der Brückenmaut fast in Höhe eines Fährtickets von Norddänemark nach Norwegen liegen.

Brückenmaut Pkw bis 6 Meter:
Öresund Brücke: einfache Überfahrt 40 Euro (online) bzw. 47 Euro (bar vor Ort).
Storebaelt Brücke: Einzelfahrt 33 Euro
Schwedenkombi Storebaelt & Öresund Brücke: Einzelfahrt 65 Euro.

Infos: *www.storebaelt.dk/deutsch, www.oeresund-bruecke.de*

Tipp: Es gibt empfindliche Strafen in Norwegen, daher Höchstgeschwindigkeiten beachten: 80 km/h außerhalb geschlossener Ortschaften, Schnellstraßen meist 100 km/h. Abblendlicht einschalten. Autobahnen sind mautpflichtig.

Anreisekarte

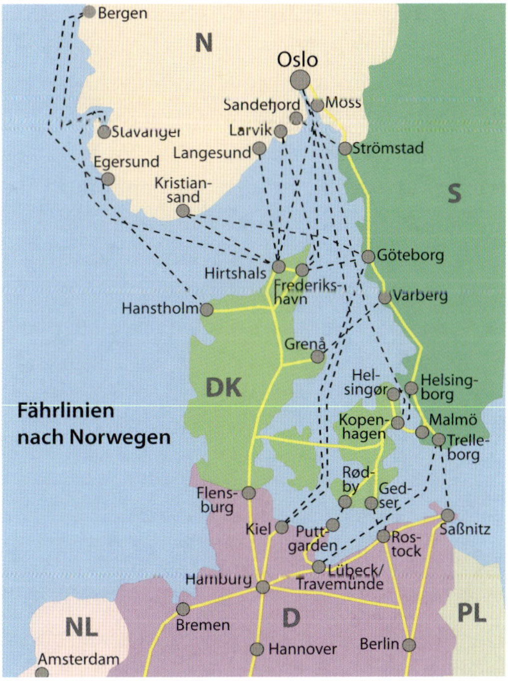

i

Bahn

Norwegen mit dem Zug zu erreichen, ist eine langwierige und teure Angelegenheit. Die Verbindung führt über Dänemark und Schweden nach Oslo. Von Hamburg nach Oslo benötigt man – je nach Wochentag und Uhrzeit – bis zu 22 Stunden. Am schnellsten und mit nur zweimaligem Umsteigen in Kopenhagen und Göteborg gelangen Sie in 14 Stunden ans Ziel. Hier eine verlässliche Fahrplan- und Preisauskunft zu geben, ist mit den verwirrenden Fahrplänen und Tarifen der Bahn und all ihren Sonderfällen fast unmöglich. Entweder Sie suchen sich im Internet unter www.bahn.de eine Verbindung heraus oder Sie gehen an einen Info-Schalter im Bahnhof oder ins Reisebüro. Dort kann man Ihnen den besten Preis nennen. Lässt man alle Sonderfälle und Rabatte außen vor, zahlt ein Erwachsener für die einfache Fahrt von Hamburg nach Oslo ca. 300 Euro. Über das kostenpflichtige Infotelefon der Bahn (Tel. (0180) 599 66 33) können Sie sich ebenfalls helfen lassen. Günstig fahren Sie mit den verschiedenen skandinavischen Rail-Pässen, vor allem, wenn Sie auch später in Norwegen noch Strecken mit der Bahn zurücklegen müssen. Infos hierzu im Reisebüro oder unter www.nsb.no

Empfehlenswerter als eine reine Anreise per Bahn sind Kombinationen aus Bahn und Fähre. So kann man beispielsweise mit dem Zug nach Kiel anreisen, wo man in die Fähre nach Oslo steigt (siehe unten: Anreise per Schiff) oder auf dem Schienenweg bis nach Hirtshals in Norddänemark fahren, wo der Zug direkt im Hafen hält. Hier fahren die Fähren nach Kristiansand und Oslo ab (Color Line).

Bus

Norwegen ist auch per Bus zu erreichen. ***Eurolines*** fährt von diversen deutschen Städten nach Oslo (z.B. *Hamburg - Oslo* ab ca. 70 Euro). Die Mitnahme von Fahrrädern ist leider nicht möglich, es sei denn, sie passen in einen Koffer oder Karton, mit den maximalen Abmessungen Länge + Breite + Höhe = 160 cm. Für die Linie *Hamburg - Oslo* gibt es zwei innerdeutsche Anschlussbusse. Einen, der von Mannheim über Heidelberg, Darmstadt, Frankfurt, Kassel, Göttingen und Hannover nach Hamburg fährt sowie einen zweiten, der von Köln, Düsseldorf, Dortmund, Bielefeld nach Hamburg kommt.

Infos: Deutsche Touring GmbH,
Tel. (069) 790 35 01, www.eurolines.de

Von Oslo erreicht man so gut wie jeden Ort in Norwegen mit dem hervorragenden Bussystem. Fahrplanauskünfte z.B. unter www.nor-way.no

App-Tipp: **Rutebok,** *gratis,* das mobile Reisebüro: Bus-, Bahn- & Fährverbindungen.

Flugzeug

Für alle, die nicht aus dem Norden kommen, ist das Flugzeug eine echte Alternative. Jede größere Stadt im Süden des Landes ist per Flugzeug erreichbar, teilweise direkt aus Deutschland mitunter mit einem Zwischenstopp in Kopenhagen oder Oslo.

Bedenken sollte man, dass man vor Ort nicht so flexibel ist und unter Umständen eine Menge Geld für den Transport im Land ausgeben muss. Auch kostet die Mitnahme von Fahrrädern oder Faltbooten im Flugzeug einen Aufpreis. Starre Kajaks oder Kanadier können auf Linienflügen nur mit Schwierigkeiten befördert werden, abgesehen vom Transportproblem im Lande.

Es fliegen unzählige Gesellschaften nach Norwegen, persönlich habe ich gute Erfahrungen mit Lufthansa, SAS oder Norwegian gemacht. Flugpreise holt man am besten im Internet ein, auf eine Angabe verzichte ich hier aus Gründen ständig wechselnder Angebote.

Ryanair fliegt nach Oslo-Torp oder Oslo-Rygge, rund eine Stunde außerhalb, dafür meist günstig. Von den Flughäfen verkehren Shuttle-Busse oder die Bahn nach Oslo.

Infos: *www.torp.no und www.en.ryg.no*

Schiff

Für mich der mit Abstand schönste Weg, nach Norwegen zu kommen. Und auch hier gibt es wieder eine Reihe von Varianten.
Die zwei Paradestrecken sind Kiel – Oslo und Hirtshals – Kristiansand.

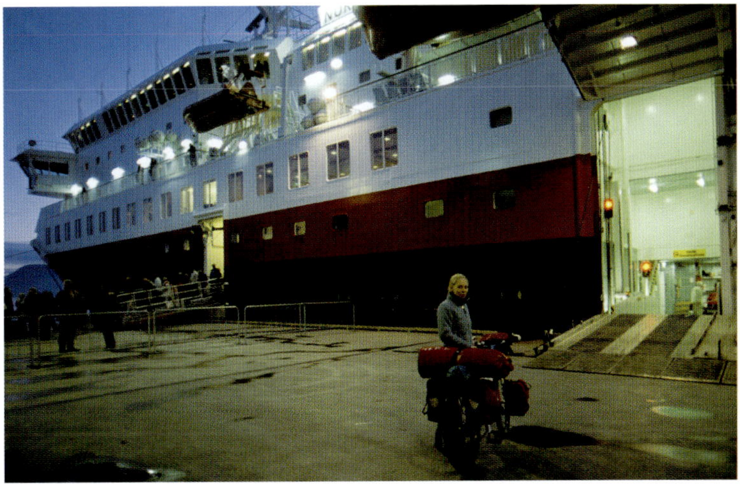

Im Hafen von Ålesund: per Rad auf die Hurtigrute.

Kiel - Oslo (Color Line)

Die komfortabelste Schiffsreise nach Norwegen. Um 14 Uhr legt die Fähre in Kiel (bzw. Oslo) ab und ist am nächsten Morgen um 10 Uhr in Oslo (bzw. Kiel). Auf dem Schiff gibt es u.a. eine Ladenpassage, einen großen Duty-Free-Laden, verschiedene Restaurants, Glücksspiel-Automaten und ein Kino. Außerdem ein Unterhaltungsprogramm am Abend. Auf dieser Route gibt es das ganze Jahr hindurch täglich eine Abfahrt.
Zur Auswahl stehen unterschiedliche Kabinenkategorien. Davon und vom Reisedatum abhängig sind die Kosten für das Fährticket. Einfache Überfahrt im Sparpaket für 2 Personen inkl. Kabine und Pkw ab ca. 279 Euro.

Hirtshals - Kristiansand (Color Line oder Fjord Line)

Wer den Süden des Südens kennen lernen will, z.B. auf der Radtour entlang der Südküste oder für Wanderungen und Paddeltouren rund um und auf dem Lysefjord, für den bietet sich diese Fährverbindung an, die Norwegen fast an seinem südlichsten Punkt erreicht. Zum Cap Lindesnes, dem südlichsten Zipfel (1.750 km Luftlinie vom Nordkap entfernt), sind es nur wenige Kilometer.
Die Strecke fahren das ganze Jahr über täglich zwei Schnellboote SuperSpeed von Color Line in 3 Stunden 15 Minuten. Die günstigste Fahrt kostet im Sparpaket für zwei Personen inkl. Pkw ab 85 Euro.
Von Mitte Mai bis Anfang September fährt der Katamaran Fjord Line Express von Fjord Line die Route in nur 2 Stunden 15 Minuten. Die günstigste Fahrt kostet im Sparpaket für zwei Personen inkl. Pkw ab 59 Euro.

Hirtshals - Larvik (Color Line)

Diese Route ist vor allem für jene geeignet, die sich nicht scheuen, im Auto bis nach Norddänemark zu fahren, und die durch die kürzere Fährverbindung gern etwas Geld sparen möchten, und nach Oslo oder weiter in den Norden reisen. Es fahren täglich zwei Schiffe, die Überfahrt dauert knapp 4 Stunden und kostet im Sparpaket für zwei Personen inkl. Pkw ab 90 Euro.

Hirtshals - Langesund (Fjord Line)

Eine neue Fährverbindung bietet Fjord Line direkt in die wunderschöne Telemark nach Langesund, ab April 2014 einmal täglich (davor 3 mal pro Woche): Sparpaket für eine Fahrt, Pkw bis 5 Meter inkl. eine Person ab 20 Euro.

i

Hirtshals - Stavanger - Bergen (Fjord Line)

Wer die Stadt Bergen an der Westküste auf dem Wasserweg – also ganz traditionell und der Seefahrernation Norwegen angemessen – erreichen will, kann dies mit einem Schiff der Fjord Line tun. Sie bedient die Route Hirtshals (Norddänemark) – Stavanger – Bergen ab April 2014 einmal täglich (davor 3 x Woche).
Die Reise dauert 10 Stunden nach Stavanger und 16 Stunden nach Bergen und ist ein echtes Erlebnis. Nicht nur, weil die Nordsee vor allem im Herbst und Winter oft ihre rauen Seiten zeigt und die Fähre ihre Passagiere ein wenig durchschütteln kann. Auch die Einfahrt in den Schärengarten vor Bergen ist wunderschön, egal bei welchem Wetter. Die sehr variablen Preise erfragt man am besten über den Preiskalender auf der Webseite.

Fredrikshavn - Oslo (Stena Line)

Verbindung von Frederikshavn in Norddänemark nach Oslo mit der schwedischen Fährgesellschaft Stena Line, die nur diese eine Verbindung nach Norwegen unterhält. Mindestens eine Abfahrt täglich pro Richtung. Die Fahrzeit beträgt tagsüber 8,5 Stunden, nachts 12 Stunden. Es gibt ein recht variables Preissystem mit drei Ticket-Varianten in den Tarifen Economy, Flexi und Premium. Genaue Preise am besten online prüfen.

Kopenhagen - Oslo (DFDS)
Kombi-Überfahrt (DFDS):
Puttgarden - Rødby, Kopenhagen - Oslo &
Rostock - Gedser, Kopenhagen - Oslo

Auf luxuriösen Fähren mit Kreuzfahrtflair und Unterhaltung entspannt in den Urlaub nach Norwegen. Preise für Pkw inkl. 2 Personen mit KabinebKopenhagen - Oslo ab 149 Euro, Rostock - Gedser, Kopenhagen - Oslo ab 278 Euro, Puttgarden - Rødby, Kopenhagen - Oslo ab 248 Euro.

Infos:
Fjord Line, *Tel. (03821) 709 72 10*
www.fjordline.de
Stena Line, *Tel. (01805) 91 66 66*
www.stenaline.de
Color Line, *Tel. (0431) 73 00 100*
www.colorline.de
DFDS Seaways, *Tel. (040) 389 03-71*
www.dfdsseaways.de

Ausrüstung

Norwegen stellt allein durch sein Klima und die geographische Lage nicht nur relativ hohe Ansprüche an die Kondition und Psyche der Wanderer, Paddler, Radler oder Winter-Tourengeher, sondern ebenso an die Ausrüstung. Deshalb sollte man auch nicht falsch oder mangelhaft vorbereitet in die Wildnis gehen. Ein Zelt aus dem Supermarkt beispielsweise ist für sichere Touren in Norwegen ungeeignet.
Es ist schwierig, eine universelle Lösung und Empfehlung für alle Touren in diesem Buch zu geben, deshalb hier einiges Grundsätzliches. Gegen Ende dieses Kapitels finden Sie zwei Abschnitte über spezielle Ausrüstung für Winter- und Kanutouren. Bei weiteren Fragen sollten Sie sich in kompetenten Ausrüstungsläden oder Fachliteratur informieren.

Literatur-Tipps: Outdoor Basixx ***„Ausrüstung I von Kopf bis Fuß“, „Trekking“, „Bergwandern“, „Radreisen“, „Trekking ultraleicht“, „Fahrradfahren ultraleicht“*** *alle* Conrad Stein Verlag.

Ausrüstungstests finden Sie in der Zeitschrift ***„outdoor“.*** *www.outdoor-magazin.com*

Bekleidung

Schutz vor Regen ist das Wichtigste. Auf einer einwöchigen Tour in der Hardangervidda kann es im schlimmsten Fall sieben Tage lang regnen. Darauf muss man vorbereitet sein. Eine gute Regenjacke und -hose aus einem Material wie Gore-Tex ist ein Muss. Insgesamt sollte man bei allen Bekleidungsschichten auf Baumwolle verzichten und stattdessen Kunstfasern oder Merinowolle wählen. Baumwoll-Unterwäsche oder Jeans trocknen, sind sie einmal nass geworden, nur sehr langsam. Auch Ratschläge zu Bundeswehrhosen und schwere Wollpullis, die man nach wie vor auch in angeblicher Fachliteratur findet, sollten Sie besser ignorieren.

Funktions-Unterwäsche sorgt dafür, dass der Schweiß von der Haut weg transportiert wird und man zum Beispiel in Pausen weniger schnell auskühlt. Eine festere Trekkinghose, aus einem Synthetik-Baumwollgemisch, die Wind abhält und den Saugrüsseln der Mücken etwas entgegensetzen kann, ist ebenfalls sinnvoll. Da sich Temperaturen und das Wetter in den Gebirgen Norwegens oft innerhalb weniger Stunden extrem wandeln können, ist die Anwendung des „Zwiebelprinzips" sehr sinnvoll. Gemeint ist damit, dass mehrere Bekleidungsschichten übereinander getragen werden und, wenn die Temperatur steigt, wieder abgelegt werden können.

Neben dem Schutz vor Regen ist ein ausreichender Windschutz ebenso unerlässlich. Die Regenjacke schützt meist auch vor Wind. Wer es lieber etwas flauschiger hat, kann an trockenen (aber stürmischen) Tagen einen winddichten Fleece einsetzen. Softshells, sowohl als Jacke als auch als Hose, eignen sich für Touren in rauerem Wetter mit viel Wind sehr gut. Egal zu welcher Jahreszeit Sie unterwegs sein werden: packen Sie immer ein Stirnband oder eine Mütze ein und haben Sie leichte Fleece-Handschuhe dabei.

Schuhwerk

Für jede Art von Tour gibt es mittlerweile unterschiedliche Schuhe bzw. Stiefel. Für eine klassische Trekkingtour gilt, dass auf feste Trek-

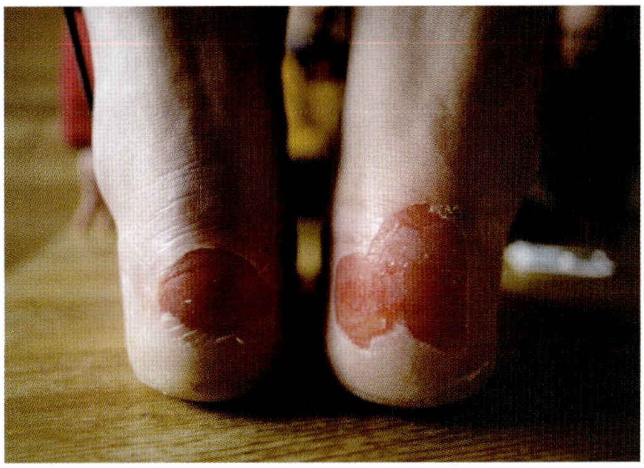

kingstiefel mit einem knöchelhohen Schaft nicht verzichtet werden darf. Turnschuhe oder leichte „Hikingschuhe" reichen normalerweise nicht aus. Wer damit auf eine größere Tour mit schwerem Gepäck geht, riskiert Verletzungen. Ob es nun reine Lederstiefel oder solche mit Gore-Tex-Membran sein sollen, muss jeder für sich entscheiden. Beide haben ihre Vorteile. Für Touren von Herbst bis in den Frühling/Frühsommer, die sowohl kalt als auch sehr nass ausfallen können, bevorzuge ich persönlich Gore-Tex-Stiefel. Socken sollten ebenso wie die Bekleidung aus Kunstfaser oder einem Gemisch aus Kunstfaser und Wolle bestehen.

Auch Gamaschen, die einen großen Teil der Stiefel abdecken, sind sinnvoll. Sie schützen nicht nur vor dem Durchweichen der Stiefel bei Regen, sondern auch vor Schlamm und Wassereintritt auf besonders sumpfigen Passsagen.

Zelt

Der wohl wichtigste Ausrüstungsgegenstand auf einer Tour ist ein absolut sturmfestes als auch regendichtes Zelt. Kompromisse sollten hier nicht eingegangen werden. Wenn es hart auf hart kommt, kann man im Zelt Zuflucht suchen und fast jedes Unwetter überstehen.

Zwei Zelttypen stehen (mit ihren jeweiligen Unterformen) zur Wahl: Tunnelzelte und freistehende Geodäten oder Kuppelzelte. Entscheidend für die Wahl sind das Gewicht (das sollte für ein Zwei-Personen-Zelt für Trekkingtouren

i

zwischen zwei und maximal dreieinhalb Kilogramm liegen), das Packmaß und die Größe des Innenraums. Da vor allem in den Gebirgen sehr viel Geröll liegt und man Zelte nicht immer gut abspannen kann, sind für Norwegen frei stehende Zelte vielfach die bessere Wahl.

Rucksack

Entscheidend für den Kauf eines Trekkingrucksacks ist die Passform. Der Rucksack muss gut sitzen ohne irgendwo zu zwicken oder zu drücken. Die Rückenlänge muss auf Ihren Rücken abgestimmt sein, der Hüftgurt muss von der Länge, Breite und Ergonomie passen. Probieren Sie den Sitz des Rucksacks vor dem Kauf im Laden immer mit Gewichten befüllt aus.
Wichtig ist zunächst das Volumen des Rucksacks. Je nach Tour benötigen Sie zwar unter Umständen in ihm unterschiedlich viel Platz, doch vor allem gilt: Der Pack darf nicht zu klein sein. Es ist nicht sinnvoll, zum Teil sogar gefährlich, viele Dinge außen am Rucksack zu befestigen, auch wenn man das oft auf Fotos sieht. Ihre Ausrüstung ist dort nicht geschützt, kann leichter verloren gehen oder an Bäumen oder Felsen hängen bleiben und dadurch zu Stürzen führen. Es gibt (von wenigen Ausnahmen abgesehen) keine großen, vollwertigen Trekkingrucksäcke, die komplett wasserdicht sind. Selbst wenn das Material sehr dicht ist, tritt an den Nähten immer wieder Wasser ein. Deshalb müssen Sie Ihr Gepäck zusätzlich schützen. Dafür gibt es Regenüberzüge für außen oder große Plastiksäcke (robustere Müllsäcke) für innen. Wer ganz sicher gehen will und das zusätzliche Gewicht nicht scheut, nimmt beides.
Aber denken Sie daran: Jedes Gramm zählt. Wirklich jedes. Nehmen Sie nichts mit, was Sie nicht unbedingt benötigen, unterwegs werden Sie dankbar sein.

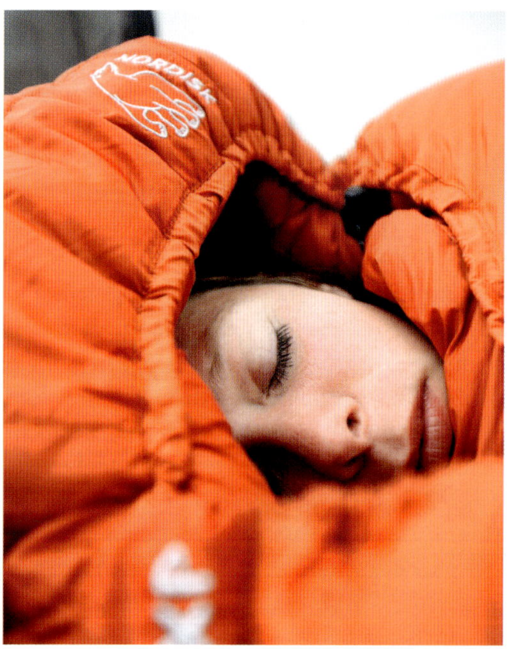

Schlafsack

Als Schlafsack stehen zwei Typen zur Wahl: Daunen- und Kunstfasermodelle. Hat man mit Daunen als Füllmaterial den Vorteil einer hohen Wärmeleistung bei einem relativ kleinen Volumen und Gewicht, besteht auf der anderen Seite der Nachteil, dass sie leichter Feuchtigkeit aufnehmen und im nassen Zustand kaum noch isolieren, sprich wärmen können. Kunstfaserschlafsäcke sind im Vergleich zwar schwerer und haben ein höheres Packmaß, wenn sie die Leistungen eines Daunenmodells erreichen wollen, doch haben sie den Vorteil, selbst in feuchtem Zustand noch relativ gut zu wärmen. Außerdem trocknen sie schneller und nehmen keinen Schaden, wenn man sie einmal feucht einpacken muss.

Kocher & Brennstoff

Auch hier scheiden sich die Geister. Gas, Benzin oder Spiritus? Die Auswahl ist groß. Die Vor- und Nachteile in Kürze: Mit Gas kocht man sauber und – bei Temperaturen bis Null Grad – schnell und effektiv. Dafür produziert man durch die leeren Kartuschen viel Müll, sie sind insgesamt relativ teuer und nicht überall in Norwegen erhältlich (am besten in Sportgeschäften nachfragen. Mitunter gibt es nur Stech- und keine Schraubkartuschen).

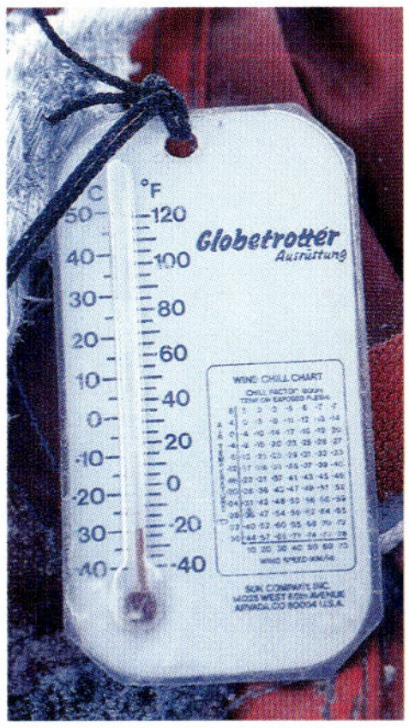

Benzin dagegen bekommt man überall (die meisten Kocher können auch mit Super-Benzin von der Tankstelle betrieben werden), es ist günstig und leistungsstark in jeder Temperatur und Höhe. Da Benzinkocher in der Anwärmphase leider sehr stark rußen, ist es angebracht, mit Spiritus vorzuheizen. Dafür füllen sie mit einer Spritze (erhältlich in Apotheken) ein wenig Spiritus in die Kocherschale und entzünden es. Ist der Spiritus abgefackelt, kann der Benzinkocher in der Regel rußfrei gestartet werden.

Spirituskocher sind für viele Skandinavienfans in Form des Trangia-Sturmkochers die richtige Wahl. Allerdings ist hier zu bedenken, dass man mit Spiritus, auch wenn man es praktisch in jeder Apotheke und in Drogeriemärkten günstig bekommt, sehr viel mehr Zeit benötigt, einen Liter Wasser zum Kochen zu bringen, als beispielsweise mit einem Benzinkocher. Außerdem ist der Trangia-Kocher sehr schwer und hat ein großes Packmaß. Er ist nur bedingt für Rad- oder Kanutouren geeignet. Allerdings lässt sich der Trangia-Spirituskocher mit einem Einsatz zum Benzinkocher umbauen.

Sonstiges

Es gibt eine Menge Kleinigkeiten, die nicht zu Hause bleiben sollten. Einige Dinge, die ich für wichtig halte: Nehmen Sie umweltfreundliche Bioseife mit – aber waschen Sie sich auch damit einige Meter von Wasserläufen entfernt, damit die Abwässer vom Boden gefiltert werden können. Extrem saugfähige, schnell trocknende und dabei sehr kleine und leichte Reisehandtücher verringern das Gewicht des Rucksacks. Für unverzichtbar auf größeren Wanderungen betrachte ich Trekkingstöcke. Sie helfen auf schwierigen Passagen das Gleichgewicht zu halten und schonen die Kniegelenke. Eine Anschaffung, die sich lohnt. Eine Gaslaterne ist ebenfalls etwas Phantastisches, auch wenn sie einiges wiegt. Sie spendet Licht (und Wärme) an Herbst- und Winterabenden und verlängert die gemütlichen Stunden im Zelt ganz erheblich. Als Alternative könnte man auch eine LED-Laterne einpacken.

Besonderheiten für den Winter

Für Wintertouren, ob mit Schneeschuhen oder Tourenski, benötigt man eine in großen Teilen erweiterte Ausrüstung. Abgesehen von den Dingen, die die gewünschte Art der Fortbewegung erfordern, gilt es vor allem bei der Bekleidung und dem Schlafsack aufzurüsten. Je nach den zu erwartenden Temperaturen müssen zusätzliche Lagen Unterwäsche und/oder Fleece eingepackt werden. Wichtig sind gute Handschuhe und eine Mütze, sicher auch ein Schal oder eine Sturmhaube. Interessant für Pausen und die kalten Abend- und Morgenstunden, in denen man sich weniger bewegt, ist eine Daunenjacke. Daunenjacken sind leicht, hervorragend komprimierbar und wärmen phantastisch. Ihr Geld sind sie auf jeden Fall wert. Wer sich keinen Winterschlafsack kaufen möchte oder keinen Schlafsack möchte, der für den Rest des Jahres zu warm ist, kann einen normalen 3-Jahreszeiten Schlafsack, der einen Komfortbereich bis ca. minus 5 Grad hat, durch einen zweiten, leichten Sommerschlafsack wintertauglich machen. Bis minus 15 Grad ist so eine Konstruktion gut einsetzbar.

Bedenken sollte man, dass der Brennstoffverbrauch auf Wintertouren wesentlich höher ist als im Sommer. Zum einen wird man mehr kochen, weil man häufiger Tee oder

i

Kaffee braucht oder auch das Müsliwasser anwärmt, zum anderen benötigt man mehr Zeit, um Schnee zu schmelzen oder Wasser aus Eislöchern zum Sieden zu bringen.

Literatur-Tipp: Outdoor Basixx ***Wintertrekking,*** Conrad Stein Verlag

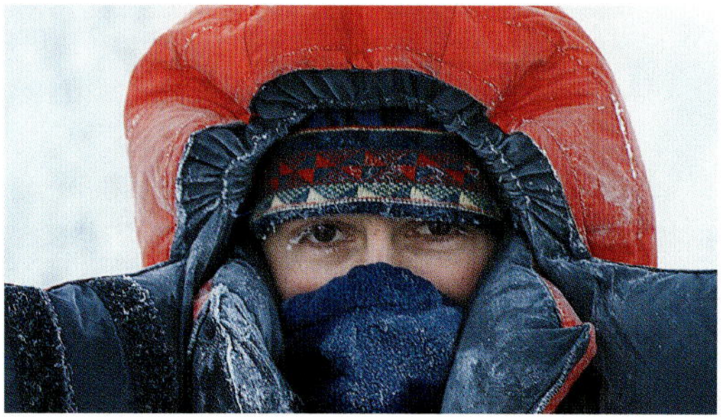

Besonderheiten für den Paddler

Abgesehen vom Boot – ob Tourenkajak, Seekajak oder Kanadier – gibt es auch für Paddler spezielle Ausrüstungsgegenstände. Zunächst ist es wichtig, das komplette Gepäck, auch das Essen, wasserdicht zu verpacken. Dafür braucht man eine Reihe von wasserdichten Säcken, wie sie zum Beispiel die Firma Ortlieb herstellt. Hat man keinen Kanadier, bei dem das Packen recht einfach ist, sollte man darauf achten, nicht nur wenige große Säcke zu haben, sondern eher mehrere kleine. Das Verstauen in Bug und Heck durch mitunter recht kleinen Luken geht so etwas einfacher. Nehmen Sie ein Fernglas mit. Damit können auch noch weit entfernte Uferzonen nach einem guten Rast- oder Zeltplatz abgesucht werden, die in den Fjorden und auf manchen Seen Mangelware sind.
Wichtig für längere Paddeltouren ist ein Ersatzpaddel. Schwimmwesten sind – egal wo Sie paddeln, ob im Meer, auf Seen oder Flüssen – wichtig, vor allem auch für Einsteiger. Tipps, wie Sie Ihre Kamera sicher verpacken, lesen Sie im Kapitel Fotografie.

Literatur-Tipp: Outdoor Basixx ***Kanuwandern,*** Conrad Stein Verlag

Autofahren

Wer mit dem eigenen Auto nach Norwegen reist, wird sich schon ziemlich bald wundern. In diesem Land ist Autofahren mitunter anstrengend und nicht immer eine besonders schnelle Lösung, um von A nach B zu kommen. Endlose Serpentinen, viele kleine und große Pässe verhindern ein schnelles Vorankommen. Allein die großen, autobahnähnlichen Straßen wie die E 6 zwischen Oslo und Trondheim sind davon weitestgehend ausgenommen. Im Winter ist Autofahren in Norwegen eine noch größere Herausforderung: Die Straßen sind oft zentimeterdick von Eis bedeckt und nur die Norweger, die mit Spikes-Reifen unterwegs sind, haben wirklich Spaß. Es ist auch für Reisende möglich, sich solche Reifen zu mieten (inklusive Wechsel und Lagerung der eigenen Reifen), mitunter direkt an den Fährterminals in Oslo oder Kristiansand – am besten direkt bei den Fährgesellschaften erkundigen.

Weitere Dinge, die man nicht vergessen sollte...

- In Norwegen muss immer, auch tagsüber, mit Abblendlicht gefahren werden.
- Geschwindigkeitsbegrenzungen: Normalerweise außerhalb von Ortschaften 80 km/h, auf wenigen ausgeschilderten Straßen 90 km/h, in Ortschaften 50 km/h bzw. 30 km/h in Wohngebieten.
- Die Promillegrenze liegt bei 0,2 Promille.
- Halten Sie immer etwas Kleingeld bereit. Vielfach werden Sie bei der Fahrt durchs Land Mautstationen passieren: auf dem Weg in Großstädte, vor Brücken oder Tunneln.

Sollten Sie eine Panne haben und kein hilfsbereiter Norweger in der Nähe sein, können Sie den Pannen-Notdienst NAF rufen:
Norges Automobil Forbund, Østensjøveien 14, Postboks 6682 Etterstad, 0609 Oslo, Tel. (+47) 926 085 05 oder 085 05, www.naf.no

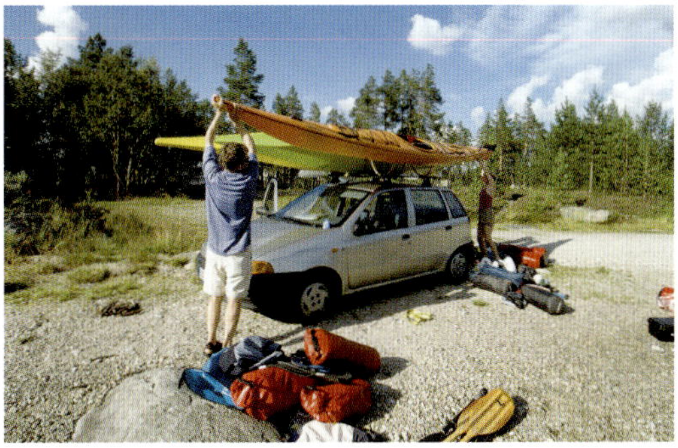

Der **Straßendienst (Vegmeldingstjenesten)** informiert landesweit rund um die Uhr über Schnee- und Straßenverhältnisse, Entfernungen, Routen, Fähren, usw. Telefon im Land: 175, aus dem Ausland: (+47) 815 489 91.

Norwegische Verkehrzentrale
Tel. (+47) 915 020 30 oder direkt von Norwegen: 02030, www.vegvesen.no (Auskunft über Verkehrslage, Straßenöffnungen, usw.).

Diplomatische Vertretungen

Botschaften

Übersicht der Botschaften: www.reuber-norwegen.de/Fylker/NorwegenInfoBotschaften.html

Deutsche Botschaft: Oscarsgate 45, 0244 Oslo, Tel. (+47) 232 754 00, www.oslo.diplo.de

Schweizer Botschaft: Bygdøy Allé 78, 0244 Oslo, Tel. (+47) 225 423 90, www.eda.admin.ch

Österreichische Botschaft: Thomas Heftyes Gate 19-21, 0244 Oslo, Tel. (+47) 225 402 00, oslo-ob@bmeia.gv.at

Norwegische Vertretungen im Ausland

Deutschland
Königlich Norwegische Botschaft, Rauchstraße 1, 10787 Berlin, Deutschland, Tel. (030) 50 50 58 600, emb.berlin@mfa.no, www.norwegen.org

Österreich
Königlich Norwegische Botschaft, Reisnerstraße 55-57, 1030 Wien, Tel +43 1 715 66 92, emb.vienna@mfa.no, www.norwegen.or.at

Schweiz
Königlich Norwegische Botschaft, Bubenbergplatz 10, 3011 Bern, Tel. +41 31 310 55 55, emb.bern@mfa.no, www.amb-norwegen.ch

Feiertage

Neujahr
Palmsonntag
Gründonnerstag
Karfreitag
Ostern (Sonntag und Montag)
Christi Himmelfahrt
1. Mai (Tag der Arbeit)
17. Mai (Nationalfeiertag)
Pfingsten (Sonntag und Montag)
Weihnachten

Fotografieren

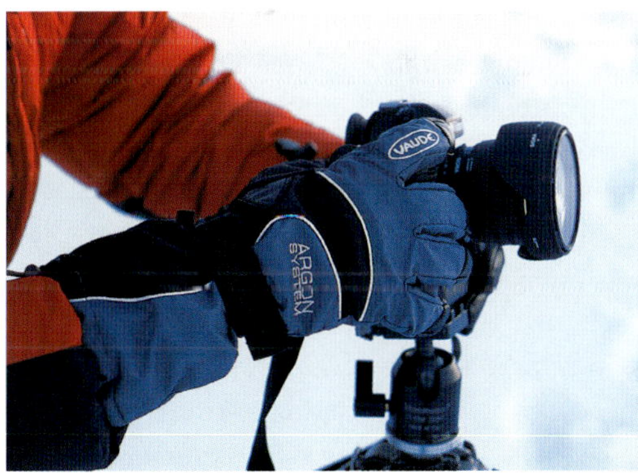

Norwegen ist ein Paradies nicht nur für Outdoor-Fans, sondern ganz sicher auch für alle, die gern fotografieren. Die Landschaft und die Lichtstimmungen sorgen immer wieder für unglaubliche Motive. Natürlich muss man vor allem bei Wanderungen darauf achten, das

i

Gewicht des Rucksacks gering zu halten, aber ich würde nicht auf eine Kamera verzichten wollen (wobei das natürlich jeder für sich selbst entscheiden muss). Ein Stativ gehört für mich ebenfalls unbedingt dazu. Es würde zu weit gehen, hier näher auf die Fotoausrüstung samt Zubehör einzugehen, dafür gibt es Fachliteratur *(Siehe Literatur-Tipp)*. Allerdings möchte ich noch auf die unterschiedlichen Transportmöglichkeiten für Trekking- und Kanutouren eingehen.

Trekking

Natürlich kann man die Kamera im Rucksack verstauen und polstern. Dort liegt sie sicher. Allerdings auch unerreichbar für schnelle Fotos zwischendurch, für Lichtsituationen, Tiersichtungen oder spontane Bilder vom Wanderpartner. Immer parat haben Sie die Kamera, wenn Sie sie in einer Tasche direkt vor der Brust tragen. Die Firma Ortlieb verkauft Fototaschen für alle Kameratypen. Die Taschen sind robust, stoßgeschützt, wasserdicht und lassen sich durch ein spezielles Tragegeschirr vor der Brust tragen. So hat man beim Wandern die Hände frei und die Kamera schnell griffbereit (www.ortlieb.de). Ähnliche Taschen, die zwar nicht ganz wasserdicht sind, aber doch vor Feuchtigkeit schützen und sich vor der Brust fixieren lassen gibt es auch von anderen Herstellern, wie z.B. Lowepro (www.lowepro.de).

Kanutouren

Oberste Priorität ist, die Kamera wasserdicht zu verpacken. Und auch hier möchte man sie eigentlich nicht zusammen mit dem übrigen Gepäck in einem großen, wasserdichten Sack verstauen, sondern sie stets griffbereit haben. Ideal hierfür: die schon oben erwähnten Taschen von Ortlieb. Für Wildwassertouren sind sogenannte Pelicases vorzuziehen – Hartschalenkoffer, die mit Schaumstoff ausgepolstert, absolut wasserdicht und so stabil sind, dass Sie mit einem Pkw darüber fahren könnten. Im Lagerleben bietet sich dieser Koffer zudem als Sitz an. Für Paddler eine sehr lohnende Anschaffung.

Literatur-Tipp: „Outdoor-Fotografie“
***Fotografie:** Berge, Landschaft, Outdoor, Action.*
Alpine Lehrschrift von Bernd Ritschel.
Bergverlag Rother. 24,90 €

Gefahren

Touren durch die Wildnis sind immer mit einem gewissen Risiko verbunden, denn der nächste Arzt ist meist ein ganzes Stück weit weg. Mit gesundem Menschenverstand – dazu gehören zum Beispiel auch Entscheidungen, eine Tour bei schlechtem Wetter eventuell abzubrechen oder sein Zelt bei Regen nicht zu nahe am Flussufer aufzubauen – kann man Gefahren minimieren und wird normalerweise heil in die Zivilisation zurückkehren.

Zwei Punkte, die für einige der vorgestellten Touren besondere Aufmerksamkeit verdienen sind die Überquerungen von Altschneefeldern und Flüssen ohne Brücken.

Problem Altschneefelder

In einigen Wildnisgebieten sind die Winter lang, die Sommer kurz und in schattigen Lagen bleibt oftmals der Schnee des einen Winters liegen, bis der nächste im kommenden Herbst fällt. Mitunter lässt es sich nicht vermeiden, solche Altschneefelder zu überqueren. Die Gefahr besteht darin, dass Schmelzwasser und natürliche Bäche die kompakt erscheinende Schneedecke unterhöhlt haben können. An solchen Stellen kann man, vor allem mit dem zusätzlichen Gewicht des Rucksacks auf dem Rücken, einbrechen und im schlimmsten Fall zwei, drei Meter tiefer auf Steinen oder in einem Bach landen. Bäche sieht und hört man, Aushöhlungen durch Schmelzwasser kann man nur erahnen. Ist das Schneefeld nicht zu umgehen, ist daher äußerste Vorsicht geboten. Wenn möglich, sollten nie mehrere Leute gleichzeitig über ein Schneefeld gehen. Testen Sie die Tragfähigkeit des Untergrunds vor sich, zum Beispiel mit Ihren Trekkingstöcken.

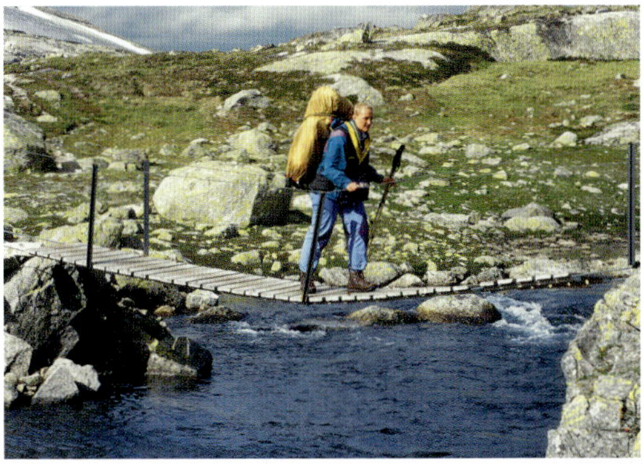

Problem Sommerbrücken

Auf Touren im Herbst steht man auf einigen Trails – auch in den Nationalparks und klassischen Wanderregionen, in denen die Wege ansonsten hervorragend markiert sind – vor dem Problem, dass manche Brücken abgebaut werden, bevor der Winter kommt. Schneelast und im Frühsommer über die Ufer tretende Bäche könnten ansonsten starke Schäden verursachen. Gefährdete Brücken werden normalerweise Ende Juni/Anfang Juli auf und in der letzten Septemberwoche abgebaut. Wer später wandert, muss diese Bäche dann furten. Oft ist das kein Problem, weil die Bäche im Herbst ohnehin weniger Wasser führen, aber leider nicht immer. Sollte das Wasser beim Queren bis über die Knie reichen, ist extreme Vorsicht geboten. Beim Furten gibt es einige *wichtige Grundregeln* zu berücksichtigen:

- Suchen Sie eine geeignete Stelle zum Furten. An breiten Stellen sind Flüsse meist auch flacher. Um auch bei milchigem Gletscherwasser Informationen über die Wassertiefe zu bekommen, kann man einen Trick anwenden: Dabei wirft man größere Steine ins Wasser und lauscht auf den Klang beim Eintauchen, das Spritzen des Wassers, das Geräusch beim Aufprall auf andere Steine. Die Tiefe lässt sich so relativ gut bestimmen.
- Beim Furten immer den Hüftgurt des Rucksacks öffnen, damit man bei einem Sturz nicht von seinem Gewicht unter Wasser gezogen wird.
- Möglichst mit Trekkingstöcken wandern – sie können beim Furten in reißendem Wasser für zusätzliche Balance sorgen.
- Idealerweise furtet man zu zweit und stützt sich dabei gegenseitig.
- Nie barfuß furten; Turnschuhe oder Trekkingsandalen verwenden. Wer möchte, kann Regenhosen tragen. Sie halten das oft extrem kalte Wasser ein wenig ab.
- Wenn möglich, früh am Morgen furten. Nicht nachmittags oder abends. Morgens sind die Wasserstände, die von Gletschern oder Schneefeldern gespeist werden in der Regel am niedrigsten.

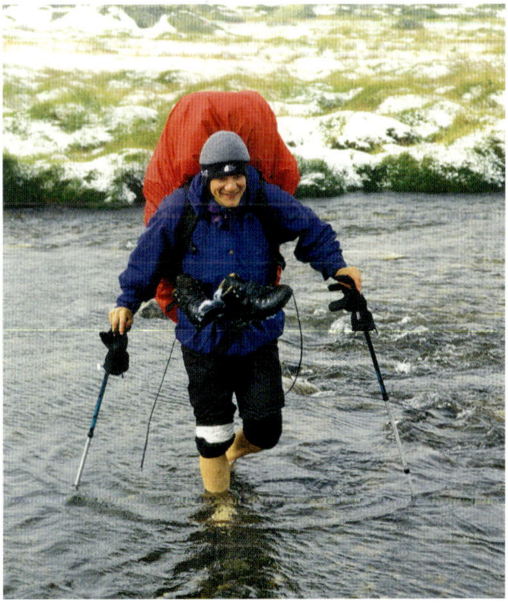

i

Geld

In Norwegen gilt zwar noch die Krone und nicht der Euro, Probleme bereitet das aber kaum. Vielmehr mag das gute alte Reisegefühl inklusive Geldtausch aufkommen. Am einfachsten ist es sicherlich, am ersten Tag im Land norwegische Kronen von einem Geldautomaten abzuheben. Die findet man fast in jedem Ort, teilweise selbst an Tankstellen oder in Supermärkten. Die meisten Automaten („Minibank“) akzeptieren sowohl Kreditkarten als auch EC-Karten mit dem Maestro-Zeichen (etwas günstiger bei den Gebühren). Außerdem kann man in den meisten Geschäften, Restaurants und Unterkünften ebenfalls mit Kredit- oder EC-Karte zahlen. Etwas Bargeld sollte man trotzdem immer dabei haben, falls die Karte mal nicht funktionieren sollte oder überhaupt keine ausländischen Karten angenommen werden. Wechselkurs (Sept 2013):
1 Euro = 7,88 NOK; 1 NOK = 0,12 Euro

Gesundheit, Reiseapotheke

Generell hat Norwegen einen sehr hohen Gesundheitsstandard, die Versorgung in Großstädten ist problemlos. Auf dem Land sind die Ärzte natürlich etwas dünner gestreut, aber trotzdem in allen größeren Orten auffindbar. Entweder über die örtliche Touristinfo, die Polizei oder Einheimische, ansonsten übers Telefonbuch unter „Legevakten“. Vielerorts gibt es „Helsesenter“, Gesundheitszentren, in denen mehrere Ärzte unter einem Dach arbeiten. Normalerweise spricht man dort auch Englisch oder Deutsch und man kommt oft schnell an die Reihe. Krankenhäuser heißen „Sykehus“, „Sjukehus“ oder „Hospital“.
Da in der Regel sofort bar und gegen Rechnung bezahlt wird, sollten Sie sich in jedem Fall vor der Abreise um eine Reisekrankenversicherung kümmern, um die Arztkosten nach der Rückkehr erstattet zu bekommen.

Passiert auf einer Tour irgendwo in der Wildnis etwas, ist man zunächst auf sich allein gestellt. Der nächste Arzt kann mehrere Tagesmärsche entfernt sein. Besonders wichtig ist es daher, eine gut bestückte Reiseapotheke zu haben *(Siehe Checklisten S. 34-35)*.

Haustiere

Die Einfuhr von Haustieren nach Norwegen ist zwar erlaubt und in den letzten Jahren wesentlich vereinfacht worden, allerdings noch immer mit einigem Aufwand verbunden. Für Hunde und Katzen ist ein Pass, eine Identifikationsmarke, sowie ein gültiger Nachweis über eine erfolgte Tollwutschutzimpfung und eine durchgeführte Blutuntersuchung vorzulegen. Hunde und Katzen müssen zwischen 24 und 120 Stunden vor der Einfuhr auch mit einem zugelassenen Bandwurmmittel behandelt werden.

Infos:
Norwegische Amt für Lebensmittelsicherheit
Mattilsynets, Tel: (+47) 22 40 00 00
www.mattilsynet.no

Infos, Wichtige Adressen

Norwegisches Fremdenverkehrsamt *(Deutschland, Österreich, Schweiz), Caffamacherreihe 5, 20355 Hamburg, Tel. (040) 229 41 50, www.visitnorway.de, www.norwegen.de*

Hauptfiliale Norwegisches Fremdenverkehrsamt in Norwegen, *Visit Norway, P.O.Box 448 Sentrum, 0158 Oslo, Tel. +47 22 00 25 00, www.visitnorway.com*

Den Norske Turistforening (Hauptsitz DNT), *Youngstorget 1, 0181 Oslo, (Besuchsadresse: Storgata 3), Tel. +47 40 00 18 68, www.turistforeningen.no*

DNT Toureninformation, *Tel. +47 228 228 22, turinfo@dntoslo.no*

i

DNT-Vertretung in Deutschland:
Nach Norden, Helga Rahe, Neuheim 31, 48155 Münster, Tel. (0251) 32 46 08
www.huettenwandern.de

Informationen zu über 1000 Hütten und Wandergebieten sowie Tourenvorschläge:
www.ut.no

Norwegens Nationalparks:
www.nasjonalparksenter.no

Hurtigruten GmbH, *Burchardstraße 14, 20095 Hamburg, Tel. (040) 37 69 30*
www.hurtigruten.de

Sykkelturisme i Norge, *Strandgaten 59*
5004 Bergen, post@cyclingnorway.no
www.cyclingnorway.no (viele Infos für Radfahrer; Karten und Führer).

Infos für Skifahrer mit Wetterbericht:
www.skiinfo.no und www.skiforeningen.no, www.yr.no (norwegischer Wetterbericht).

Jedermannsrecht & Naturschutz

Das Jedermannsrecht: Es gibt kaum ein Gesetz, über das man sich als Naturfreund mehr freuen kann. Es wurde vor einigen hundert Jahren ins Leben gerufen – damals, um durch das Land Reisenden die Möglichkeit zu geben, frei in der Natur zu kampieren und von dem zu leben, was die Natur hergab – und regelt noch heute das Miteinander von Mensch und Natur auf eine sinnvolle und schöne Art.

Da sich die Zeiten allerdings geändert haben, immer mehr Touristen ins Land kommen und immer häufiger die Natur auch gerade durch das Jedermannsrecht strapaziert wird, ist es heute besonders wichtig, die Pflichten, die einem das Naturgesetz auferlegt, zu befolgen. Sonst wird das Jedermannsrecht über kurz oder lang für Besucher verschwinden. Stimmen, die dies fordern, werden schon heute immer lauter.

Die einfache Grundregel heißt:
NICHT STÖREN – NICHTS ZERSTÖREN:
Sie dürfen in der Natur (falls nicht anders angegeben)

- wandern, Rad fahren oder reiten, jedoch nicht auf privatem Grund, durch Schonungen oder über Äcker, deren Saat oder Ernte beschädigt werden könnte. Halten Sie angemessenen Abstand zu Wohn- und Ferienhäusern (mind. 150 Meter).
- eine Nacht ohne Erlaubnis des Grundeigentümers zelten. In Wohn- und Ferienhausnähe und für Gruppen ist jedoch die Erlaubnis des Eigentümers notwendig. In dünn besiedelter Natur darf man durchaus auch eine Nacht länger bleiben.
- vorübergehend mit dem Boot an fremden Ufern anlegen (nicht jedoch an privaten Bootsstegen), an Land gehen, baden, außer in unmittelbarer Nähe von Wohnhäusern.
- Beeren und Pilze für den Eigenbedarf sammeln, und Blumen pflücken, falls sie nicht unter Naturschutz stehen, sowie auf dem Boden liegende Äste und Zweige auflesen, falls es nicht (z.B. in Vorschriften für National Parks und Naturschutzgebiete) anders angegeben ist.

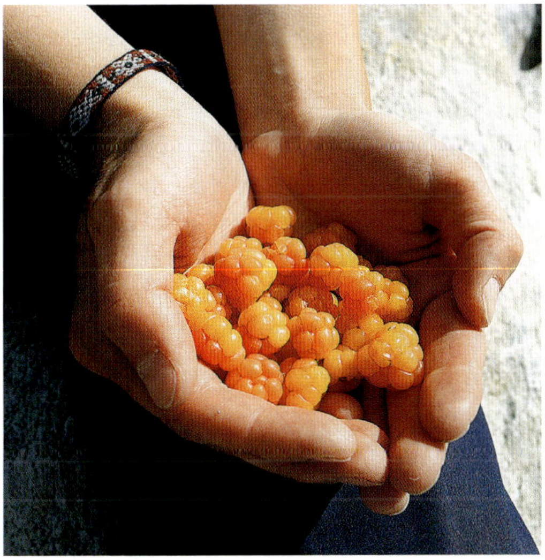

Das Jedermannsrecht verbietet

- das Fahren mit Motorfahrzeugen im Gelände.
- Bäume und Büsche zu fällen sowie Äste, Zweige und Rinde abzubrechen und lebende Bäume zu beschädigen.
- zu jagen und Vogelnester auszunehmen oder zu zerstören.
- Schmutz und Abfälle in der Natur zu hinterlassen. Verlassen Sie Ihren Rastplatz so, wie Sie ihn vorfinden möchten (vielleicht nehmen Sie den schon vorgefundenen Müll auch noch mit). Lassen Sie keine Mülltüten neben vollen Mülleimern stehen. Menschliche Exkremente gehören vergraben. Einen kleinen Klappspaten sollte man daher zumindest bei Kanu- und Radtouren dabei haben, wenn nicht so sehr aufs Gewicht geachtet werden muss.
- ohne Angelkarte zu angeln (außer im Meer). Lassen Sie auf keinen Fall Angelleinen zurück in der Natur. Sie bedeuten ein hohes Verletzungsrisiko für Tiere.
- vom 15.04. bis 15.09. offenes Feuer zu entzünden. Machen Sie außerdem niemals Feuer auf Klippen und Steinen; sie können bersten. Benutzen Sie dort einen Kocher.

Karten

Abgesehen von generellen Straßenkarten, die Sie sicherlich für Ihre grobe Reiseplanung benötigen (empfehlenswert ist die mehrteilige Kartenserie von Cappelen/ Kümmerly & Frey im Maßstab 1:335.000), gibt es für die Touren drei verschiedene topographische Kartenserien, die in Frage kommen. Zum einen ist das die Serie der Fjellkarten „M-711", die das gesamte Land in über 700 Blättern lückenlos in einem Maßstab von 1:50.000 abdecken. Daneben gibt es auch die „Turkart-Serie" in den drei Maßstäben 1:25.000, 1:50.000 und 1:100.000, die verschiedene klassische Wanderregionen abdeckt und mitunter einen besseren Blattschnitt hat.

Diese Karten kosten zwischen zehn und 20 Euro und sind hierzulande in Reisebuchhand-

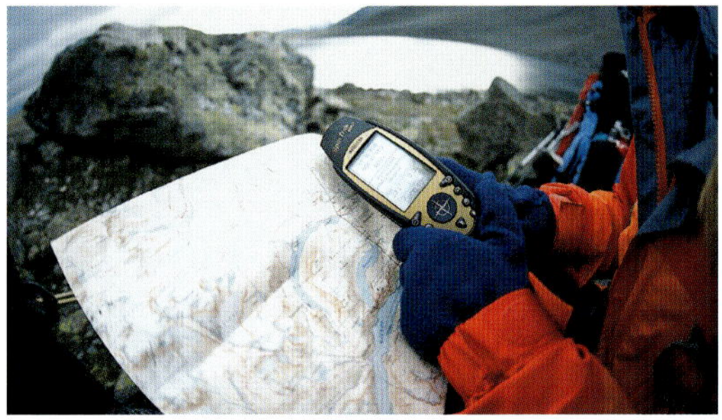

lungen oder Outdoorhandel erhältlich. Vor Ort erhalten Sie die Karten in Buchhandlungen, Tankstellen oder Informationszentren.

Bestellen kann man Karten bei:

MapFox.de - Landkarten für Europa, *Tel. (0431) 666 75 99, www.mapfox.de*

Geobuchhandlung Kiel, *Tel. (0431) 910 02, www.geobuchhandlung.de*

Nordland-Shop, *Tel 0800 - 667 35 26 oder Tel. (05465) 476, www.nordland-shop.net*

Dr. Götze Land & Karte, *Tel. (040) 357 46 30, www.landundkarte.de*

Globetrotter, *Tel. (040) 679 66 179, www.globetrotter.de*

Literatur-Tipp: Outdoor Basixx
Karte, Kompass, GPS, Conrad Stein Verlag

Kinder

Skandinavien ist eine tolle Destination für Kinder, die Spaß daran haben, draußen zu sein. Längere Wanderungen sind dabei zwar nicht unbedingt etwas für die Kleinen, doch man kann z.B. auf Kanutouren viel Spaß haben. Eine ideale Paddeltour für Familien mit Kindern ist die *Tour 10 (Seite 139)* über den Isterensee. Weitere Infos zur Familientauglichkeit der jeweiligen Touren finden Sie in den einzelnen Touren-Kapiteln.

Literatur-Tipp: Outdoor Basixx
Wandern mit Kind: *Zu Fuß, per Rad, mit Kanu.* ***Allein im Wald*** *– Survival für Kinder,* Conrad Stein Verlag

i

Klima & Wetter

Klimatabelle für Südnorwegen

	Oslo	Bergen	Trondheim	Røros
Januar	-2,3	2,7	-1,6	-11,2
Februar	-1,3	3,0	-0,7	-9,8
März	2,4	4,9	2,1	-6,4
April	7,3	8,0	5,1	0,1
Mai	14,0	12,9	10,5	5,0
Juni	17,6	15,1	13,2	9,4
Juli	19,9	16,6	15,3	12,4
August	18,7	16,3	14,9	10,9
September	13,7	13,3	11,3	6,6
Oktober	8,1	9,8	6,7	1,1
November	2,3	5,8	1,8	-3,8
Dezember	-1,4	3,3	-1,1	-7,4

Durchschnittliche Niederschläge für Südnorwegen in mm

	Oslo	Bergen	Trondheim	Røros
Januar	49	190	63	30
Februar	36	152	52	28
März	47	170	54	27
April	41	114	49	25
Mai	53	106	53	24
Juni	65	132	68	67
Juli	81	148	84	79
August	89	190	87	62
September	90	283	113	47
Oktober	84	271	104	31
November	73	259	71	28
Dezember	55	235	84	32

Quelle: DNMI/Klimaavdelingen

i

Norwegens Klima wird stark vom Golfstrom geprägt, der die gesamte Küste wie eine lang gestreckte Heizung umfließt. So kommt es auch, dass an der Küste die Winter eher mild – dafür aber sehr feucht – ausfallen. Es gibt an der Küste keine großen Temperaturunterschiede zwischen Orten im Süden und Norden des Landes. Im Landesinneren ist das freilich etwas anders, mit kontinental geprägten kalten Wintern. Auch im Süden, zum Beispiel in der Region um Lillehammer oder am Femundsee, kann das Thermometer leicht auf unter minus 20 Grad fallen. Insgesamt ist Norwegen eine große Wetterküche mit wilden Rezepten. Natürlich kann es wochenlang regnen, aber auch die Sonne scheinen und klassische Altweibersommer überraschen im Herbst. Doch häufig erlebt man alle vier Jahreszeiten an einem einzigen Tag. Da wachen Sie morgens auf, weil die Sonne das Zelt aufheizt und Sie es vor Wärme kaum noch aushalten, später kommt Wind auf und es wird fürchterlich kalt. Aus dem mittags einsetzenden Regen wird Hagel und für eine halbe Stunde auch Schnee, bis es abends doch wieder klar und schön wird – Szenen eines Herbsttages, der jeden erwischen kann. Doch gut vorbereitet *(Siehe „Ausrüstung")* kann das sogar Spaß machen.

Infos: *www.wetteronline.de und www.yr.no*

Literatur-Tipp: *Outdoor Basixx* ***Wetter,*** Conrad Stein Verlag

Landschaft

Keine Region Norwegens vereint eine derart vielfältige Landschaft auf einem doch kleinen Raum: Zwischen Oslo im Südosten, Kristiansand im äußersten Süden und Stavanger im Südwesten und Trondheim als nördlicher Begrenzung ballen sich Fjells und Fjorde, Gletscher und Täler, große Seen, die Schärenküsten mit ihren Inseln und Inselchen, ihren Sandstränden und felsigen Abschnitten. Und das alles in oft unmittelbarer Nähe zueinander. Der Lysefjord ist ein Paradebeispiel: Als Auftakt des Fjordlandes reicht er im Südwesten, ganz in der Nähe von Stavanger, über 40 Kilometer tief ins Land. An seinem Ende ragen die Felswände 1.000 Meter hoch aus dem Wasser. Dort oben liegt das Kjerag Plateau, das in ein Fjell übergeht – grün und mit Granitkuppen gespickt –, über das eine gewundene Straße hinüber ins Setesdal führt, das größte und wohl fruchtbarste Tal im Süden. Von Kristiansand erstreckt es sich nach Norden.

Entlang der Küste, von Oslo, über Kristiansand und Egersund nach Stavanger, zieht sich ein Landstreifen, der dichter besiedelt und fruchtbarer ist als andere Regionen des Südens. Küsten und Hinterland Norwegens sind in einem Streifen von etwa zehn Kilometern von rund 80 Prozent der viereinhalb Millionen Norweger besiedelt.

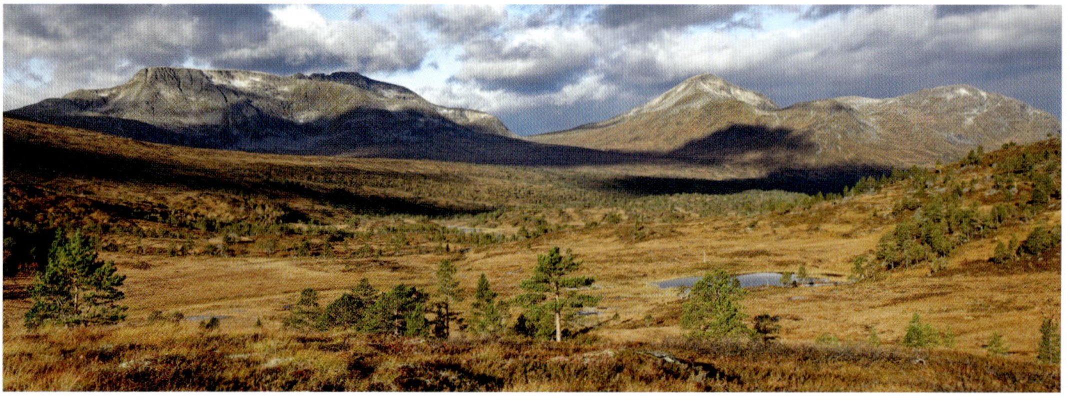

Der Süden gilt als die wärmste und trockenste Region des Landes und ist auch bei den Norwegern ein beliebtes Reiseziel.
Ebenfalls sehr trocken, weil durch die Berge im Westen geschützt, ist der Osten Südnorwegens, der Landstreifen, der sich von Oslo gen Norden zieht, vorbei am Mjösa-See, Norwegens größtem Binnensee, und dem Femundsee *(Kanutour Nr. 9)* bis hinauf nach Trondheim. Diese Region wird, neben den Seen, durch weite Täler und viel Wald geprägt.
Wer aus dem Osten des Landes zurück an die Nordsee möchte, hat eine große Hürde zu überwinden: die Fjells Südnorwegens, die in Höhen bis knapp 2.500 Meter aufsteigen. Nur einige wenige, abenteuerliche Straßen durchqueren die Fjells. Um mit dem eigenen Wagen vom Osten an die Fjordküste zu gelangen, sollten Sie einen ganzen Tag einplanen. Während im Süden die Telemark und Hardangervidda – das größte Hochplateau Europas – zu den bekannten Fjellgruppen gehören, schließen sich in nördlicher Richtung zum Beispiel das Jotunheimen, Rondane, Dovrefjell und Trollheimen an, um nur einige große Namen zu nennen. Untereinander sind diese Gebirge so verschieden wie die Küstenabschnitte: sie können sanft geschwungen sein oder steil aufragend, mal vergletschert, mal gänzlich kahl, dann wieder karg bewachsen. Jedes Gebiet hat seine Eigenheiten. Das klassische „Fjordland" erstreckt sich von Stavanger im Süden bis Molde im Norden, unweit von Trondheim, und ist für viele der beeindruckendste Teil des Landes. Die Küstenlinie ist von zahlreichen Fjorden, die tief ins Land reichen, zerfurcht. Allen voran besticht der Sognefjord durch seine Dimensionen: Mit 204 Kilometern ist er der längste Fjord der Welt und mit 1.296 Metern zugleich auch einer der tiefsten der Erde. Doch auch der Hardangerfjord weiter im Süden, der weltbekannte Geirangerfjord, der anfangs erwähnte Lysefjord, sowie zahllose weniger bekannte Fjorde sind die Reise wert. Mit dem Schiff, besser noch dem eigenen Boot durch diese Meeresarme zu kreuzen, dabei den Kopf weit im Nacken, gehört zweifellos zu den schönsten Erlebnissen einer Norwegenreise.

Was ist ein Fjell?
Das Fjell ist eine baumlose Hochfläche oberhalb der Waldgrenze in Skandinavien. Auf dem Fjell findet man Beerenbüsche, Zwergsträucher, Wollgras, Flechten und Moose.

Was ist ein Fjord?
Ein Fjord ist ein tief ins Landesinnere reichender, lang gestreckter, schmaler, Meeresarm an einer Steilküste. Südwestnorwegen wird als das Fjordgebiet bezeichnet, auch wenn spektakuläre Fjorde in ganz Norwegen zu finden sind.

Was ist eine Vidda?
Vidda nennt man ein Hochplateau in Norwegen. „Vidda" bedeutet auf norwegisch „Weite". Die bekannteste und Europas größte Hochebene ist die Hardangervidda.

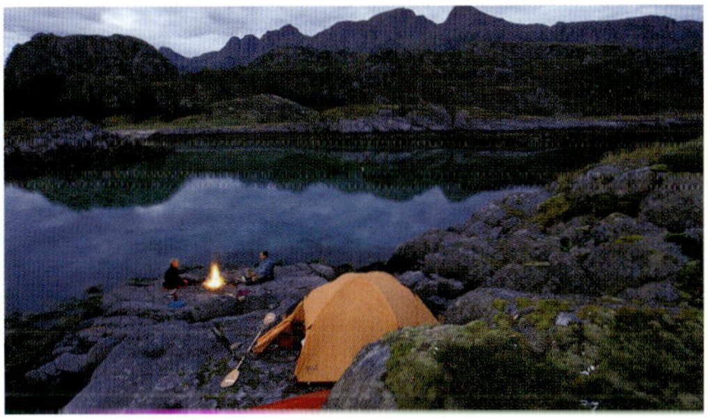

Lagerfeuer

In Norwegen gilt vom 15.04. bis zum 15.09. ein generelles Feuerverbot. Auch wenn ein Lagerfeuer irgendwie schon zum Outdoorleben, zur Romantik des Draußenseins gehört, sollte man dem Gebot Folge leisten. Zu leicht geraten in trockenen Sommern Flechten, Moose oder Unterholz in Brand. Große Waldbrände sind oft die Folge und stellen eine große Bedrohung für Mensch und Tier dar.

i

Literatur

Outdoor

***Norwegen: Jotunheimen** sowie **Hardangervidda.** Tonia Körner,* Conrad Stein Verlag, *2013*

***Fjordruta – Wandern in Norwegen,** Alexander Geh, Edition Elch, 2013*

***Skilanglauf in Norwegen,** Idhuna & Wolfgang Barelds,* Conrad Stein Verlag, *2013*

***DuMont aktiv Wandern in Norwegen: Hardangervidda bis Trollheimen,** S. Gorsemann, Chr. Kaiser, Dumont Reiseverlag 2013*

***Wanderführer Norwegen: Die 40 schönsten Wandertouren zwischen Fjorden, Seen und Gletschern,** Bruckmann, 2012*

***DKV-Gewässerführer Skandinavien.** Dänemark, Finnland, Island, Norwegen, Schweden. Günther Eck, DKV Kanu Verlag, 2013*

***Norwegen per Rad.** Frank Pathe, Verlag Wolfgang Kettler, 2011*

***Norwegen: Rondane** Tonia Körner,* Conrad Stein Verlag, *2009*

Allgemein

***Südnorwegen.** Armin Tima, Michael Müller Verlag, 2013.*

***Südnorwegen.** Martin Schmidt, Reise Know-How Verlag, 2012.*

***Norwegen.** Michael und Aaron Möbius, Loose Verlag, 2011.*

***Norwegen Süd/Mitte.** D. Schröder, U. Pagenstecher, M. Velbinger, Velbinger Verlag, 2011.*

***Norwegen.** Lonely Planet Reiseführer, 2011.*

***Gebrauchsanweisung für Norwegen.** Ebba D. Drolshagen, Piper Verlag, 2012.*

***Regelmäßig Beiträge zu Norwegen finden Sie in den Zeitschriften:** Nordis, NORR, outdoor, KANU-Magazin.*

Bildbände

***Reisen & Erleben - NORWEGEN,** Manfred & Kai-Uwe Küchler, Stürtz Verlag, 2012*

***Norwegen.** Christian Nowak, Michael Möbius, DuMont Verlag 2012*

***Norwegen.** Reinhard Ilg, Max Galli, Stürtz Verlag, 2013*

***Reise durch Norwegen.** Max Galli, Ernst-Otto Luthardt, Stürtz Verlag, 2011*

***Norwegen.** Fritz Dressler, Lothar Schneider, Bruckmann Verlag, 2009*

***Hurtigruten.** Kai-Uwe Küchler, Stürtz Verlag, 2009*

***Norway.** Hans Gasser, Edition Panorama Verlag, 2008*

***Abenteuer Norwegen.** Lars Schneider, Stürtz Verlag, 2005*

Reiselektüren

***Das Lügenhaus. Einsiedlerkrebse und Hitzewelle.** Anne B. Ragde, Btb Taschenbuch Verlag.*

***Allein zwischen Fjorden.** Angelika Wilke, Wiesenburg Verlag, 2013*

***Wer hat Angst vorm bösen Wolf.** Karin Fossum, Piper Verlag, 2008*

***Ein seltsamer Ort zum Sterben,** Derek B. Miller & Olaf Roth, rororo, 2013*

***Pferde stehlen,** Per Petterson & Ina Kronenberger, FISCHER Taschenbuch, 2008*

***Peer Gynt.** Henrik Ibsen, diverse Verlage*

***Kriminalromane Harry-Hole-Reihe: Koma, Kakerlaken, Leopard, Schneemann, Der Fledermausmann** sowie weitere Titel, Jo Nesbø & Günther Frauenlob, Ullstein Verlag*

***Im Land der weiten Fjorde.** Christine Kabus, Lübbe Verlag, 2013*

... und unendlich viele mehr ...

Mücken

Was die Bären für Alaska, sind die Mücken für Skandinavien – gefürchtet und ewiges Gesprächsthema. Dabei ist es mit ihnen eigentlich nur halb so wild. Mit ein wenig Planung kann man den Plagegeistern, so sie denn doch auftreten, häufig – leider nicht immer, das muss ich zugeben – entgehen.
Achten Sie vor allem darauf, wo Sie ihr Lager aufschlagen. Auf dem Wasser beim Paddeln oder beim Wandern und Radfahren hat man, solange man in Bewegung ist, normalerweise keine Probleme. Abends und morgens aber, wenn man es sich eigentlich richtig gemütlich machen möchte, starten die Plagegeister ihre Angriffe. Bauen Sie Ihr Lager, wenn irgend möglich, nicht besonders windgeschützt auf (schon eine kleine Brise kann Wunder wirken), nicht in der Nähe eines seichten Tümpels und nicht im hohen Gras (hier kann es außerdem noch Zecken geben. **Infos:** www.zecken.info oder www.zeckenbiss-borreliose.de).

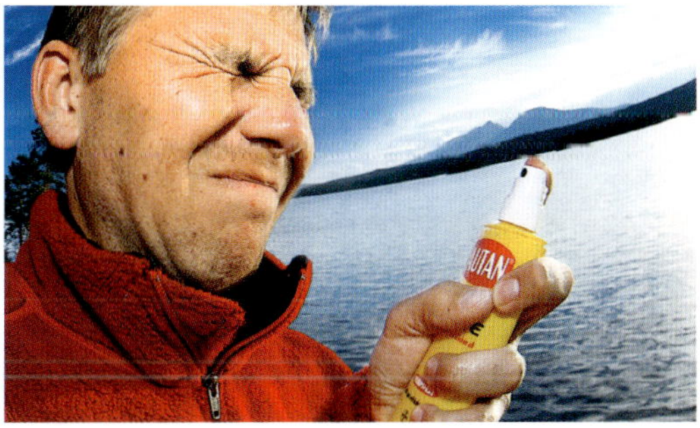

Mückenmittel wie Autan helfen teilweise erstaunlich gut. Sie sollten darauf achten, keine enge Kleidung zu tragen und die Fußknöchel durch dickere Socken zu schützen. Langärmelige Kleidung hilft ebenso. Mücken treten normalerweise ab Juni auf und bleiben bis zum ersten Frost Ende August/Anfang September.
Viel schlimmer als Mücken sind oft die so genannten Knots oder Kriebelmücken, weitaus kleinere Flieger, die sich selbst durch grobmaschige Moskitonetze nicht aufhalten lassen und gern unter Hutkrempen krabbeln. Sie beißen und sorgen für einen fürchterlichen Juckreiz. Nehmen Sie auf jeden Fall eine Creme (z.B. Fenistil Gel) mit, die Sie auf besonders fiese Mückenstiche auftragen können. Sie wirkt kühlend und mildert den Juckreiz.

Notruf

Polizei	112
Feuerwehr	110
Krankenwagen	113

Reisezeit

Südnorwegen kann das ganze Jahr über bereist werden. So finden Sie auch Touren für jede Jahreszeit in diesem Buch. Nur von Mitte März bis Mitte Mai, sowie von Mitte Oktober bis Mitte Dezember würde ich nicht unbedingt nach Norwegen fahren. Dann werden Sie weder Frühjahr noch Sommer, weder Herbst noch Winter vorfinden, sondern mit größter Wahrscheinlichkeit ein unbeständiges Schmuddelwetter, das alle Jahreszeiten vereint, aber kaum Spaß macht.
Zu jeder Tour finden Sie konkrete Angaben zur besten Reisezeit.

Frühjahr

Was bei uns das tourenfähige Frühjahr, ist in Norwegen eher der Frühsommer. Es macht wenig Sinn, früher als Mitte Mai eine Tour zu starten. In der Regel beginnt es erst dann, langsam schöner zu werden. Im Gebirge liegt der Schnee trotzdem noch bis in den Juli hinein zu dicht und hoch, als dass man eine normale Trekkingtour machen könnte. Entlang der Küsten *(z.B. Radtour Südküste, Tour 11, Seite 149)*, ist man in „guten" Jahren schon Mitte Mai/Anfang Juni gut unterwegs. Bergpässe wie der Trollstigen, wie man sie auf der Radtour im

i

Fjordland überquert *(Tour 12, Seite 159)*, öffnen erst Anfang Juni. Ein Highlight des Frühsommers ist die Obstbaumblüte, vor allem am Hardangerfjord.

Sommer

Juli und August sind die einzigen richtigen Sommermonate. Trotzdem gilt, dass Sie auch dann ein Wetter erleben können, das an Herbst erinnert. Ich möchte niemanden abschrecken, aber in Norwegen muss man wettermäßig auf alles gefasst sein. Natürlich ist es anders herum auch so, dass Sie sowohl im Juni als auch im September noch großes Glück mit dem Wetter haben können. Die Temperaturen können im Sommer selbst im regenreichen Bergen auf 25 Grad ansteigen, im Meer wird gebadet, Eiscreme zum Verkaufsschlager.

Herbst

Der Herbst beginnt in den Hochlagen wie der Hardangervidda, dem Jotunheimen oder dem Rondane Anfang/Mitte September und dauert etwa einen Monat. In dieser Zeit können Sie mit etwas Glück einen typischen Indian Summer erleben: kalte Nächte mit Frost und klare, sonnige und halbwegs warme Tage. Die Farben der Bäume und Tundra glühen noch ein letztes Mal auf. Je später im Herbst Sie kommen, desto größer sind die Chancen auf Schneefall in den Bergen. Erster Schnee Anfang Oktober ist keine Seltenheit.

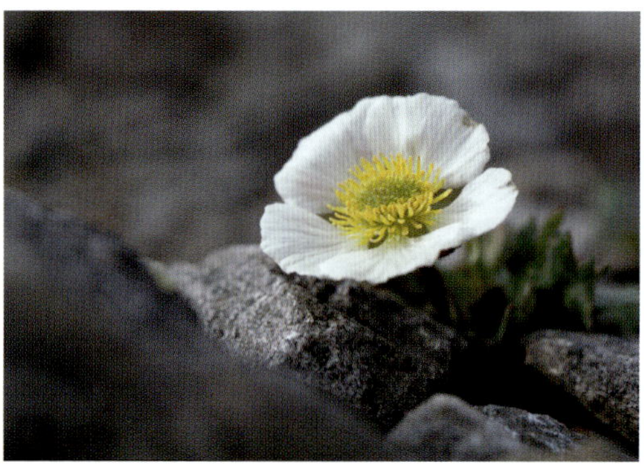

Winter

Der Winter kommt früh und geht spät, auch im Süden Norwegens. In den Hochlagen fällt unter Umständen schon im Oktober Schnee, der bis zum Frühling liegen bleibt. Die schönste Zeit für Wintertouren, egal ob per Ski oder Schneeschuh, ist von Mitte Februar bis Mitte März. Gegen Ende dieser Zeit sind die Tage schon wieder so lang wie in Deutschland, die Temperaturen normalerweise nicht mehr ganz so streng.

Länge der Tage in Stunden und Minuten, von Sonnenaufgang bis Sonnenuntergang

Tag	Oslo	Trondheim
1.1.	6:03	4:44
1.2.	7:58	7:13
1.3.	10:30	10:15
1.4.	13:19	13:32
1.5.	16:00	16:43
1.6.	18:17	19:44
1.7.	18:41	20:21
1.8.	16:49	17:43
1.9.	14:08	14:29
1.10.	11:28	11:22
1.11.	8:42	8:08
1.12.	6:30	5:20

Quelle: Norsk Almanakk

Solotouren

Im Prinzip können alle Touren in diesem Buch auch als Solotouren durchgeführt werden. Die Radtouren ohne Einschränkung für jedermann, bei den anderen Touren sollte man einige Erfahrung mit dem Leben draußen haben, dem Furten von Bächen, wenn Sommerbrücken schon abgebaut sind, mit tagelangem Sturm, Regen oder Schneefall. Mitunter kann Hilfe einige Tagesmärsche weit entfernt sein. Wer sich auf einer Herbsttour fernab der nächsten Straße das Bein bricht, muss im schlimmsten Fall allein zur nächsten Straße kriechen, denn bis der nächste Mensch vorbeikommt, können

mehrere Wochen vergehen. Ranger, wie aus amerikanischen Nationalparks bekannt, gibt es in Norwegen in dieser Form nicht.
Wer eine Solotour unternimmt, sollte unbedingt jemanden über seine Pläne informieren. Wenn man sich dann bis zum vereinbarten Zeitpunkt nicht zurück gemeldet hat, kann Hilfe organisiert werden. Auch auf Handys sollte man sich nicht verlassen. Auf einer achttägigen Tour im Jotunheimen Nationalpark hatten wir nur an einer Stelle Empfang – und das war drei Kilometer vor dem Endpunkt der Tour.

Literatur-Tipp: Outdoor Basixx ***„Solotrekking"**,* Conrad Stein Verlag

Telefonieren

Folgende Vorwahlen müssen ins Ausland gewählt werden: Nach Deutschland 0049, nach Österreich 0043 und in die Schweiz 0041. Wer aus dem Ausland nach Norwegen telefonieren möchte, wählt zunächst die 0047 (im Buch +47 geschrieben), gefolgt von einer achtstelligen Rufnummer.Handybesitzer sollten wissen, dass sie sich auf den Touren kaum auf ihr Handy und einfach abzusetzende Notrufe verlassen können. Der Empfang ist abseits der Zivilisation häufig nicht gewährleistet.

Transport

Für den öffentlichen Transport im Land sind hauptsächlich Bus und Bahn zuständig. Es lohnt sich kaum, in Südnorwegen ins Flugzeug zu steigen, es sei denn, man hat sehr wenig Zeit und muss weite Strecken wie von Oslo oder Kristiansand nach Trondheim zurücklegen. In den jeweiligen Tourenkapiteln finden Sie Informationen zur An- und Abreise. Am einfachsten ist es noch immer, mit dem eigenen Auto anzureisen, allein wegen des Gepäcktransports, besonders, wenn man gleich mehrere Touren machen und verschiedene Landesteile kennen lernen möchte. Bei einigen Touren ist das eigene Auto aber auch komplett überflüssig. Schüler, Studenten und Rentner erhalten vielfach gute Ermäßigungen in Bus und Bahn.

Bus

Es gibt wenige Orte in Südnorwegen, die nicht mit dem Bus erreichbar sind. Große Überlandbusse verkehren auf den Hauptrouten, kleinere, regionale Gesellschaften bedienen nur einzelne Gebiete. Als besonderen Service gibt es für jede Buslinie die Garantie, dass jeder, der mitfahren will, einen Sitzplatz erhält – auch ohne Reservierung. Fahrräder können auf den meisten Strecken mitgenommen werden. Probleme kann es nur rund um norwegische Feiertage geben, wenn die Busse sehr voll sind. Welche Buslinie bzw. Busgesellschaft Sie für die Anreise zu den Ausgangspunkten der Trails benötigen, lesen Sie in den einzelnen Tourenkapiteln.

***Infos:** Nor-Way Bussekspress, Tel. (+47) 815 444 44, www.nor-way.no*

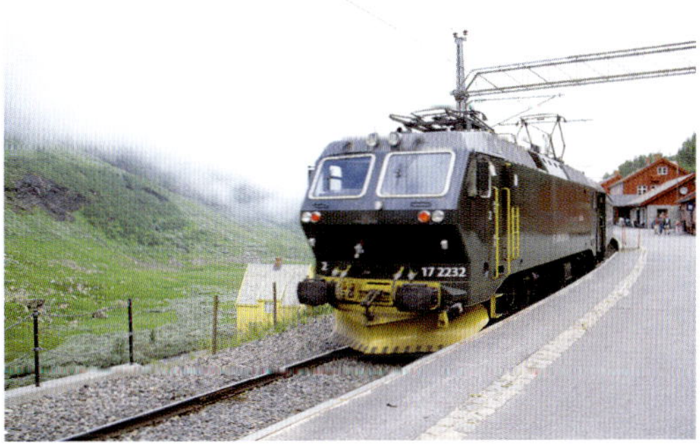

Bahn

Die Norwegische Bahn ist für die Anreise zu den einzelnen Touren nur bedingt geeignet, da das Schienennetz durch die geographischen Gegebenheiten nur einige Landesteile gut abdeckt. Busse sind demnach meist vorzuziehen – Ausnahmen sind zum Beispiel die Wanderung in der Hardangervidda rund um den Hardangerjøkulen, deren Ausgangspunkt ohnehin nur

i

per Bahn erreichbar ist. Auch für die Schneeschuhtour im Dovrefjell ist die Bahn wichtig. Wer in Norwegen (allein wegen der zum Teil atemberaubenden Streckenführungen und erholsamen Reiseart) viel mit der Bahn reisen will, sollte sich einen InterRail OneCountry Pass für Norwegen besorgen.

Infos: *Norwegische Staatsbahn (NSB), Tel. (+47) 81 50 08 88, www.nsb.no*

Flugzeug

Wie erwähnt, lohnt es sich kaum, innerhalb Südnorwegens zu fliegen, allenfalls noch vom äußersten Süden wie Kristiansand oder Stavanger, nach Trondheim. Ansonsten sind Inlandsreisen per Bahn und Bus in vielerlei Hinsicht sinnvoller. www.wideroe.no bietet ein Explore Norway Ticket an, mit dem man im Sommer unbegrenzt zwei Wochen lang für 375€ durch Südnorwegen fliegen kann.

Infos: *www.sas.no, www.wideroe.no, www.norwegian.no*

Miet-Auto

Über www.rent-a-wreck.no kann man sich relativ günstig gebrauchte aber funktionstüchtige Autos mieten. Tel. (+47) 815 220 50.

Übernachten

Zelten

Auf Tour sieht es im Prinzip so aus: Wenn Sie am Nachmittag oder Abend keine Lust haben, noch weiter zu marschieren, gehen sie ein paar Schritte von Ihrem Trail herunter. Dort können Sie Ihr Zelt aufbauen. Das Jedermannsrecht ist Grundlage für diese traumhaften Voraussetzungen.

Gleichwohl gelten die Regeln des Gesetzes auch, wenn Sie nicht irgendwo in der Wildnis herumlaufen, sondern in bewohnten Regionen beispielsweise mit dem Rad unterwegs sind *(Siehe Jedermannsrecht, Seite 21)*. Unbedingt Folge leisten sollte man Weisungen auf Schildern, die wildes Campen an vielen schönen, eigentlich bestens dafür geeigneten Stellen untersagen. Oft wurden sie, nach schlechten Erfahrungen mit Campern, dort aufgestellt.

Übernachten auf offiziellen Zeltplätzen ist bei Fahrradtouren im Süden in einigen Gegenden oftmals die einzige Möglichkeit, Übernachtungen in Hotels oder Jugendherbergen zu vermeiden. Viele Zeltplätze vermieten auch kleine Holzhütten, die es in verschiedenen Standards gibt: vom reinen Pritschenlager mit einer Kochplatte bis hin zum gemütlichen Holzhaus mit Schlafzimmer, Wohnzimmer, Küchenzeile und Fernsehecke. Dementsprechend variieren auch die Preise. Wenn man tagelang im Regen unterwegs war, sind die Aussichten auf eine Campinghütte oft das einzige, was einen vorantreibt.

Infos: *Norwegischer Campingverband, www.camping.no*

Berghütten

In fast allen beliebten Wanderregionen unterhalten der DNT, der Norwegische Wanderverein, oder lokale Wandergruppen Berghütten, die allen Wanderern offen stehen. (In der Regel sind sie von Anfang Oktober bis Mitte Februar geschlossen. Genaue Termine erfährt man auf

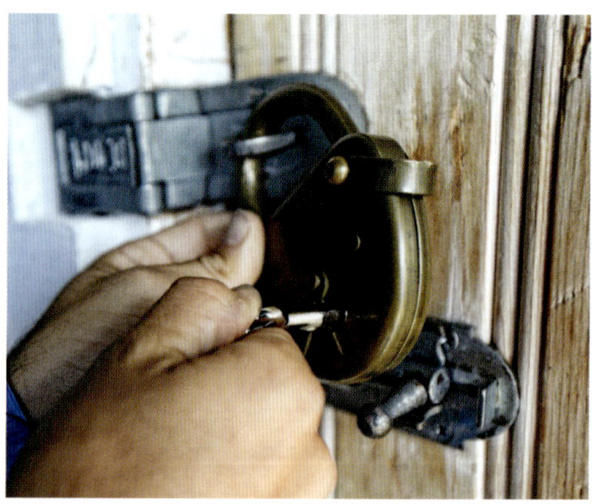

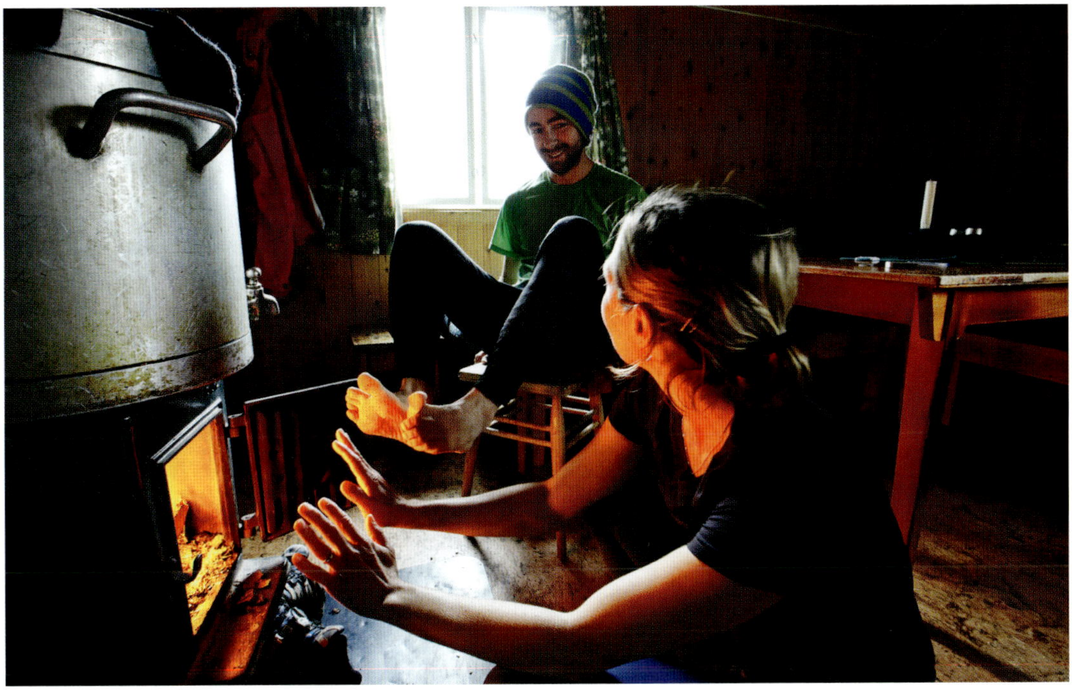

der Webseite des DNT oder bei den örtlichen Fremdenverkehrsämtern.) Auch DNT-Hütten weisen unterschiedliche Standards auf. Angefangen bei kleinen Nothütten, die zwei Pritschen und einen kleinen Holzofen bieten, zu unbewirtschafteten und bewirtschafteten Hütten (beide mit Vorratsregalen, Gaskocher und Ofen ausgestattet) und den so genannten Berghotels, riesigen Wanderherbergen mit über 100 Betten und Vollpension. Während man letztere manchmal besser meidet, um einen Kulturschock nach so viel Einsamkeit zu verhindern, sind die kleineren Hütten immer sehr nett.

Man kann seine Tour darauf abstimmen, jede Nacht in Hütten zu übernachten, um auf Zelt, Isomatte und Kocher verzichten zu können oder bestimmte Hütten entlang seiner geplanten Route als Notunterkünfte bei schlechtem Wetter im Hinterkopf haben.

In viele der unbewirtschafteten Hütten gelangt man nur mit einem Schlüssel, den Mitglieder direkt beim DNT oder seiner deutschen Vertretung gegen ein Pfand erhalten. Mitunter bekommt man den Schlüssel auch in einer bewirtschafteten Hütte der Region. Die jährliche DNT-Mitgliedschaft kostet ca. 80 Euro, Junioren bis 26 Jahre zahlen ca. 45 Euro. Da Mitglieder vergünstigt (ca. 20 - 30%) übernachten können, sollte man sich überlegen, ob man dem DNT beitritt. Normalerweise rechnet sich eine Mitgliedschaft schon ab wenigen Übernachtungen – das Schlüsselproblem löst sie außerdem.

Infos: Den Norske Turistforening (DNT), *Youngstorget 1, 0181 Oslo, (Besuchsadresse: Storgata 3), Tel. (+47) 400 01 868 & (+47) 228 228 22, www.turistforeningen.no*

DNT-Vertretung in Deutschland:
Nach Norden, Helga Rahe, Neuheim 31, 48155 Münster, Tel. (0251) 32 46 08, www.huettenwandern.de

***Infos** zu über **1000 Hütten und Wandergebieten** sowie Tourenvorschläge: www.ut.no*

Jugendherbergen

Ein Netz von rund 75 Jugendherbergen zieht sich über Norwegen. Im Stil ähneln sie denen hierzulande mit dem Vorteil, dort auch eine Küche nutzen zu können. Für Übernachtungen in Großstädten ist im Sommer eine Reservierung sehr zu empfehlen. Sie müssen nicht unbedingt im Besitz einer Mitgliedskarte des Deutschen Jugendherbergswerkes sein, zahlen aber sonst einen Aufschlag von ca. fünf Euro/Übernachtung.

In vielen Städten gibt es Herbergen im Jugendherbergs-Stil, die allerdings nicht der offiziellen Vereinigung der Jugendherbergen angehören. In den örtlichen Fremdenverkehrsämtern wird man Sie über solche Übernachtungsmöglichkeiten informieren.

Infos: Norske Vandrerhjem,
Tel. (+47) 23 12 45 10, www.hihostels.no

Pensionen / Bed & Breakfast / Hotels

In vielen Orten, selbst in Großstädten, gibt es die Möglichkeit, in privaten Unterkünften oder Bed & Breakfasts unterzukommen – zu einem Preis, der oftmals unter dem der Jugendherbergen liegt. Einfach bei der Touristeninformation oder, in kleineren Orten, im Supermarkt oder an der Tankstelle nachfragen.

Es gibt mehrere Hotelketten, zum Beispiel die Choice-Hotels und Best Western Hotels, die in vielen Orten / Städten des Landes Hotels haben. Zum Teil bieten sie Hotelpässe an, die die Übernachtungen im Schnitt sehr viel günstiger machen. Mitte Juni bis Mitte August bieten viele Hotels großzügige Rabatte an, denn zu dieser Zeit ist für Geschäftsreisende Nebensaison.

Verpflegung

Norwegische Supermärkte haben ein identisches Angebot zu den Märkten hierzulande. Besonderheiten sind beispielsweise Fiskepudding

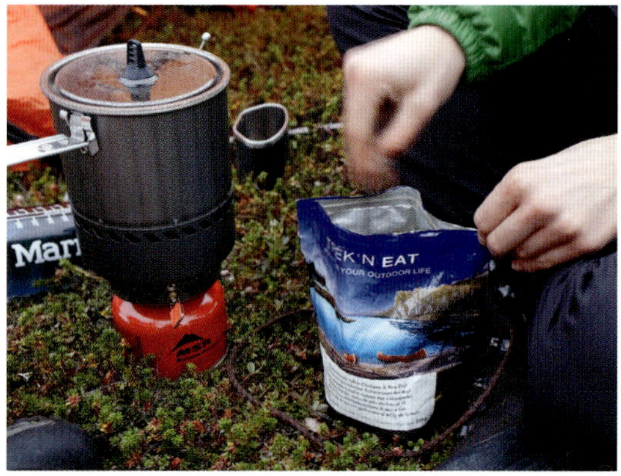

– ein weißer, glibberiger Fischpudding, in Brikett-Form eingeschweißt, Elch- oder Rentiersalamis oder Marmelade aus Moltebeeren.

Früher waren die Kofferräume von Reisenden aus Mitteleuropa oft mit Lebensmitteln gefüllt, um vor Ort nicht zu viel Geld für die Verpflegung ausgeben zu müssen. Diese Zeiten haben sich zum Glück geändert. Norwegen entspricht – zumindest im Supermarkt – nicht mehr dem Klischee des übermäßig teuren Reiselandes. In fast jedem Ort findet man heute Discounter.

Zur Feier des Tages essen zu gehen, will allerdings noch immer wohl überlegt sein, zumindest in einem wirklichen Restaurant. Preisgünstiger als abends, ist der Mittagstisch „Dagens Rett“. Im Fast-Food-Sektor ist das Preisniveau durchaus o.k. „Peppe's Pizza“, zum Beispiel, eine Pizza-Kette, deren Filialen es in ganz Norwegen gibt, bietet für Ausgehungerte auch All-You-Can-Eat-Deals. Nach zwei Wochen in der Wildnis ein guter erster Anlaufpunkt.

Ein teures aber echtes Highlight für Outdoorer sind die norwegischen Trekking Mahlzeiten der Firma Turmat. Ohne künstliche Zusatzstoffe und in genialen Geschmacksrichtungen zaubern sie auch nach langen, harten Tagen bei jedem Bissen ein Lächeln aufs Gesicht. Erhältlich in den meisten Sport- und Outdoorläden. ***Infos:*** *www.drytech.no*, erhältlich hierzulande z.B. bei *www.fliegfix.com*

i

Veranstalter

Unzählige Reiseveranstalter bieten Touren aller Art nach und in Norwegen an: Trekking für Einsteiger – Kanutouren auf dem Femundsee – Radtouren durchs Fjordland – Skiwanderungen über die Hardangervidda, usw.
Wenn Sie etwas Besonderes erleben möchten und wenn Sie Kontakt zu Norwegern suchen, sollten Sie eine Reise beim DNT, dem norwegischen Wander- und Touristenverband buchen. Der DNT verwaltet fast alle Wanderhütten im Land und ist dem deutschen Jugendherbergswerk ähnlich. Größtenteils werden die Touren des DNT von Einheimischen gebucht, nur hin und wieder auch von Ausländern.

Programm- und Buchungsinfos: Den Norske Turistforening (DNT) und DNT-Vertretung in Deutschland, *Siehe Seite 31*

Zollbestimmungen

Für die Einreise gibt es einigen Regeln. Je nach Alter dürfen unterschiedliche Mengen an Alkohol und Tabak zollfrei eingeführt werden:

ALKOHOLISCHE GETRÄNKE
(Reisende über 18 bzw. 20 Jahre)*
- 1 Liter Alkohol mit mehr als 22 und weniger als 60 Volumenprozent (Vol.-%) Alkohol.
- 1,5 Liter alkoholische Getränke mit mehr als 2,5 und bis zu 22 Vol.-% Alkohol.

oder stattdessen
- 3 Liter alkoholische Getränke mit 2,5 bis 22 Vol.-% Alkohol und zusätzlich 2 Liter Bier o. ä. mit einem Alkoholgehalt zwischen 2,5, bis 4,7 %.

*Getränke mit einem Alkoholgehalt von mehr als 20 Vol.-% dürfen erst ab einem Alter von 20 Jahren nach Norwegen eingeführt werden.

TABAKWAREN
(Reisende über 18 Jahre)
200 Zigaretten oder 250 Gramm Tabak sowie 200 Blatt Zigarettenpapier.

***Infos:** www.toll.no (da es regelmäßig zu Überarbeitungen dieser Bestimmungen kommt, sollte man sich in kritischen Fällen vor der Abreise noch einmal informieren).*

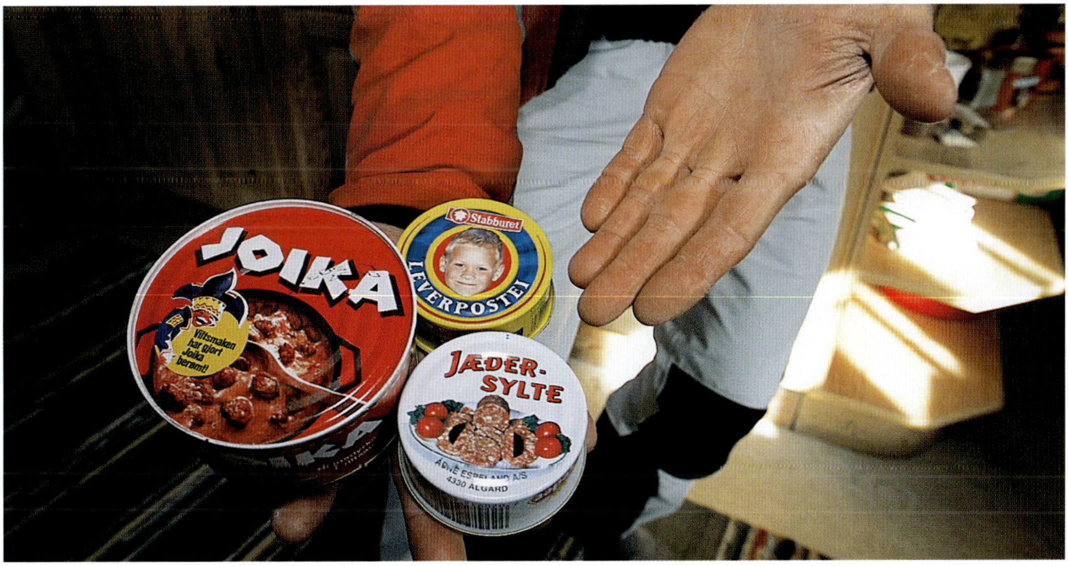

i

Checklisten

Kleidung & Co

- ☐ 2 Trekkinghosen lang
- ☐ 1 Trekkinghosen kurz
- ☐ Funktionsunterhosen, Fleece-Hose
- ☐ Funktions-T-Shirts lang
- ☐ Funktions-T-Shirt kurz
- ☐ für Frauen Sport- BH
- ☐ Fleecepullover oder -jacke
- ☐ Softshell-Jacke
- ☐ Regenjacke, Gore-Tex-Jacke
- ☐ Regenhose, Gore-Tex-Hose
- ☐ Regenhut
- ☐ Sonnenbrille, Sonnenhut
- ☐ Socken
- ☐ Gamaschen
- ☐ Wanderstiefel und leichte normale Schuhe
- ☐ Trekkingstöcke evtl.
- ☐ Trekking-Sandalen
- ☐ Mütze, Halstuch, Schal, Handschuhe
- ☐ einmal Kleidung stadtfein

Sonstiges

- ☐ Outdoor-Handtuch
- ☐ Badesachen und Handtuch
- ☐ Zahnbürste, Zahnpasta
- ☐ Kamm / Bürste
- ☐ Nagelschere
- ☐ Outdoor-Seife
- ☐ Sonnencreme
- ☐ Lippenschutzcreme
- ☐ Feuchtigkeitscreme, Fettcreme
- ☐ Tampons / Slipeinlagen
- ☐ Rasierzeug, kleiner Spiegel
- ☐ Toilettenpapier, Taschentücher
- ☐ Klappspaten/-schaufel
- ☐ Moskito-Kopfnetz
- ☐ Mückenmittel
- ☐ Fotoausrüstung, Objektive & Fototasche
- ☐ Speicherkarte
- ☐ Ersatzakkus, evtl. Solarladegerät
- ☐ Stifte & Papier
- ☐ Seil (5 m), Schnüre, Draht, Gummis
- ☐ Wäscheklammern
- ☐ Karten für die Touren & wasserdichte Hülle
- ☐ Kompass, GPS
- ☐ Plastiktüten *(als Müllbeutel)*
- ☐ Taschenmesser & Tool
- ☐ Nähzeug
- ☐ Schuhpflegemittel / Imprägnierung
- ☐ Ersatzteile, Reparaturmittel für Zelt, Kanu, Rad
- ☐ Reise-Brettspiel *(z.B auf die Isomatte gemalt)*
- ☐ Reisedokumente, Campingkarte, Fährticket
- ☐ Mitgliedsausweis DNT, Hüttenschlüssel
- ☐ Bahncard, Krankenkassenkarte
- ☐ EC-Karte, Kreditkarte, Führerschein
- ☐ Bargeld, Norwegische Kronen
- ☐ Mobiltelefon & Ladekabel
- ☐ Uhr, Wecker
- ☐ Reiseführer, Tagebuch, Lesebuch
- ☐ Erste-Hilfe-Set *(siehe rechts)*

Küche

- ☐ Kocher (Gas- oder Benzin) & Ersatzteile
- ☐ Brennstoff
- ☐ Grillrost, Alufolie
- ☐ Feuerzeug, Grill-Anzünder
- ☐ Töpfe, Pfanne + Deckel, Epressokanne
- ☐ Tasse, Teller (tief / flach)
- ☐ Besteck
- ☐ Schneidebrett, scharfes kleines Messer
- ☐ Schere, Sparschäler, Kochlöffel
- ☐ Wasserflasche oder 5 l Wassersack
- ☐ Thermosflasche & Trinkflasche
- ☐ Schwamm / Spüli / Geschirrtuch
- ☐ Faltschüssel

Campingausrüstung

- ☐ Zelt & Reparatur-Set
- ☐ Zeltunterlage, Tarp
- ☐ Isomatte
- ☐ Schlafsack
- ☐ Schlafsack-Inlet, Kissen
- ☐ Rucksack

- ☐ Robustee Plastiksäcke für innen *und / oder*
- ☐ Regenüberzug für Rucksack
- ☐ Laterne (LED oder Gas)
- ☐ Stirnlampe, Taschenlampe
- ☐ Batterien/Akkus & Ladegerät für Akkus
- ☐ Isomatten-Faltsitz
- ☐ Arbeitshandschuhe
- ☐ Reparaturkleber Seam Grip
- ☐ Schraubhaken, Karabinerhaken

Ergänzung Kanutour

- ☐ Boot & Reparatur-Set
- ☐ Paddel & Ersatzpaddel
- ☐ Spritzdecke
- ☐ Schwimmweste
- ☐ evtl. Neoprenhandschuhe
- ☐ Paddeljacke
- ☐ Neoprenschuhe oder Sportschuhe
- ☐ Wasserdichte Säcke und/oder Tonnen
- ☐ Kleiner Rucksack
- ☐ Sitzpolster, wasserfestes Sitzkissen
- ☐ Bootsleine
- ☐ Bootswagen
- ☐ Schwamm *(zum Entwässern des Bootes)*
- ☐ Lenzpumpe *(zum Leerpumpen des Bootes)*
- ☐ Fernglas
- ☐ Duck-Tape-Klebeband
- ☐ Angel + Köder + Köcher
- ☐ Klappsäge

Ergänzung Fahrradtour

- ☐ Fahrrad
- ☐ Fahrradtaschen (vorn, hinten, Lenker)
- ☐ Wasserdichte Fahrradtaschen & Säcke
- ☐ Lange und kurze Radhose
- ☐ Fahrradschuhe evtl. Fahrradhandschuhe
- ☐ Fahrradhelm
- ☐ Werkzeug, Öl für Kette
- ☐ Spanngurte, Kabelbinder
- ☐ Luftpumpe
- ☐ Flickzeug
- ☐ Tacho
- ☐ Fahrradschloss & Schlüssel

Ergänzung Wintertouren

- ☐ Daunenjacke
- ☐ Mütze
- ☐ Handschuhe (dicke Fäustlinge, dünnere Fingerhandschuhe)
- ☐ Halswärmer
- ☐ Schneebrille oder Gletscherbrille
- ☐ Dickere Isomatte
- ☐ Dickeren / zusätzlichen (Hütten-) Schlafsack
- ☐ Lange Unterhosen
- ☐ Winterstiefel
- ☐ Dickere Socken
- ☐ Tourenhose
- ☐ Sturmhaube
- ☐ ____________________
- ☐ ____________________
- ☐ ____________________

Erste-Hilfe-Set

- ☐ Pflaster, Blasenpflaster
- ☐ Mullbinde, Leukoplast
- ☐ sterile Wundauflagen
- ☐ Desinfektionsmittel, Wundsalbe
- ☐ Kopfschmerztabletten
- ☐ Durchfalltabletten
- ☐ Schmerztabletten, Erkältungsmittel
- ☐ Augensalbe
- ☐ Sportsalbe (Kytta oder Voltaren)
- ☐ Salbe gegen Insektenstiche,
- ☐ Antiallergikum, Antihistaminika
- ☐ Pinzette, Zeckenzange
- ☐ Samsplint *(provisorische Schienung bei Brüchen)*
- ☐ Tape
- ☐ Dreieckstuch
- ☐ Rettungsdecke
- ☐ ____________________
- ☐ ____________________
- ☐ ____________________
- ☐ ____________________
- ☐ ____________________
- ☐ ____________________
- ☐ ____________________

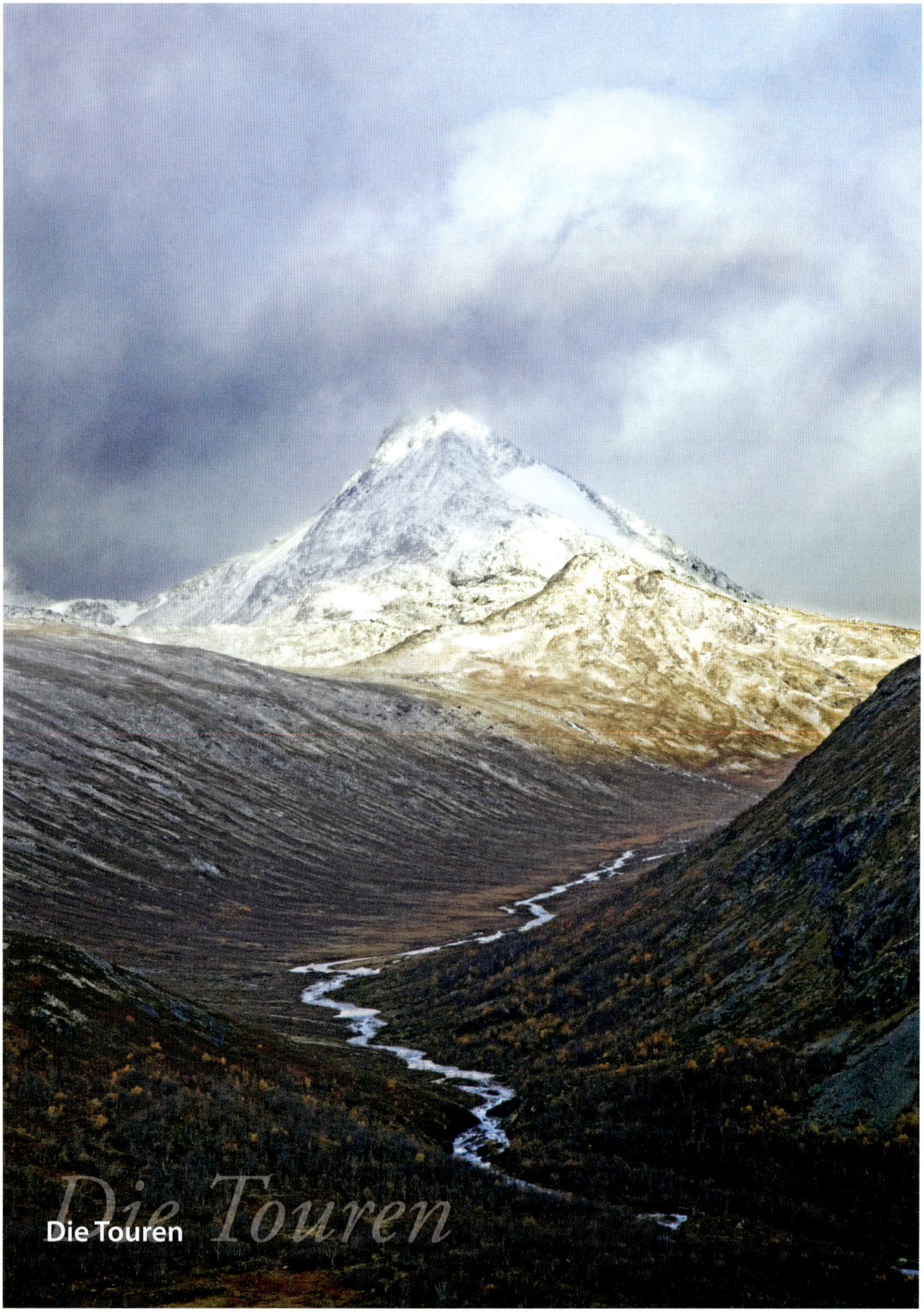

Die Touren

Die Touren

Zu den Touren

Alle in diesem Buch beschriebenen Touren wurden in den letzten Jahren gegangen, geradelt oder gepaddelt und im Herbst 2013 auf den neuesten Stand gebracht. Trotzdem besteht immer die Gefahr, dass Adressen, Telefonnummern oder Busverbindungen sich ändern oder Unterkünfte schließen. Falls Sie unterwegs feststellen, dass sich unsere Informationen geändert haben – schreiben Sie uns (siehe Impressum) und helfen Sie, die nächste Ausgabe des „Outdoor Kompass Südnorwegen" noch besser zu machen.
Die Auswahl der Touren beruht einerseits auf der Schönheit der Destinationen – keine der beschriebenen Routen hätte unserer Meinung nach in einem Südnorwegen-Führer fehlen dürfen – anderseits haben wir auch versucht, jedem etwas zu bieten. So finden Sie nicht nur Wander- und Kanutouren, sondern auch Rad-, Ski- und Schneeschuhtouren. Für jede Jahreszeit etwas dabei. Somit ist es fast egal, für wann Sie Ihren nächsten Urlaub geplant haben, Norwegen empfängt Sie immer mit offenen Armen.
Die meisten Routen in diesem Buch sind reine Zelttouren, mit der Möglichkeit „wild", an jeder beliebigen Stelle entlang des Weges zu zelten. Nur dort, wo es schwierig war, geeignete Plätze zu finden, sind Zeltmöglichkeiten eingezeichnet. Aus diesem Grund haben wir keine Tagesetappen vorgeschlagen, sondern allein die Routenpunkte genannt. Somit kann auch jede Etappe kürzer oder länger ausfallen, als hier beschrieben. Alle Touren sind mit durchschnittlich guter Kondition machbar – wer also eine halbe Stunde joggen kann ohne anhalten zu müssen und sich hinterher schnell erholt und wieder gut fühlt, wird keine Probleme haben.
Alle für eine Tour wichtigen Adressen finden Sie in der jeweiligen Tourinfo, übergeordnete Adressen einzelner Verbände oder Organisationen Seite 20 unter „Infos, Wichtige Adressen" bei Reiseinfos von A-Z. Piktogramme erleichtern das Einschätzen einer jeden Tour.
Die Karten in diesem Buch sollen Ihnen einen Eindruck über den Verlauf der Tour vermitteln. Zur besseren Übersicht haben wir auf umliegende und angrenzende Straßen verzichtet. Sie sollten sich immer eine topographische Karte besorgen – zu Ihrer eigenen Sicherheit.

Kartensymbole

- *Hotel, Pension*
- *Hütte*
- *Jugendherberge*
- *Campingplatz*
- *wilde Zeltmöglichkeit*
- *Einkaufen, Vorratsregal (Hütte)*
- *Restaurant, Café Essen in der Hütte*
- *Kanuverleih*
- *Fahrradverleih*
- *Skiverleih*
- *Fischereikarte kaufen*
- *Museum*
- *sehenswerte Kirche*
- *Information Touristinfo*
- *Fähre*
- *Parkplatz*
- *Bahnhof*
- *Bus*
- TAXI *Taxi*
- *Stromschnelle oder Furt*
- *Sommerbrücke Ganzjahresbrücke*
- *sehenswerter Ort*
- *Schleuse*
- *Nationalpark*
- *Tourverlauf*
- *Tourrichtung*
- *Tourbeginn*
- *Tourende*
- *Tourbeginn und -ende*

i

Tourenübersichtskarte

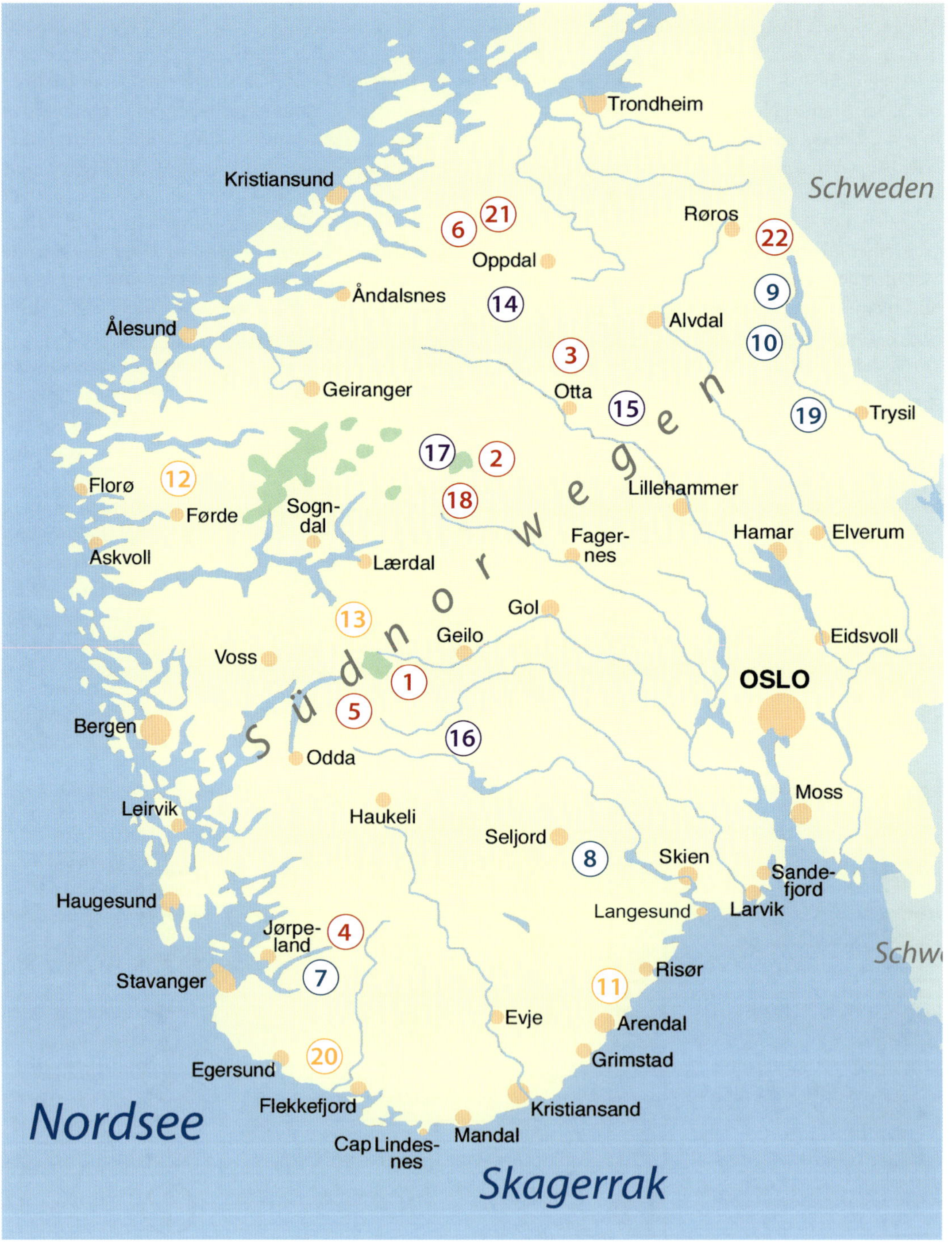

i

Tourenübersicht

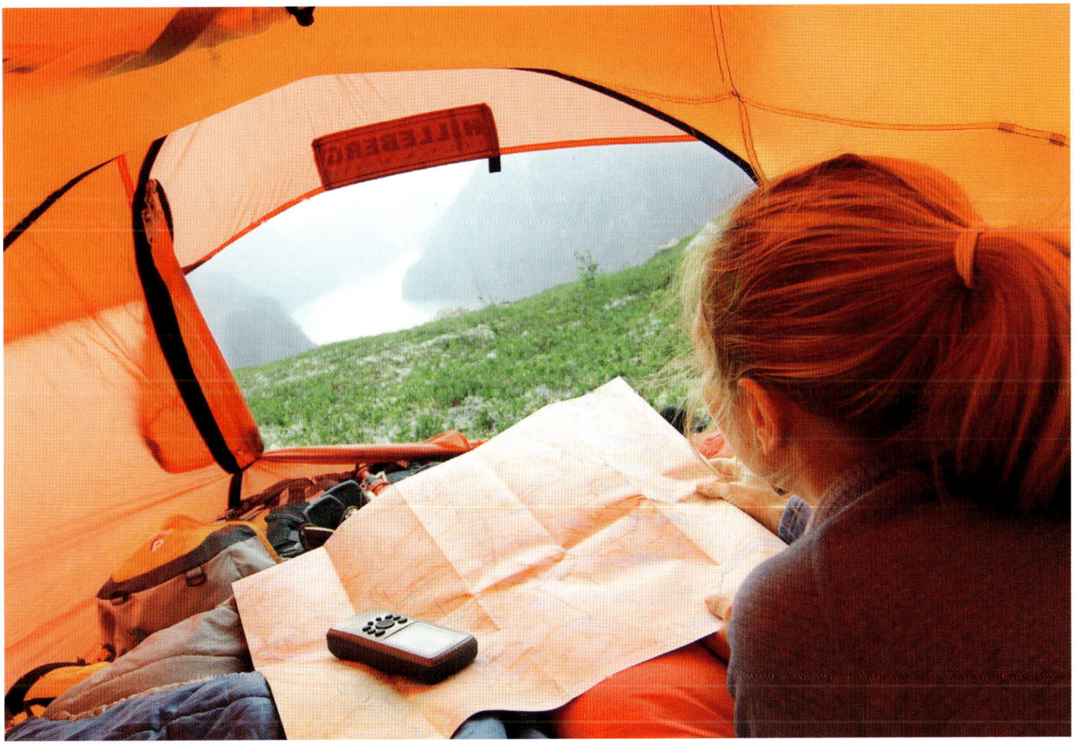

Routenplanung Im Zelt hoch über dem Aurlandsfjord.

Stadttelegramme

Bergen

Allgemein

Für viele ist Bergen ohne Frage die schönste Stadt Norwegens, noch weit vor Oslo oder Trondheim. Die zweitgrößte Stadt des Landes liegt an der Westküste in einer von vorgelagerten Inseln geschützten Bucht und erstreckt sich über sieben Berge, von denen zwei beliebte Aussichtspunkte und Ausflugsziele sind. Das Zentrum der alten Hansestadt liegt um das Hafenbecken Vågen, an dessen Nordufer die zum Teil 300 Jahre alten Speicher der so genannten Tyske Brygge stehen. Dort lebten und handelten deutsche Kaufleute rund 500 Jahre lang, bis in den 60er Jahren des 18. Jahrhunderts die letzte Handelsstube an einen Norweger verkauft wurde. Ein Spaziergang durch die schmalen Gassen zwischen den langgestreckten, verwinkelten Holzgebäuden ist äußerst lohnend, durchaus auch ein Besuch im Bryggen-Museum bei der Marienkirche am Hafen.

Wer Bergen kennenlernen will, ohne ein Museum zu besuchen, sollte nach einem Spaziergang durch die schmalen Straßen der Wohngebiete südlich des Hafens am Fuße des Hausberges Floyen mit der Standseilbahn (Steigung bis 26 %) auf eben diesen hinauffahren. Allerdings nicht ohne sich vorher einen Beutel fangfrische Shrimps (Reker) auf dem Fischmarkt und ein leckeres Brot in einer Bäckerei der Brygge gekauft zu haben. So ausgestattet, kann man

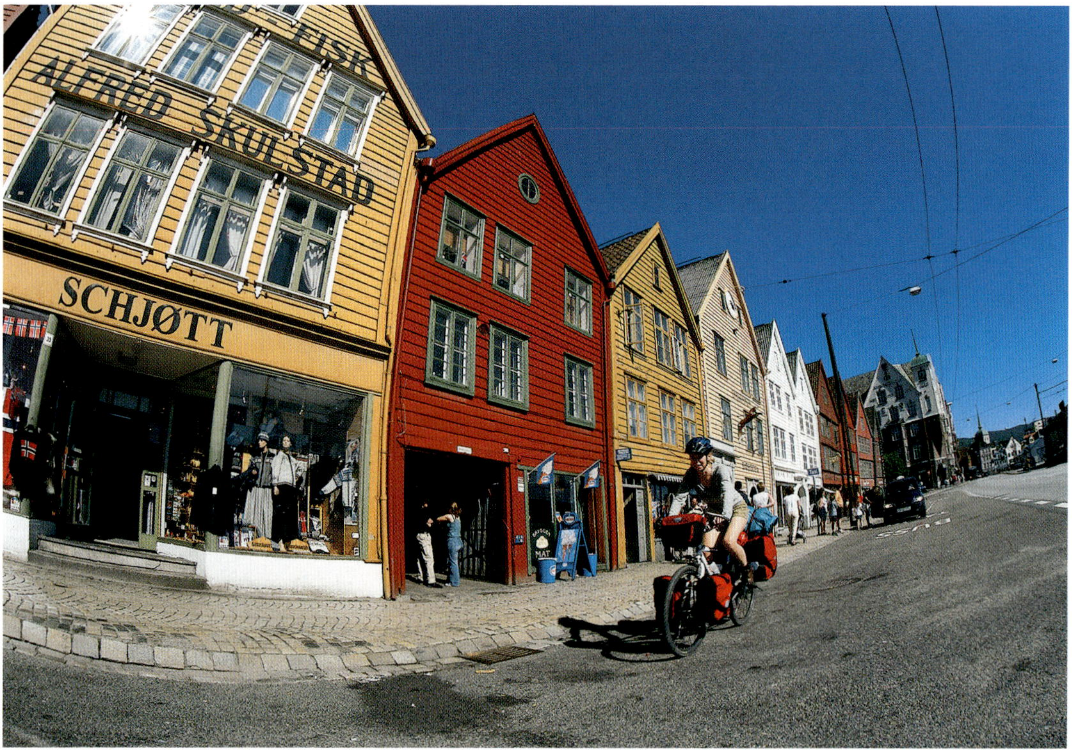

Mit dem Rad durchs schöne Bergen (Tour 12)

dann den Sonnenuntergang vom 319 Meter hohen Floyen genießen – die schönste Art Bergen kennen zu lernen.
Dort oben erstreckt sich ein Netz von Wanderwegen, auf denen man schon nach wenigen Metern die Nähe zur Stadt vergisst, in der ca. eine viertel Million Menschen leben.
Zweiter Aussichtsgipfel ist der Ulriken, etwas weiter vom Zentrum entfernt, dafür ganze 643 Meter hoch und mit einer „echten" Seilbahn zu erreichen.
Was einem die Aussicht über die Stadt – egal von welchem Gipfel – verderben könnte, ist das Wetter. Ganze 300 Regentage bei rund 2000 mm Niederschlag zählt man im Jahr. Bestätigen kann ich das oft dauerhaft schlechte Wetter aus eigener Erfahrung zwar nicht, aber ich würde auch nicht darauf wetten, dass die Sonne scheint, wenn Sie in Bergen ankommen.

Anreise

Viele Wege führen nach Bergen. Natürlich erreicht man die Stadt via Straße und per Flugzeug, am schönsten aber ist die Anreise mit der legendären Bergen-Bahn, die täglich mehrmals von Oslo über die Hardangervidda an die Westküste verkehrt (www. nsb.no), oder per Fähre von Hirtshals in Norddänemark *(siehe Anreise Seite 11)*. Ebenfalls übers Wasser erreicht man Bergen mit einem der Schnellboote der Flaggruten von Stavanger aus in vier bis fünf Stunden (www.tide.no).

Übernachten

Eine Reihe größerer Hotels finden Sie im Zentrum; für das kleine Budget bieten sich eher die Jugendherberge und das YMCA an.
Letzteres liegt unmittelbar in der City
YMCA Family & Youth Hostel,
Nedre Korskirkeallmenning 4, 5017 Bergen, Tel. (+47) 55 60 60 55, www.bergenhostel.com. Die offizielle Jugendherberge liegt ein ganzes Stück vom Zentrum entfernt am Berg Ulriken, ganz in der Nähe der Talstation der Seilbahn ***Bergen Vandrerhjem Montana***, John Blytts vei 30, 5096 Bergen, Tel. (+47) 55 20 80 70, www.montana.no. Vom Zentrum fährt der Bus Nr. 12 zur Jugendherberge.

Outdoor-Shop

Platou Sport (www.platousport.com) in der Småstrandgaten 8. Sehr gut sortiert, von der Gaskartusche bis zur High-Tech-Jacke. Auch Trekkingkarten findet man dort oder in der ***Buchhandlung*** im Kellergeschoss des großen Einkaufszentrums in der Torgalmenning.

Infos

Das ***Fremdenverkehrsamt*** finden Sie direkt am Marktplatz südlich des Hafenbeckens (Vågsallmenningen 1, Tel. (+47) 55 55 20 10, www.visitbergen.com).

Kristiansand

Allgemein

Kristiansand ist mit 75.000 Einwohnern die fünftgrößte Stadt Norwegens. Für Touristen ist die Stadt das „Tor" zum Süden des Landes. Im Sommer pulsiert das Leben in Kristiansand, das seinen Namen vom dänisch-norwegischen König Christian IV. erhielt. Ihm ist auch der streng quadratische Grundriss des Stadtzentrums aus dem Jahre 1641 zu verdanken, das bis heute bestehen blieb. Nach diversen Bränden hat man die Stadt immer wieder nach den alten Plänen aufgebaut. Zum letzten Mal im Jahre 1892. Der überschaubare Grundriss erleichtert die Orientierung. Kleine, verwinkelte Gassen, wie in Bergen, findet man hier nicht.
Ein halber Tag reicht durchaus, um ein wenig Stadtluft zu schnuppern. Danach bieten sich Fahrten ans Cap Lindesnes an, den südlichsten Punkt Norwegens, oder an einen der zahlreichen schönen Sandstrände der Umgebung.

Anreise

Täglich landen in Kristiansand die Fähren der Color Line und Fjord Line aus Norddänemark *(siehe Anreise Seite 11)*. Einen besseren Weg nach Kristiansand als den über das Wasser gibt es fast nicht. Wer die Stadt von Oslo aus erreichen will, fährt – ob mit dem eigenen Auto, per Bus oder mit dem Fahrrad – etwa 330 Kilometer immer entlang der Skagerrak-Küste. Der Abschnitt von Kragerø bis Kristiansand ist besonders schön.

Übernachten

Centrum Budget Hotel, *Vestre Strandgate 49, 4612 Kristiansand, Tel. (+47) 38 70 15 65, www.budgethotel.no*

Frobusdalen Rom, *Frobusdalen 2, 4613 Kristiansand, Tel. (+47) 91 12 99 06, www.gjestehus.no*

Roligheden Camping & Apartments, *Framnesveien 10, 4632 Kristiansand , Tel. (+47) 38 09 67 22, www.roligheden.no*

Outdoor-Shop

Aage Johanson Sport, *Henrik Wergelandsgt. 11a, 4612 Kristiansand, Tel. (+47) 38 02 32 10.*

Infos

FVA Kristiansand, *Destination Sørlandet, Rådhusgata 6, 4611 Kristiansand, Tel. (+47) 38 12 13 14, www.sorlandet.com*

Oslo

Allgemein

In der Hauptstadt Norwegens (ca. 626.000 Einwohner) kann man ein paar schöne Stunden auf der Durchreise, ohne Frage aber auch mehrere Tage verbringen. Spazieren Sie durch die Straßen und Gassen der Stadt, besuchen Sie die Parks und Museen, bummeln Sie am Hafen entlang oder durchkreuzen Sie mit einer der kleinen Personenfähren den Oslofjord und erkunden Sie die zum Teil bewohnten Inseln.

Wer nur wenige Stunden bleibt, sollte sich ein Highlight der Stadt nicht entgehen lassen. den ***Vigelandspark***. In diesem Stadtpark stehen 212 Skulpturen aus Bronze, Granit und Schmiedeeisen des Künstlers Gustav Vigeland – Menschen jeden Alters, vom Säugling zum Greis, die zusammen den Zyklus des Lebens darstellen sollen. Größte Attraktion im Park ist ein 17 Meter hoher Monolith, bestehend aus 121 ineinander verschlungenen Leibern. Allein hieran wurde 14 Jahre lang gearbeitet.

Wer mehr Zeit in der Stadt verbringt, sollte außerdem die spannenden ***Museen*** auf der im Oslofjord liegenden Insel Bygdøy (wie das ***Fram-Museum***, das ***Kontiki-Museum*** und

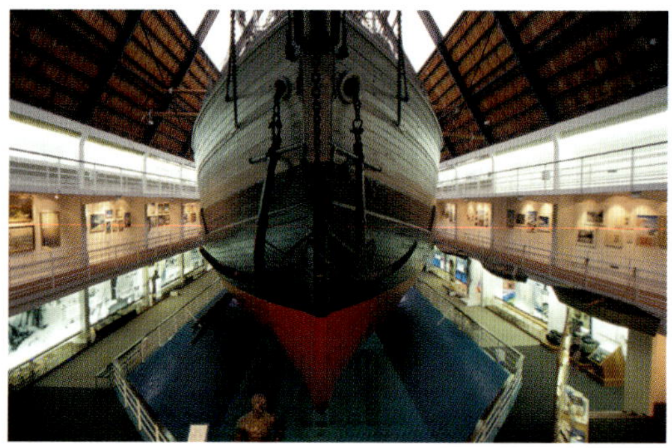

Das Polarschiff „Fram" im Fram-Museum.

das ***Wikingerschiff-Museum***) besuchen (Bus Nummer 30 in Richtung Bygdøy oder Boot 91 vom Hafen). Der ***Hausberg Holmenkollen*** (U-Bahn Nummer 1 bis Holmenkollen) mit seiner berühmten Skisprungschanze, bei der man nicht nur einen Eindruck davon bekommt, wie mutig Skispringer sein müssen, sondern von der man auch eine gute Aussicht über die Stadt und den Oslofjord hat, ist eine weitere, vielbesuchte Attraktion. 1952 wurden hier die Olympischen Winterspiele ausgetragen. Auch sehenswert sind das ***königliche Schloss***, die ***Universität***, das ***Rathaus***, die ***Festung Akershus*** und die am Westufer des Hafens gelegene ***Aker Brygge***, ein moderner Bau aus rotem Backstein und viel Glas – einst eine Werft, heute ein lebendiger Gebäudekomplex mit vielen Läden, Restaurants und Wohnungen.

Anreise

Per Fähre mit der Color Line von Kiel und Hirtshals, mit der Stena Line von Frederikshavn oder mit der DFDS von Kopenhagen. Der Flughafen von Oslo, Gardermoen, liegt etwa 50 Kilometer nördlich der Stadt. Anbindung ans Zentrum per Airport-Express-Zug (www.flytoget.no), Shuttle-Bus von SAS (www.flybussen.cno) oder Nor-Way Bussekspress (www.nor-way.no). Ryanair fliegt zu den Flughäfen Torp oder Rygge *(siehe Anreise Seite 10)*.

Übernachten

Wie in allen Großstädten gibt es auch in Oslo unzählige Hotels aller Qualitäts-Kategorien.

Sehr zentral gelegen, relativ ruhig, aber etwas teurer ist das ***Clarion Collection Hotel Savoy*** *(neben der Nationalgalerie), Universitetsgate 11, 0164 Oslo, Tel. (+47) 23 35 42 00, www.choicehotels.no*

Sehr zentrales und günstiges Hostel:
Anker Hostel *Storgata 55, 0182 Oslo, Tel. (+47) 22 99 72 00, www.ankerhostel.no*

Die Jugendherberge liegt im Nordosten:
Oslo Vandrerhjem Haraldsheim, *Haraldsheimveien 4, 0587 Oslo, Tel. (+47) 22 22 29 65, www.haraldsheim.no*

Campingplatz mit tollem Blick über die Stadt:
Ekeberg Camping, *Ekebergveien 65, 1181, Oslo, Tel. (+47) 22 19 85 68, www.ekebergcamping.no*

Outdoor-Shop

XXL Sport & Vilmark, *Storgata 2, 0155 Oslo, Tel. (+47) 24 08 40 25, www.xxl.no*

Infos

Tourist-Info am **Rathaus:** *Fridtjof Nansens Plass 5, Tel. (+47) 815 305 55. www.visitoslo.com*

Stavanger

Allgemein

Stavanger ist mit knapp 129.600 Einwohnern die viertgrößte Stadt Norwegens und liegt im Südwesten am Meer, rund 250 Straßenkilometer nordwestlich von Kristiansand. Zum berühmten Lysefjord mit dem Preikestolen und Kjerag Plateau ist es nicht weit. Stavanger ist die reichste Stadt des Landes und ein multikulturelles Ereignis – Grund sind die großen Ölvorkommen vor der Küste, die Norwegen seit Ende der sechziger Jahre nach Großbritannien zum zweitgrößten Ölproduzenten in Westeuropa machten und Arbeitskräfte aus der ganzen Welt herbeilockten – vornehmlich Franzosen, Japaner, Briten und Amerikaner. Das sieht man auch in den Supermärkten der Stadt, die allerlei internationale Leckerbissen anbieten.

Einen Besuch ist die „Öl-Metropole" Stavanger immer wert. Sicherlich, die Stadt wächst und wächst in alle zur Verfügung stehenden Himmelsrichtungen, (was für die auf der Spitze einer Halbinsel liegenden Stadt fast nur noch der Süden ist) und zeigt viel unschöne Industrie-Architektur, doch das Zentrum ist nach wie vor ein Kleinod. Besonders ***Gamle Stavanger***, das „alte Stavanger" besticht durch seine verwinkelten Gassen, die von unzähligen kleinen, weißen, bis zu 150 Jahre alten Holzhäusern flankiert sind. Ein Spaziergang versetzt einen leicht in die Zeit zurück, in der Stavanger noch eine Stadt mit 30.000 Einwohnern war, die hauptsächlich von der Herstellung von Sardinenkonserven lebten. Fast 70 Konservenfabriken gab es in der Zeit vor dem Zweiten Weltkrieg. Heute ist man

i

in Stavanger bzw. seinen Werften mit dem Bau der großen Bohrinseln für die Nordsee beschäftigt. Auch interessant, auch ein Teil von Norwegen, nur nicht ganz so romantisch.

Anreise

Normalerweise erreicht man Stavanger bei einer Reise entlang der Südküste von Kristiansand aus. Vor allem das erste Stück in Richtung der Öl-Metropole, gleich westlich von Kristiansand, ist sehr beeindruckend.
Rund 250 Kilometer liegen zwischen den beiden Städten, dabei fährt man auch an einigen schönen Sandstränden vorbei, die man dort so nicht erwarten würde. Einen Tag sollte man mindestens für die Fahrt einplanen.
Von Bergen aus erreicht man Stavanger im Sommer täglich mit einem Schnellboot der Flaggruten. Fahrtzeit: vier bis fünf Stunden.
Info unter: www.flaggruten.no

Übernachten

Darby's Inn Bed and Breakfast, *Oscarsgate 18, 4008 Stavanger, Tel. (+47) 47 62 52 48*

Stavanger Vandrerhjem Mosvangen, *Henrik Ibsensgt. 19, 4021 Stavanger, Tel. (+47) 51 54 36 36, stavanger@hihostels.no*

Mosvangen Camping, *Tjensvoll 1b, 4021 Stavanger, Tel. (+47) 51 53 29 71, www.mosvangencamping.no*

Outdoor-Shop

Ut i Naturen, *Støperigaten 2, 4014 Stavanger, Tel. (+47) 51 56 19 10. www.utinaturen.no*

Infos

Touristeninformation Stavanger,
Domkirkeplassen 3, 4006 Stavanger,
Tel. (+47) 51 85 92 00,
www.regionstavanger.com

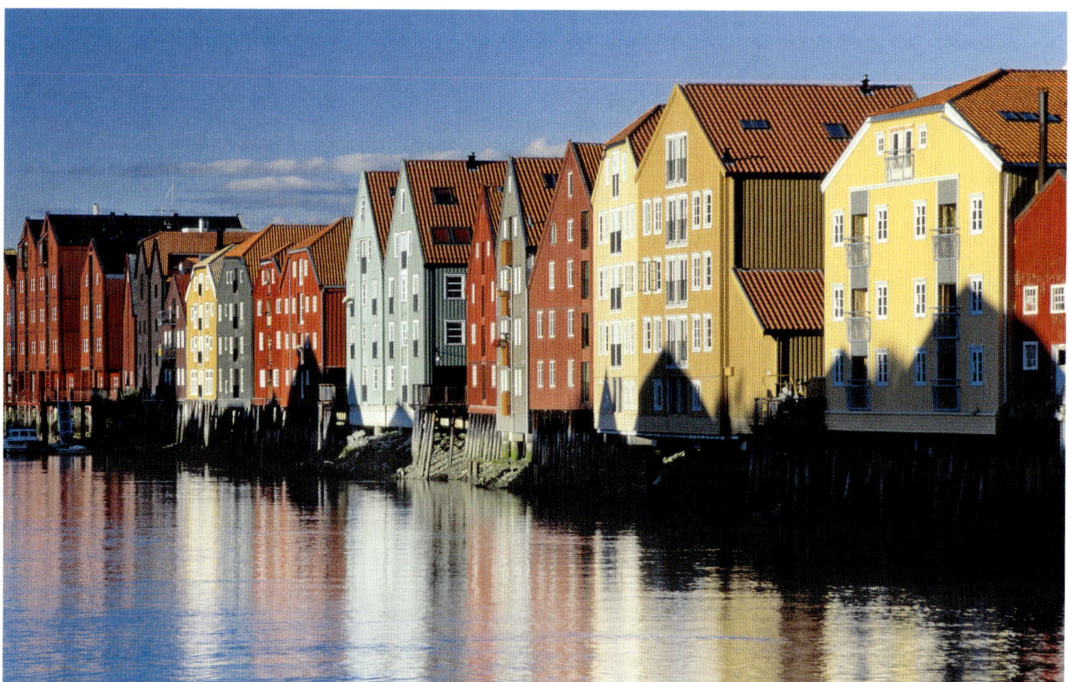

Trondheims Schmuckstück: Bunte Lagerhäuser am Fluss Nid.

i

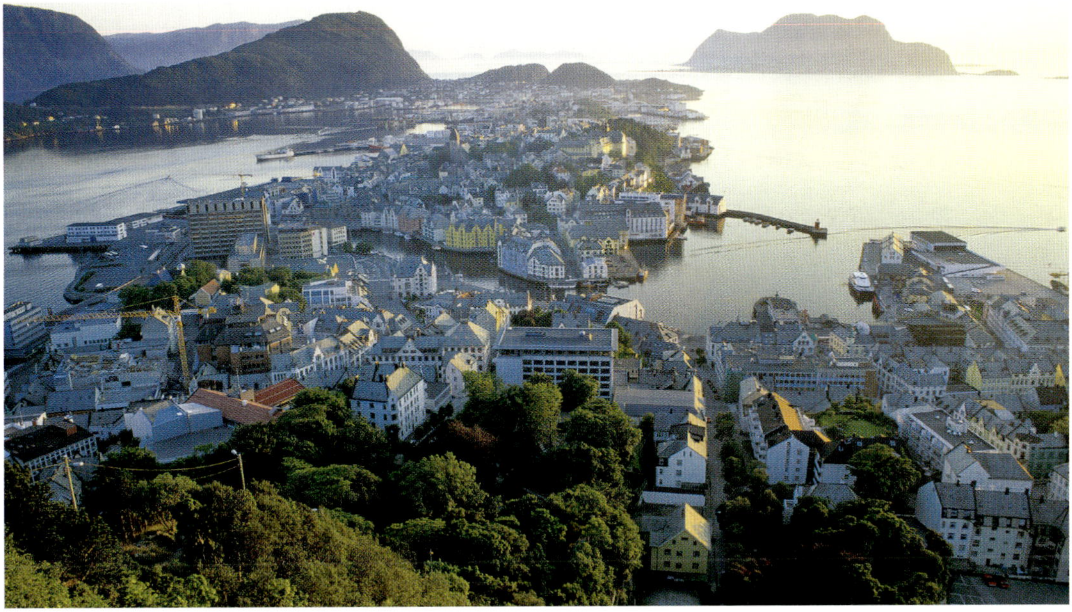

Blick vom Berg Aksla auf Ålesund – eine der schönsten Städte Norwegens.

Ålesund

Allgemein

Wenn man nur eine Stunde Zeit hat für Ålesund – was an sich schon ein Frevel ist – sollte man unbedingt den ***Hausberg Aksla*** besteigen. 418 Stufen sind es vom Zentrum zum Aussichtspunkt, der besonders bei Sonnenuntergang phantastisch ist. Dort oben liegt Ihnen eine der schönsten Städte Norwegens zu Füßen, Sie sehen hinab auf die zerfranste Küste mit ihren Inseln und können täglich eine Viertelstunde vor Mitternacht die Ankunft des Hurtigrutenschiffes beobachten, wie es sich durch den Schärengarten von Norden auf die Hafenmole zu bewegt. In den Straßen und Gassen von Ålesund fällt vor allem die Architektur auf. Nachdem die Stadt im Jahre 1904 fast komplett bis auf die Grundmauern abgebrannt war – 800 Holzhäuser fielen den Flammen zum Opfer –, wurde sie im damals weit verbreiteten Jugendstil wieder erbaut. Holzhäuser waren im Stadtzentrum nach dem Brand per Gesetz verboten worden. Der deutsche Norwegen-Fan Kaiser Wilhelm II. war einer der ersten, der nach dem Brand den Wiederaufbau der Stadt mit Spenden unterstützte. Als Dankeschön taufte man die Hauptstraße von Ålesund „Keiser Wilhelms Gate". Heute zählt Ålesund rund 45.000 Einwohner und ist sehr überschaubar. Wenn Sie die Stadt ausgiebig zu Fuß erkundet haben und Ihnen nach ein wenig Abwechslung zumute ist, sollten Sie den ***Atlantic Seapark*** besuchen, eines der größten Aquarien Nordeuropas. Es liegt etwa drei Kilometer westlich der Stadt am Meer und zeigt anschaulich das Unterwasserleben der Küste und Fjorde.

Anreise

Die Stadt ist natürlich per Pkw und Bus erreichbar, ist aber auch ein Hafen entlang der berühmten Hurtigrute. So bietet es sich z.B an, die Stadt als Endpunkt einer Tour zu wählen und dann mit einem der Postschiffe abzureisen *(z.B. Tour 12)*. ***Infos*** www.hurtigruten.de

i

Übernachten

***Jugendherberge Ålesund Vandrerhjem**, Parkgata 14, 6003 Ålesund, Tel. (+47) 70 11 58 30, alesund@hihostels.no*

Outdoor-Shop

***Fjellutstyr AS**, Notenesgata 3, 6002 Ålesund, Tel (+47) 70 12 46 86.*

Infos

***Fremdenverkehrsamt Ålesund**, Skateflukaia, 6002 Ålesund, Tel.: (+47) 70 15 76 00, www.visitalesund-geiranger.com*

Trondheim

Allgemein

Trondheim markiert die nördliche Grenze Südnorwegens. Alle Touren in diesem Buch liegen weiter im Süden des Landes. Die Stadt eignet sich gut als Ausgangspunkt für Touren in die Nationalparks Rondane und Dovrefjell sowie das Trollheimen *(Touren 3, 14, 19)*.

Trondheim, teilweise umspült vom großen Trondheimfjord, liegt zwar faktisch am Meer, wirkt trotzdem aber ganz anders als die anderen großen Küstenstädte des Landes. Das mag daran liegen, dass der offene Atlantik noch ein ganzes Stück entfernt ist, wohl aber auch an der großen, religiös geprägten Geschichte der Stadt – 1997 feierte Trondheim sein 1.000-jähriges Bestehen. In der Stadt steht mit dem ***Nidarosdom*** das größte Kirchengebäude Skandinaviens, hier werden seit jeher Norwegens Könige gesegnet. Nach dem Tod von König Olav dem Heiligen im Jahre 1030 wurde Trondheim – vor allem ausgelöst durch die großen Pilgerströme, die an sein Grab zogen – zur größten und reichsten Stadt des Landes. Über ein Dutzend Kirchen und Klöster gab es zu jener Zeit in Trondheim. Heute fallen vor allem die unzähligen Studenten auf – weit über 15.000 junge Leute studieren an der großen Universität und einer landesweit bekannten technischen Hochschule. Trondheims Schmuckstück ist die lange Zeile bunter ***Lagerhäuser***, die den ***Fluss Nid*** kurz vor seiner Mündung in den Trondheimfjord zu beiden Seiten flankieren und, stabilisiert von Pfählen, über das Wasser hinaus ragen. Die ältesten von ihnen stammen aus dem 18. Jahrhundert. Sehenswert ist auch das ***Stadtviertel Baklandet*** mit Cafés, Werkstätten und Geschäften in hübschen alten Holzhäusern. Urgemütlich das ***Café Baklandet Skydsstation*** mit kleinem Innenhof.

Im Sommer kann man sich an zahlreichen Fahrradständern ***„City Bikes" (Stadt-Fahrrad)*** ausleihen und durch die Straßen radeln. Infos bei der Touristinfo am Marktplatz *(Adresse siehe unten)*. Vorsicht: Nicht immer sind die Räder auch fahrtüchtig. Testen Sie mindestens die Bremsen und die Lenkung, bevor Sie die nächste Fußgängerzone unsicher machen.

Anreise

Wer Trondheim als Ausgangspunkt seiner Reise wählt, fliegt meist in die Stadt – besonders, wenn man nicht aus dem Norden Deutschlands kommt. Wer den Landweg bevorzugt und die entsprechende Zeit dafür hat, kann von Oslo aus per Bus oder Zug weiter nach Trondheim reisen – dafür sollte man etwa einen Tag einrechnen. ***www.nsb.no*** oder ***www.nor-way.no***

Übernachten

Die Jugendherberge Trondheims liegt etwa 15 Gehminuten vom Zentrum entfernt auf einer kleinen Anhöhe mit Aussicht über die Stadt.

***Vandrerhjem Rosenborg**, Weidemannsvei 41, 7043 Trondheim, Tel. (+47) 95 79 66 06, www.trondheim-vandrerhjem.no*

Outdoor-Shop

***Axel Bruun**, Prinsensgate 30, 7011 Trondheim, Tel. (+47) 73 53 20 93, www.bruun.no*

Infos

***Tourist-Info**, Munkegata 19, 7411 Trondheim, Tel. (+47) 73 80 76 60, www.visittrondheim.no, www.trondheim.com*

Rund um den Hardangerjøkulen

Ein Gletscher von allen Seiten

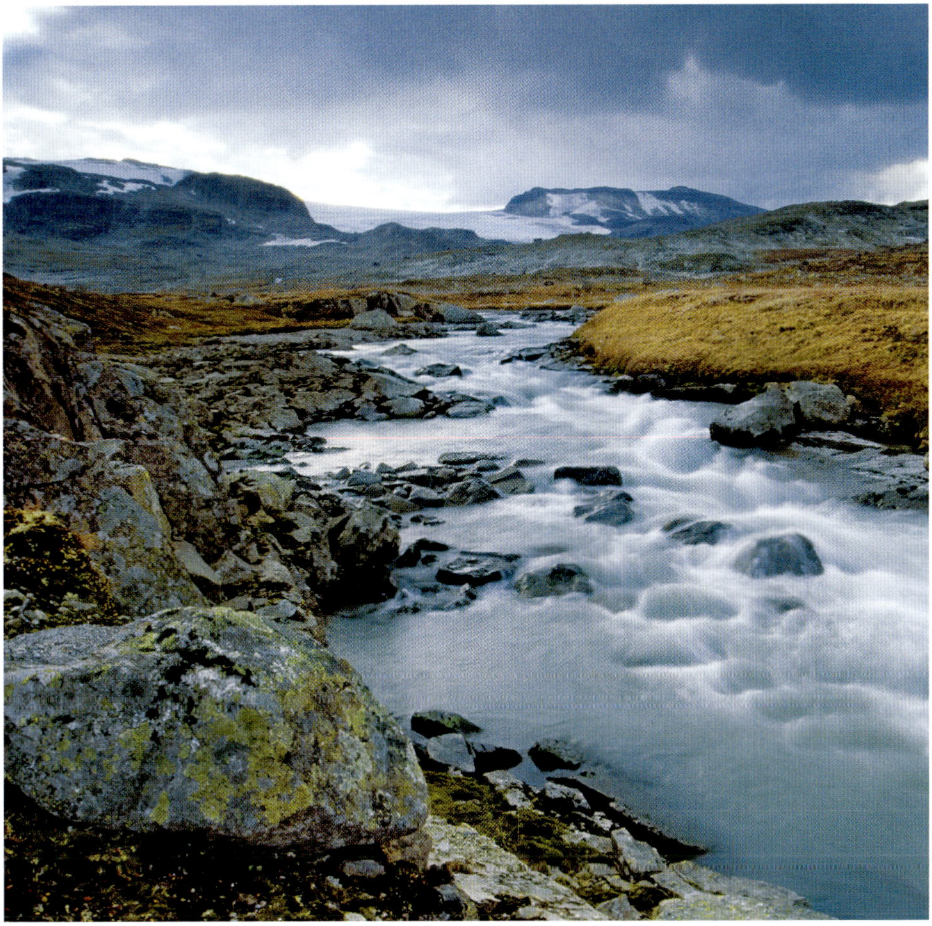

Tour 1

70 km

Rund um den Hardangerjøkulen

Schwierigkeit	Höhendifferenz	Zelten	Hüttenübernachtung
★★★☆	★★☆☆	★★★☆	★☆☆☆

Charakter der Tour

Fünf- bis siebentägige Wanderung um einen der schönsten Gletscher Norwegens, den Hardangerjøkulen. Ideale Wanderung für den Herbst, wenn die Tundra in allen Farben leuchtet. Zwar gibt es auf der Runde nur wenige große An- und Abstiege, doch ist das Terrain mitunter anstrengend zu begehen. Geröllfelder müssen ebenso überquert werden wie Altschneefelder (hier auf unterhöhlte und einbruchgefährdete Bereiche achten). Da im Herbst (etwa ab 20. September) einige der Sommerbrücken abgebaut werden, sind ungemütliche Furten durch eiskaltes Gletscherwasser erforderlich. Erfahrung ist hier notwendig. Man sollte zu dieser Jahreszeit besser nicht allein unterwegs sein, da man leicht der letzte Wanderer in diesem Jahr sein kann – und Hilfe damit weit entfernt ist.

Länge der Tour:
Ca. 70 Kilometer, 5 bis 7 Tage.

Anreise:
Kaum eine Tour lässt sich leichter und schöner erreichen als diese Runde. Ein eigenes Fahrzeug ist absolut unnötig. Man steigt in Oslo in den Zug nach Bergen, die berühmte Bergenbahn, und fährt in rund fünf Stunden bis nach Finse.

Abreise:
Dort, wo man losgelaufen ist, kommt man nach einer Woche auch wieder an und kann in den nächsten Zug zurück nach Oslo steigen.

Start- und Endpunkt:
Der Bahnhof von Finse an der Bergenbahn, ca. fünf Zug-Stunden von Oslo entfernt, zwei von Bergen.

Verpflegung:
Die gesamte Verpflegung muss mitgeführt werden. Allein in der Hütte am Rembesdalsvatnet (geöffnet von 15.02. - 15.10.) kann man seine Vorräte aufstocken, wenn auch mit eher speziellen norwegischen Trekking-Spezialitäten wie Leberpastete, Rentier-Gulasch oder Krabbenkäse aus der Tube.

Übernachten:
Die Tour ist eine klassische Zelttour. Wild gezeltet werden darf überall. Eine Nacht kann in der Hütte (selbstbewirtschaftet) am Rembesdalsvatnet (Rembesdalseter) verbracht werden. Ein hervorragender Zufluchtsort vor dem Wetter, wenn es mal richtig schlimm kommt. Für den ersten oder letzten Abend: ***DNT-Hütte Finsehytta*** (Öffnungszeiten auf www.turistforeningen.no Tel. (+47) 56 52 67 32) und ***Hotel Handlebu Finse 1222*** in Finse, Tel. (+47) 56 52 71 00, www.finse1222.no

Kartenmaterial:
Turkart 2558: Hardangervidda Vest 1:100.000 Verlag Nordeca, z.B. bei www.geobuchhandlung.de
Zwar ein recht kleiner Maßstab, doch sind alle Trails eingezeichnet. Völlig ausreichend für die Runde.

Sehenswürdigkeiten:
Eisenbahnmuseum Rallarveg-Museum in Finse (www.rallarmuseet.no).

Karte Hardangerjøkulen

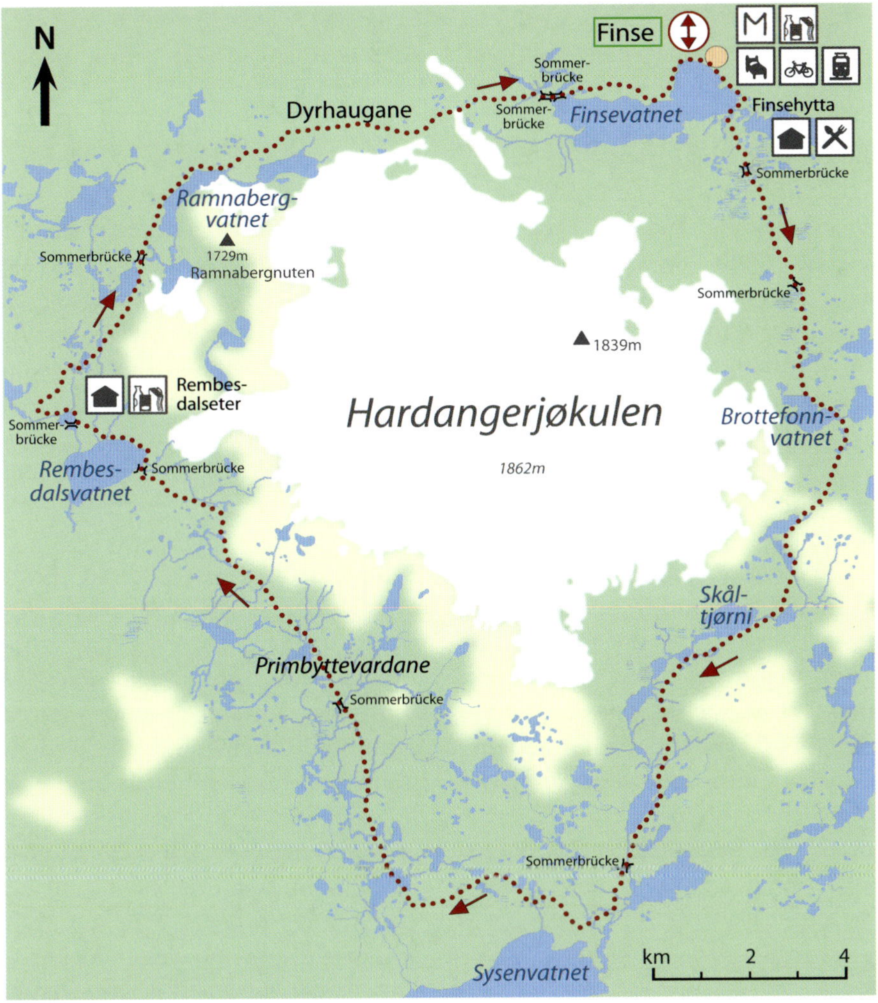

Sonstige Aktivitäten:

Zugfahrt von Myrdal (Bahnstation zwischen Finse und Bergen) nach Flåm. Zugfahrt nach Bergen und dort Stadtbesichtigung. Fahrradvermietung im Hotel in Finse.

Infos, Wichtige Adressen:

Fremdenverkehrsamt zuständig für den Bereich der **Hardangervidda**: ***Hordaland og Bergen Reiselivsråd***, Tel. (+47) 55 31 66 00, www.visithordaland.no; ***FVA Bergen***, Tel. (+47) 55 55 20 00, www.visitbergen.com ***Flåmsbahn:*** www.flaamsbana.no, Tel. (+47) 57 63 21 00.
Norwegische Bahn: www.nsb.no

Route:

Finse – Brottefonnvatnet – Skåltjørni – Sysenvatnet – Primbyttevardane – Rembesdalsvatnet – Ramnabergvatnet – Dyrhaugane – Finsevatnet – Finse.

70 km

Ein Gletscher von allen Seiten

In Finse, dem höchstgelegenen Bahnhof Norwegens, steigen wir aus dem Zug. Knapp fünf Stunden sind es mit der legendären Bergenbahn aus Oslo bis hierher, in die kleine Siedlung am Nordrand der Hardangervidda. Die 1909 von König Haakon eröffnete Eisenbahnstrecke, gilt als eine der landschaftlich schönsten Bahnstrecken in Nordeuropa. Sie führt über die größte Hochebene Europas, die Hardangervidda. Etwa 300 Brücken überspannen unzählige Flüsse. Insgesamt 182 Tunnel mit einer Gesamtlänge von 73 Kilometer und weitere Lawinenschutzbauten mussten errichtet werden, um einen Ganzjahresbetrieb sicherzustellen. Der längste Tunnel der Strecke befindet sich bei Finse und ist etwa 10.300 Meter lang.

Wir schauen uns um. Dort das Hotel, etwas weiter hinten, am Ufer des Finsevatnet, die DNT-Hütte, in die andere Richtung einige alte Lokomotiven mit gigantischen Schneefräsen – ein Teil des Eisenbahnmuseums – und dann der Bahnhof. Ein Thermometer an seiner Fassade zeigt neun Grad Celsius an.

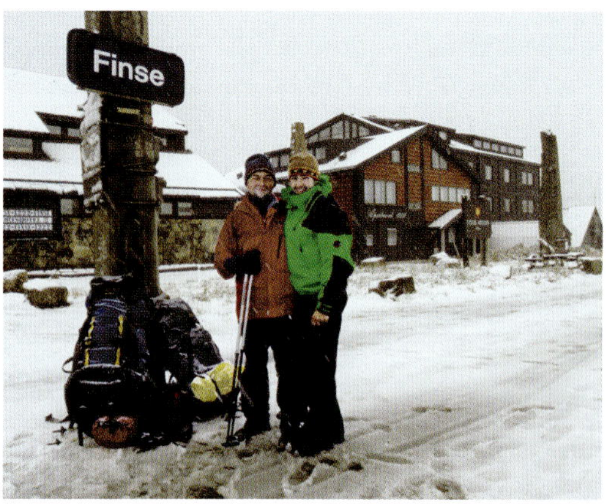

Ein weißer Empfang in Finse.

Unter einem weiten Himmel laufen wir in südöstlicher Richtung los, vorbei an der Finsehytta und einigen Ferienhäusern, und erreichen über einen kleinen Damm das Südufer des Finsevatnet. Schon auf den ersten Kilometern lernt man hier die Hardangervidda kennen: Es ist nirgendwo richtig steil, eher sanft-hügelig geschwungen, der Blick geht weit. Der Boden ist entweder felsig und übersät von vielen Steinen in jeder Größe, oder überzogen von Flechten, Moosen und Blaubeerkraut. Jetzt, Ende September, zum Höhepunkt der Laubverfärbung, ist es bunt, wohin man auch schaut.

Schnell haben wir die erste Brücke über einen rauschenden Gletscherbach erreicht, wenig später die zweite. Das Problem mit einigen der Brücken auf der Tour rund um den Hardangerjøkulen ist, dass sie „Sommerbrücken" sind. Sie werden irgendwann Ende September ab- und erst Anfang Juli wieder aufgebaut *(Siehe „Gefahren", Seite 18)*. Weit kommen wir nicht an unserem ersten Nachmittag, vielleicht fünf Kilometer. Nur wenige Meter abseits des Trails bauen wir unser Zelt an einem kleinen See auf. Die dichte Bewölkung des Tages lockert sich, Sonnenflecken wandern über die Hardangervidda und beleuchten hier und da das Land.

Der zweite Tag

Den alles überragenden Gletscher im Blick, wandern wir auch am nächsten Tag weiter in südlicher Richtung, zunächst durch morastiges Gebiet, stetig leicht ansteigend. Bald wird es noch steiniger; wohin man auch schaut, kleine Tümpel und größere Seen. Über zwei kurze Eisenbahnschienen überquert der Weg einen kleinen Bach. Rechts öffnet sich eine weite, feuchte, ebene Fläche, von Moosen überzogen. Grüngelb leuchtet sie im Sonnenlicht, hinter ihr türmt sich der Gletscher auf: Über schmutzig grauem Schnee wächst blaues Eis in den Himmel. Auf der gesamten Runde um den Hardangerjøkulen entdeckt man immer neue Gletscherzungen, die sich in die Täler ergießen. Jedes Mal ist es wieder überwältigend. Alle Eisströme sind anders und alle sind sie wunderschön.

Der Weg führt bald durch ein Geröllfeld; der Marsch wird mitunter zum Eiertanz. Mal sind die Trekkingstöcke eine große Hilfe, mal werden sie zum Hindernis, weil man sich mit beiden Händen festhalten muss.

Am Brottefonnvatnet, dem bisher größten See, machen wir unsere Mittagspause. Es ist still. Nur der Wind raschelt an der Kleidung; kein anderes Geräusch dringt an unsere Ohren. Während wir essen, verwandelt sich der Himmel von einem mit kleinen Wölkchen durchsetzten Blau in eine graue, bald bedrohlich grau-gelb leuchtende Masse. Was sich wenig später vor unseren Füßen ausbreitet, passt dazu: das absolute Chaos. Wir blicken auf eine weite, glatt polierte Felsebene, auf der wahllos verstreut Steinbrocken in allen nur erdenklichen Größen liegen. Dazwischen erstrecken sich mehrere kleine Seen. Ein Bild wie vom ersten Tag der Erde.

Wieder steigt der Weg an, führt uns an ein mächtiges Altschneefeld. Das letzte rote „T“, die überall in Norwegen gebräuchliche Wegmarkierung, liegt zu unseren Füßen, ein Pfeil weist direkt auf den Schnee. Vorsichtig folgen wir dem Zeichen, versuchen mit unseren Trekkingstöcken den weißen Schnee vor uns

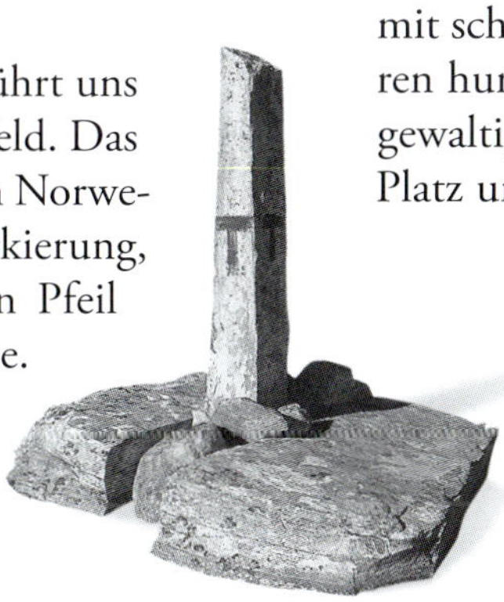

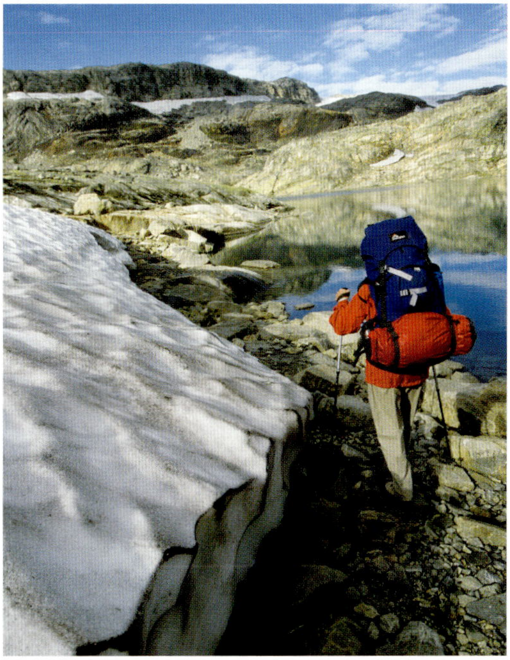

Vorbei an mächtigen Altschneefeldern.

auf seine Tragfähigkeit zu testen. Leicht kann ein Bach solche Schneefelder unterhöhlen. Ein Einbrechen, unter Umständen einige Meter tief, könnte schwerwiegende Folgen haben. So versuchen wir schnellstmöglich wieder auf festen Boden zu gelangen, kürzen die Route nach oben hin ab und kämpfen uns über eine Felsrinne zurück zum Trail. Nicht unbedingt eine sicherere Lösung, aber immerhin besser einzuschätzen. Durch eine kurze, enge Schlucht erreichen wir einen See mit schwarzem Strand, umgeben von mehreren hundert Meter hohen Felswänden. Eine gewaltige, urzeitliche Szenerie; ein idealer Platz um die Nacht zu verbringen.

Der dritte Tag

Als ich das Zelt öffne, sehe ich ein wenig schwarzen Sand, Steine und etwas Moos. Nebel umhüllt uns, die Sichtweite beträgt kaum 30 Meter. Das Wetter ist perfekt abgestimmt auf diesen Ort, verstärkt seinen urzeitlichen Charakter. Doch wie fast jeden Tag reißt es auch heute zwei Stunden später auf. Die ersten Sonnenstrahlen treffen uns, als wir auf einem schmalen Pfad am Seeufer entlang balancieren. Von dort führt der Pfad hinauf zum kleinen, langgestreckten Plateau oberhalb eines weiteren, schlauchartigen Sees und verläuft dann eng am Hang weiter. Auf der einen Seite geht es steil bergauf, auf der anderen fällt der Boden zum See hin ab.

Über Steine gelangen wir trockenen Fußes über einen Bach, den Ausfluss des Sees. An dieser Stelle beginnt er sich in die Tiefe zu stürzen, zu einem neuen See hin, von dem aus er weiter über eine breite Felsrutsche dem großen Skåltjørni entgegenschießt. Wir erreichen wenig später eine natürliche Aussichtskanzel, ein phantastischer Platz für eine Pause: Der Blick gleitet hinab auf ein riesiges Becken, eine grandios schöne Talsenke, in deren Mitte, gut 200 Höhenmeter unter uns, der türkisgrüne See liegt, umrahmt von einem bunten Meer aus Sträuchern, Büschen, Moosen, Flechten, rot, braun, gelb, orange, rostfarben. Und Dutzenden weiterer Farbtöne, für die mir die Namen fehlen.

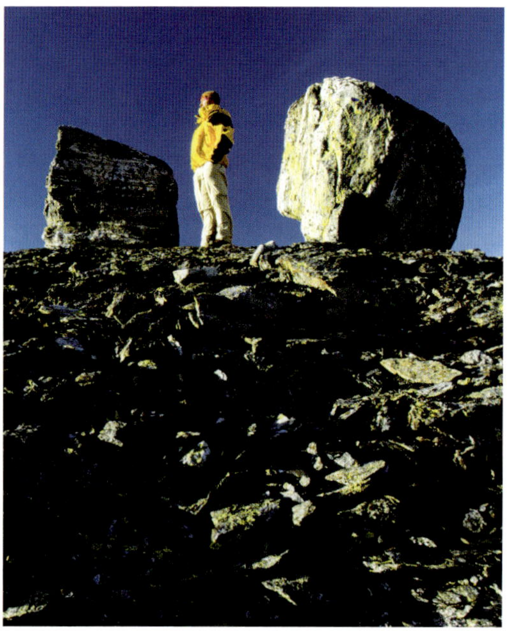

Felsbrocken oberhalb des Ramnabergvatnet.

Nach dem Abstieg zum See müssen wir „unseren" Bach ein weiteres Mal furten; wieder problemlos, der Wasserstand ist niedrig. Noch lange wird uns das Wasser begleiten, mal als Fluss, mal als See. Am Südufer des Skåltjørni (1.136 m ü. NN) verläuft der Weg eben und angenehm. Am gegenüberliegenden Ufer hängt ein Stück vom Gletscher von seinem großen Plateau hinab. Das Eis reicht zwar nicht ganz bis zum See, trotzdem sieht es imposant aus – verstärkt durch den mächtigen Wasserfall, der direkt unterhalb des Eisrandes herabschießt. Die Natur ist schlichtweg überwältigend. Der Weg bleibt spektakulär, folgt dem Wasser, verläuft oberhalb eines weiten Flusstals. Im Frühsommer, zur Zeit der Schneeschmelze, muss es hier mächtig laut donnern und rauschen.

Einige Kilometer verläuft der Trail oberhalb des Flusses, passiert noch eine weitere Gletscherzunge. Dann erreichen wir einen weiteren natürlichen Aussichtspunkt, abermals eine ideale Stelle zum Zelten, abgesehen davon, dass man ein paar Meter laufen muss, um fließendes Trinkwasser zu finden. Uns gefällt es so gut hier, dass wir bleiben und gern ein wenig nach einem kleinen Bach suchen. Wer vorher weiß, dass er hier bleiben will, sollte sein Wasser zum Kochen, für die Nacht und das Frühstück besser schon mitbringen. Wir sind früh dran heute, liegen eine Weile auf den Isomatten und schauen einfach nur aus dem Zelt. Ein paar Meter vor der Tür fällt das Land sanft ab. Unten fließt der Gletscherbach, dessen stark verzweigte Wasserbänder in der Sonne glänzen. Ringsum flackert im Schein der tief stehenden Sonne alles rot und gelblich. Die Vidda ist wellig, hügelig und gespickt mit mächtigen Steinen.

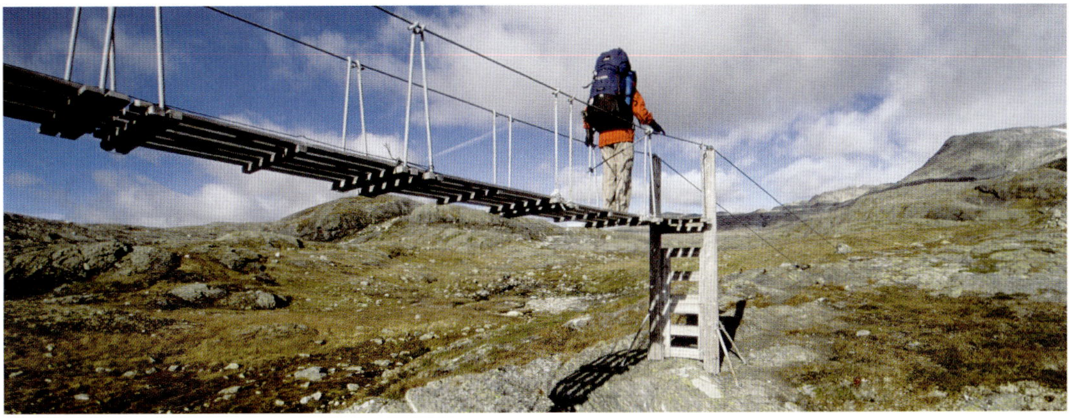

Sommerbrücke im Osten des Hardangerjøkulen.

Der vierte Tag

Abstieg ins Tal. Später stapfen wir für einige Kilometer durch feuchtes, oft schlammiges Gelände. Viel Gras wächst hier, ein wenig Schilf; der Weg ist morastig und ausgelatscht; regelmäßig verschwinden meine Stiefel. Nach etwa vier Kilometern erreicht man eine weitere Sommerbrücke. Ein wichtiger Punkt der Tour, denn hier führt die Hängebrücke über einen kleinen Canyon, durch den auch im Herbst eine Menge Wasser des Leiro-Flusses rauscht. Ohne Brücke ist man ziemlich aufgeschmissen, muss unter Umständen einen weiten Umweg in Kauf nehmen, bis man eine geeignete Stelle zum Furten findet.

Von der Brücke ist es nicht mehr weit zum südlichsten Punkt der Gletscher-Umrundung. Noch eine Weile geht es durch ein Feuchtgebiet dem Sysenvatn-Stausee entgegen. Zum ersten Mal sieht man auch einige Laubbäume: Birken tauchen Uferbereiche und Berghänge in goldenes Licht. Oberhalb des Sees erreichen wir eine Kreuzung, an der man, links abbiegend, weiter durch den Süden der Hardangervidda laufen kann. Rechts verläuft unser Weg in Richtung Rembesdalseter, dem nächsten großen Etappenziel. Auf den folgenden Metern muss man etwas aufpassen, denn hier ist der Weg leicht zu verfehlen. Nur sehr kurz läuft man parallel zum See und auf einer Höhe weiter, dann beginnt der Pfad steil auf ein höheres Niveau anzusteigen. Wir verpassen den richtigen Weg und kraxeln später eineinhalb Stunden lang einen steilen Hang hinauf.

So schnell die Sonne am heutigen Vormittag erschienen ist, so rasch zieht es am Nachmittag wieder zu. Der Himmel verdunkelt sich innerhalb von einer Stunde; es wird kälter, ein schneidender Wind geht. Ich trage eine Mütze; die Kapuze der Jacke ist tief in die Stirn, die Ärmel weit über die Hände gezogen. So stapfen wir in Richtung Westen bis zur nächsten Abzweigung, wo wir uns nach Norden wenden. Vier bis fünf Stunden sind es von diesem Punkt zur unbewirtschafteten (aber mit einem Vorratsregal ausgestatteten) Hütte Rembesdalseter. Wir schaffen nicht viel davon, da es immer ungemütlicher wird. Bald bauen wir im beginnenden Regen das Zelt auf – gerade noch rechtzeitig, bevor es richtig zu gießen anfängt.

Der fünfte Tag

Am nächsten Morgen wage ich kaum das Zelt zu öffnen. Eiskristalle spritzen davon,

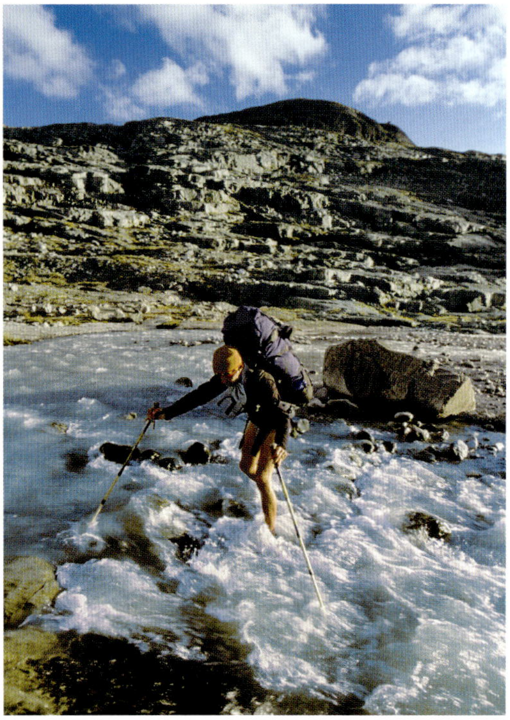

Im Herbst sind solche Furten unvermeidbar.

als ich den Reißverschluss ziehe. Das Zelt ist von einem dünnen Eisfilm überzogen, die Hügel in der Umgebung weiß überzuckert. Und prompt, nach einer weiteren Stunde, kommt auch heute wieder die Sonne durch und taucht die Vidda in gleißendes Licht. All die Farben, weiß verziert, darauf die Sonne. Weit in der Ferne Hügelketten und Höhenzüge, welch' Szenerie! Wahnsinn.

Von unserem Zeltplatz ist es nicht weit bis zu der Stelle, die auf der Karte mit einem „V" markiert ist. „V" steht für Furt. Ein wenig fürchten wir uns vor der Stelle, denn theoretisch muss sie ja so groß sein, dass man keine Brücke darüber bauen konnte. Doch alles ist halb so wild: Der Helleolvi-Fluss führt kaum Wasser; leicht können wir von Stein zu Stein ans andere Ufer springen.

Dort beginnt ein langer Anstieg. Etwa drei Stunden lang laufen wir über ein karges Hochplateau, kommen immer höher, erreichen nur noch steinigeres Gelände. Von einer Steinpyramide laufen wir zur nächsten. Auch heute kein Mensch weit und breit. Wir sind allein, vielleicht die letzten Wanderer in diesem Jahr.

Dass wir spät dran sind, zeigt sich erneut, als wir nach einem langen Abstieg über Geröll und glattpolierte Felsbänder (Vorsicht bei Regen!) vor der nächsten Sommerbrücke stehen, die bereits abgebaut wurde. Wahrscheinlich sind wir nur ein paar Tage zu spät gekommen – trotzdem müssen wir nun den eisigen Gletscherbach furten. Immerhin ist die Gletscherzunge, die ihn speist, nur 300 Meter entfernt. Lange suchen wir nach einer passenden Stelle – weit oben am Gletscher und nah bei der Brücke. Es ist nicht einfach. Einen Fehler sollte man hier nicht machen, denn der Bach beginnt nur ein kleines Stück weiter, sich in wilden Kaskaden und einer riesigen Felsrutsche in den Rembesdalsvatnet hinab zu ergießen.

Mit Hilfe einiger Steine, die wir zum Testen der Tiefe in den Bach werfen, finden wir eine günstige Stelle. Das Wasser verteilt sich auf drei einzelne Stromzüge und ist dadurch hier etwas flacher, zudem ermöglichen die kleinen Sandbänke Verschnaufpausen. Trotzdem: Als wir endlich am anderen Ufer sind, ist jegliches Gefühl aus den Füßen gewichen. Mit dem Handtuch reibe ich die Füße langsam wieder warm.

Die Sonne hat mittlerweile fast den Horizont erreicht. Uns bleibt nicht mehr viel Zeit, die letzten drei Kilometer zur DNT-Hütte „Rembesdalseter" am Nordwestufer des Rembesdalsvatnet zurückzulegen. Oberhalb des Nordufers des Stausees, wo der Weg zur Hütte verläuft, hat man keine Chance einen Zeltplatz zu finden – die letzte Möglichkeit ist der steinige, aber ebene Uferbereich an der Gletscherzunge. Also müssen wir ganz einfach bis zur Hütte laufen. Wir hoffen, dass wir dort nicht vor verschlossenen Türen stehen, sondern einen gemütlichen Abend am Ofen haben werden. Glück gehabt: die Hütte ist offen.

Schnell streifen wir die Schuhe von den müden Füßen und machen erst einmal Feuer. Im Hüttenbuch lesen wir Geschichten über den Weg, der uns morgen bevorsteht. Von einem schrägen, glattpolierten Felshang wird da berichtet, der bei Regen höllisch gefährlich wurde, rutschig und glatt mit seinen Moosen und Flechten.

Der sechste Tag

Etwa 20 Kilometer und rund acht Stunden Marsch sind es von Rembesdalseter (Seter ist das norwegische Wort für Alm; in der Tat weiden im Sommer in der Umgebung der DNT-Hütte und des benachbarten Hirtenhauses eine Menge Schafe) bis zurück nach Finse, dem Ausgangs- und gleichzeitig Endpunkt der Wanderung. Wer konditionell fit ist und früh aufbricht, kann die Etappe in einem Stück durchlaufen. Wer es entspannter angehen lassen und mehr Zeit für die Landschaft haben will, der teilt sich die Strecke in zwei Tage auf. Das hat den Vorteil, am zweiten Tag so früh zurück in Finse sein zu können, um noch einen Zug nach Oslo oder Bergen zu bekommen.

Direkt hinter der Hütte beginnt der Anstieg zum letzten Pass. Das Thermometer vor der Tür zeigt zwei Grad Celsius, dazu geht ein eisiger Wind. Der Boden ist zum ersten Mal überfroren. Kleine Rinnsale sind von Eiskrusten überzogen, darunter suchen sich Wasser und Luftblasen noch immer einen Weg. Mit jedem Schritt, mit jedem Knirschen unter den Füßen spüren wir den nahenden Winter. Im Schatten der Berghänge haben sich an kleinen Bächen bereits erste Eiszapfen gebildet. Die Graslandschaft weicht nach und nach dem puren Fels, von Gletschern glatt poliert vor Tausenden von Jahren. Rund 400 Höhenmeter steigen wir hinauf. Die Aussicht zurück und nach Westen ist grandios: Unzählige Tümpel und Seen glänzen in der Sonne wie Spiegel. Einen einstündigen Aufstieg bewältigt, laufen wir auf einem Hochplateau weiter, durch kleine Schluchten, über Sättel, auf Graten entlang, an Seen vorbei.

Nach drei Stunden Marsch vom Rembesdalsvatnet erreichen wir die nächste Sommerbrücke. Und auch sie: abgebaut. Klar. Doch diesmal müssen wir nicht lange suchen, es gibt nur eine Stelle zum Furten. Über eine lange Steinreihe überqueren wir den Abfluss vom einen See in den nächsten. Es ist kalt. Die Sonne scheint zwar, wärmt aber nicht im Geringsten. Es dauert lange bis wir drüben wieder warm werden.

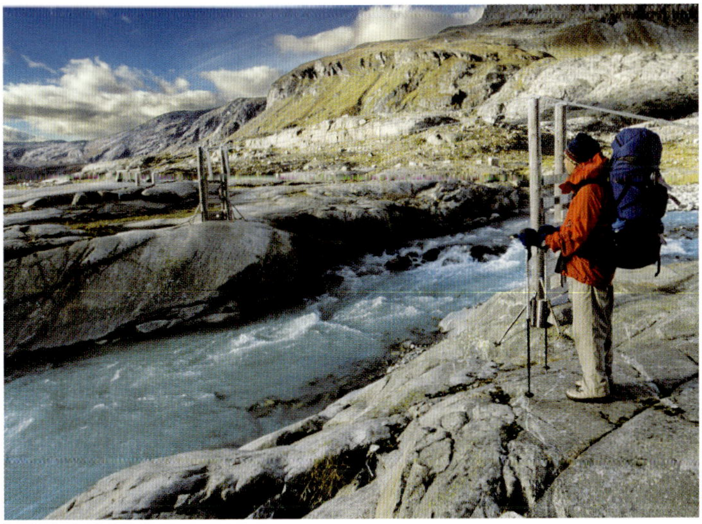

Leider schon abgebaut: Sommerbrücke am Rembesdalsvatnet.

70 km

Noch etwa eine Stunde laufen wir durch eine wahre Mondlandschaft bis an den Ramnabergvatnet. Von dort sind es nur noch rund vier Stunden bis nach Finse, doch eine letzte Nacht im Zelt in dieser Landschaft – das wollen wir uns nicht nehmen lassen. In Sichtweite reicht eine große Gletscherzunge hinunter zum See und kalbt direkt in ihn hinein. Zahllose Eisberge schwimmen auf dem grünblauen Wasser; der Sturm hatte viele auf unsere Seite des Sees hinüber geblasen, wo sie jetzt auf Grund gelaufen sind.

In einer Mulde bauen wir das Zelt auf, ein wenig geschützt vor dem immer stärker werdenden Wind. Als ich am Abend einen letzten Blick nach draußen werfe, sehe ich eine kleine gelbe, blasse Wolke am Horizont. Kein gutes Zeichen, zeigt sich einige Stunden später.

Der siebte Tag

Der letzte Tag der Tour ist zugleich auch der härteste. Über Nacht ist der Wind zum Sturm geworden, Böen peitschen das Zelt. Eisregen prasselt am Morgen auf uns herab. In einer Regenpause bauen wir das Zelt ab und laufen pünktlich zum nächsten Guss los. Die Sicht beträgt 100 Meter. Auf etwa 1.400 Metern haben wir gezeltet; noch knapp 100 Höhenmeter sind es zum Pass südlich der Anhöhe von Dyrhaugane (1.583 m ü. NN), auf der eine Radiostation installiert ist. Nur kurz sehen wir ihre Antenne, dann verschlucken sie die Wolken. Die Sicht schrumpft auf knapp 50 Meter; es beginnt zu schneien. Anscheinend ist diese Ecke der Vidda die kälteste. Auf vielen Seen treiben Eisschollen; wir müssen mehrere Altschneefelder überqueren. Und das, obwohl sich der kommende Winter bereits mit neuem Schnee ankündigt. Es wird immer schwerer, dem Weg zu folgen – zum Glück gibt es lange, rot-weiß markierte Holzstangen, die im Nebel besser zu sehen sind als die roten T's auf dem Fels. Mehrfach kommen wir vom Weg ab, müssen wieder ein Stück zurück zur letzten Markierung und ihn dann von dort aus erneut suchen. Nur sehr vorsichtig betreten wir Schneefelder, versuchen, wo es möglich ist, sie zu umgehen, reichen sie doch an einigen Stellen in Seen hinein. Es geht nun stetig bergab bis zu einem Bach, diesen müssen wir zweimal queren. Dann kommt der Finsevatnet in Sicht.

Eine letzte Sommerbrücke wartet, auch wenn in der Karte noch zwei eingezeichnet sind. Natürlich ist auch sie abgebaut. Inzwischen laufen wir über eine geschlossene, etwa fünf Zentimeter hohe Schneedecke; es schneit weiter.

Jetzt die Hosen auszuziehen und in Sandalen einen Fluss zu durchwaten, im schlimmsten Fall vielleicht bis zur Hüfte – eine schlimmere Vorstellung gibt es kaum. Wir haben Glück, der Wasserstand ist sehr niedrig. Von Stein zu Stein können wir ans andere Ufer des Ustekveikja gelangen. Bald tauchen die ersten Ferienhäuser von Finse auf, doch es sind noch gut drei Kilometer bis zum Bahnhof. Über die Gleise der Bergenbahn kommen wir auf den Rallarvegen, jenen Weg, der die Bahngleise der Bergenbahn auf über 100 Kilometern von Haugastøl nach Voss begleitet und auf dem man ganz hervorragend eine Fahrradtour machen kann. Durch eine Unterführung geht es zurück auf die andere Seite der Gleise, weiter durch die Ferienhaussiedlung, bis der Bahnhof in Sicht kommt

Die Finsehytta hat schon geschlossen, das Hotel wird in zwei Tage folgen. Dort wollen wir noch eine Nacht verbringen, uns aufwärmen und die Sachen trocknen, es uns einfach gutgehen lassen nach den Strapazen.

Rundtour durch den gebirgigsten Nationalpark

Herbstliches Jotunheimen

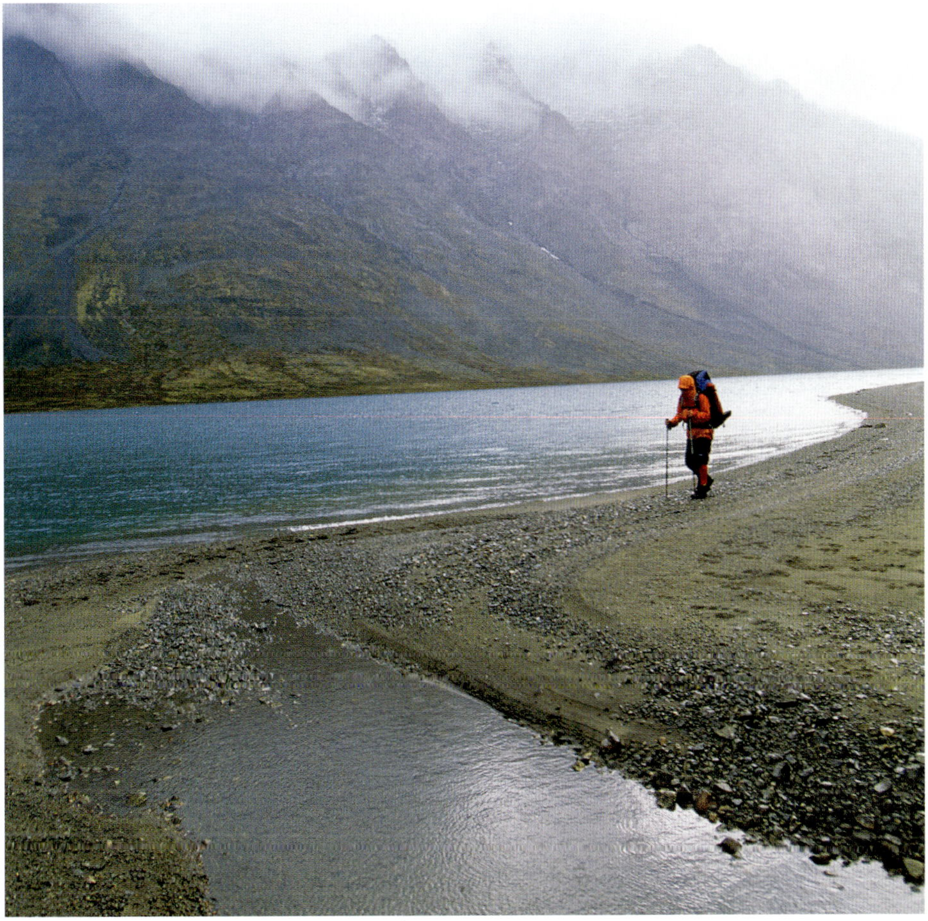

Tour 2

Rundtour durch den gebirgigsten Nationalpark Norwegens

55 km

Schwierigkeit	Höhendifferenz	Zelten	Hüttenübernachtung
★★★☆	★★★☆	★★★☆	★★☆☆

Charakter der Tour

Der Jotunheimen-Nationalpark ist das alpinste Gebiet Norwegens mit insgesamt über 40 Zweitausendern und den 27 höchsten Gipfeln des Landes. Dementsprechend ist auch die Route: viele steile Passagen, dazu lange Weg-Abschnitte über pures Geröll. Keine Tour für Einsteiger und Familien. Die Route und die Etappenlängen sind für eine entspannte Wanderung im Herbst mit seinen kürzeren Tagen und viel Zeit für Naturbeobachtungen ausgelegt.

An- und Abreise:
Der Jotunheimen-Nationalpark und der Ausgangspunkt Gjendesheim sind am einfachsten mit dem eigenen Auto zu erreichen. Dafür fährt man von Oslo aus entweder auf der E 16 über Fagernes nach Gjendesheim (275 km) oder von Oslo auf der E 6 nach Sjoa (zehn km südlich von Otta) und biegt dort zunächst westlich, etwas später südlich nach Gjendesheim ab (ca. 350 km). Beide Strecken sind landschaftlich sehr reizvoll. Es bietet sich an, die eine Route für die Hinfahrt, die andere für die Rückreise zu wählen. Gjendesheim liegt zwar an keiner Bahnlinie, ist aber auch mit Bussen aus Oslo mit Umsteigen in Fagernes oder Otta aus erreichbar. Otta ist von Oslo aus auch per Bahn erreichbar (Bahnverbindung Oslo – Trondheim).

Start- und Endpunkt: Gjendesheim, am östlichen Ende des Gjendesees gelegen.

Verpflegung:
Für eine Zelttour ist das Mitführen der kompletten Verpflegung notwendig. Wer in den DNT-Hütten Memurubu und Glitterheim übernachten möchte, kann sich dort mit Vorräten versorgen bzw. verpflegen lassen. (Achtung: Im Herbst sind die Hütten evtl. schon geschlossen.)

Übernachten:
Im Zelt. Es besteht die Möglichkeit in **Gjendesheim**, **Memurubu** und **Glitterheim** eine *Hütte* zu nutzen. *Gjendesheim*: Tel. (+47) 61 23 89 10 www.gjendesheim.no *Memurubu*: Tel. (+47) 61 23 89 99 www.memurubu.no *Glitterheim*: Tel. (+47) 61 23 18 33, glitterheim.turistforeningen.no

Kartenmaterial:
Turkart 2215: Jotunheimen 1:100.000, Verlag Nordeca. Zwar ein recht kleiner Maßstab, doch sind alle Wege im Nationalpark sowie die Hütten eingezeichnet. Völlig ausreichend für diese Runde.

Sehenswürdigkeiten:
Gleich am Ende der ersten Tagesetappe der Runde überschreitet man den berühmten *Besseggen-Grat*, jenen schmalen Felsriegel, der zwischen dem Gjendesee und dem Bessvatnet liegt. Zur einen Seite bricht der Grat knapp 400 Meter tief zum Gjendesee ab.

Infos, Wichtige Adressen:
Fremdenverkehrsamt Jotunheimen, Tel. (+47) 61 21 29 90 www.visitjotunheimen.com; *Gjendeboote:* Tel. (+47) 91 30 67 44, www.gjende.no; *Norwegische Bahn:* www.nsb.no *Bus:* www.nor-way.no

Route:
Gjendesheim – Besseggen-Grat – Russvatnet – Glitterheim – Russvassbua – Gjendesheim.

Länge der Tour:
Ca. 55 Kilometer in fünf bis sieben Etappen machbar, je nach Wetter, Lust und Laune.

Karte Jotunheimen Nationalpark

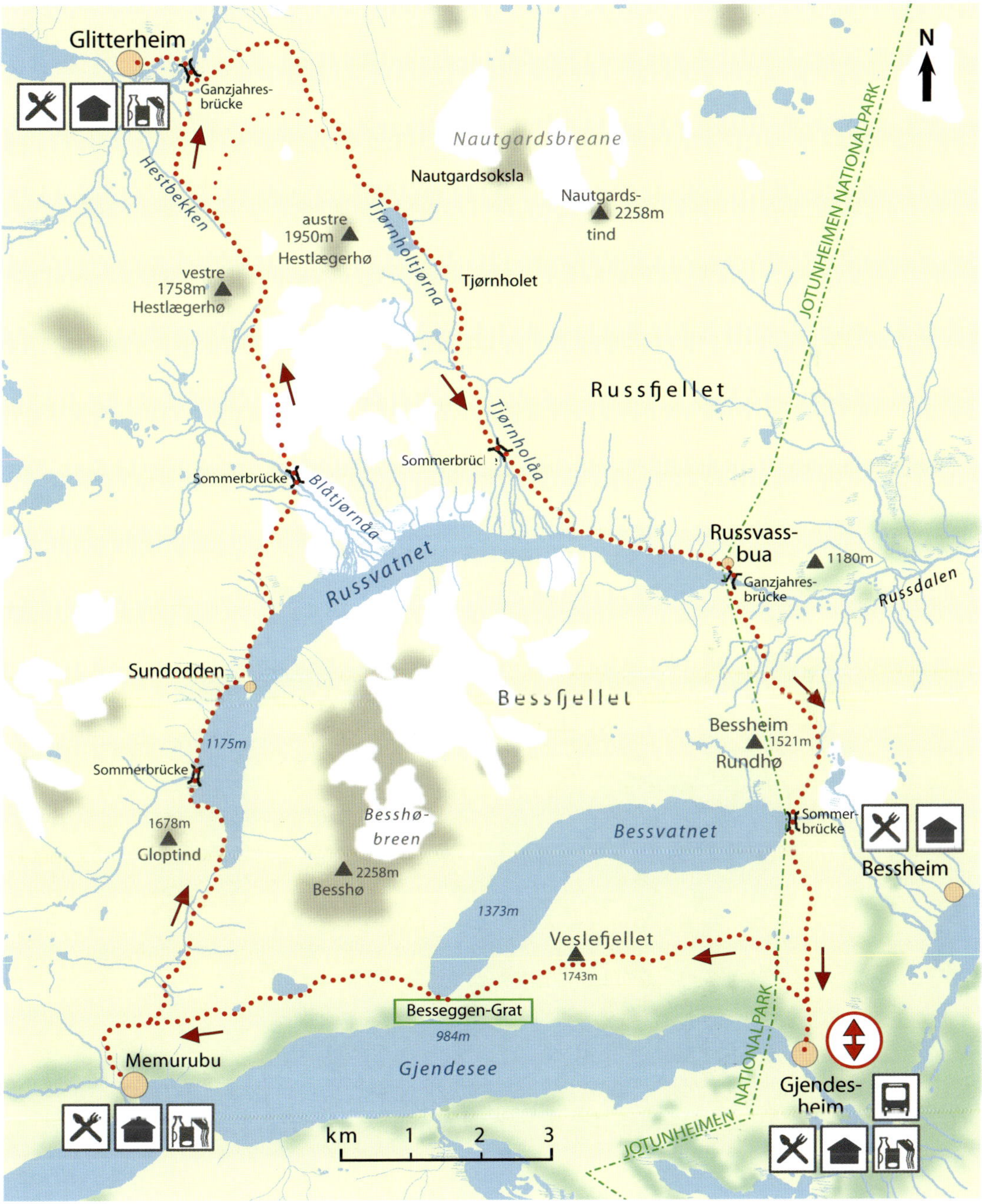

Herbstliches Jotunheimen

55 km

Der erste Tag

„Heim der Riesen" bedeutet Jotunheimen übersetzt. Inspiriert durch die nordische Mythologie und die wilde Landschaft des höchsten Gebirges Skandinaviens, prägte der Dichter Aasmund Olavsson Vinje im Jahre 1862 den Namen. Schon im 19. Jahrhundert begann die touristische Erschließung des Gebirges. Sein Herzstück ist der im Jahre 1980 eingerichtete 1.140 Quadratkilometer große Nationalpark. Die Landschaft ist mit schroffen Gipfeln, Gletschern, Moränen und vielen Trogtälern eiszeitlich geprägt und mit dem 2.469 Meter hohen Galdhøpiggen sowie dem 2.464 Meter hohen Glittertind liegen die beiden höchsten Gipfel Norwegens in diesem Gebirge. In dem durch zahlreiche Wege und Hütten gut erschlossenen Wander- und Skigebiet ist im Sommer einiges los.

An unserem Startpunkt Gjendesheim, gibt es einen Kiosk, mehrere gebührenpflichtige Parkplätze, Toilettenhäuschen und eine besonders große DNT-Hütte. Genau aus diesem Grund sind wir im Herbst gekommen, um im Jotunheimen-Nationalpark zu wandern. Die Saison ist längst vorbei. Es ist der 25. September, am Kai am Gjendesee wird gerade ein Schiff winterfest gemacht. Die Toiletten sind verriegelt, der Kiosk ist unbesetzt. Und es ist kalt. Kalt und stürmisch.

Warm wird einem nach dem Start allerdings sofort – schon der erste Schritt runter vom Parkplatz ist ein Schritt bergauf. Gut drei Stunden lang ändert sich daran nichts. Vom Gjendesee auf 984 m ü. NN laufen wir mehr oder weniger auf kürzestem Wege hoch zum Veslefjell, einer Bergkette, die dem Nordufer des Sees entsteigt, steil wie Felswände einem

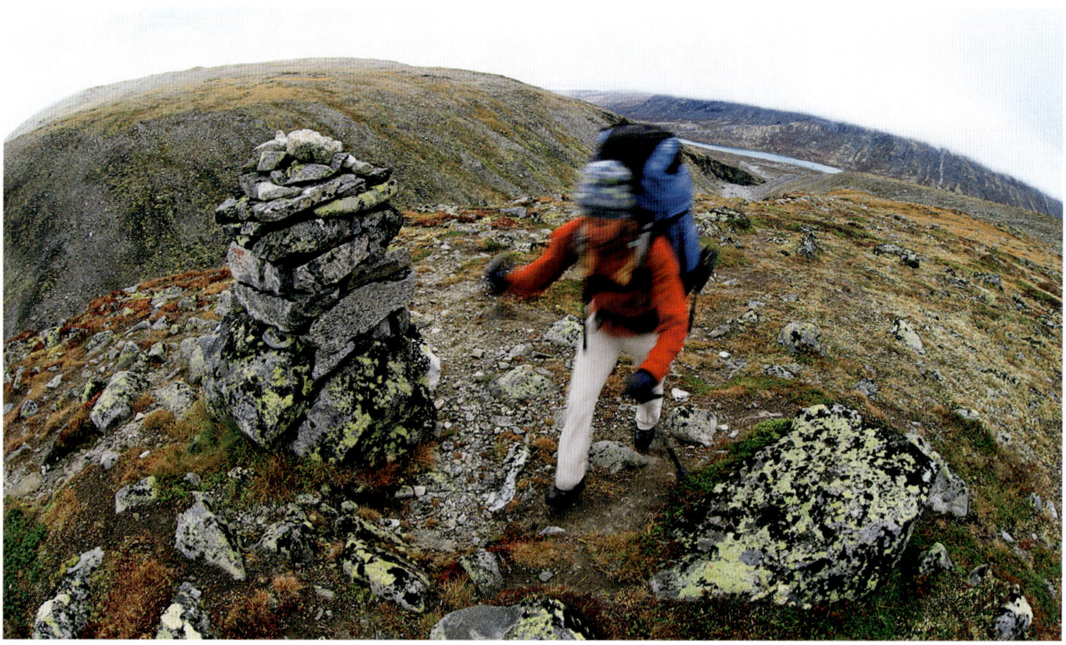

„Steinmänner" markieren unseren Weg.

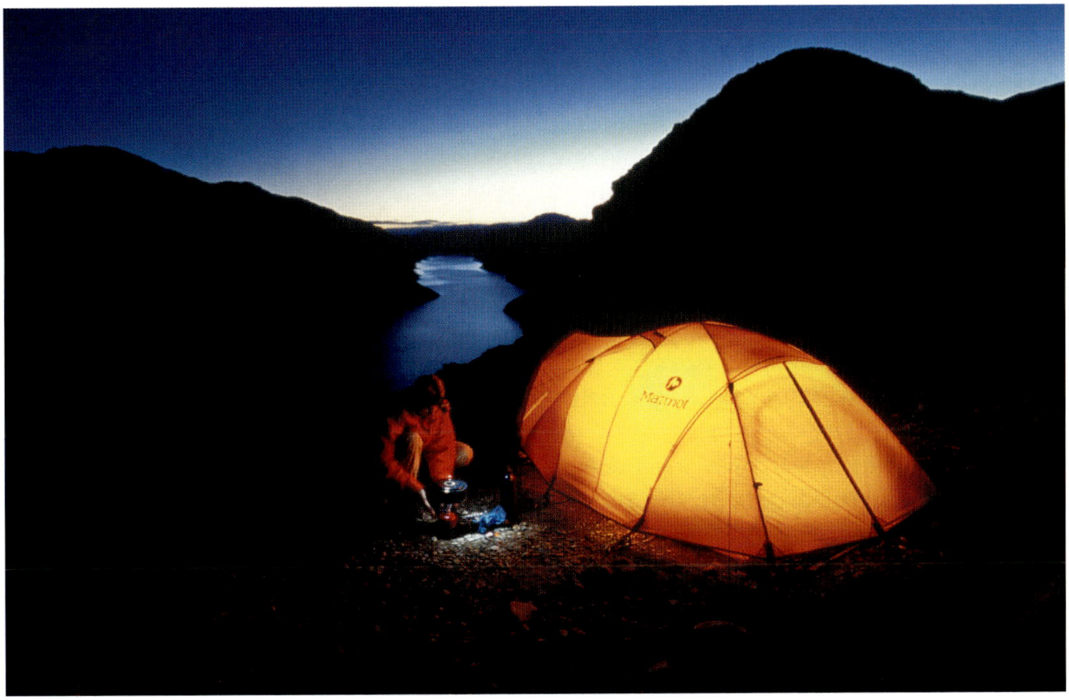

Traumhafter Zeltplatz auf dem Besseggen-Grat.

Fjord. Der höchste Punkt des Veslefjells liegt auf 1.743 Metern. Mal ist es sehr steil, mal weniger anstrengend. Der Weg ist zunächst ziemlich ausgetreten; Trampelpfade führen hier und da parallel zum Hauptweg oder kürzen große Wegbögen ab. Gut 90 Minuten läuft man stetig bergan, im rechten Winkel zum Gjendesee, der links unterhalb liegt und sich nach Westen zwischen den Bergen in der Ferne verliert.

Dann der erste große Richtungswechsel des Weges um gut 90 Grad nach links. An dieser Stelle müssen wir zum ersten Mal auch die Hände zu Hilfe nehmen, um einen kleinen Felsabsatz zu überwinden. Vorsicht: Ein kleines Rinnsal fließt hier den Hang hinab, so dass der Untergrund sehr rutschig ist.

Über lockeres Geröll laufen wir weiter den Hang hinauf, erreichen nach einer Weile eine kleine Felsterrasse. Der Gipfel des Veslefjells ist noch ein ganzes Stück weg. Allerdings geht es von hier nur noch leicht bergan. Eine Stunde lang kämpfen wir uns mit müden Beinen und Schultern von einem Felsabsatz zum anderen, über einen Sattel und den nächsten, über viel lockeres Gestein, vorbei an Steinmännern, bekleckst mit roten T's, den offiziellen Wegmarkierungen in allen Wandergebieten Norwegens.

Nach insgesamt drei Stunden haben wir es geschafft: schon von weitem war der höchste Punkt des Fjells zu erkennen – die größte Steinpyramide, die ich je gesehen habe –; jetzt stehen wir vor der riesigen aufgetürmten Steinmarkierung, die uns um einiges überragt. Ihre Ausmaße – die den natürlichen Gipfel des Veslefjells um mindestens zwei Meter erhöhen – lassen sich leicht anhand der Anzahl der Tagesausflügler erklären, die im Sommer über den Besseggen-Grat laufen und an diesem Punkt vorbei kommen – rund 30.000 im Jahr.

Vom Steinmann aus sieht man endlich auch wieder den Gjendesee, man kann erstmals bis an sein Ende schauen. Beim Aufstieg lag er hinter Felsen verborgen.
Rechterhand kommt der Bessvatnet hervor, dahinter ragt das mächtige Bessfjell auf. Sein höchster Punkt ist der Besshø mit 2.258 Metern, gekrönt von einem kleinen Gletscher.
Den berühmten Besseggen-Grat und die beiden Seen unmittelbar nebeneinander, nur getrennt durch das dünne Felsband, sieht man noch nicht.
Durch den späten Start am Gjendesee beginnt es bereits zu dämmern; die Sonne färbt die Wolken im Westen. Noch ein Weilchen gehen wir, bis wir – nach viereinhalb Stunden – einen kleinen Sattel erreichen und dort auf einer halbwegs ebenen Geröllfläche unser Zelt aufbauen. Für den Jotunheimen-Nationalpark lohnt es sich unbedingt, ein freistehendes Zelt mitzunehmen. In diesem Gebirge gibt es mehr Steine und Geröll als Menschen auf der Erde, so dass das Zelt nicht immer besonders gut abzuspannen ist.

Der zweite Tag

Auf knapp über 1.700 Metern Höhe steht unser Zelt. Die Nacht wird kalt; irgendwann erwache ich, weil ich friere. Am Morgen ist mir klar, wie weit das Thermometer wirklich gefallen sein muss. Das Zelt ist von innen überfroren; eine feine Eisschicht sitzt auf dem Stoff und rieselt herab, sobald wir die Wände berühren. Von außen sieht das Zelt noch besser aus, weiß und steif; selbst das Wasser in den Wasserbeuteln und Flaschen ist zu Eis geworden. Als wir rausschauen, ist die Sicht gleich Null, wir sitzen mitten in den Wolken. Schnell kuschel ich mich wieder in meinen Schlafsack – eine Stunde später werde ich überrascht: Die Wolken haben sich größtenteils aufgelöst, verwehen hier, bilden sich da neu, zeigen mal die Berge ringsum, verhüllen sie dann wieder. Wir ziehen uns warm an und beobachten das Schauspiel, bis die Sonne alle Wolken aufgelöst hat und der Himmel vollkommen blau ist.
Es kann kein besseres Wetter geben, um den Besseggen-Grat anzugehen. Dass er schmal und steil ist, wissen wir, was uns erwartet, nicht. Zu sehr hat uns die große Zahl der Gelegenheitswanderer geblendet, die sich hier im Sommer tummeln. So schwer kann der Weg ja gar nicht sein, wenn ihn ganze Familien begehen und nur ein einziger Wanderer hier zu Tode gestürzt ist – und das vor mehr als 100 Jahren.
Doch es kommt anders. Der Besseggen-Grat ähnelt einem deftigen Klettersteig in den Alpen, bloß ohne Sicherung. Der Höhenunterschied auf knapp zwei Kilometern hinunter zum Bessvatnet beträgt rund 300 Meter – bei einem falschen Schritt allerdings, könnte man auch nach links abstürzen: 700 Meter hinab zum Gjendesee. Die Absturzgefahr sollte man nicht unterschätzen. Der Weg ist so unwegsam, dass wir klettern, springen, uns Absätze hinunter gleiten lassen und immer aufpassen müssen, dass die Rucksäcke nirgends hängen bleiben und uns aus dem Gleichgewicht bringen. Mal sind unsere Trekkingstöcke Gold wert, mal werfen wir sie Felsstufen hinab, um beide Hände zum Festhalten frei zu haben. Sicherlich ist der Weg ohne Rucksack und in der entgegengesetzten Richtung, also bergan, leichter zu begehen (die klassische Route der Tagestouristen: Per Schiff von Gjendesheim nach Memurubu, zu Fuß zurück, ca. sechs - acht Stunden). Kindern und gänzlich wander- bzw. bergunerfahrenen Leuten würde ich trotzdem von der Tour abraten.
Bekannt ist der Weg über den Besseggen-Grat im ganzen Land durch Henrik Ibsen

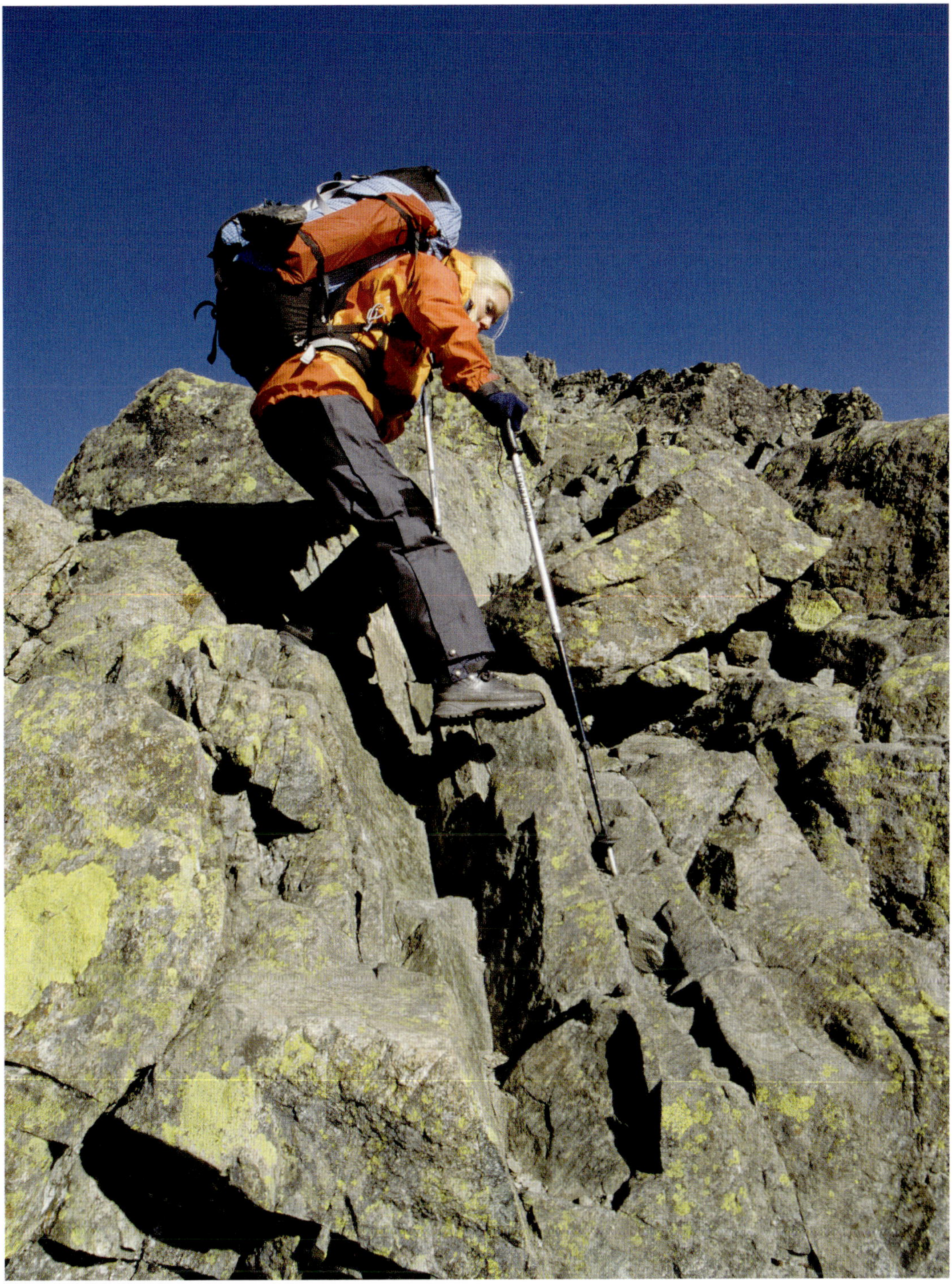

Knifflige Stelle am Besseggen-Grat.

Drama „Peer Gynt", in dem Peer Gynt – als Lügenbold bekannt – bei einem wilden Ritt auf einem Rentier am Grat abstürzt. Interessant ist, dass Ibsen selbst nie im Jotunheimen war, sich aber wohl durch Erzählungen inspirieren ließ.

Es lohnt sich, auf dem Grat immer wieder kleine Pausen einzulegen und den Blick auf die Seen zu genießen. Je nach Lichteinfall leuchten sie in unterschiedlichen Farben herauf. Während der Gjendesee türkisgrün schimmert, strahlt der Bessvatnet tiefblau. Grund dafür sind die Zuflüsse der Gewässer: Der Gjendesee wird unter anderem auch von Gletscherbächen gespeist, die Gesteinspartikel und Mineralien mitführen; der Bessvatnet nicht.

Einige hundert Meter lang ist das Felsband, das die beiden Seen trennt, und nur knapp 100 Meter breit. Jetzt im Herbst ist es ruhig hier. Wir finden einen idealen Zeltplatz, nur wenige Meter von der Abbruchkante zum Gjendesee entfernt. Damit sind wir zwar nur eineinhalb Stunden gewandert heute, doch kann man sich einen solchen Platz nicht entgehen lassen.

Der dritte Tag

Die Wolken hängen tief, es ist stürmisch und sieht nach Regen aus. Vom Bessvatnet steigt der Weg erneut an, läuft eine Kerbe im Hang hinauf. Für kurze Zeit ist der Gjendesee verborgen, doch schon am Ende der 200 Höhenmeter, die man aufsteigen muss, sieht man ihn wieder. Nachdem man um eine Bergflanke herumgelaufen ist, beginnt der Abstieg zum Bjørnbøltjørna, einem weiteren kleinen See auf 1.475 Metern. Auch er ist nur durch ein schmales Felsband vom Abbruch zum Gjendesee getrennt. Der Weg führt um ihn herum, fällt ein weiteres Mal sanft ab und steigt erneut an, bis man, bei einem gigantischen Findling am höchsten Punkt des Weges, rechts hinunter auf den Russvatnet blickt. Dort wollen wir am Abend zelten.

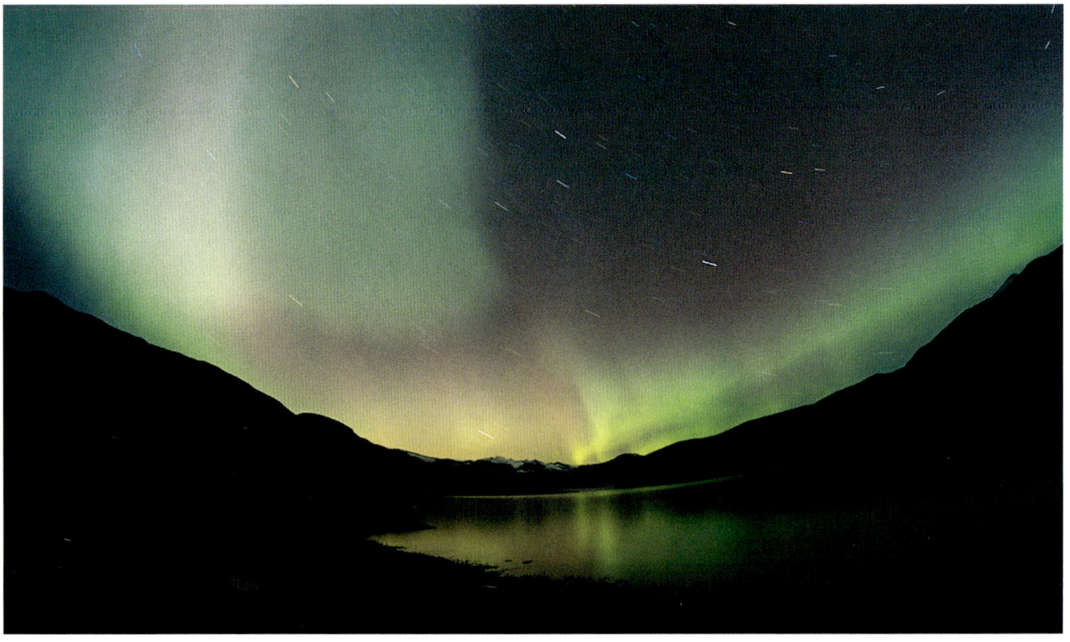

Nordlichter über dem Russvatnet.

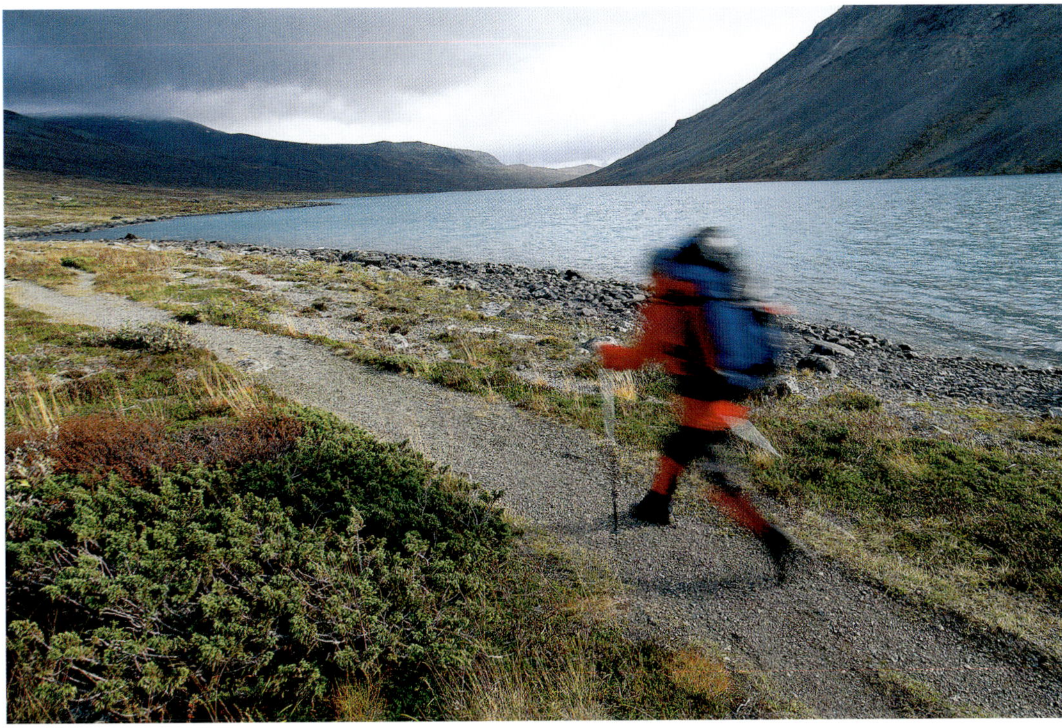

Mit großen Schritten durch den Jotunheimen Nationalpark.

Voraus in nordöstlicher Richtung hängt eine Gletscherzunge des Blåbreen aus den Wolken, leckt blau leuchtend zwischen grauschwarzen Felsen dem Tal entgegen. Der Weg führt noch ein kleines Stück bergab bis zu einem Wegweiser, an dem wir uns nach rechts in Richtung Glittertind wenden. Etwa 400 Höhenmeter und ein Marsch von einer Stunde sind es hinab ans Ufer des Gjendesees, an dem die DNT-Hütte Memurubu steht. Nur wer unbedingt in der Hütte übernachten will, weil das Wetter grausig ist, oder wer seinen schweren Rucksack dem Schiff mitgegeben hat und ihn nun unten einsammeln muss, wird den Weg ins Tal nehmen. Den Rucksack dem Schiff mitzugeben ist eine gute Möglichkeit für alle, die oben nicht übernachten wollen, den Grat ganz unbeschwert zu erleben. Der Weg von der Abzweigung hinunter zum Russvatnet ist steinig, beschwerlich und führt durch das Nedre Russglopet, ein idyllisches, aber sehr feuchtes Hängetal. Erst kurz vor dem Südzipfel des Russvatnet wird der Weg wieder besser.

Rechts über uns hängt, Raubtierzähnen gleich, drohend eine Felsgalerie, die Rückseite des Besshø. Passend zur wilden Szenerie beginnt es zu regnen. Oben, an den Gipfeln der Berge, fällt der erste Schnee.

Am westlichen Ufer des Russvatnet (1.175m) schmiegt sich der Weg um den Gloptind (1.678m) herum und führt nach zwei Kilometern zur ersten Sommerbrücke. Die Glopåa stürzt hier über einen kleinen Wasserfall ins Tal und verzweigt sich zum See hin zu einem kleinen Delta. Die Brücke führt direkt unterhalb des Wasserfalls über den Bach. Ende September ist sie natürlich bereits abgebaut, doch wir haben keine

Schwierigkeiten, die einzelnen Wasserläufe von Stein zu Stein springend zu queren. Auf den weiten, sanft abfallenden Wiesen am Seeufer gibt es schöne Zeltplätze; wir bleiben und bauen das Zelt an einem wunderschönen Platz auf. Gut 90 Minuten ist man von der letzten Abzweigung bis hierhin unterwegs.

Der vierte Tag

Über Nacht hat sich der starke Wind zu einem heftigen Sturm gemausert; er schüttelt und rüttelt am Zelt. Weitere Berge in der Umgebung sind weiß überzuckert vom ersten Schnee.

Unser Weg führt weiter in Ufernähe am Russvatnet entlang, wir passieren eine kleine Halbinsel, die fast bis ans andere Seeufer reicht (Kiesstrand, gute Zeltmöglichkeiten) und gelangen dann wieder ans Wasser, das auf dieser Seite der Halbinsel sehr viel grüner schimmert. Der Pfad ist nun etwas breiter und führt an mehreren schönen Zeltplätzen vorbei.

Nach gut drei Kilometern schwenkt er nach links weg und führt den Hang hinauf, der nächsten Sommerbrücke und dem Pass zwischen dem Vestre und Austre Hestlaegerhø entgegen. Etwa 200 Höhenmeter und gut zwei Stunden nach dem Start ist die Brücke erreicht; bzw. das, was nun noch von ihr übrig ist. Auch sie wurde bereits abgebaut, und so müssen wir uns einen anderen Weg ans gegenüberliegende Ufer der Blåtjørnåa suchen. Was anfangs angesichts des kleinen, steilen und verblockten Canyons als recht schwierig erscheint, ist dann aber doch kein Problem. 200 Meter flussaufwärts finden wir eine Stelle, an der wir ohne große Gefahr trocken ans andere Ufer gelangen. Fließt hier zuviel Wasser durch und ist die Brücke abgebaut, bleiben zwei Möglichkeiten: Entweder versucht man sein Glück weiter flussaufwärts, wo die Wasserwucht geringer sein muss, oder furtet unten am Russvatnet, wo sich die Blåtjørnåa in ein breites Delta auffächert und die einzelnen Bäche weniger schwierig zu überqueren sein dürften.

Zurück auf dem markierten Trail, laufen wir am anderen Ufer weiter bergan. Mit jedem Höhenmeter eröffnet sich in westlicher Richtung eine schönere Sicht auf die Gletscher Blåbreen und Styggehøbreen. Auch der Russvatnet und der spitze Gloptind sind noch zu sehen. Ganz allein in dieser weiten, mächtigen Landschaft fühlt man sich unendlich klein. Aber auch unendlich glücklich.

Eine halbe Stunde nach unserer Furt erreichen wir eine Abzweigung, an der der Weg rechts zurück nach Gjendesheim führt. Eine weitere halbe Stunde später, nach langen Passagen über Geröll, ist der Pass erreicht. Oben stehen einige Steinmänner, man läuft über einen kleinen Sattel und dann langsam hinab ins Veodalen – den Glittertind (2.464m), Norwegens zweithöchsten Berg, vor uns auf der gegenüberliegenden Talseite. Sein Gipfel steckt in den Wolken, der Vordergrund leuchtet in bunten Herbstfarben. Wir steigen noch ein kleines Stück ab, finden eine natürliche Grasterrasse inmitten der vielen Steine und schlagen dort unser Zelt auf.

Der fünfte Tag

Der nächste Tag wird ein harter Tag für unsere Knie- und Fußgelenke. Eigentlich hatten wir ins Veodalen absteigen wollen, um den Glittertind zu besteigen (Siehe „Gipfelbesteigung des Glittertind“ Seite 70), doch der Sturm und die dunklen, drohenden Wolken lassen es sinnvoll erscheinen, darauf zu verzichten. Somit macht es auch keinen Sinn, rund 200 Höhenmeter ins Veodalen abzusteigen, um wenig später umzudrehen

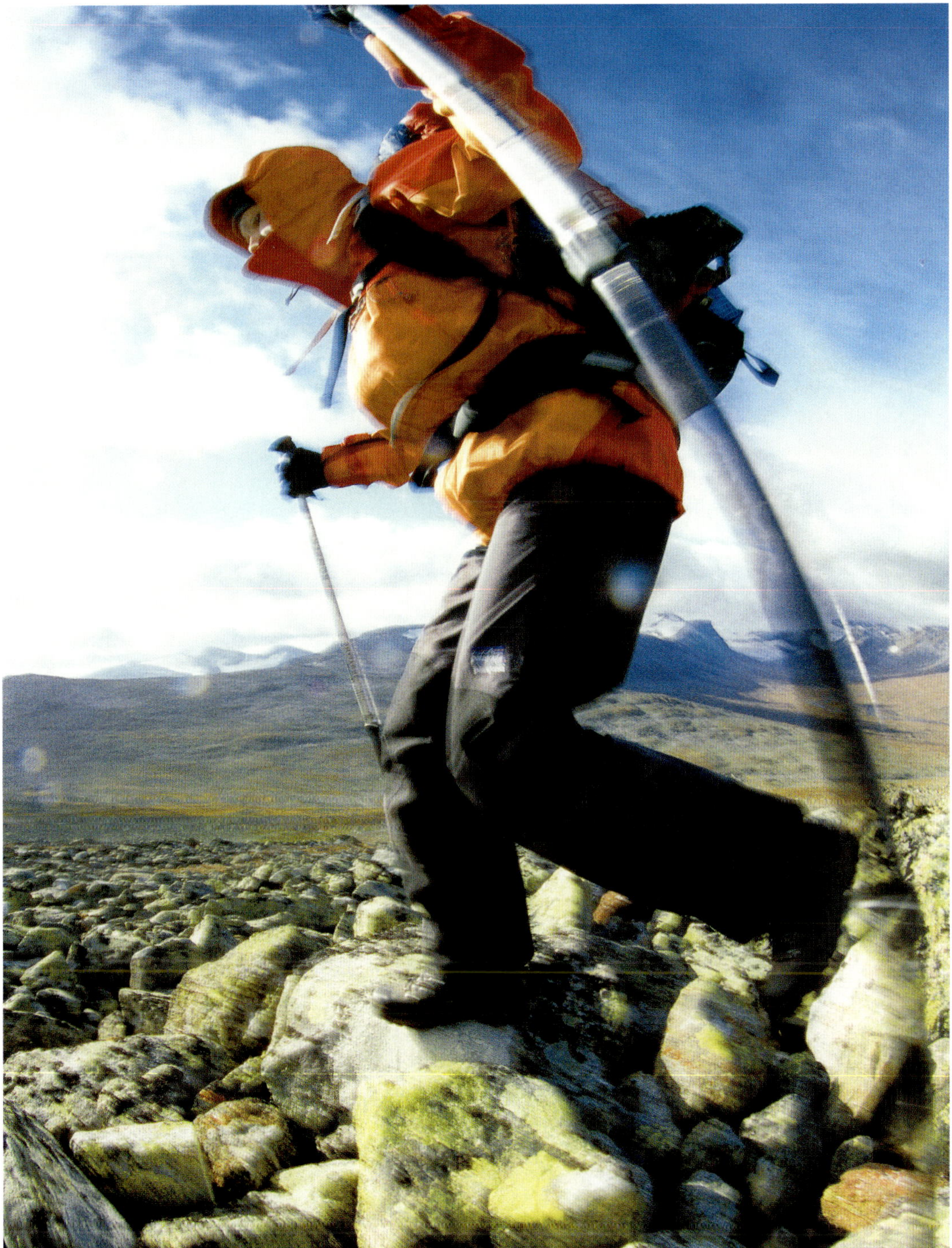

Abkürzung in Sichtweite des Glittertinds: Ein harter Tag für Knie- und Fußgelenke.

55 km

und parallel zu unserem bisherigen Weg auf einer anderen Route, zwei Kilometer östlich, wieder aufzusteigen (unten liegt die große DNT-Hütte Glitterheim, die fast 140 Schlafplätze und Verpflegung bietet).

Wir wagen uns an eine Abkürzung: Um den Hang des Austre Hestlaegerhø, der zum Veodalen hin abfällt, wollen wir herumlaufen, ohne allzu viele Höhenmeter zu verlieren. Der Untergrund ist teuflisch gefährlich, zumal bei diesem Sturm, der uns immer wieder von den Beinen zu reißen droht. Über vier oder fünf Kilometer stolpern wir über ein Feld von Steinbrocken jeder Größe. Ohne Trekkingstöcke würde hier gar nichts mehr gehen – ohne gutes Gleichgewichtsgefühl sollte man diesen Weg, der ja eigentlich keiner ist, vermeiden.

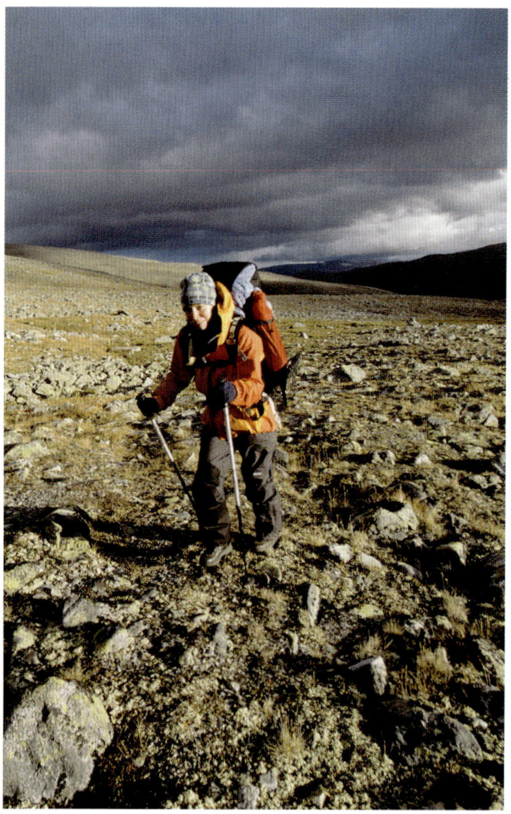

Schlechtem Wetter kann man manchmal nur davonlaufen.

Interessant ist, wie unterschiedlich die Steine auf so kleinem Raum, an einem einzigen Berghang, sein können. Anfangs liegen sie uns, hellgrau und mit feinen gelben und grünen Flechten bewachsen, im Weg, ein kleines Stück weiter viel dunkler, mit groben, gelblich-schwarzen Flechten besetzt. Später nehmen die Steine und Felsbrocken wieder ein anderes Grau an und sind gänzlich frei von Flechten und Moosen, kurz darauf sind sie graumeliert und mit rötlichen Flechten besetzt. Viele Steine sind locker, häufig wippt man auf großen Platten hin und her, bevor es weitergeht. Endlich, kurz bevor der Weg laut Karte steil von einem ähnlichen Pass abfällt wie gestern – nur um einige Kilometer parallel versetzt –, gelangen wir zurück auf den Trail. Eigentlich hatten wir uns vorgenommen, vor dem Abstieg Rast zu machen. Doch der Sturm fegt so über den Sattel zwischen Austre Hestlaegerhø und Nautgardsoksla hinweg, dass wir zusehen weg zu kommen. Beim Abstieg hinab zum Tjørnholtjørna (1.603m), einem kleinen Tümpel, der ganz sonderbar aussieht in all dem losen Geröll – man meint, das Wasser müsste dazwischen versickern – erkennen wir, warum diese Route ausdrücklich nicht als Winterroute begehbar sein soll. Die Gefahr abzurutschen ist schon jetzt, auf dem trockenen Gestein, groß. Alles wackelt und wir haben Angst, dass der ganze Hang mit uns abgeht. Im Winter kommen von den steilen Hängen, die zu beiden Seiten aufstreben, wahrscheinlich des Öfteren Lawinen herunter.

Ursprünglich wollten wir am See zelten, doch der Untergrund macht es unmöglich. Also gehen wir noch ein Stück und schlagen unser Zelt auf einem der ersten Grasflecken auf. Die Sonne kommt für kurze Zeit heraus und taucht Hügel und Senken in ein warmes Licht. Wenig später zieht es zu; Regen setzt ein.

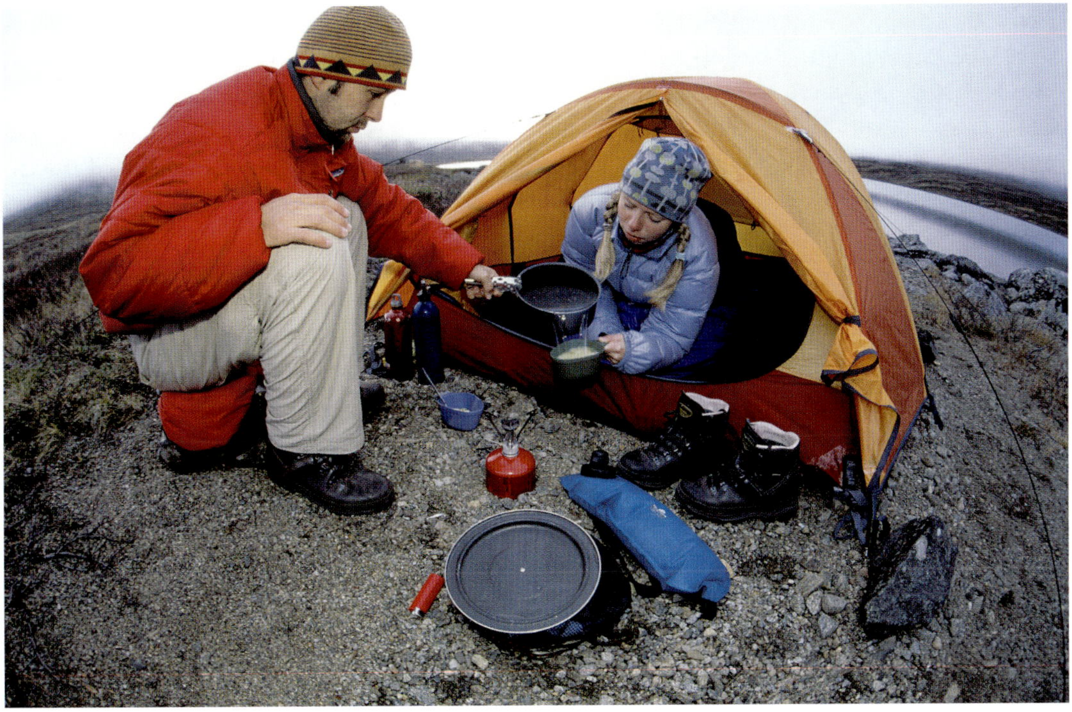

Ein heißer Tee, bevor erst Nebel, dann die Nacht alles um uns herum verschluckt.

Der sechste Tag

Die halbe Nacht hat es geregnet, am Morgen steht unser Zelt wieder einmal in den Wolken. Ausnahmsweise ist es windstill. Es geht sanft bergab, wieder dem Russvatnet entgegen. Auf 1.500 Metern hat unser Zelt gestanden, bis auf 1.175 Meter wird uns die Wanderung auf den nächsten vier Kilometern führen. Zunächst geht es leicht, dann, kurz nachdem man den Tjørnholåa, einen dem Tjørnholtjørna entsprungenen Bach, überquert hat, parallel zu ihm etwas steiler bergab. Den Russvatnet in Sicht, versperrt der Tjørnholåa uns erneut den Weg.

Eine Sommerbrücke, die hier in der Wandersaison trockene Füße garantiert, ist zwar abgebaut, doch kommt man trotzdem leicht ans andere Ufer. Von der Brücke erreicht man über einen angenehm zu gehenden Weg das Seeufer, an dem sich einige schöne Zeltmöglichkeiten bieten. Bis zum Ostende des Sees gehen wir noch etwa eine Stunde. Dort verlässt der Weg den Nationalpark und verläuft bis Gjendesheim immer nah entlang seiner Grenze.

Auf einer schönen Hängebrücke (Winterbrücke) in unmittelbarer Nähe einer kleinen Ansammlung von Fischerhütten überquert man den Ausfluss des Russa-Sees und steht am Fuße des letzten Anstiegs der Tour, dem Besstrondfjellet. An dieser Stelle bieten sich noch einmal einige schöne Stellen zum Zelten, und so bleiben wir. Ein Kiesstrand am südlichen Ufer wird unser Platz für die Nacht.

Noch bevor wir einschlafen, zieht dichter Nebel auf und verdeckt selbst das andere Ufer. Irgendwann in der Nacht treibt uns der am Abend reichlich genossene Tee in die Kälte hinaus. Zwei, drei verschlafene Schritte vor dem Zelt schaue ich in den Himmel, sehe viele, viele Sterne und – Nordlichter *(Siehe Foto Seite 64)*. Unübersehbar und mächtig flackern sie fast rundum über den gesamten Himmel. Dank sei dem abendlichen Tee – ohne ihn wären wir sicher nicht mehr nach draußen gekommen und hätten verpasst, was uns nun über eine Stunde wach hält.

Der siebte Tag

Der Morgen des letzten Tages ist eine Belohnung für die Strapazen und alles schlechte Wetter der Tour. Der Himmel ist blau, die Umgebung, von Raureif überzogen, dampft. Im Zelt wird es schnell warm. Wir frühstücken gemütlich und nehmen dann die letzten 200 Höhenmeter in Angriff. Bis hinauf auf ein kleines Hochplateau läuft man auf einem recht feuchten, matschigen Weg, etwa eine Stunde. Es lohnt sich immer wieder, einmal anzuhalten und sich umzuschauen. Die Aussicht zurück über den Russvatnet und das dahinter ansteigende, leicht überzuckerte Russfjell ist gigantisch.

Ist der höchste Punkt erreicht, sind es noch 30 Minuten bis zum Bessvatnet, den man diesmal an seinem östlichen Ufer erreicht. Seine Form entspricht einer besonders schön gekrümmten Banane, so dass man nichts vom Besseggen-Grat sieht. Nur der Besshø thront über allem; man sieht ihn nun, da man ihn komplett umrundet hat, wieder von einer anderen Seite.

Am Bessvatnet gibt es eine letzte Sommerbrücke, die scheinbar nicht mehr für den Winter demontiert wird. Wir gelangen problemlos ans andere Ufer. Doch auch ohne sie wäre das nicht weiter schwierig.

Kurze Zeit später beginnt der Weg sich um die Ostflanke des Veslefjells zu schlängeln, und stetig, erst sanft, dann immer steiler, in Richtung Gjendesheim abzufallen (400 Höhenmeter). Gut eine Stunde läuft man auf diesem letzten Wegabschnitt, dann kommen der Parkplatz am Gjendesee und alle touristischen Einrichtungen ringsum ins Blickfeld. Das wilde Jotunheimen liegt irgendwo hinter uns. Wir werden es vermissen.

Gipfelbesteigung des Glittertind

Der Glittertind (2.404m) ist einer der berühmtesten Gipfel des Landes und für Leute mit ein wenig Bergerfahrung – gute Witterungsverhältnisse vorausgesetzt – relativ leicht zu besteigen. Bester Ausgangspunkt ist die DNT-Hütte Glitterheim am südöstlichen Fuße des Berges. Von hier sind es etwa sechs Kilometer und 1.100 Höhenmeter zum Gipfel, der von einer mächtigen Schneewächte gekrönt wird. Im Nordgermanischen bedeutet der Name soviel wie „funkelnder Berg", was mit seinen im Gneis eingeschlossenen Glimmerpartikel zu erklären ist. Der Weg hinauf ist in großen Teilen markiert, erst das letzte Stück über das Gletscher-Schneefeld des Gipfels nicht mehr. Gletscherspalten gibt es auf diesem Abschnitt nicht. Eine spezielle Ausrüstung ist für den Gipfel nicht erforderlich, Trekkingstöcke und Gamaschen sind für die Schneepassagen aber hilfreich. Achtung: Gehen Sie auf dem letzten Stück zum Gipfel nicht zu weit rechts auf der Wächte. Dort besteht eine große Abbruchgefahr. Halten Sie sich besser 30 Meter weiter links.

Gut drei Stunden benötigen Sie für den Aufstieg, etwa die Hälfte für den Abstieg.

Trekking im Rondane Nationalpark

Karge Täler, steinige Höhen

von Martin Hülle

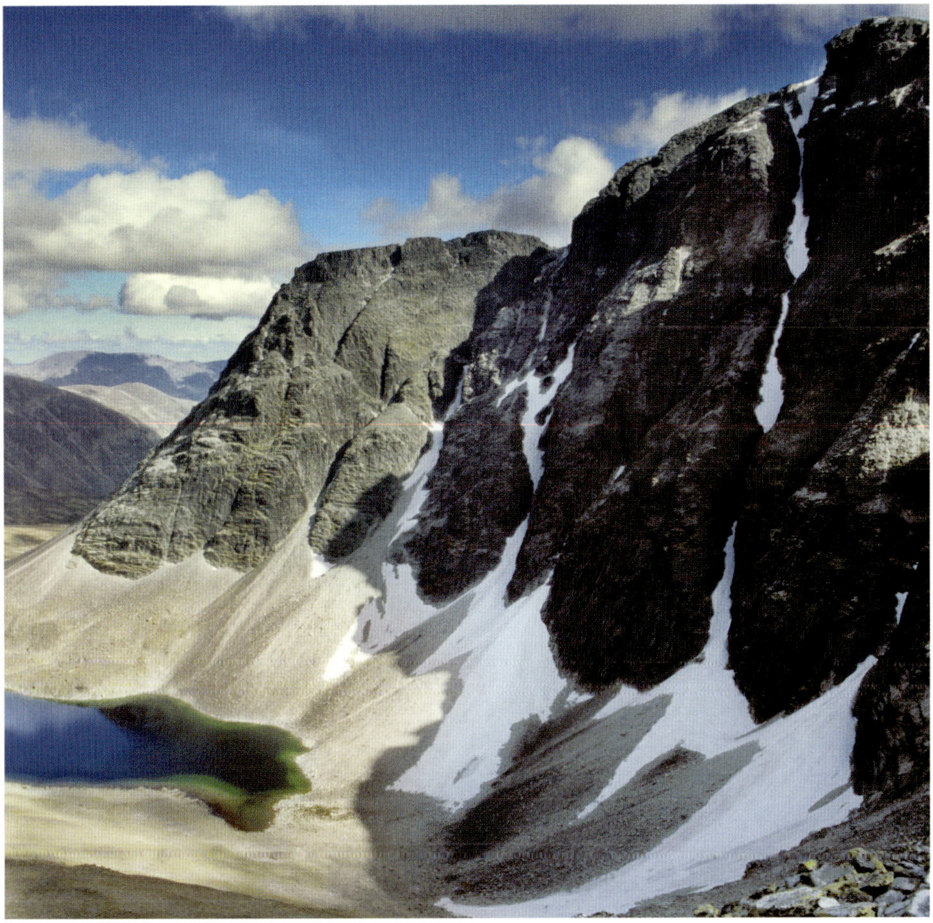

Tour 3

Im Rondane Nationalpark

Schwierigkeit	Höhendifferenz	Zelten	Hüttenübernachtung
★★★☆	★★★★	★★★☆	★☆☆☆

120 km

Charakter der Tour

Das Rondane-Gebirge wurde am 21. Dezember 1962 als erster Nationalpark Norwegens unter Schutz gestellt. Die geschützte Fläche, die ein wichtiger Lebensraum für Herden wilder Rentiere ist, beträgt rund 963 Quadratkilometer. Das Gebiet ist stark von der letzten Eiszeit geprägt, doch findet man nur im besonders tiefen Nordkaren Restgletscher. Dies ist auf das Klima und die östliche Lage des Rondane zurückzuführen, wo die Temperaturen höher liegen als z.B. im westlich gelegenen Jotunheimen. Zudem regnet und schneit es weniger. Im Rondane, einem typischen Hochgebirge mit ausgedehnten Hochebenen, gibt es zehn Gipfel, die über 2.000 Meter aufragen. Sie alle lassen sich als Tagestouren von den Zeltplätzen der hier beschriebenen Tour (die selten den markierten Pfaden folgt) aus besteigen. Trittsicherheit und Bergerfahrung ist in dem oft unwegsamen, schwierigen Gelände notwendig.

Länge der Tour:
Ca. 120 km, 8 bis 10 Tage.

Anreise:
Mit dem Auto auf der E 6 von Oslo über Lillehammer, durch das Gudbrandsdalen nach Otta. Auf gleicher Strecke verkehrt auch die Bahnlinie Oslo – Trondheim oder der Bus (Nordfjordekspressen). Die Busfahrt nach Otta dauert etwas länger, ist aber ein wenig günstiger. Zum Startpunkt in Høvringen nördlich von Otta bei Rosti rechts von der E 6 abbiegen. Parkplätze in Høvringen. Von Otta verkehrt ein lokaler Bus nach Høvringen.

Abreise:
Siehe Anreise. Wer das Auto in Høvringen geparkt hat, wandert entweder von Smuksjøseter dorthin (ca. 1,5 Std.) oder wählt den lokalen Busverkehr (Weiterfahrt bis Otta möglich).

Startpunkt:
Haukeliseter Fjellstue in Høvringen.

Endpunkt:
Smuksjøseter Fjellstue am Høvringsvatni/Høvringen.

Beste Reisezeit:
Mitte Juni bis Ende September. Manche Hütten schließen schon Anfang September. Der lokale Busverkehr ist früh und spät im Jahr mitunter eingeschränkt.

Verpflegung:
Mehrere Supermärkte in Otta. Hütten und Herbergen im und um den Rondane-Nationalpark sind bewirtschaftet. Proviantverkauf ist eingeschränkt.

Übernachten:
Für die hier beschriebene Tour benötigt man ein Zelt. Ansonsten gibt es eine Vielzahl von Hütten im Nationalpark, die eine Hüttentour mit verändertem Routenverlauf möglich machen. **Haukaliseter:** *Haukaliseter Fjellhotel* (+47) 61 23 37 17 ; **Hovringen:** *Brekkeseter* (+47) 61 23 37 11, *Hovringen Fjellstue* (+47) 61 23 37 18, *Høgfjellshotell* (+47) 61 23 37 22, *Rondeheim* (+47) 61 23 37 14 ; **Dørålseter:** *Dørålseter øvre* (+47) 950 49 499, *Dørålseter nedre* (+47) 61 23 19 98; **Rondvassbu:** (+47) 61 23 18 66 **Smuksjøseter:** *Smuksjøseter fjellstue (+47) 61 23 37 19*

Kartenmaterial: ***Turkart 2716: Rondane*** 1:100.000, Verlag Nordeca.

Sehenswürdigkeiten:
Otta: Am ersten Dienstag im Oktober findet alljährlich Norwegens größte Landwirtschafts-Verkaufsmesse statt, der ***Otta-Martna'n (Otta-Jahrmarkt)***; ***Aussichtsberg Tokampen*** (867m) im Südwesten der Stadt mit einer aus der Völkerwanderungszeit erhaltenen ***Wehranlage (bygdeborg)***. Im **Rondane-Nationalpark** ist die *Peer Gynt-Hytta* ein beliebtes Ausflugsziel mit Einkehrmöglichkeit.

120 km

Infos, Wichtige Adressen: Unzählige ***Informationen zum Nationalpark*** und den dortigen Möglichkeiten: www.rondane-dovrefjell.no, www.nasjonalparksenter.no, www.hovringen.no
Buslinien: www.fjord1.no, www.nettbuss.no

Routenvorschlag:
1. Tag: Haukeliseter/Høvringen – Neverbudalen
2. Tag: Neverbudalen – Bergedalen
3. Tag: Bergedalen – Rondslottet – Bergedalen
4. Tag: Bergedalen – Rondvassbu
5. Tag: Rondvassbu – Vinjeronden – Rondslottet – Storronden – Rondvassbu
6. Tag: Rondvassbu – Storsmeden – Verkilsdalen
7. Tag: Verkilsdalen – Sagtinden – Verkilsdalen
8. Tag: Verkilsdalen – Hoggbeitet – Peer Gynt-Hytta – Smuksjøseter

Karte Rondane Nationalpark

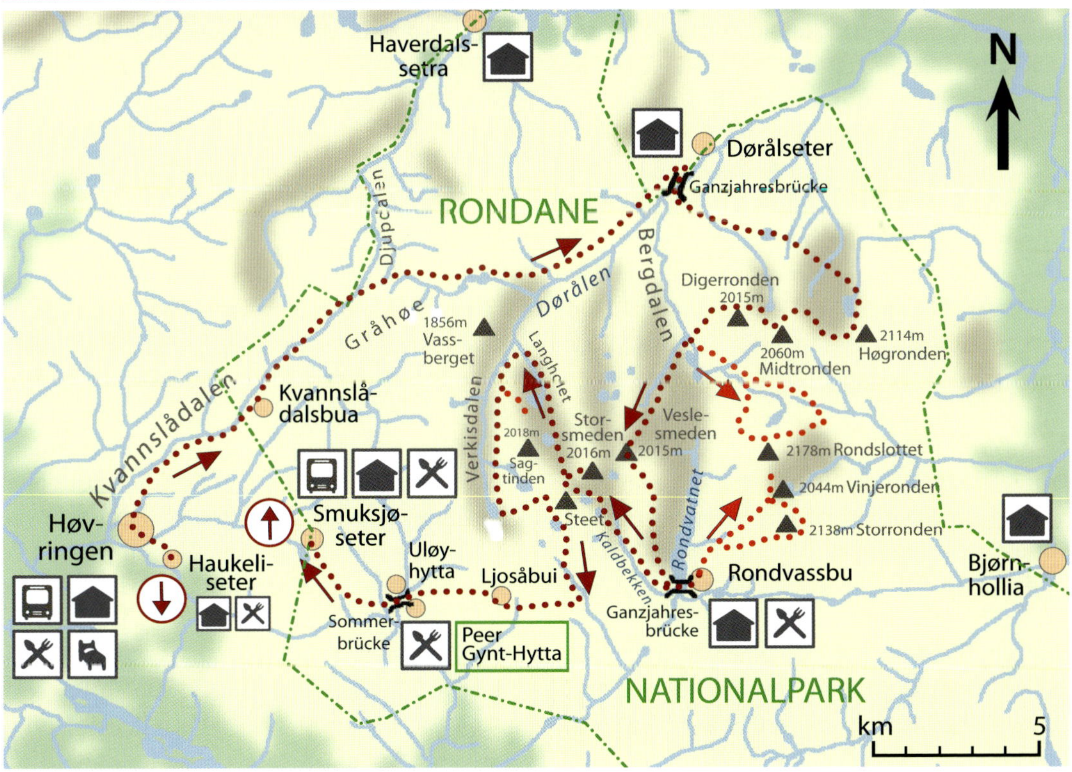

Karge Täler, steinige Höhen

120 km

In steilen Serpentinen kämpft sich der Bus aus dem engen Gudbrandsdalen hinauf nach Høvringen am Westrand des Rondane-Nationalparks. Zahlreiche Hotels und Ferienhütten stehen verstreut in der Landschaft. Die Bergsiedlung Høvringen, ursprünglich eine der größten Almsiedlungen Norwegens, liegt auf 1.000 Metern Höhe und wurde schon um 1880 von den ersten Touristen besucht. Sie ist der westliche Zugang ins Rondane Gebirge. An der Haukeliseter Fjellstue entsteige ich mit großem Rucksack dem Bus. Schon kurze Zeit später reißt zu meiner Freude die Wolkendecke auf und gibt der Sonne den Weg zu diesem Flecken Erde frei. Da schnürt man gleich viel lieber die Stiefel und schultert den Rucksack. Noch heute möchte ich ein erstes Stück des Weges in Angriff nehmen. Will man nicht in einer der vielen Hütten in Høvringen übernachten, ist es ratsam, etwas entfernt einen Platz für das Zelt zu suchen. Also folge ich noch einige Kilometer dem Kvannslådalen, bevor ich unweit der Nationalparkgrenze mein Zelt auf einer kargen, von rundgeschliffenen Bergen umgebenen Hochfläche aufschlage: die erste Nacht im Rondane.

Der erste Tag

Bei leichter Bewölkung starte ich tags darauf die erste lange Etappe meiner Rondane Rundwanderung. Ich folge dem Fluss Kvannslådalsåi in nordöstlicher Richtung bis zur Wasserscheide auf etwa 1.400 Metern, von der der Bach Djupdalsbekken auf der anderen Seite hinab in das „tiefe Tal" Djupdalen fließt. Der Pfad zieht am Nordwesthang der Kuppe Gråhøe entlang, bevor ich auf der zusehends steinigen Strecke nach Osten in die Talsenke schwenke, die von den hohen Steilhängen der „grausigen Höhen" Stygghøin und des „Wasserberges" Vassberget flankiert wird. Noch bevor ich den Wasserlauf erreiche, der durch diese Talsenke fließt und einige kleine Seen gebildet hat, stoße ich auf eine deutsche Familie, die schon seit einigen Tagen im Rondane Nationalpark unterwegs ist. Wir halten ein kurzes Schwätzchen in der nun alpiner anmutenden Landschaft mit schroffen Bergen und steilen Abbrüchen.

In einer kleinen Steinhütte am Dørålsvatnet liegt ein Buch aus, in das ich mich eintrage, bevor ich zum „Türfluss" Døråi absteige, der aus dem riesigen Kar Verkilsdalsbotn fließt. Flussabwärts folge ich in stetem Auf und Ab dem Wasserlauf. Matschige Passagen und dichte Büsche lassen dieses Wegstück endlos erscheinen, doch entschädigen mich die Blicke auf die imposanten Berge immer wieder. Gut einen Kilometer vor der Herberge Dørålseter überquere ich den Fluss, der nach der Einmündung des Baches Bergedalsbekken Atna heißt, auf einer Brücke. Gigantische Moränen herrschen in dieser Landschaft vor, die als Gletschergarten bezeichnet werden kann. Vor mehr als 10.000 Jahren hat das Eis gewaltige Spuren hinterlassen: zu Pyramiden geschliffene Geröllberge, Zwillingskuppen in völliger Symmetrie, Trichterlandschaften mit tiefen Strudellöchern. Durch diese fast surrealistisch anmutende Gegend folge ich dem Tälchen des Vidjedalsbekken aufwärts nach Südosten. Ein paar Bäche müssen durchquert werden, um sanft ansteigend den See Neverbutjørnet zu erreichen. Völlig ausgetrocknet liegt er vor mir; der Pfad führt mitten hindurch. Nun werde ich langsam unruhig, da sich der Tag dem Ende neigt und ein Nachtlager verlockend erscheint; der letzte Bach und damit Trinkwasser aber schon ein Stück zurückliegt. Dennoch laufe ich weiter über die Hochfläche, bis ich plötzlich unweit des Pfades ein kleines gurgelndes Bächlein erspähe – nach einer Tagesetappe von 28 Kilometern, ein bisschen weiter als ursprünglich geplant. Geschwind habe ich das Zelt oberhalb des Neverbudalen aufgeschlagen, über dem das Dreigestirn von Diger-, Midt- und Høgronden thront.

Der zweite Tag

Eine Traverse dieser Zweitausender ist mein Ziel, und so klingelt am nächsten Morgen um fünf Uhr der Wecker. Es ist frostig kalt, die Wolken hängen tief. Dennoch packe ich alles zusammen und mache mich mit dem schweren Rucksack auf zum Høgronden, dem dritthöchsten Rondane-Gipfel und östlichstem der drei Berge. In einer feuchten Nebel- und Wolkensuppe quere ich den Hang unterhalb des Bergmassivs. Der See im Kar Midtbotn ist nur zu erahnen. Doch noch leitet mich ein gut erkennbarer Pfad zum Fuße des Nordostgrates, der bald grobblockig und steil zum Gipfel führt. Immer anstrengender wird es, sich über die Steine und Felsen hinauf zu kämpfen. Der Pfad verliert sich bald zwischen all dem Blockwerk. Nun sind es nur noch die roten T's, die in gleichmäßigen Abständen den Weg weisen. Ich stoße durch die Wolken und habe einen weißen Teppich unter mir. Plötzlich ist alles anders. Die Sonne schickt Wärme herab und lässt den Schweiß in Strömen laufen. Gegen Mittag erreiche ich den Gipfel, 2.114 Meter hoch. Von hier wäre ein Abstieg in südöstlicher Richtung zur kleinen, aber gemütlichen Hütte Bjørnhollia möglich. Aber ich

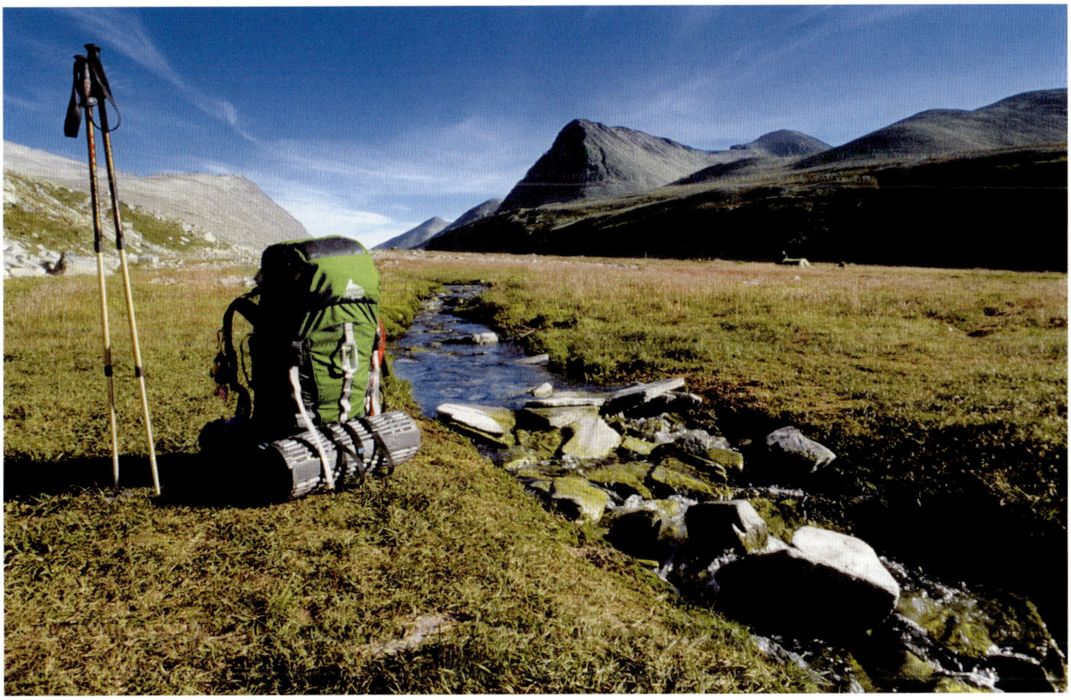

Zehn 2000er gibt es im Rondane. Wer fit genug ist, kann sie alle besteigen.

120 km

entschließe mich trotz zweifelhaften Wetters zur Fortsetzung der Traverse nach Westen. Auch in den Wolken, die mich inzwischen wieder umhüllen, sollte ich dem pfadlosen Bergrücken wohl folgen können. Bevor ich in die Scharte über dem Kar Midtbotn absteige, nippe ich nochmals kurz an der Trinkflasche. Ich muss sparsam mit dem Wasser umgehen, da ich bis zum Abend auf keine Seen oder Bäche treffen werde.

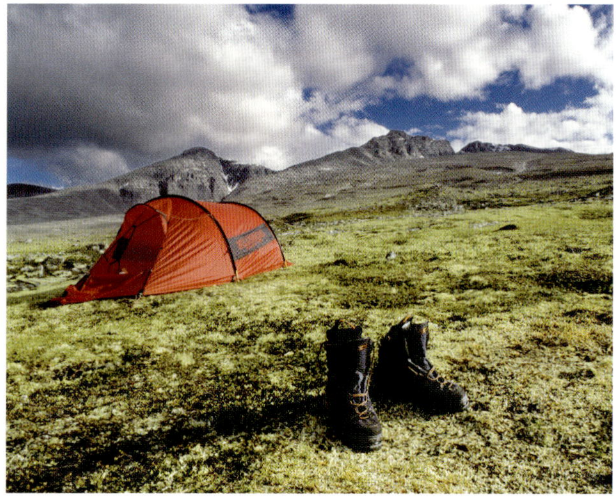

Zeltlager vor Høg-, Midt- und Digerronden.

Aus der Scharte steige ich über den Südostgrat auf zum Midtronden Ostgipfel, der 18 Meter niedriger ist als sein westlicher Nachbar. Ein steiler Einschnitt trennt diesen Doppelgipfel – ich muss die Hände zu Hilfe nehmen, um den 2.060 Meter hohen Midtronden Westgipfel sicher zu erreichen. Das Gelände bleibt felsig und von großen Steinblöcken durchsetzt. Auch beim nächsten Abstieg muss ich mich voll konzentrieren, auch wenn es nun etwas flacher vorangeht. Aus der Scharte über dem Kar Vidjedalsbotn beginnt dann der letzte Anstieg zum Gipfel des Digerronden. Um 16 Uhr bin ich oben. Erschöpft, aber glücklich. Alle vier Zweitausender dieser Gruppe habe ich erklommen. Die Anspannung weicht, aber der Abstieg von der gewaltigen Pyramide hinab ins Bergedalen zieht sich endlos in die Länge. Ein anstrengender und anspruchsvoller Tag, nimmt nach zehn Stunden sein Ende, ohne dass ich einer Menschenseele begegnet wäre.

Nachdem ich das Zelt am Ufer des Baches Bergedalsbekken aufgeschlagen und den Durst gelöscht habe, verschwinden die Wolken, und der Rondslottet erstrahlt in der Abendsonne. Schnell sind alle Strapazen vergessen, und ich schmiede Pläne für den kommenden Tag.

Der dritte Tag

Den morgendlichen Nieselregen warte ich im Zelt ab, bevor ich es für eine Tagestour zum Rondslottet, dem höchsten Rondane-Gipfel, zurücklasse. Ich folge einem markierten Pfad ins Langglupdalen, vorbei am Kar Galenbotn. Nach dem Überqueren der Wasserscheide verlasse ich den Pfad wieder, um den Fuß des Ostrückens des Rondslottet zu erreichen. Über diesen führt der Weg, der zwischen einem Pfad und groben Blöcken wechselt, hinauf zum höchsten Punkt des „Rand-Schlosses", wie der Berg übersetzt heißt. Neben einem gewaltigen Steinmann tummeln sich einige Norweger, die von der Hütte Rondvassbu heraufgekommen sind. In 2.178 Meter Höhe sitzen wir gemeinsam in der Sonne, die mittlerweile die Oberhand gewonnen hat, und genießen die Aussicht über den gesamten Rondane-Nationalpark. Im Norden die Berggruppe von Diger-, Midt- und Høgronden, die ich tags zuvor überschritten habe. Im Westen die Smiubelgen-Berge mit dem Amboss sowie dem Großen und Kleinen Schmied. Im Süden ist der Vinjeronden zu sehen, der

Südgipfel des Rondslottet; im Osten erstrecken sich endlose Hügelketten. Bei gutem Wetter reicht die Aussicht vom Rondslottet bis zur Snøhetta im Dovrefjell, rund 50 Kilometer im Nordwesten, und zu den höchsten Gipfeln im Jotunheimen.
Als Abstieg zurück zum Zelt wähle ich eine pfadlose Route über den West- und Nordwestrücken des Rondslottet und umgehe so einen fast senkrechten 700-Meter-Abbruch, der vom Gipfelplateau nach Norden ins Langglupdalen stürzt. Aber auch so geht es zum Teil steil über Geröll und Blöcke hinab. Erst im flacheren Talgrund erleichtern einige Wiesenstücke die Wanderung in dieser so kargen und steinigen Landschaft.

Der vierte Tag

Um die bewirtschaftete DNT-Hütte Rondvassbu, die einzige innerhalb der Nationalparkgrenzen, zu erreichen, bieten sich mir drei Möglichkeiten. Erstens: der flache Weg durch das Rondvassdalen zur Nordbucht des Rondvatnet, von wo regelmäßig ein Bootstransfer zur Rondvassbu besteht. Zweitens: der bergige Übergang über den Rondhalsen oder drittens: eine pfadlose und wilde Variante über den Gipfel des Veslesmeden. Lange studiere ich mit dem Fernglas die Gegend und entschließe mich letztendlich für die dritte Möglichkeit. Aus dem Bergedalen steige ich hinauf gen Tjørnbotn, von wo ich den Nordostrücken des „kleinen Schmieds" erreiche. Alles klappt problemlos, bis sich der Rücken langsam in einen schärferen Grat verwandelt, der von Blöcken und Steinen durchsetzt ist. Des Öfteren muss ich die Hände benutzen, um die Balance zu halten, mich mitunter an den griffigen Felsen hochziehen. Doch immer finde ich einen Durchschlupf und stoße in der Nähe des Gipfels auf den Normalweg, der aus Südosten zum Veslesmeden hinaufführt. Nach drei Stunden bin ich am höchsten Punkt, der von vier tiefen Tälern umgeben ist. Ein kalter Wind treibt erneut dunkle Wolken heran, die mich bald zum Abstieg zwingen. Doch auf dem nun markierten Pfad hinab zur Rondvassbu kann man auch bei schlechter Sicht den Weg nicht verfehlen. Nur oben ist er grobblockig, weiter unten schlängelt er sich über loses Geröll hinab. In der Rondhalsen-Senke stoße ich auf den anderen Weg und folge ihm das letzte Stück zum Rondvatnet. Von allen Bergen strömen Wanderer zur Rondvassbu. War es in den umliegenden Tälern still und einsam, konzentrieren sich hier die meisten Rondane-Besucher. Die Rondvassbu-Hütte ist idealer Ausgangspunkt für Touren in die umliegende Bergwelt oder einen kurzen Abstecher in die wilde Schlucht Jutulhogget, in der sich ein schöner Wasserfall die Felsen hinabstürzt.

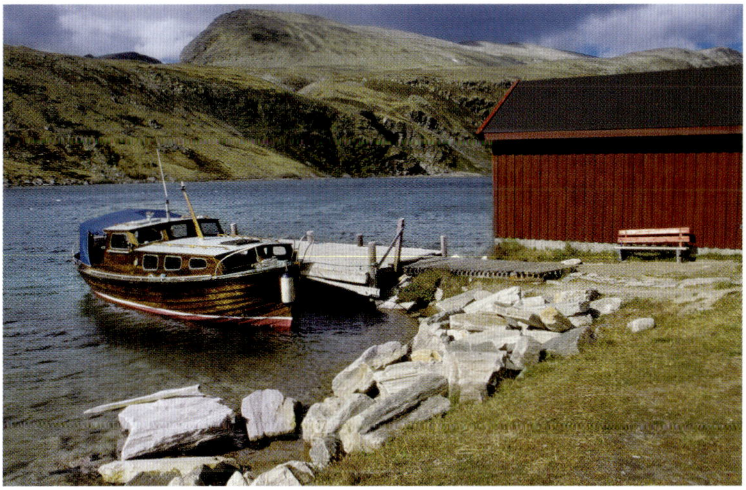

Der Rondvatnet im Zentrum des Nationalparks.

120 km

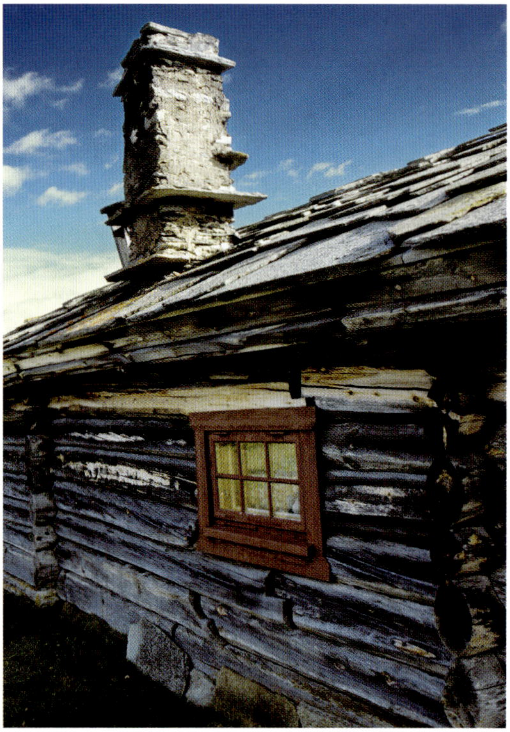

Ein altes Bauernhaus in Høvringen.

Ich überquere noch den Kaldbekken, bevor ich diesseits des Store Ula-Flusses mein Zelt aufbaue. Das geschäftige Treiben der Rondvassbu interessiert mich an diesem Abend nicht.

Der fünfte Tag

Nach dem Frühstück lasse ich erneut das Zelt zurück, um einen weiteren Ausflug auf die Berge zu starten, diesmal in nordöstliche Richtung. Es ist kalt, und ich schlage ein zügiges Tempo an. Schnell bin ich im Kartal Rondholet, dem ich zwei Kilometer weit hinauf bis zum Talschluss zwischen Vinjeronden und Storronden folge. Wieder nur Blöcke und Geröll, verziert von roten T-Markierungen. Der passartige Talabschluss bildet die Rückwand des restvergletscherten Kars Storbotn. 300 Meter fällt die Wand zu einem kleinen See hin ab. Über flechtenbewachsene und zum Teil übermannshohe Felsblöcke steige ich zum Vinjeronden, dem Südgipfel des Rondslottet, auf. Nur kurz verweile ich auf dem Gipfelplateau. Bald setze ich meinen Weg über Plattengeröll hinab zum Band zwischen dem „großen Kar" Storbotn und dem „grausigen Kar" Styggebotn fort. Von diesem Band, welches den schönen Namen „Schlossbrücke" – Slottsbroen – trägt, führt ein steiler Grat hinauf zum Gipfel des Rondslottet.

Gegen Mittag erreiche ich den höchsten Punkt zum zweiten Mal. Diesmal bin ich alleine, woran auch die kalte Witterung Schuld sein mag, die etwas Schnee über das sonst so einheitliche Grau der Steine gelegt hat. Nach kurzer Rast wähle ich denselben Weg zurück – über die Slottsbroen und den Vinjeronden zum Pass oberhalb des Rondholet. Doch von dort steige ich nicht sogleich wieder hinab zum Zelt, sondern erklimme über einen pfadlosen Geröllhang noch den Gipfel des Storronden, des dritten Zweitausenders in dieser Berggruppe. Auch an dessen höchstem Punkt, auf 2.138 Metern, bin ich alleine. Heute scheint der zweithöchste und meistbegangene Rondane-Gipfel nicht das Ziel vieler Wanderer zu sein. Der meist mäßig steile Westrücken führt mich dann zurück zur Rondvassbu und meinem unweit der Hütte aufgeschlagenen Zelt.

Der sechste Tag

Früh scheint am Morgen die Sonne auf mein Lager und vertreibt den Raureif. Ein phantastischer Tag beginnt, der mich zunächst nach Nordwesten entlang des Kaldbekken, des „kalten Baches", hinein ins Kaldbekkbotn führt, wiederum ein von Gletschern geformtes Kartal. Der Pfad zieht sich zwischen dem steilen Abbruch des Svarthammeren (1.751m) im Osten und dem Steet (1.996m) im Westen hindurch. Ich überschreite den Kaldbekken und gelange ans Talende. Vor mir erhebt sich mächtig der Storsmeden (2.016m). Er bannt meinen Blick, ich nehme kaum noch wahr, was um mich herum passiert. Bald umgeben mich nur noch Felswände, Geröll und große Blöcke sowie das nächste kleine Etappenziel, das Felsband Langholsbandet, das sich einem Sattel gleich zwischen Steet und Storsmeden entlangzieht und das ich überschreiten muss. Auf seiner Rückseite liegt das Kartal Langholet.

Nach einer windgeschützten Rast auf dem Band lasse ich den großen Rucksack zurück und steige nur mit der Fototasche zum Gipfel des Storsmeden auf. Riesige Blöcke versperren teilweise die Sicht, doch finde ich den steilen Weg zum kleinen Gipfel, von dem sich eine grandiose Aussicht über alle Rondane-Berge bietet. Mit 2.016 Metern ist er einen Meter höher als sein kleiner Bruder Veslesmeden. Zurück auf dem Langholsbandet verweile ich nur kurz, da ich mich entschieden habe, auch noch den Gipfel des Steet zu erklimmen, dem vier Meter bis zur magischen Zweitausendermarke fehlen. Es schadet dem Gipfelerlebnis nicht, denn der Blick ins Verkilsdalen im Westen ist phantastisch. Dann geht es steil hinab vom Felsband ins imposante Kartal Langholet, wo der Pfad rechts an zwei Seen entlang verläuft. Geradewegs auf den kalkreichen Vassberget mit seiner 600-Meter-Wand zuwandernd, gelange ich in die fruchtbare Pflanzenoase Slettløyftet, die in herbem Kontrast zu all dem Geröll und Schutt der höheren Lagen steht. Zwischen Büschen und Wollgras zieht es mich noch ein Stück das Verkilsdalen aufwärts, bevor ich am Fluss Døråi mein Zelt wieder einmal in völliger Einsamkeit aufbaue.

Der siebte Tag

Insgesamt zehn Zweitausender gibt es im Rondane-Nationalpark. Neun davon habe ich bereits bestiegen, nur die „Sägezinne“ Sagtinden liegt noch vor mir. Am nächsten Vormittag mache ich mich an den Aufstieg zum Gipfel; das Zelt und den schweren Rucksack lasse ich zurück. Zwischen riesigen Felsblöcken steige ich zum Nordgrat

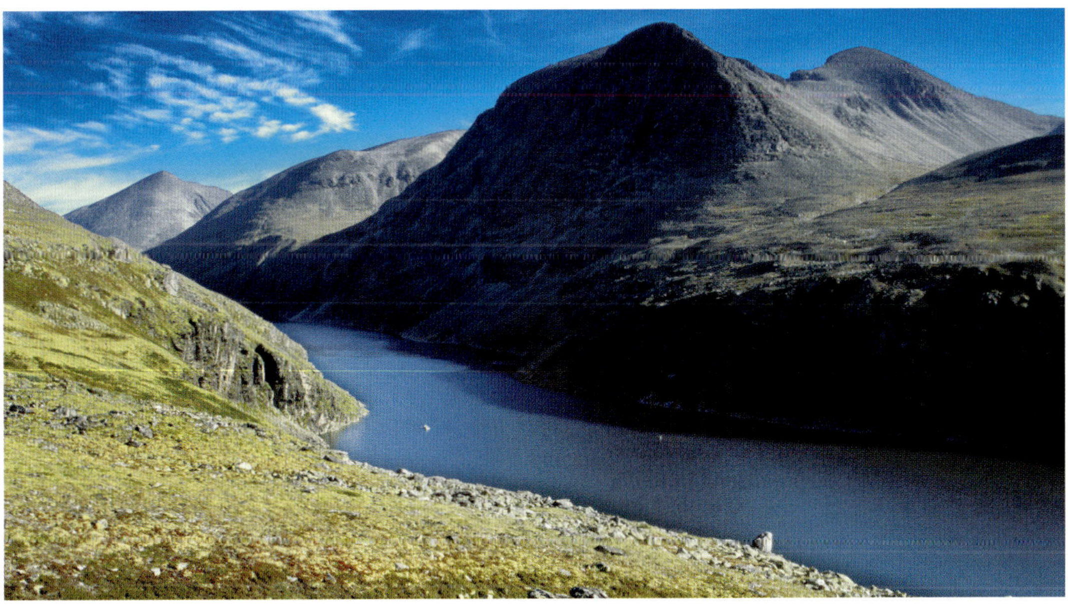

Der Rondvatnet aus einer neuen Perspektive.

der Zinne auf, die sich direkt über meinem Lagerplatz erhebt. Doch schon bald muss ich einsehen, dass der Aufstieg, der sich zwischen haushohen steinernen Trümmern verliert, sinnlos ist. Hier ist weder Gehen noch Steigen möglich. Nur ein Kraxeln von Block zu Block, zwischen denen sich enge Spalten und Ritzen auftun. Die Gefahr ist groß, umzuknicken oder abzurutschen und in einer dieser Lücken zu verschwinden. Also bleibt der Gipfel des Sagtinden unberührt. Stattdessen erkunde ich nur die nähere Umgebung zwischen Felsbändern, kleinen Tümpeln, Blumenwiesen und sprudelnden Bächlein. Ich hätte den niedrigeren Vassberget auf der anderen Talseite in Angriff nehmen sollen, von dem man einen herrlichen Ausblick über das Großkar Verkilsdalsbotn genießen kann, einem der gigantischsten Kare Norwegens. Dreieinhalb Kilometer lang und bis zu zweieinhalb Kilometer breit, umgeben von bis zu 470 Meter hohen Wänden. Mehrere kleine Kare bilden das spektakuläre Großkar Verkilsdalsbotn. Die Krönung ist der zwischen den Gipfeln Bråkdalsbegen und Ljosåbelgen über dem Südende des Tals hängende größte Rondane-Gletscher, der Blåbreen.

Der achte Tag

In diese Richtung stoße ich am letzten Tag meiner Rundwanderung vor. Ich möchte den südlichen Abschluss des Verkilsdalsbotn über den Pass Hoggbeitet überschreiten. Am Morgen sind nur wenige Wolken zu sehen, doch bald kommt starker Wind auf, der mir entgegenbläst und den Himmel zügig verdunkelt. Am Verkilsdalsvatnet, kurz bevor der Aufstieg beginnt, ist von den Bergen nichts mehr zu sehen. In völliger Sichtlosigkeit steige ich, bald immer steiler, bergan. Dabei drifte ich ungewollt von der idealen Linie ab und gelange unbemerkt auf den Westrücken des Steet. Ganz in der Nähe war ich schon vor zwei Tagen. Unschlüssig hantiere ich in der Wolkensuppe mit Karte, Kompass und Höhenmesser herum, und es dauert eine Weile, bis ich die Orientierung wiedererlange. So steige ich auf zum Gipfel des Steet – zum Glück bekanntes Gelände – und alle Zweifel am rechten Weg sind endgültig ausgeräumt. Über den steil abfallenden Südgrat versuche ich nun den Pass Hoggbeitet zu erreichen. Dabei muss ich höllisch aufpassen, um nicht auf den von der feuchten Luft glitschig gewordenen Steinen auszurutschen. Bald verlasse ich den blockigen Grat und steige geradewegs hinab ins Kar Klarabotn. Ohne Sicht, zwischen senkrechten Abbrüchen hindurch, über Schutt und loses Geröll. Wohl ist mir dabei nicht, doch bleiben kann ich auch nicht. Am Karsee atme ich endgültig auf, als ich Steilheit und Wolken hinter und über mir zurücklasse. Bald erreiche ich den markierten Pfad, der sich von der Rondvassbu zur Peer Gynt-Hytta zieht. Trotz der holprigen und ausgelatschten Strecke bin ich vergnügt, da nun alle Schwierigkeiten hinter mir liegen. Ich passiere die offene Schutzhütte Ljosåbui auf der Hochfläche am Südabfall des Smiubelgen-Massivs und gelange bald zur gemütlichen Peer Gynt-Hytta, einem während der Hauptsaison beliebten Ausflugsziel mit Einkehrmöglichkeit. Die alte Steinhütte nebenan, die Uløyhytta, war die geistige Geburtsstätte für Ibsens Drama „Peer Gynt".

Im einsetzenden Nieselregen nehme ich die letzten Kilometer in Angriff. Am Ostufer des Høvringsvatni erreiche ich die Herberge Smuksjøseter. Sie liegt am Rand des Rondane Nationalparks in einer schönen und wilden Gegend. Morgen wird mich von dort ein Bus zurück nach Otta bringen. Mit den Erlebnissen aus kargen Tälern und von steinigen Gipfeln im Gepäck.

Zwei Tageswanderungen
Kjeragbolten & Preikestolen

Abenteuerspielplatz Lysefjord

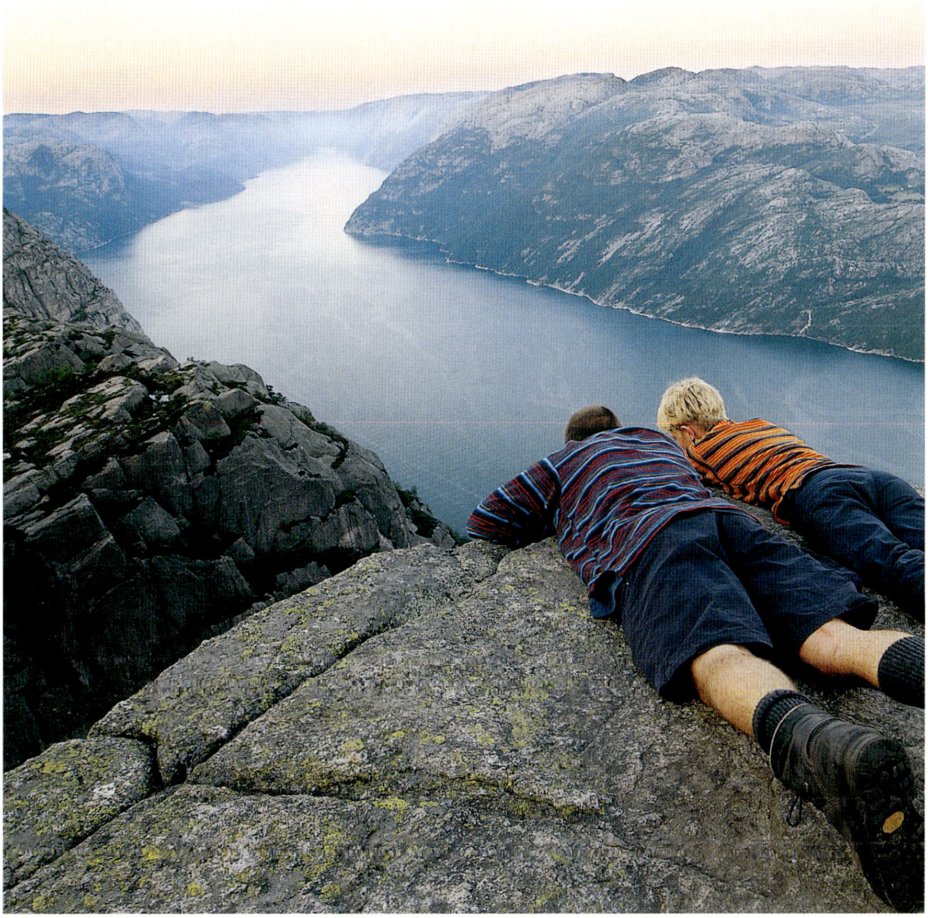

Tour 4

Zwei Tageswanderungen Kjeragbolten & Preikestolen

Schwierigkeit	Höhendifferenz	Zelten	Hüttenübernachtung
★★☆☆	★★☆☆	★★☆☆	★★☆☆

6 km

Charakter der Tour

Zwei der schönsten und – neben der Wanderung über den Besseggen-Grat *(siehe Tour 2)* – bekanntesten Wanderungen Südnorwegens. Während die Tagestour auf das Kjerag Plateau über viele polierte Steinflächen führt, die vor allem bei Nässe gefährlich glatt werden, besteht die Schwierigkeit der Wanderung auf den Preikestolen mehr durch einige steile Passagen über Geröll. Generell werden beide Wanderungen aber von Menschen jeden Alters und jeder körperlichen Verfassung begangen. Bloß der Spaß und die Sicherheit bleiben dabei mitunter auf der Strecke. Beide Touren werden normalerweise als Tagestouren gegangen; wer möchte, kann aber an den Aussichtspunkten eventuell auch zelten – mit viel Rücksicht auf Natur und Mitmenschen.

Länge der Tour:
Kjerag Plateau und Preikestolen jeweils zwei bis drei Stunden pro Richtung.

Vorab:
Der Lysefjord ist nicht nur für Paddler einer der schönsten Fjorde des Landes *(Siehe Tour 7)*, sondern bietet auch für Wanderer zwei reizvolle Touren – den Weg auf den Preikestolen und den aufs Kjerag Plateau. Hier ein Vorschlag, wie Sie den Lysefjord von allen Seiten kennenlernen können – eine tolle Tour für einen zweiwöchigen Aufenthalt im Südwesten Norwegens. Zunächst wandern Sie zum Kjerag Plateau, nehmen dann die Fähre von Lysebotn nach Forsand, paddeln von dort zurück nach Lysebotn, nehmen wieder die Fähre nach Forsand, steigen dort ins Auto und fahren zum Ausgangspunkt der Wanderung auf den Preikestolen. Auf dem Rückweg nach Kristiansand besuchen Sie Stavanger und lernen die Küstenlinie des Südwestens kennen.

An- und Abreise:
Per Fähre nach Kristiansand, von dort zunächst auf der Straße 9 nach Norden durch das fruchtbare, idyllische Setesdal. Entlang des Årdals- und Åraksfjorden und der Otra weiter bis nach Nomeland. Nach diesen bisher rund 150 Kilometern nach Westen in Richtung Lysebotn abbiegen. Rund 80 Kilometer bis zum Øygardstøl, dem Panoramarestaurant an der Abbruchkante zum Lysefjord – dem Ausgangspunkt für die Wanderung zum Kjerag.
Nach der Wanderung von hier die atemberaubende, von Haarnadelkurven gespickte Straße hinab nach Lysebotn nehmen, von wo Fähren durch den Lysefjord nach Forsand bzw. Stavanger fahren.
Infos: *www.norled.no* Tel. (+47) 51 86 87 88 für die etwas langsamere Touristenfähre (nur im Sommer) oder *www.kolumbus.no* (+47) 51 92 52 00 für das etwas günstigere ganzjährig fahrende Schnellboot). Wer auf dem Lysefjord paddeln möchte, dem sei *Tour 7 (Seite 113)* empfohlen.
Von Forsand auf der Straße 13 in Richtung Jørpeland fahren, vier Kilometer vor dem Ort rechts abbiegen zur Preikestolhytta. Dort (gebührenpflichtiger Parkplatz) beginnt die Wanderung hinauf auf den Preikestolen. Rückfahrt nach Kristiansand über Stavanger, Egersund und Cap Lindesnes.

Start- und Endpunkt:
Panoramarestaurant Øygardstøl für Kjerag Plateau mit Kjeragbolten.
Preikestolhytta für Preikestolen.

Karten Kjeragbolten & Preikestolen

Beste Reisezeit:
Die Wanderungen sind frühestens Anfang Juni durchführbar; selbst dann kann nach langen Wintern noch Schnee den Marsch behindern. Im Herbst bis zum ersten Schnee Mitte/Ende Oktober.

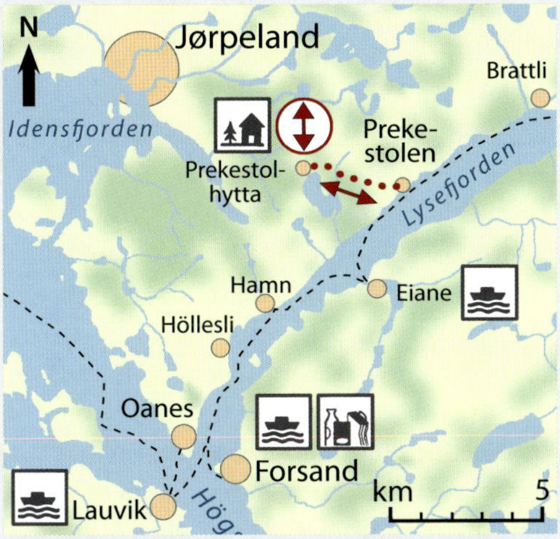

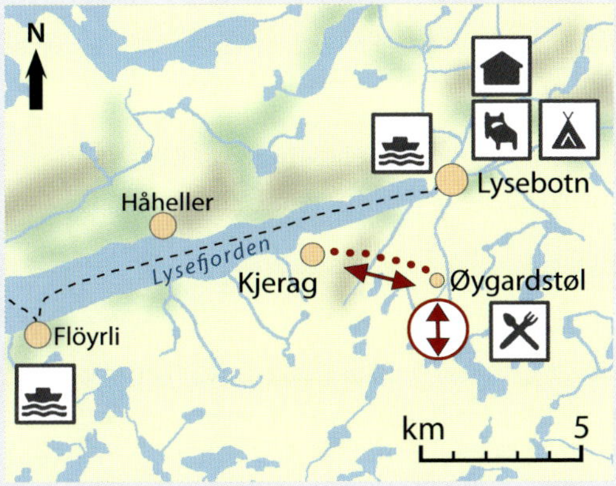

Verpflegung:
In Lysebotn und am Ausgangspunkt der Tour zum Kjerag, dem Restaurant Øygardstøl (Adlernest), kann man etwas zu essen kaufen. Einen Supermarkt oder Laden gibt es nicht. Genauso sieht es an der Preikestolhytta aus. Die Jugendherberge bietet Essen für ihre Gäste und auf dem nahe gelegenen Zeltplatz kann man ebenfalls Kleinigkeiten einkaufen. Einen Supermarkt gibt es in Forsand in der Nähe des Fähranlegers.

Übernachten:
Lysebotn: ***Bed & Breakfast, Hütten, Hostel & Zeltmöglichkeit***, Tel. (+47) 99 49 95 99 www.visitkjerag.no oder lysefjorden.turistforeningen.no; ***Hauane Bed & Breakfast*** (Sehr traditionell, einfach, aber auch sehr schön, im Tal hinter Lysebotn), Tel. (+47) 98 88 77 38, www.lysegard.com
Ausgangspunkt Preikestolen: ***Jugendherberge Preikestolhytta***, geöffnet von Anfang April bis Ende Oktober Tel. (+47) 51 74 20 74, www.hihostels.no/no/Vandrerhjem/Fjord_Norge/Preikestolen oder www.preikestolenfjellstue.no

Kartenmaterial:
Beide Wanderungen sind so gut ausgeschildert, dass man keine topographischen Karten benötigt. Wer trotzdem bestens über die Umgebung Bescheid wissen will: ***Turkart 2618: Lysefjorden*** 1:50.000, Preikestolen – Karte: ***Turkart 2631: Preikestolen*** 1:25.000, Verlag Nordeca. Für die Anreise: ***Süd-Norwegen, Oslo – Stavanger – Bergen, Cappelen Kart***, 1:325.000, Kümmerly + Frey.

Infos, Wichtige Adressen:
Fremdenverskehrsamt Stavanger, Domkirkeplassen 3, 4006 Stavanger, Tel. (+47) 51 85 92 00, www.regionstavanger.com; ***Lysebotn Turistsenter AS***, Tel. (+47) 51 70 34 90; ***Basejumper*** am Kjerag: www.basekjerag.com; ***Infos zur Region***: www.lysefjordeninfo.no, www.fjordnorway.com

Route:
Øygardstøl/Adlernest – Kjerag Plateau/Kjeragbolten – Øygardstøl/Adlernest
Preikestolhytta – Preikestolen – Preikestolhytta.

Abenteuerspielplatz Lysefjord

6 km

Das Kjerag Plateau

Schon die Anfahrt zum Lysefjord macht Spaß, besonders, nachdem man das relativ dicht besiedelte und landwirtschaftlich stark genutzte Setesdal hinter sich gelassen hat. Die einsame Hochebene, die man hinüber zum Lysefjord überquert, zeigt ein ganz anderes, viel wilderes, aber für den Süden auch recht typisches Landschaftsbild: Seen, rund geschliffene Granitkuppen, weite Ausblicke und viele Schafe. Je nachdem, zu welcher Tageszeit man das Panoramarestaurant Øygardstøl (Adlernest) erreicht, und abhängig davon, ob man die Wanderung zum Kjerag Plateau zu einer Tour mit oder ohne Übernachtung im Zelt machen möchte, wandert man sofort los oder fährt zunächst die abenteuerliche Serpentinen-Straße hinab nach Lysebotn, um dort zu übernachten.

Die Wanderung beginnt direkt am (gebührenpflichtigen) Parkplatz des Restaurants. Am großen Schild vorbei, welches noch einmal die Anstiege bis zum Ziel veranschaulicht, folgt man einfach den vereinzelten Wegweisern und der ausgetretenen Spur, den ersten Granithügel hinauf. Zwei bis drei Stunden dauert die Wanderung pro Richtung.

Vor ein paar Jahren haben wir die Tour schon einmal – bei bestem Wetter – an einem Tag gemacht. Diesmal wollen wir oben das Zelt aufschlagen und über Nacht bleiben. Leider spielt heute das Wetter nicht so richtig mit; wir sind daher die einzigen, die sich auf den Weg machen. Es regnet in Strömen, ist neblig und stürmt. Doch unten in Lysebotn hat man uns „versprochen", dass es heute noch aufklaren soll. Wir glauben den Einheimischen. Und wenn es heute noch nichts werden sollte, dann vielleicht ja morgen. Denn ohne Aussicht auf den Fjord wieder abzuziehen, wäre eine Schande. Dann ist die Wanderung einfach nur halb so schön.

Die Nässe hat den blank polierten Fels so glatt werden lassen, dass jeder Schritt schon am ersten Anstieg wohl überlegt sein muss. Manchmal helfen die installierten Eisenketten, unsere Trekkingstöcke sind Gold wert.

Vom ersten „Pass" führt der Pfad in eine saftig grüne Senke mit See und einem kleinen Bach. Stille, hier und da plätschert es. Es dauert nicht lange, bis der Weg wieder ansteigt zu einem Zwischenplateau mit Tümpeln, Pfützen und flechtenbesetzten Steinen.

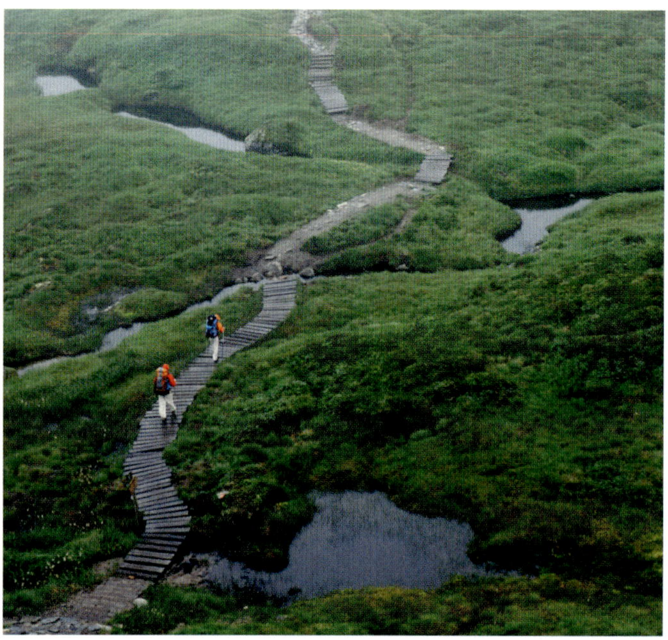

Bohlenweg zum Kjerag-Plateau. Bei Regen sehr angenehm im Gegensatz zu den Felsen, die bei Nässe oft sehr rutschig sind.

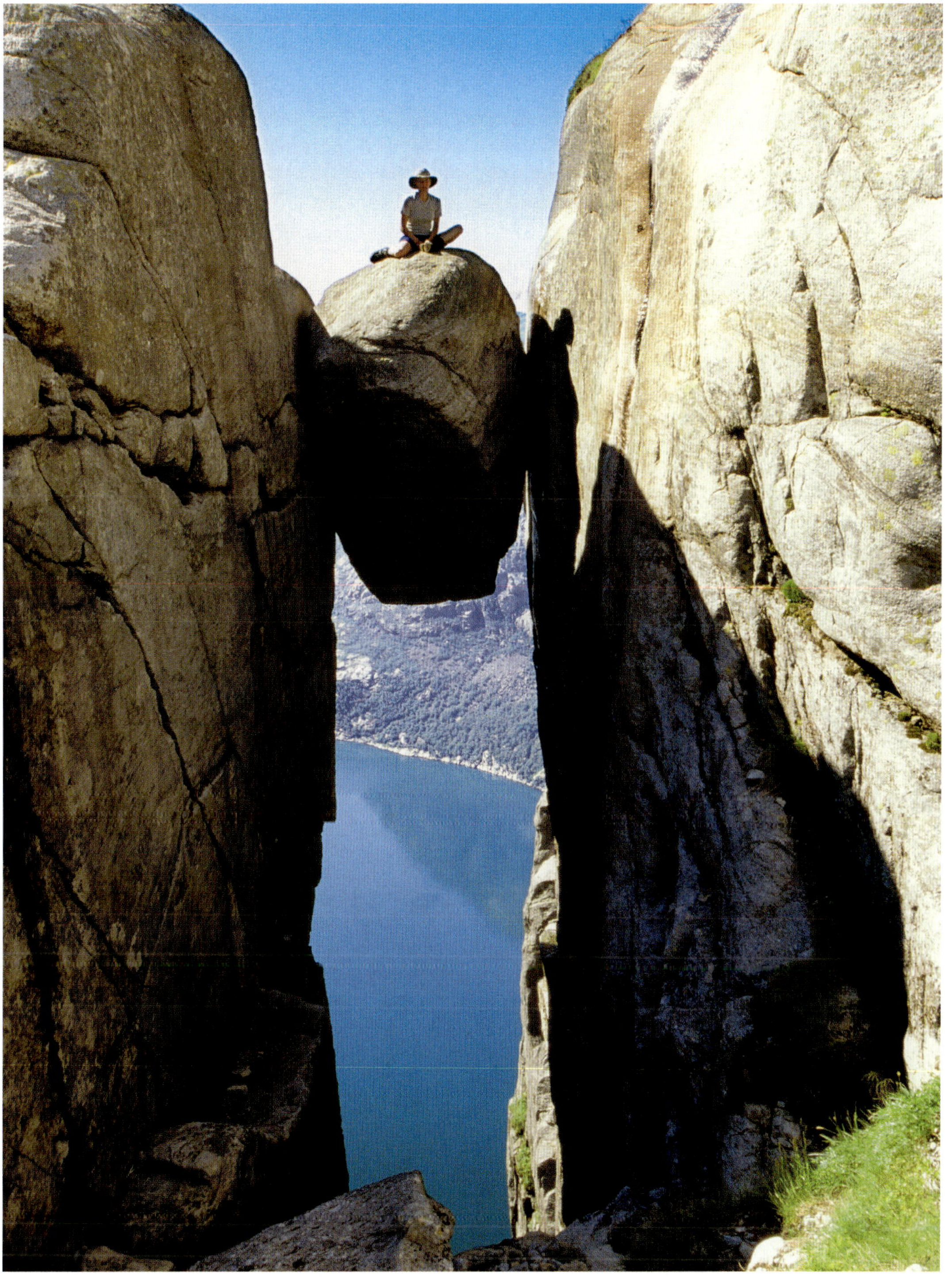

6 km

Kleine Mutprobe am Kjeragbolten. Kaum ein Besucher gerät nicht in Versuchung.

Dann überqueren wir einen Bach; der letzte große Anstieg beginnt. Er hat es in sich, ist viel steiler als die ersten beiden, bietet den Füßen weniger Halt und ist dazu noch länger. Nach einer guten halben Stunde sind wir oben, haben das Kjerag Plateau mit seinem höchsten Punkt auf 1.132 Metern erreicht. Normalerweise bietet sich schon von hier eine atemberaubende Aussicht auf den türkis schimmernden Fjord und Lysebotn – heute ist alles, was wir sehen, Wolken und Nebel. Auch wenn man das Gefühl hat, nun endlich oben und der Aussichtskanzel und dem Kjerag Bolten, jenem spektakulär zwischen zwei Felswänden eingeklemmten Felsklotz, nahe zu sein – der Schein trügt. Noch fast eine Stunde laufen wir über die windgepeitschte Hochfläche, die übersät ist von Steinen und Felsbrocken. Das wilde Wetter passt zur Szenerie und sorgt dafür, dass wir noch immer allein sind, wo sich im Sommer viele, viele Touristen bewegen.

6 km

Nach etwas mehr als drei Stunden haben wir den großen Wegweiser erreicht, der zum Kjerag Bolten und anderen markanten Punkten hier oben weist. Wir bewegen uns noch ein kleines Stück in Richtung Fjord und schlagen unser Zelt auf. Wer kein freistehendes Zelt hat, wird hier oben Schwierigkeiten haben. Zwar gibt es viele große Steine zum Abspannen, einem Sturm sollte man so aber nicht ausgesetzt sein.

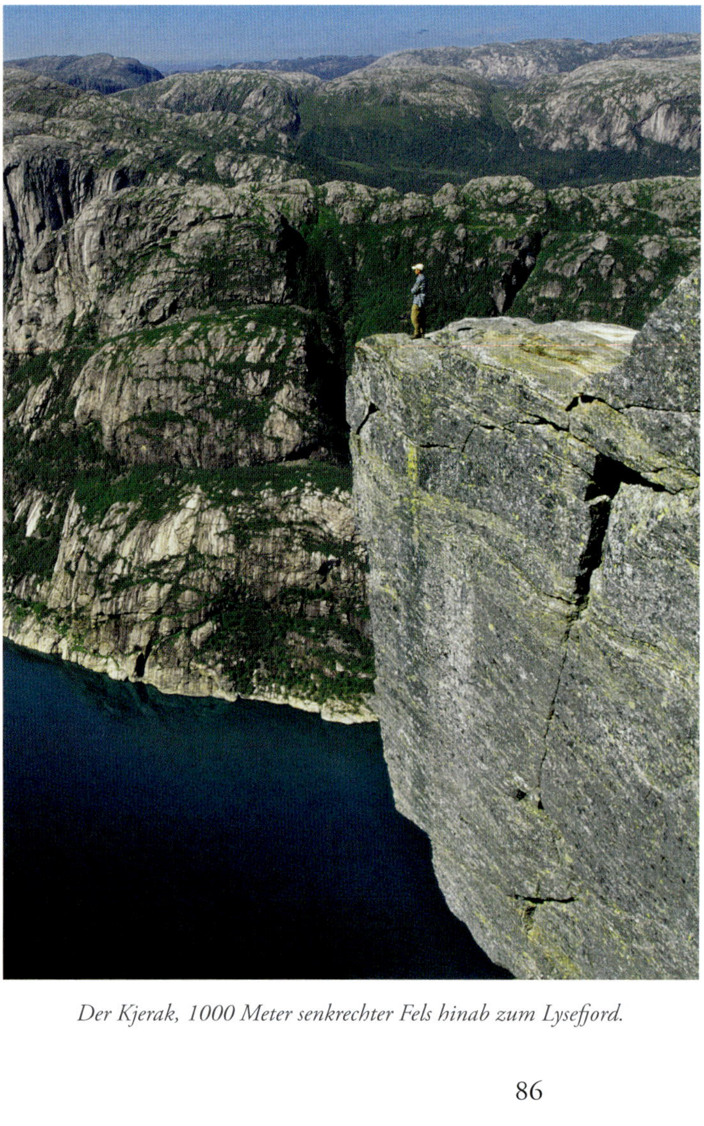

Der Kjerak, 1000 Meter senkrechter Fels hinab zum Lysefjord.

Bei uns frischt der Wind weiter auf und nimmt stündlich an Stärke zu. Über 15 Stunden verbringen wir im Zelt, können die Aussicht erst am nächsten Morgen, als die Wolken für zehn Minuten aufreißen, kurz genießen. Die Wettervorhersage der Einheimischen bewahrheitet sich nicht. Leider. Und das in einem der schönsten Sommer Norwegens seit Jahrzehnten.

Der Abstieg ähnelt dem Aufstieg. Es ist glatt und ständig drohen wir auszurutschen. Nach zweieinhalb Stunden sind wir zurück am Parkplatz, nass wie begossene Pudel und froh, uns im Adlernest aufwärmen zu können.

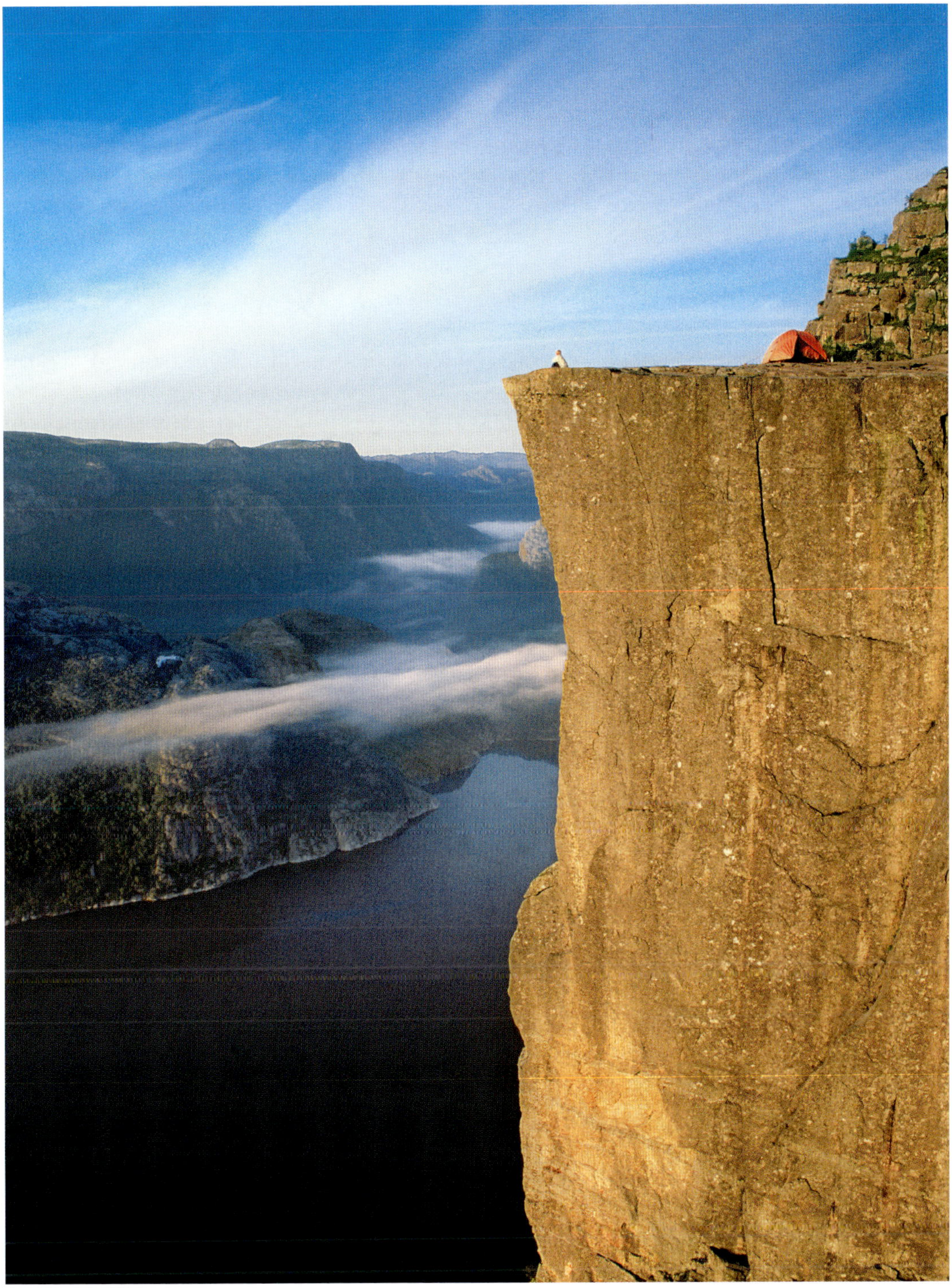

Sonnenaufgang am Preikestolen, 600 Meter über dem Lysefjord.

6 km

Der Preikestolen

Als wir das erste Mal das Kjerag, das Felsplateau am Lysefjord, kennen lernten, wie es bei gutem Wetter verzaubert, als wir die Möglichkeit hatten, die verrückten Basejumper zu beobachten, die sich am Fallschirm von der 1.000 Meter senkrecht über den Fjord ragenden Felswand stürzen, machten wir uns auch auf den Weg zur noch berühmteren zweiten Felskanzel am Lysefjord: zum Preikestolen.

Rechtzeitig am Abend erreichten wir die Preikestolhytta, die Jugendherberge und den großen (gebührenpflichtigen) Parkplatz am Ausgangspunkt der Tour. Wir wollten die Nacht oben auf der Felskanzel bzw. dem Prediktstuhl, wie die wörtliche Übersetzung lautet, verbringen und hatten gerade noch genug Zeit, um bis zum Sonnenuntergang hinauf zu steigen. Auch für diesen Trail gilt: festes Schuhwerk, klassische Trekkingstiefel sind ein Muss. Zuerst führt der Weg entspannt durch einen lichten Wald und überquert auf Bohlen einige Moorflächen, doch schon bald beginnt der erste Anstieg über große Steine und grobes Geröll – gut 350 Höhenmeter liegen zwischen dem Parkplatz und dem Preikestolen.

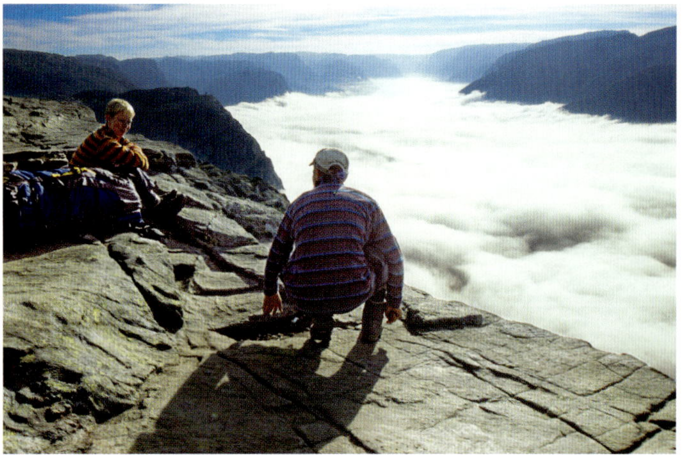

Wolkenmeer über dem Lysefjord.

Nach etwa einer Stunde hat man das erste steile Stück hinter sich gelassen und kommt über einen weiteren steilen Abschnitt zu einem kleinen Sattel. In Felsmulden haben sich hier einige Seen gebildet; Picknicktische verteilen sich. Ein schöner Platz für eine Rast, doch haben wir leider zu wenig Zeit. Die Sonne sinkt immer tiefer, viele Abschnitte des Trails liegen bereits im Schatten. Es wäre schade, den Blick auf den Sonnenuntergang vom Plateau aus zu verpassen.

Also legen wir einen Schritt zu und machen uns an das letzte Stück der Wanderung. Es geht weiter bergauf, doch nicht mehr ganz so steil, und nach einer Weile beginnt der Weg leicht nach rechts abzuschwenken. Sobald der Trail schmaler wird, hat man es fast geschafft: Noch ein kleines Stück geht es über einen Pfad nahe des Abgrunds weiter, dann setzt man seinen Fuß auf die Felskanzel, die eben wie ein 25 mal 25 Meter großer Tisch über den 40 Kilometer langen Fjord emporragt.

An keiner der drei 600 Meter steil zum Wasser abfallenden Seiten gibt es Geländer oder eine Begrenzung. Bei so vielen Menschen, die im Sommer jeden Tag hier hinauf kommen, verwunderlich, aber auf alle Fälle sehr schön. Ein Geländer würde das Flair des Preikestolen zerstören. Auf dem Bauch liegend, kriechen wir an den Felsrand und strecken den Kopf über die Kante hinaus. Es kribbelt überall. Verdammt tief geht es da hinunter.

Der Sonnenuntergang hat seine schönsten Farben noch nicht erreicht, und so haben wir Zeit, uns einen schönen Platz auszusuchen, an dem wir es uns gemütlich machen. Nirgendwo auf der Welt könnte man sein Abendessen besser genießen als hier.

Von Nord nach Süd durch die Hardangervidda

Wunderbare, wilde Weite

von Tonia Körner

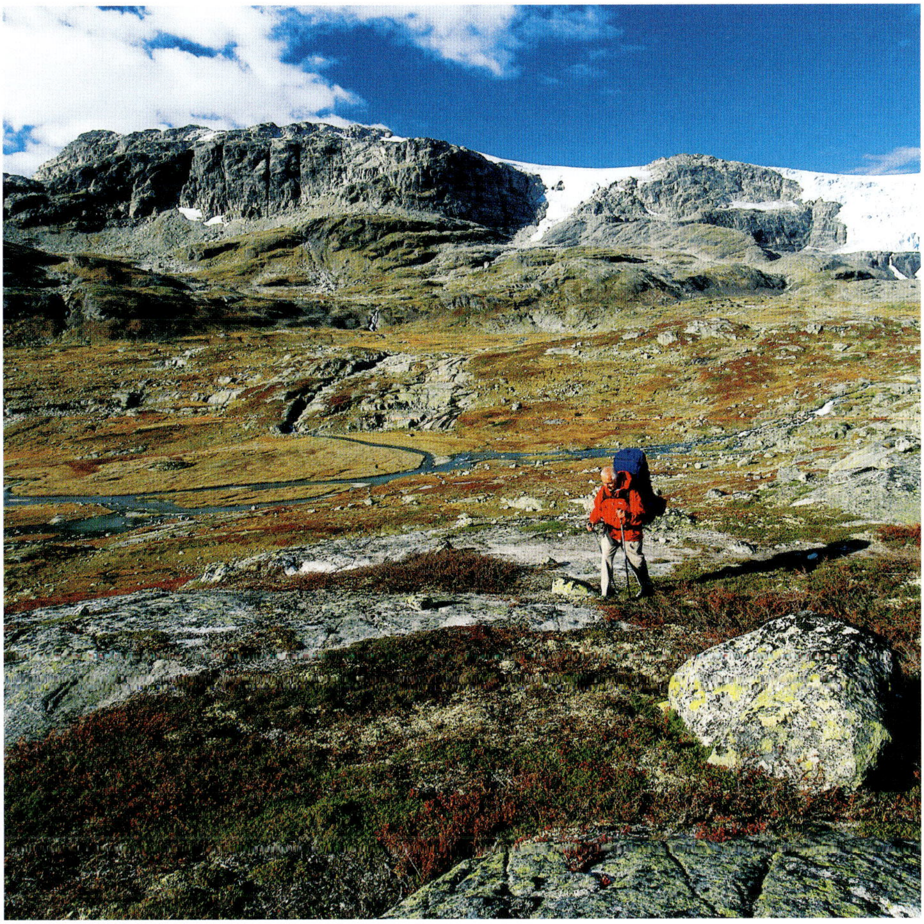

Tour 5

Von Nord nach Süd durch die Hardangervidda

Schwierigkeit	Höhendifferenz	Zelten	Hüttenübernachtung
★★☆☆	★★☆☆	★★★★	★★★★

Charakter der Tour

120 km

Die Hardangervidda ist eines der schönsten Hochfjellplateaus Skandinaviens und mit rund 9.000 Quadratkilometer die größte Hochfläche Europas, geprägt von ausgedehnten offenen, fast ebenen Flächen, übersät von unzähligen Seen, Flüssen, Bächen und vielen, vielen Steinen. Mit bis zu 1.700 Metern erheben sich im gebirgigeren Westteil der Hardangervidda höhere Gebirgsrücken als im Osten. Die Etappen dort sind insgesamt felsiger mit ein paar leichten Kletterstellen und gekennzeichnet durch ein ständiges Auf und Ab über unzählige Bergkuppen und durch tiefe Täler. Kühne Rechner erkennen schnell den Vorteil der hohen Lage des Ausgangspunktes Finse (1.222 m ü. NN). Trotz ihrer durchschnittlich geringen Höhen von 1.000 bis 1.400 Metern ist die Hardangervidda aufgrund ihrer nördlichen Lage nicht mit entsprechenden Höhen in den Alpen vergleichbar. Plötzliche heftige Wetterumschwünge sind nichts Ungewöhnliches. Selbst im Sommer ist mit Schnee zu rechnen.

Anreise:

Mit der Bergenbahn mehrmals täglich nach Finse. Für Juli und August mindestens ein bis zwei Monate im Voraus reservieren. Oder mit dem Auto von Oslo über die Provinzstraße 7 über Hønefoss, Gol und Geilo nach Haugastøl (252 km). Von dort weiter mit der Bergenbahn zum Ausgangspunkt Finse. Von Bergen aus über die E 68 bis Voss (159 km) und ebenfalls mit der Bergenbahn weiter bis Finse. Finse hat keine Verbindung zum norwegischen Straßennetz.

Abreise:

Von Haukeliseter mit dem Bus Haukeliekspressen (werktags dreimal täglich) nach Oslo (ca. 67 Euro ein Weg) oder Bergen (ca. 55 Euro ein Weg). Fahrpläne und genaue Preise unter: www.haukeliekspressen.no

Startpunkt:

Der Bahnhof von Finse.

Endpunkt: Touristencenter Haukeliseter an der E 76.

Beste Reisezeit:

Mitte Juli bis Mitte September. In dieser Zeit sind alle Hütten geöffnet und sämtliche Sommerbrücken aufgebaut. Anfang Juli bereiten öfters noch letzte Altschneefelder Schwierigkeiten, Mitte September kann bereits der erste Schnee fallen. Von Mitte Juli bis Mitte August haben die Norweger Sommerferien, d.h. sind in dieser Zeit die Hütten meistens ziemlich voll. Ein Platz wird immer garantiert, zur Not allerdings auf einer Matratze auf dem Fußboden. Empfehlenswert: Kommen Sie Anfang September zum goldenen Herbst *(siehe Tour 1 Seite 47)*. Zwar kann es dann schon etwas kalt sein, aber meist herrscht stabiles und relativ trockenes Wetter, die Hütten sind angenehm leer und die Luft ist erfreulich mückenfrei.

Verpflegung:

Begrenzte Einkaufsmöglichkeit in Finse, unterwegs in regelmäßigen Abständen bewirtschaftete Touristen- und Selbstversorgerhütten mit Vorratsregalen.

Übernachten:

Berghotel in ***Finse 1222,*** Tel. (+47) 56 52 71 00, *www.finse1222.no* und ***Fossli,*** Tel. (+47) 53 66 57 77, *www.fossli-hotel.com* **Bewirtschaftete Touristenhütten** des DNTs: ***Finse,*** Tel. (+47) 56 52 67 32; ***Litlos,*** Tel. 0088 16 41 41 46 63 und ***Haukeliseter,*** Tel. (+47) 35 06 27 77.

Karte Hardangervidda

hier geht es weiter:

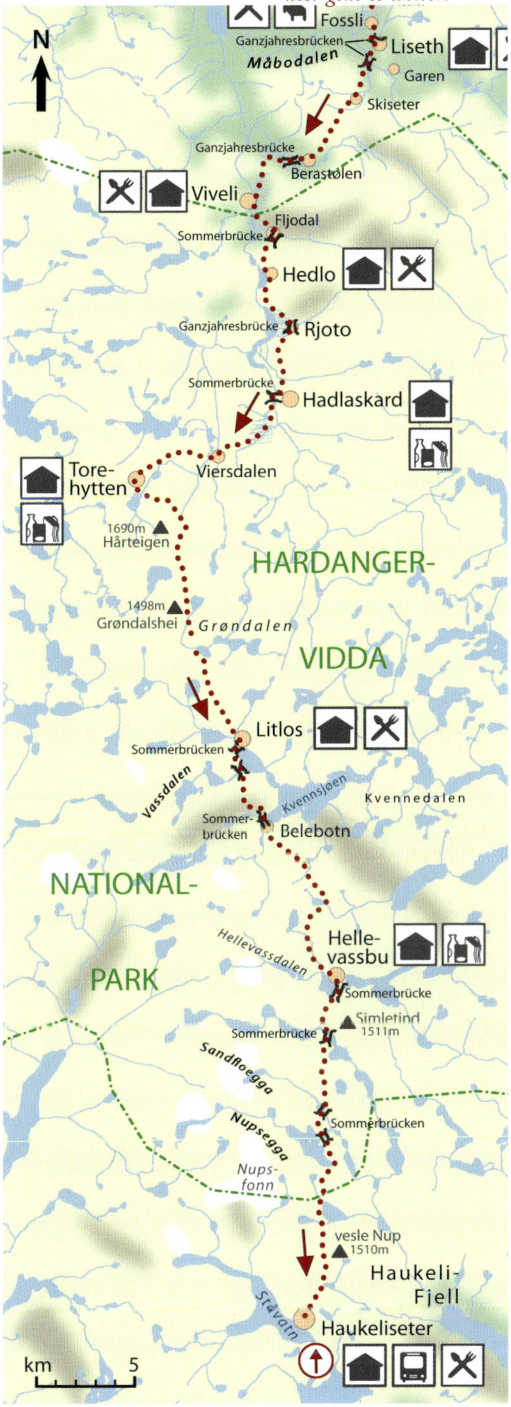

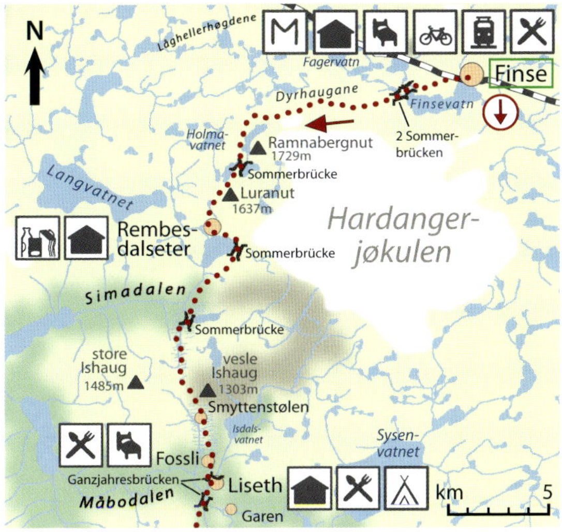

weiter geht es auf der linken Karte oben!

Bewirtschaftete Privathütten in *Liseth* (+47) 53 66 57 14 *www.liseth.no Viveli (+47) 95 48 11 79* und *Hedlo (+47) 97 69 26 32.*
Selbstversorgerhütten *Rembesdalseter, Hadlaskard, Torehytten, Hellevassbu* und *Haukeliseter* (letztere ohne Vorräte). Ist die Haupthütte geschlossen, bietet Litlos ebenfalls eine Selbstversorgerhütte. Wildzelten ist überall erlaubt.

Kartenmaterial:

Turkart 2558: Hardangervidda Vest, 1:100.000
Turkart 2556: Hardangervidda Øst, 1:100.000, Verlag Nordeca.

Sonstige Aktivitäten:

Radfahren auf dem ***Rallarvegen*** *(Siehe Tour 13).*

Infos, Wichtige Adressen:

Geilo *Turistkontoret*, Vesleslåttveien 13, 3580 Geilo, Tel. (+47) 32 09 59 00, www.geilo.no
Røldal *Turistinformasjon*, Kyrkjevegen 27, 5760 Røldal, Tel. (+47) 53 64 20 33, www.roldal.no
Bus: www.tide.no & www.haukeliekspressen.no

Route:

Finse – Rembesdalseter – Liseth – Hadlaskard – Torehytten – Litlos – Hellevassbu – Haukeliseter.

Länge der Tour:
120 km, ca. 7 Tage

120 km

Wunderbare, wilde Weite

Der erste Tag

Ein lautes Rauschen kündigt schon kurz nach dem Start in Finse den ersten Fluss an. Wer zu früh oder zu spät im Jahr unterwegs ist, riskiert hier nasse Füße – in der Wandersaison überspannt eine Brücke die wild schäumenden Wassermassen, und so gelangen wir unbeschadet ans andere Ufer. Von Finse am Nordrand der Hardangervidda sind wir zunächst zum Westende des Finsevatnet gewandert und wenden uns nun nach Süden aus dem Hochtal heraus. Immer mehr geraten wir in den Bann des Gletschers Hardangerjøkulen. Je höher wir entlang seiner Westseite gelangen, desto größer werden die Altschneefelder, die wir überqueren müssen. Manche von ihnen verschwinden nicht einmal bis zum ersten Schneefall im Herbst.

120 km

Nach zweieinhalb Stunden genießen wir vom Sattel südlich der Kuppe Dyrhaugane eine herrliche Aussicht über die bläulich schimmernde Gletscherzunge Ramnabergbreen. Die folgende Strecke ist geprägt von Moränen, die einstige Gletscherseen umschließen. Nach fast 20 Kilometern leuchtet der Stausee Rembesdalsvatnet auf, liegt smaragdgrün vor uns in seinem tiefen Becken.

Die in den vergangenen Jahrtausenden vom Eis glatt polierten Felsen machen uns den Abstieg von der Hochebene hinab zur DNT-Hütte Rembesdalseter nicht gerade leicht. Regen verwandelt diesen mit Moosen und Flechten überwachsenen Abschnitt aus gigantischen, schrägen Steinplatten regelmäßig in eine gefährliche Rutschbahn. Davon zeugt auch das Hüttenbuch von Rembesdalseter, in das viele ihre Erlebnisse auf den letzten Kilometern eingetragen haben. Immer steiler werdend, schraubt sich der Weg auf dem letzten Kilometer hinter der Felspartie in scharfen Kehren hinab zur grünen Oase Rembesdalseter. Das erste Etappenziel ist erreicht.

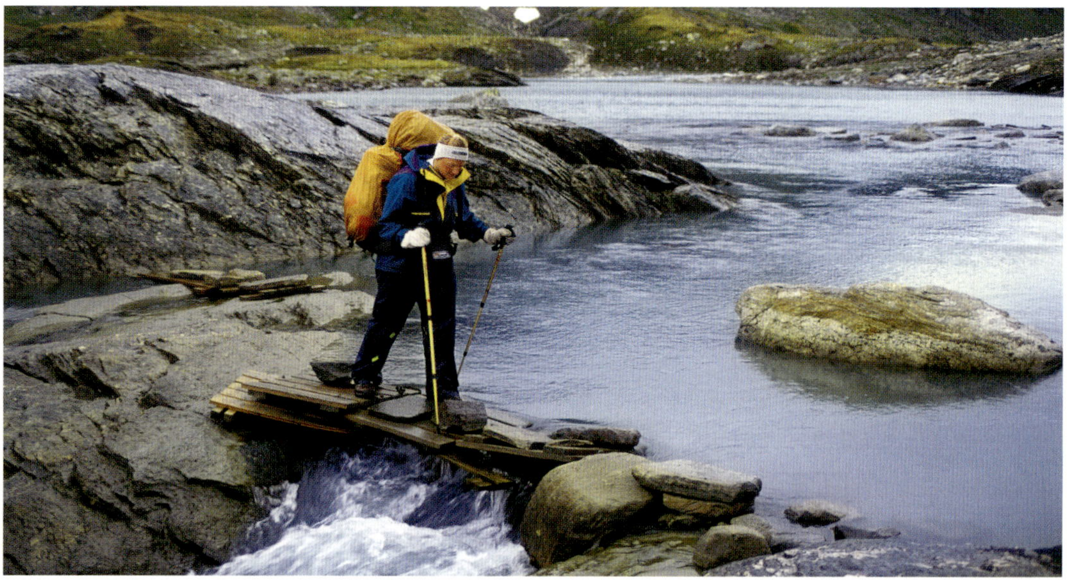

Schmaler Steg statt Sommerbrücke.

Der zweite Tag

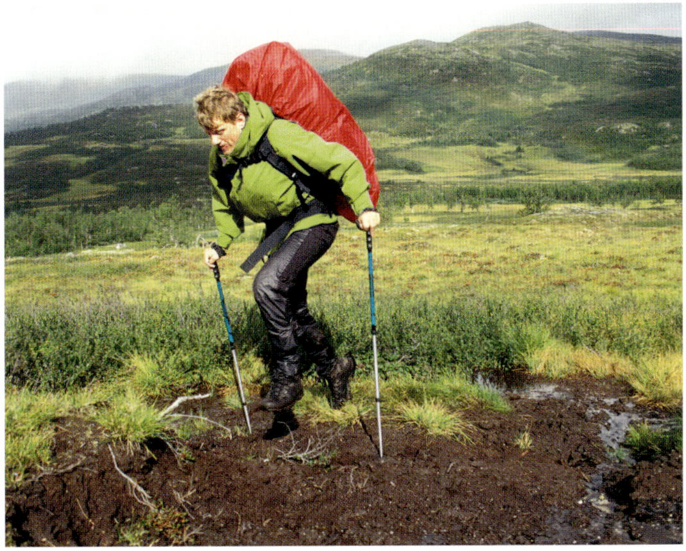

Akrobatischer Einsatz: Weitsprung mit Trekkingstöcken.

120 km

Am nächsten Morgen sind alle Mühen vergessen, die nächste Etappe lockt. Das grandiose Panorama lenkt uns sogar vom Frühstück ab, das wir eigentlich ganz entspannt einnehmen wollten. Mächtig hängt die stark zerklüftete Gletscherzunge Rembesdalsskåki oberhalb des Stausees vom Hardangerjøkul herab ins Tal. Unterhalb der Eismassen umläuft die Wanderroute zwischen riesigen Felsblöcken hindurch den Rembesdalsvatnet und jagt uns anschließend mit phantastischem Blick auf den Gletscher im Zickzack die Berge steil hinauf – den Abfluss der Gletscherzunge haben wir über eine Sommerbrücke überquert. Kleine Rinnsale fließen die Felsen hinab, über die wir aufsteigen – ideal für Moose, aber weniger für den festen Tritt. Nur mühsam kommen wir voran. Bis zur Weggabelung oben am Fluss Tret benötigen wir daher auch satte zwei statt der angegebenen einen Stunde.

Nach Liseth schlängelt sich der Weg nun südwestlich über die flache Kuppe Moldnuten. Abrupt stehen wir wenig später an einem gähnenden Abgrund. Im inzwischen auf der Vidda aufgezogenen dichten Nebel hätten wir ihn beinahe übersehen. An die 1.000 Meter fallen die Bergflanken hier jäh in das u-förmige Simadalen ab. Vorsichtig gehen wir auf dem Grat Storhaugen weiter. Ganz plötzlich lichten sich die Wolken wieder; in der Ferne schimmert das blaue Wasser des Hardangerfjords.

Auf der anderen Seite des Grates klettert der Pfad hinab ins enge Skykkjedalen. Die karge Felswelt des Hardangerjøkulen wird nun abgelöst von Sümpfen, Morast und urwaldähnlicher Vegetation. Bis Liseth findet sich kaum ein trockenes Plätzchen zum Zelten. Auf der Hardangervidda wird Schafzucht betrieben, daher plagen uns am meisten die Schafe bzw. das, was sie angerichtet haben: Nach dem letzten Regenguss sehen die Pfade über den Pass Ishaugredet eher wie Schlammkuhlen aus – zertrampelt von unzähligen kleinen Hufen.

Schon von Weitem hören wir den Vøringsfossen. 182 Meter stürzt sich der Wasserfall am Rande der Hardangervidda ins schluchtartige Mabødalen. Leider hat er einiges von seiner einstigen Schönheit eingebüßt, seit der Fluss Bjoreio in seinem Oberlauf für die Energiegewinnung reguliert worden ist. Kuriosität am Rande: Im Sommer – wenn die Touristen kommen – wird der „Wasserhahn" ein bisschen aufgedreht, um den Vøringsfossen wieder richtig rauschen zu lassen. Direkt oberhalb des Falls liegt das hübsche, aber etwas teure Jugendstil-Berghotel Fossli. Günstiger und netter für Trekker ist es im auffällig gelb gestrichenen Liseth Pensjonat etwas östlich im Sysendalen.

Neben Betten zu Jugendherbergspreisen gibt es dort auch Zeltmöglichkeiten und gemütliche kleine Campinghütten.

Der dritte Tag

Zunächst wandern wir entlang der stark befahrenen Provinzstraße 7 in Richtung Geilo. Schon bald biegt die Route nach Viveli und Hedlo rechts ab, zum Fluss Bjoreio hinunter. Bei Nässe gestaltet sich auch dieser steile Abstieg über die stark bemoosten Felsplatten äußerst schwierig. Das gleiche gilt kurze Zeit später für den steilen Anstieg nach Süden auf der anderen Seite. Dafür weisen uns oben als Belohnung riesige Regenbögen den Weg hinab ins idyllische Flusstal des Berdølo.

120 km

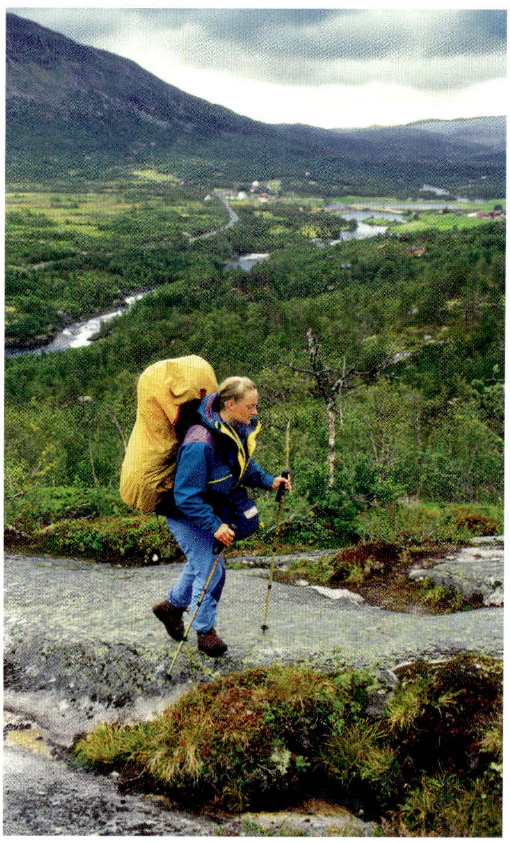

Aufstieg aus dem Tal Simdalen.

Hinter den schönen alten Steinhäusern von Berastølen gelangen wir in ein ausgedehntes Sumpfgebiet. Die Wanderstöcke helfen beim Ausloten der Schlamm- und Wasserlöcher und akrobatischen Balancieren von Stein zu Stein. Als wir nach Süden hoch ins pflanzen- und vogelreiche Veigdalen abbiegen, wird es etwas besser. Holzplanken helfen dort über die schlimmsten Stellen hinweg.

Am Abzweig nach Viveli vorbei und östlich um den Buckel Kjeseshovden herum, erreichen wir ein Stück höher die private Touristenhütte Hedlo. Anfang September ist das wunderschöne alte Holzhaus leider schon geschlossen. Da es mittlerweile in Strömen gießt, hat aber auch keiner Lust zum Zelten. Das Problem: Die nächste Hütte ist noch rund sechs Kilometer entfernt, und spätestens in zwei Stunden wird es dunkel. Auf unserem Weg über den ungeschützten Bergrücken Hadlaskardhalsen fängt es auch noch an zu stürmen. Der Endspurt wieder hinab zum Fluss Veig und bis zur urgemütlichen Selbstversorgerhütte Hadlaskard ist daher rekordverdächtig. 25 Kilometer stecken uns am Ende des Tages in den Knochen.

Der vierte Tag

In Hadlaskard treffen etliche Routen zusammen. In Richtung Torehytten müssen wir am nächsten Morgen den Veig über die nahe Hängebrücke überqueren, halten uns dann südwestwärts und marschieren durch ein wasserreiches Hochmoorgebiet. Zwischen kniehohen Zwergsträuchern biegt der Pfad hinauf in das kleine Kyrkjesteinsdalen ab. Am Ende des Tals steigen wir nach Südwesten wieder hinaus und stoßen im weiten Viersdalen auf die Almhütten am Fluss Viersdølo – und auf unsere erste Furt. Sie ist breit, aber nicht tief – ein eiskaltes Vergnügen. Ebenso die westlich gelegene zweite Furt durch den Fluss Sandhaugo. Am Talende, wo der Sandhaugo donnernd aus einer Schlucht schießt, hangelt sich der Pfad nach Südwesten steil aus dem Tal heraus die schroffen Hänge des Solnuten hoch bis auf ein kleines, windumtostes Felsplateau. Unten können wir schon die urige Selbstversorgerhütte Torehytten am von Felsen umsäumten Øvre Solvatnet erblicken, unseren Platz für die nächste Nacht.

Der fünfte Tag

Im Südosten des Øvre Solvatnet erhebt sich der Hårteigen. Der markante hutförmige Berg überragt sämtliche umliegende Höhen und ist weithin zu sehen. Daher auch sein Name. Harr bedeutet „grau“, und das altnorwegische „teigr“ meint „zeigen“, also „grauer Wegweiser“. Von seinem Fuße ergibt sich eine grandiose Rundumsicht über die Hochebene. Das nächste Stück ist einfach: Nach Süden hin wird die Landschaft immer flacher, nur überragt von einzelnen niedrigen Kuppen oder Höhenzügen.

Zwischen unzähligen kleineren und größeren Seen hindurch und über etliche Bäche schlängelt sich der Weg hinunter zum Litlosvatnet. Wasserflugzeuge landen regelmäßig auf dem riesigen See, um Lebensmittel, Passagiere und auch Post zu transportieren. An seinem Nordufer liegt die DNT-Hütte Litlos. Als wir eintreten, schrecken wir kurz zurück – wohin man schaut, Gewehre und Patronengürtel, alle fein säuberlich an den Kleiderhaken aufgehängt. Banditen? Nein, Jagdsaison.

Schließlich beherbergt die Hardangervidda Europas größte Population wilder Rentiere. Die Jäger sehen rau aus, entpuppen sich abends jedoch größtenteils als nette, charmante Tischgenossen.

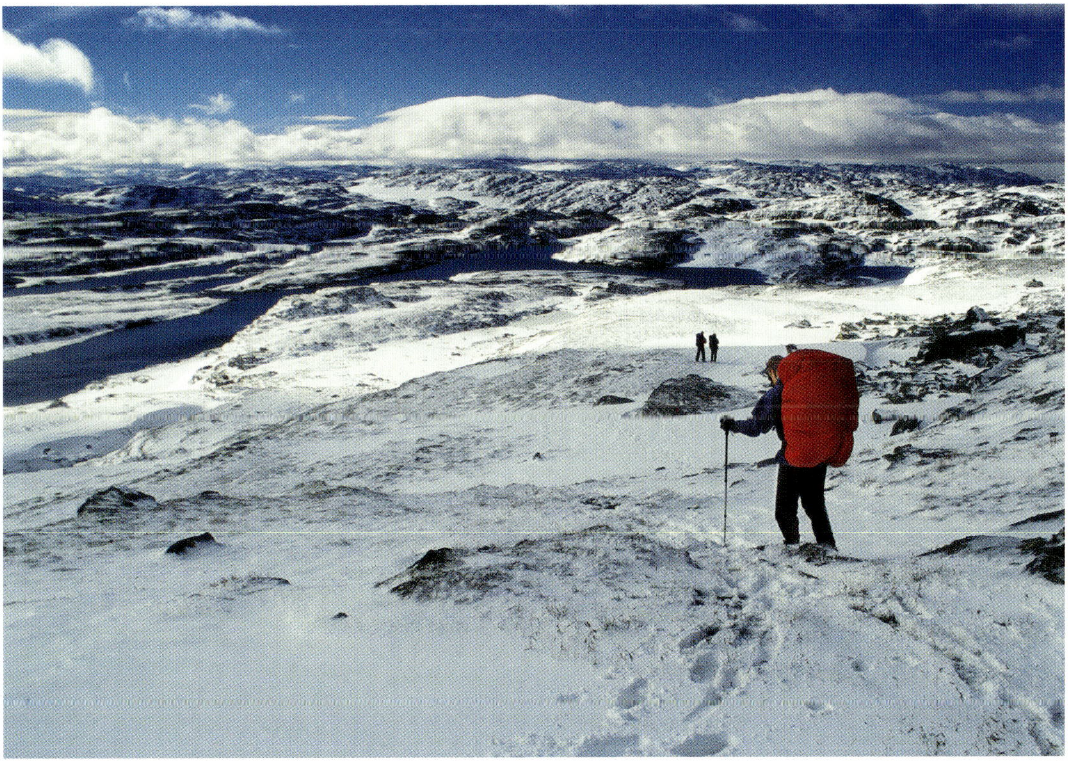

Grandiose Aussicht am Berg Hårteigen.

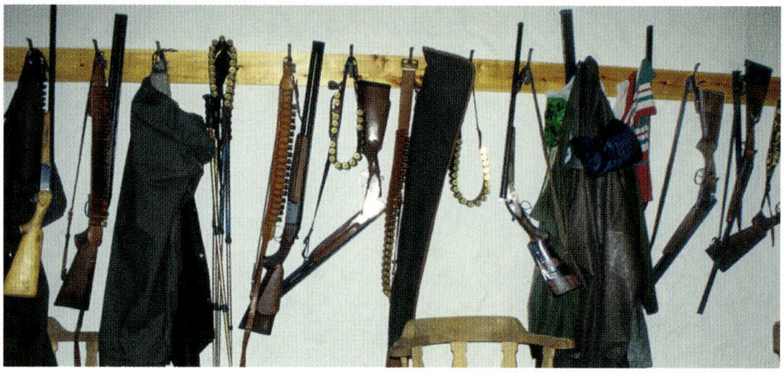

Jagdsaison auf der Hardangervidda.

120 km

Der sechste Tag

Westlich um den Litlosvatnet herum gelangen wir hinter der kleinen Kuppe Prestkono auf eine Landzunge zwischen den Seen des Flusses Kvenno. Das nach Osten hin weite Kvenndalen ist ein bevorzugtes Gebiet der Rentiere und damit auch bei den Jägern heiß gehandelt. Zwar wurde noch nie ein Wanderer er- oder angeschossen, dennoch bleiben wir zur Jagdsaison lieber auf den markierten und allseits bekannten Wegen. Sicher ist sicher. Kurz hinter den Jagdhütten von Søre Belebotn werden die Berge wieder schroffer und abweisender. Ein ideales Versteck – um 1650 hauste in dieser Gegend eine berüchtigte Räuberbande. Heute entdecken wir nur eine Reihe schöner Zeltplätze. Der Aufstieg zum Vilurenuten ist steil und steinig. Ein Geröllfeld bedeckt die spitze Kuppe. Oben windet sich ein guter Pfad nach Südosten zwischen vielen kleinen Seen hindurch. Etliche Schneefelder zieren die Bergflanken, grüngelbe Moose und Flechten leuchten eigentümlich in der Sonne auf. Nach drei Stunden wird der höchste Punkt erreicht. Kurz danach geht es hinab zum See Sigridtjørni, wo der letzte Anstieg des Tages erneut über ein steiles Geröllfeld beginnt. Der Abstieg durch das Buadalen zur heimeligen Selbstversorgerhütte Hellevassbu am Nordostufer des øvre Hellevatnet hinab ist zwar nicht steil, aber dennoch kein reiner Genuss: Das Tal ist übersät mit großen Felsbrocken, die immer wieder den Pfad blockieren.

Der siebte Tag

Das ewige Auf und Ab der langen Schlussetappe (21 km) setzt uns zu. Öfters verläuft der Weg über Geröllfelder; das Hüpfen von Stein zu Stein geht in die Beine. Dafür entschädigt uns die grandiose Landschaft. In südlicher Richtung kommen wir zunächst hinauf in das Hochtal des Flusses Borda, das im Westen einen faszinierenden Blick auf den höchsten Berg des Nationalparks freigibt, den 1.719 Meter hohen vergletscherten Gebirgskamm Sandfloeggi.

Auch auf dem etwas weiter gelegenen, schwarz glänzenden Bergrücken Årmoteggi verteilen sich große Altschneefelder. Der Schnee ist bretthart. Tritte können wir selbst mit den dicken Trekkingstiefeln kaum hineinschlagen. Irgendwie überwinden wir den steilen Schneehang dennoch und bewundern oben die tolle Aussicht auf den dunklen und drohend aufragenden Gebirgskamm Nupseggi. Auf dessen höchster Erhebung thront der kleine Gletscher Nupsfonn. Weiter in südlicher Richtung passieren wir die von vielen kleinen Inseln besetzte Seenplatte Holmasjøen und, durch einen engen Durchlass direkt am Fuße des Nupseggi, zwischen Felswänden auf der einen und Wasser auf der anderen Seite, auch das steinige Westufer des Sees Mannevatn.

Vor uns befindet sich der letzte größere Anstieg der Tour, bevor es rund eineinhalb Stunden lang über das Haukelifjell hinab zum großen Ståvatn und der Haukeliseter Fjellstue an der E 76 geht – dem Endpunkt unserer Nord-Süd-Durchquerung der Hardangervidda.

Eine traumhaft schöne Runde im Trollheimen

Unterwegs im Reich der Trolle

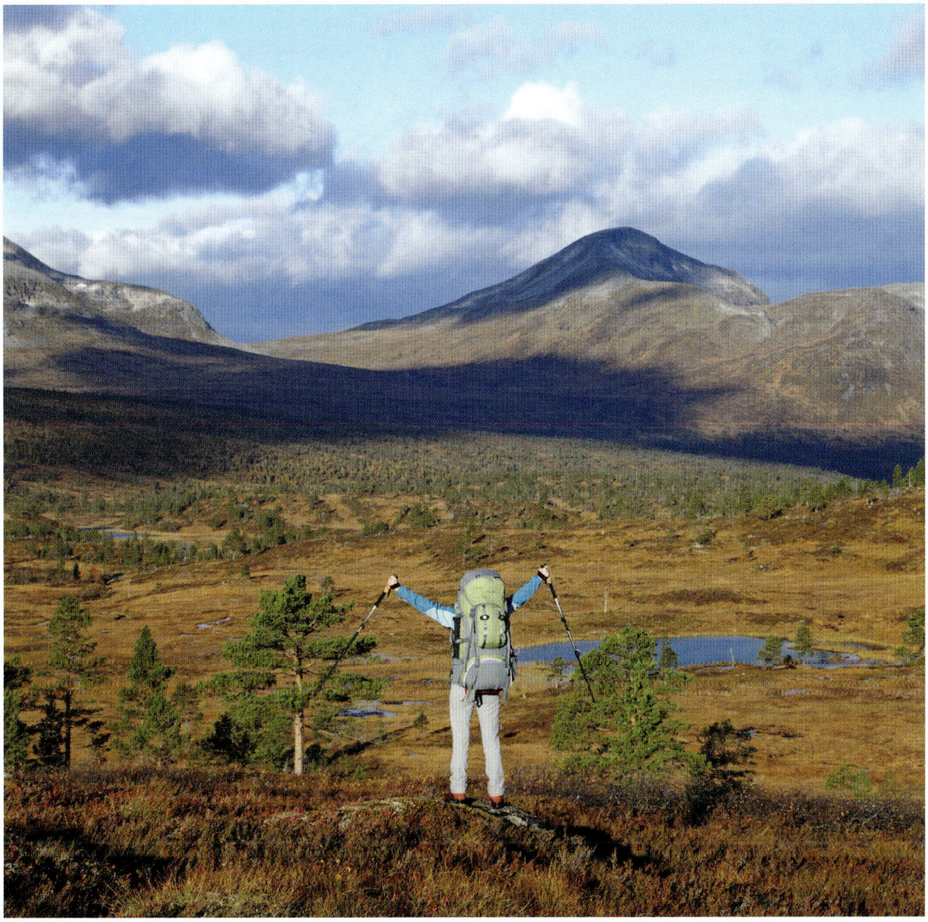

Tour 6

Eine traumhaft schöne Runde im Trollheimen

Schwierigkeit	Höhendifferenz	Zelten	Hüttenübernachtung
★★★☆	★★★☆	★★★☆	★★☆☆

Charakter der Tour

Wanderung durch ein Gebiet, dessen Name einiges verspricht. Trollheimen, das Reich der Trolle, ist so vielseitig, als hätte jeder einzelne Troll sich etwas an der Natur gewünscht und wahr werden lassen. Trollheimen ist mal lieblich, mit Seen, Bächen, Wiesen und lichten Kiefernwäldern, mal wild und schroff mit Felsburgen und grauen Gipfeln, mit rauschenden Flüssen und Wasserfällen. Auf dieser Tour fallen täglich ordentlich Höhenmeter an, gibt es täglich wunderbare Aussichten in neue Täler. Es müssen auch mehrere Bäche bzw. Flüsse gefurtet werden. Meist geht das von Stein zu Stein, aber nicht immer. Trekkingstöcke sind für die Flussquerungen und vielen Höhenmeter bergab sehr sinnvoll.

75 km

An- und Abreise:
Von Oslo auf der E 6 über Otta nach Oppdal (423 km), dort in westliche Richtung auf die Straße Nr. 70 abbiegen, zwanzig Kilometer nach Lønset weiterfahren und dann nach rechts ins Storlidalen abbiegen. Diese Straße fährt man noch einmal 21 Kilometer bis an ihr Ende. Dort befindet sich an der Farm Storli ein großer, gebührenpflichtiger Parkplatz (ausreichend Kleingeld bzw. kleine Scheine mitnehmen, wechseln vor Ort ist schwer). Von Trondheim sind es auf der E 6 nach Oppdal 120 km. Bis nach Lønset gelangt man mit dem Lokalbus von Oppdal, das sowohl von Oslo als auch von Trondheim per Bus und Bahn erreichbar ist. Von Lønset nach Storli muss man versuchen, per Anhalter weiterzukommen.

Start- und Endpunkt:
Die Farm Storli, am Ende des Storlidalen.

Beste Reisezeit:
Es lohnt sich sehr, diese Tour im Herbst, etwa Mitte/Ende September zu unternehmen, weil man dann einerseits meist ganz allein unterwegs ist und andererseits das rauschende Spiel der Herbstfarben erleben kann. Die Tour lässt sich ansonsten natürlich vom Frühsommer an durchführen. Das Trollheimen ist auch ein sehr schönes Gebiet für Wintertouren. Auf dieser Route wäre allerdings die steile Abfahrt ins Innerdalen eine große Herausforderung.

Verpflegung:
Wer zelten und DNT-Hütten ignorieren möchte, sollte am besten alle Lebensmittel in den Rucksack werfen, die man für die Tour benötigt. Andernfalls gibt es in allen Hütten (außer Biwakhütte Nøstebu) die Möglichkeit Lebensmittel nachzukaufen bzw. teilweise auch die Mahlzeiten zu buchen. Große Supermärkte in Oppdal.

Übernachten:
Unterwegs wird **wild gezeltet** und/oder in den **DNT-Hütten** ***Trollheimshytta*** Tel. 0088 16 31 43 05 53, ***Biwakhütte Nøstebu, Kårvatn*** und ***Innerdalshytta*** (+47) 71 69 77 97 übernachtet. Da der Untergrund oft sehr nass ist, empfiehlt sich ein Zelt mit einem sehr dichten Boden und mit einer hohen Wassersäule. Für die erste und letzte Nacht der Tour bietet sich in **Storli** der ***Bortistu Gjestegard*** an (Storlidalen i Oppdal, 7342 Lønset, Tel. (+47) 91 55 62 87, www.bortistu.no).

Karte Trollheimen

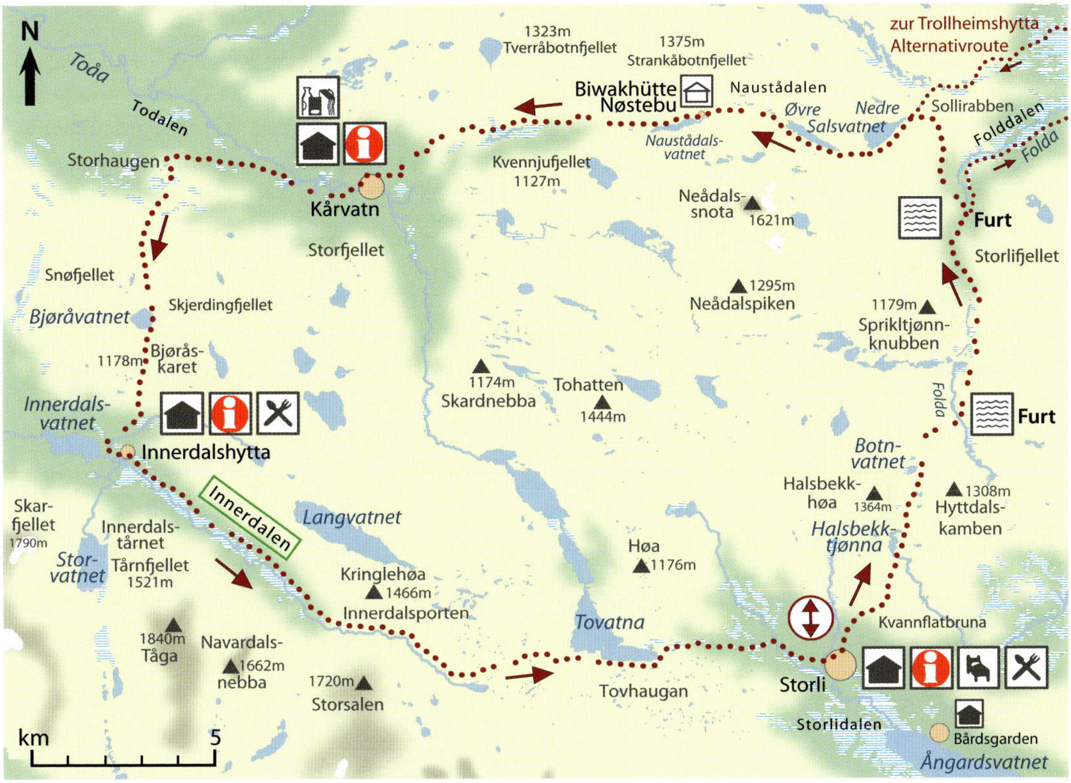

Kartenmaterial:
Turkart 2611: Trollheimen 1:50.000, Verlag Nordeca.

Infos, Wichtige Adressen:
Trondhjems Turistforening, Sandgata 30, 7012 Trondheim, Tel. (+47) 73 92 42 00, www.tt.no
FVA Oppdal, O.Skasliensvei 24 7340 Oppdal, Tel. (+47) 72 40 04 70, www.oppdal.com
VPG Vertical Playground (vielleicht bester Outdoorshop Norwegens mitten im Zentrum von Oppdal, Auneveien 4, 7340 Oppdal), www.VPG.no
Oppdal Booking, O. Skasliens vei 10, Tel. (+47) 72 40 08 00, www.oppdalbooking.no

Sehenswürdigkeiten:
Vognill: Der ***ehemalige Landhandel*** (von Oppdal Richtung Lønset an der Straße 70), aus dem Jahre 1860, die ***Vognildsbua***, ist heute ein Museum. Bis Mitte der achtziger Jahre des letzten Jahrhunderts wurde hier noch verkauft. Für viele Wanderer war dies die letzte Möglichkeit, die Vorräte zu vervollständigen. **Oppdal:** Sehr guter ***Bikepark*** (Infos über ***Oppdal Booking*** siehe oben).

Route:
Storli – Sollirabben (oder Variante – Folddalen – Trollheimshytta) – Nøstebu – Kårvatn – Bjøråskaret – Innerdalshytta – Innerdalen – Innerdalsporten – Tovatna – Storli.

Länge der Tour:
75 km, 5 bis 6 Tage

Wunderbare, wilde Weite

Der erste Tag

Bei bestem Wetter fahren wir früh am Morgen von Oppdal in Richtung Trollheimen. Mit jedem Kilometer, den wir tiefer ins Storlidalen gelangen, leuchten unsere Augen stärker, wird das Lächeln in unseren Gesichtern breiter. Die Farben des Herbstes sind einfach unbeschreiblich. Die Natur hat sich eines bombastischen Tuschkastens bedient, der zwischen rot und gelb alles an Farbtönen bietet, dazu nur blau für den Himmel und ein wenig Weiß für die kleinen Schäfchenwolken.

75 km

Nach gut 45 Minuten Autofahrt erreichen wir am Ende der Stichstraße die Farm Storli, den Startpunkt unserer Rundwanderung durch das Naturreservat.

Dort parken wir unseren Wagen am gebührenpflichtigen Parkplatz, schultern die Rucksäcke, greifen die Trekkingstöcke und wandern am Bortistu Gjestagard vorbei in den Birkenwald, der sich den Nordhang des Tals hinaufzieht.

Es ist ein wenig schwer, den besten Weg vom Hof in den Wald zu finden, weil es mehrere Möglichkeiten gibt, es lohnt sich daher, einen der Flyer der Farm vom Parkplatz mitzunehmen. Als grober Richtungsweiser gilt: an den letzten Häusern Richtung Nordwesten. In dieser Richtung liegt, wenn auch zwei Tagesmärsche entfernt, die Trollheimshytta. Sonnenstrahlen fallen durchs bunte Blätterdach auf den Pfad. Angesichts der Windstille und Sonne wird uns richtig warm, so dass wir es fast bereuen, keine kurzen Hosen für unsere Herbsttour eingepackt zu haben. Bald erreichen wir einen kleinen Bach, der in einer Rinne ins Tal fließt. An seinem östlichen Ufer steigen

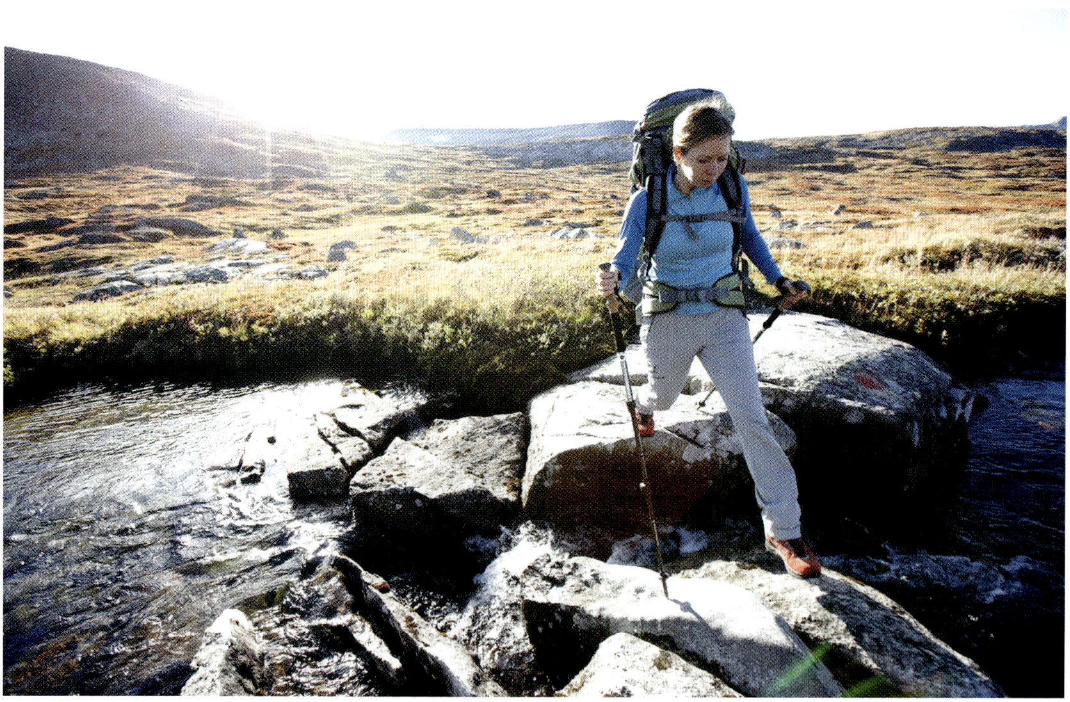

Flussüberquerung im Trollheimen. Im Herbst kommt man meist trockenen Fußes von einem Ufer zum anderen.

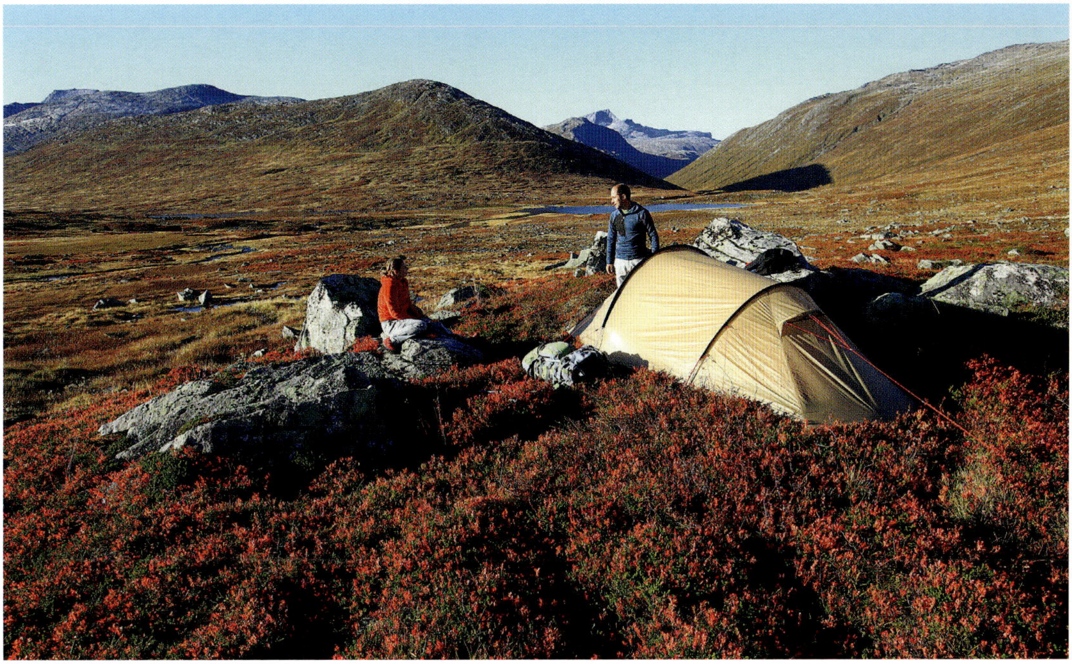

Wilder Zeltplatz im Tal der Folda am ersten Abend. Noch ist das Wetter ein Traum.

wir höher und höher, die Aussicht zurück ins Storlidalen und in Richtung Innerdalen mit seinen imposanten Bergen wird immer besser, besonders, als wir nach 250 Höhenmetern die Waldgrenze hinter uns lassen.

Eine einzelne Hütte steht rechts vom Weg, unmittelbar an der Grenze des Naturreservats Trollheimen. Von ihrer kleinen Veranda ist es nur ein Steinwurf, bis der Hang abfällt ins Storlidalen. Hier einmal vom Herbst bis ins Frühjahr überwintern... Der fortwährende Blick auf die Natur im Wandel der Jahreszeiten muss grandios sein. An manchen Tagen würde man bestimmt nicht einmal ein gutes Buch zur Hand nehmen wollen und einfach nur aus dem Fenster schauen, den Schneeflocken hinterher, den Sonnenstrahlen, den Regentropfen.

Wir begleiten weiter den Bach, der sich irgendwann inmitten von sumpfigen Wiesen verliert. Auf einem unscheinbaren Pfad folgen wir Steinmännchen und roten Punkten auf Felsen und Steinen, springen über schmale Bäche, weichen Tümpeln und Pfützen aus und laufen über nasse Wiesen. Bei jedem Schritt quatscht und schmatzt es. Es muss viel geregnet haben in der Gegend.

Nach rund drei Kilometern weitet sich der Blick nach rechts: der mehr als 15 Kilometer lange Gjevilvatnet liegt dort zu unseren Füßen. Der See liegt auf 660 m ü. NN., an seinem Nordufer steigt das Massiv des Gjevilvasskamman fast 800 Meter höher an. Ein imposanter Anblick. Wir lassen den See rechts liegen und wandern weiter nach Norden. Von unserem Plateau schlängelt sich der Weg in eine kleine Senke hinab. Am tiefsten Punkt queren wir über große und kleine Steine, aber trockenen Fußes den Ausfluss des Sees Halsbekktjønna. Wenig später laufen wir an seinem rechten Ufer entlang und queren kleinere Felder mit Wollgras. Die dicken weißen Puschel am Ende der dünnen Stängel wiegen sich im Wind.

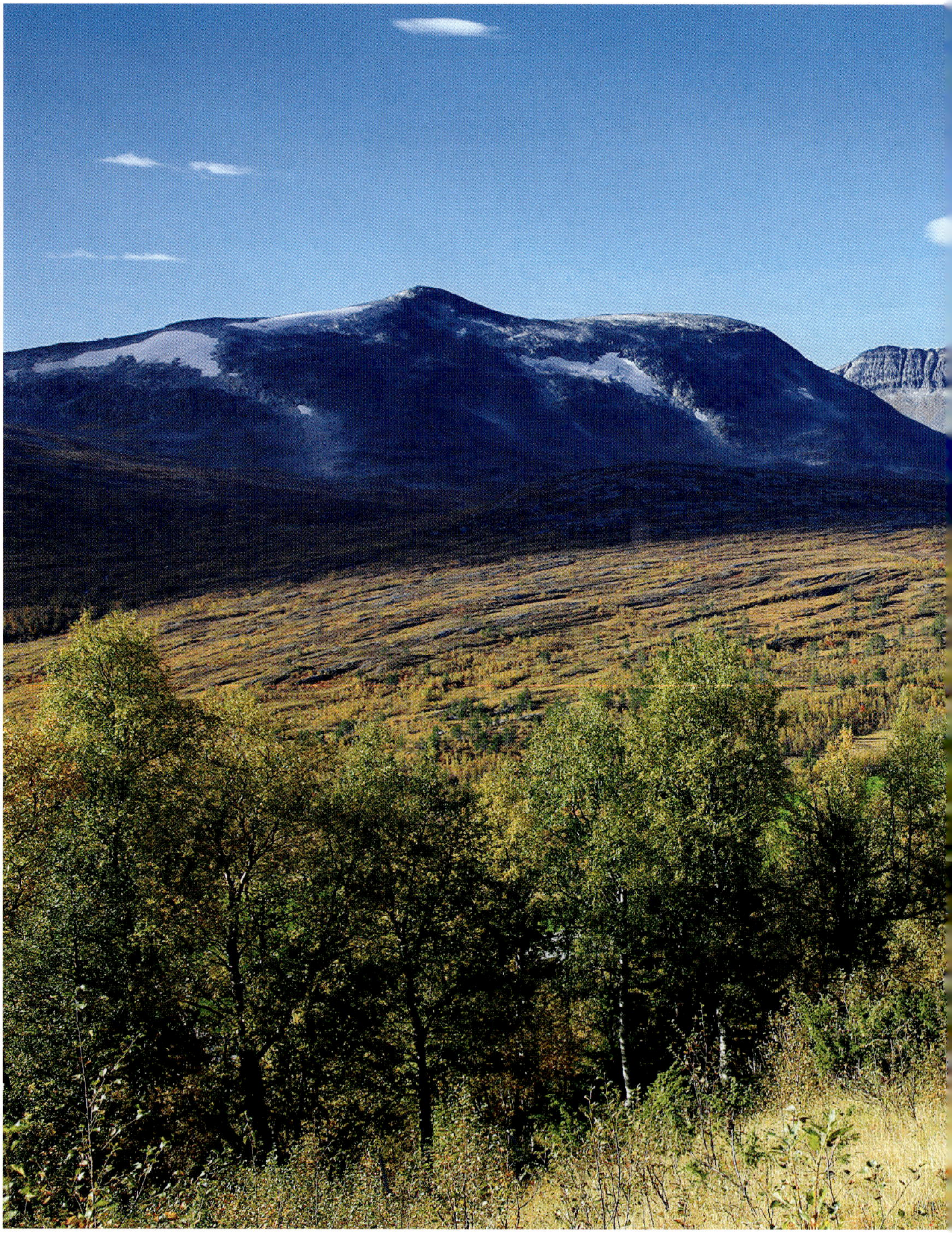

Noch keinen Tag unterwegs und schon ein atemberaubender Ausblick: vom ersten Anstieg zurück über das Storlidalen

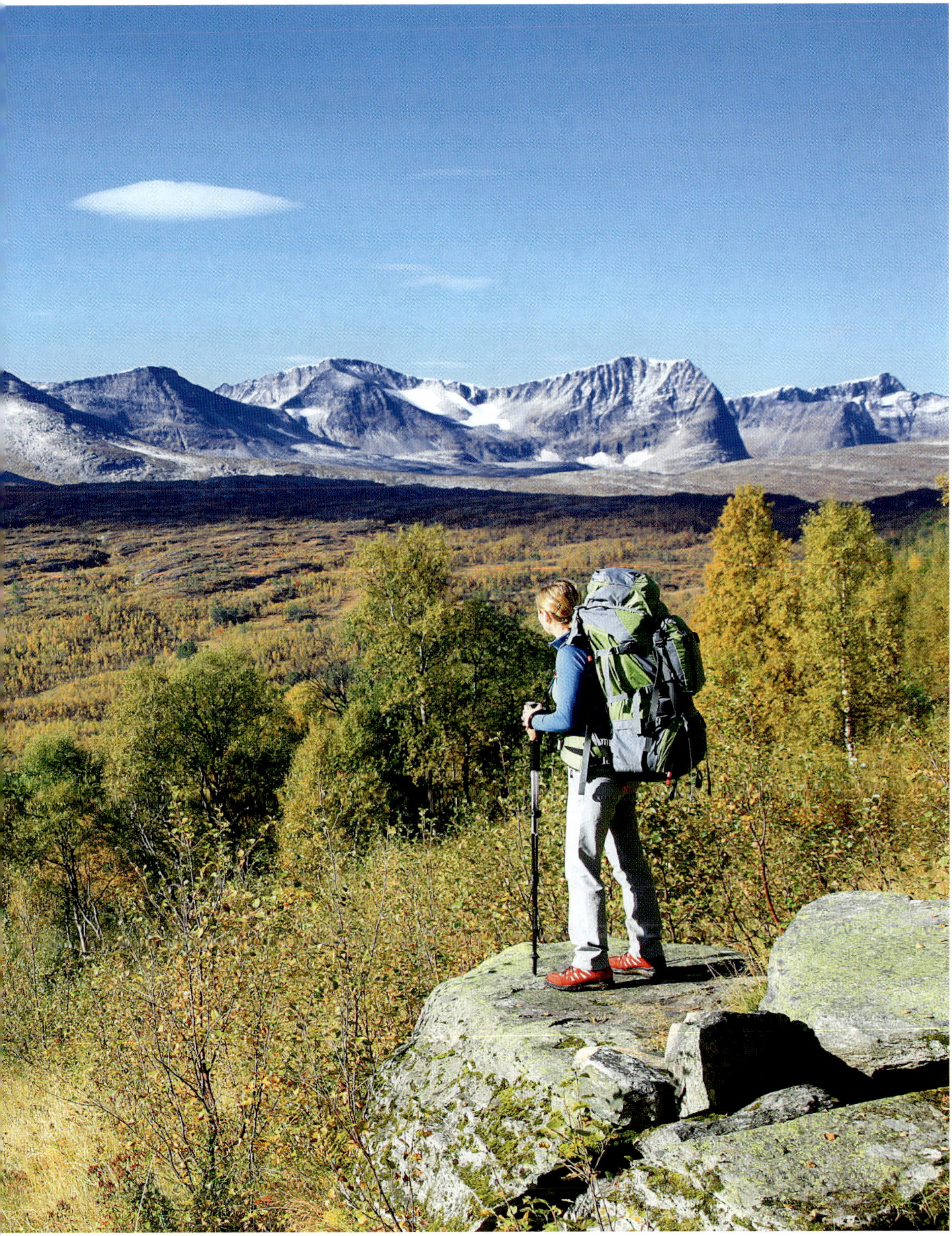

in Richtung Innerdalsporten.

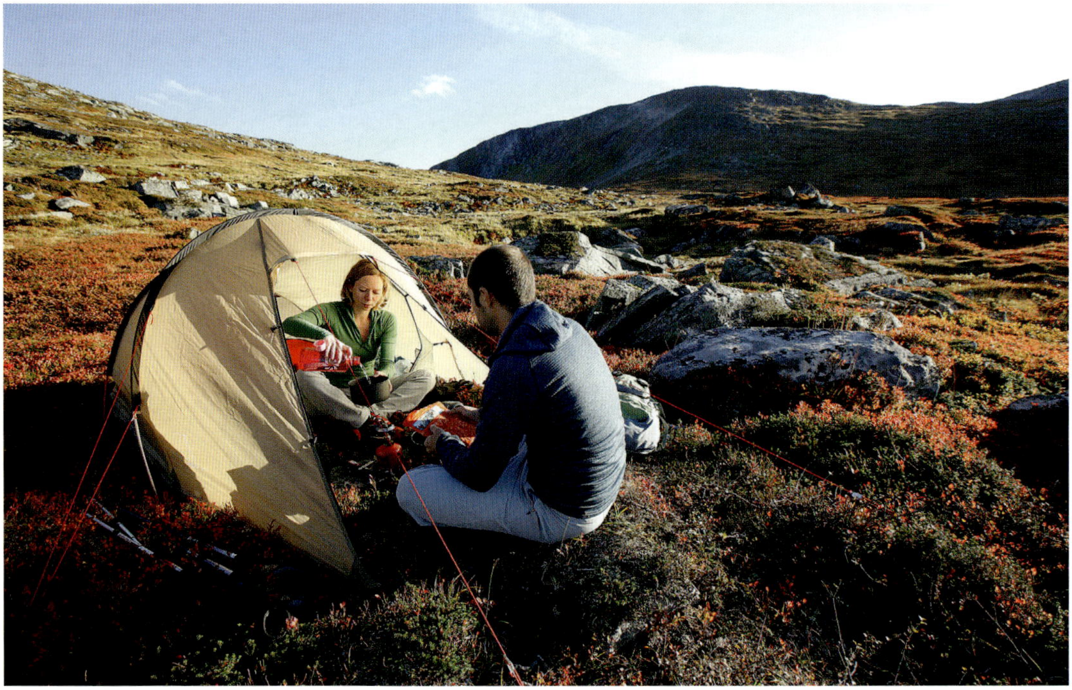

Mit dem eigenen Zelt ist man unabhängig im Trollheimen.

Mit einer kleinen Anhöhe direkt im Anschluss an den See erreichen wir bei etwa 1.100 Metern den höchsten Punkt des Tages. Wir sind völlig allein und legen hinter einigen Steinen im Windschatten unsere Mittagsrast ein. Wir haben zwar Ende September aber doch fühlt es sich an wie im Sommer, die Kraft der Sonne ist noch klar spürbar. Fast nur Gras und Flechten wachsen zwischen den Felsen. Wasser steht in Pfützen und Tümpeln links und rechts des Weges. Fünf Kilometer von Storli entfernt erreichen wir den kleinen See Botnvatnet, lassen ihn links liegen und beginnen dann unseren Abstieg ins Tal der Folda. Dort verläuft der Hauptweg durchs Trollheimen und zur Trollheimshytta, der bekanntesten Hütte im Gebiet. Und während auf der Karte sich dieser Weg als eine dicke rote Linie darstellt, befinden wir uns noch auf einer dünn gestrichelten Linie. Das könnte auch der Grund dafür sein, dass unser Weg nun in niedrigem Blaubeergestrüpp verschwindet und wir nur hier und da mal einen roten Punkt auf einem Stein ausmachen können. Weit breitet sich vor uns ein Talkessel aus. Von links mündet das Neådalen in das Tal der Folda. Doch weil es dort, wo sich die beiden Täler treffen eine große Ebene mit mehreren langgestreckten Seen gibt, wirkt es, als würden von einem Punkt drei Täler in drei Himmelrichtungen streben. Der sanft gerundete Gipfel des Sprikltjønnknubben steigt gleich hinter der Senke an und scheint auf alles ein Auge zu haben.

Nach einer halben Stunde im Gelände erreichen wir den Fluss. Praktischerweise genau dort, wo auch der verschwundene Weg ihn kreuzt. Es gibt keine Brücke, aber doch eine angenehme Reihe großer Steine, über die man bei niedrigem Wasserstand im Herbst sicher und trocken das andere Ufer erreicht. Dort stehen wir plötzlich auf einem tollen Pfad.

Da sich die Sonne zu den Berghängen im Südwesten senkt und wir für den ersten Tag genug von den schweren Rucksäcken haben, laufen wir noch zehn Minuten talabwärts, verlassen den Weg und schlagen 200 Meter oberhalb unser Zelt auf. In der Nähe gibt es einen kleinen Bach fürs Trinkwasser und eine Menge feuerroter Blaubeersträucher mit dicken blauen Früchten. Was will man mehr.

Der zweite Tag

Die erste Nacht im Schlafsack auf der Isomatte ist immer etwas besonderes, der erste Morgen ebenfalls. Es ist dabei immer schwer zu sagen, ob es im Schlafsack so gemütlich, die Knochen vom Vortag noch so müde oder ob es die Kälte ist, die das Aufstehen verzögern, aber so richtig schnell ist man selten. Mein erster Blick gilt dem Wetter – ich strecke meinen Arm aus der Wärme des Daunensacks und öffne das Vorzelt. Grau. Der Himmel ist düster und grau, Wolken haben die Gipfel ringsum eingehüllt, es sieht nach Regen aus. Wer hätte gestern damit gerechnet. Also lassen wir uns Zeit mit dem Frühstück und genießen unseren heißen Tee. Parallel zum rauschenden Fluss wandern wir nordwärts auf das Tor zwischen Sprikltjønnknubben links und dem Storlifjell rechts hinzu. Das Blaubeerkraut verzaubert, leuchtet heute, wo Sonne und blauer Himmel fehlen, noch intensiver. Die Folda stürzt in Kaskaden immer tiefer, fließt bald auch ein ganzes Stück unterhalb des Trails auf dem wir in immer sumpfigeres Gelände gelangen. Jetzt, wo das Tal zwischen den näher gerückten Bergen recht schmal geworden ist, kann sich auch das Wasser aus den Bergen und das Regenwasser nicht mehr auf einer so großen Fläche verteilen. Was zur Folge hat, dass der Untergrund an vielen Stellen einem Schwamm gleicht. Der Trail ist selten trocken, er wird immer matschiger, und wir lernen mit jedem Kilometer mehr den

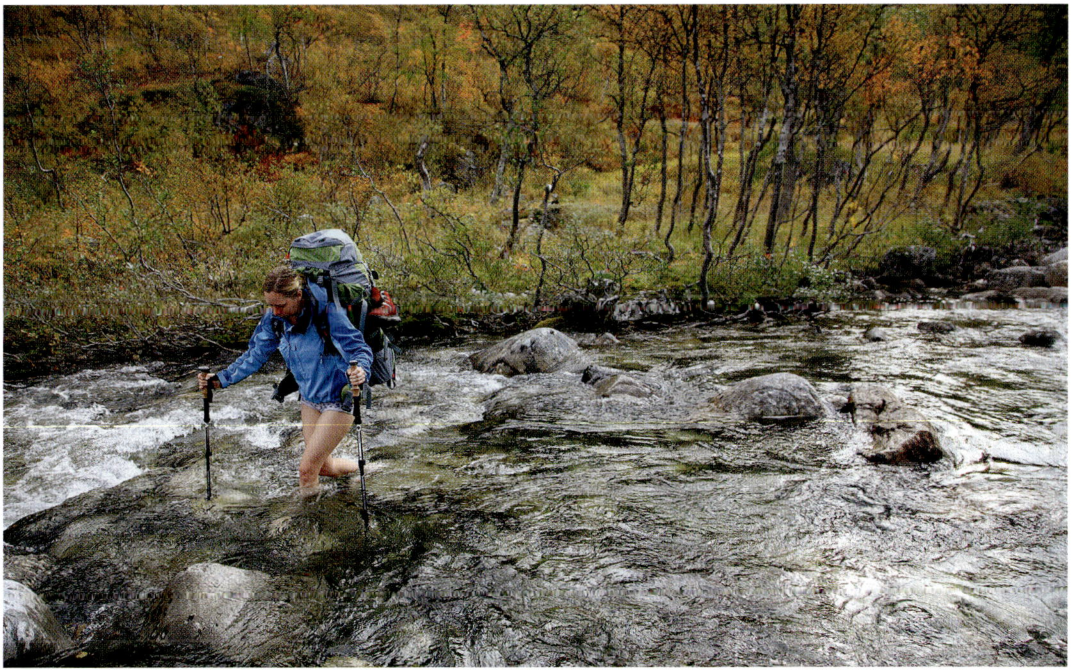

Einmal gibt's doch richtig kalte Füße: die zweite Furt durch die Folda hat es in sich.

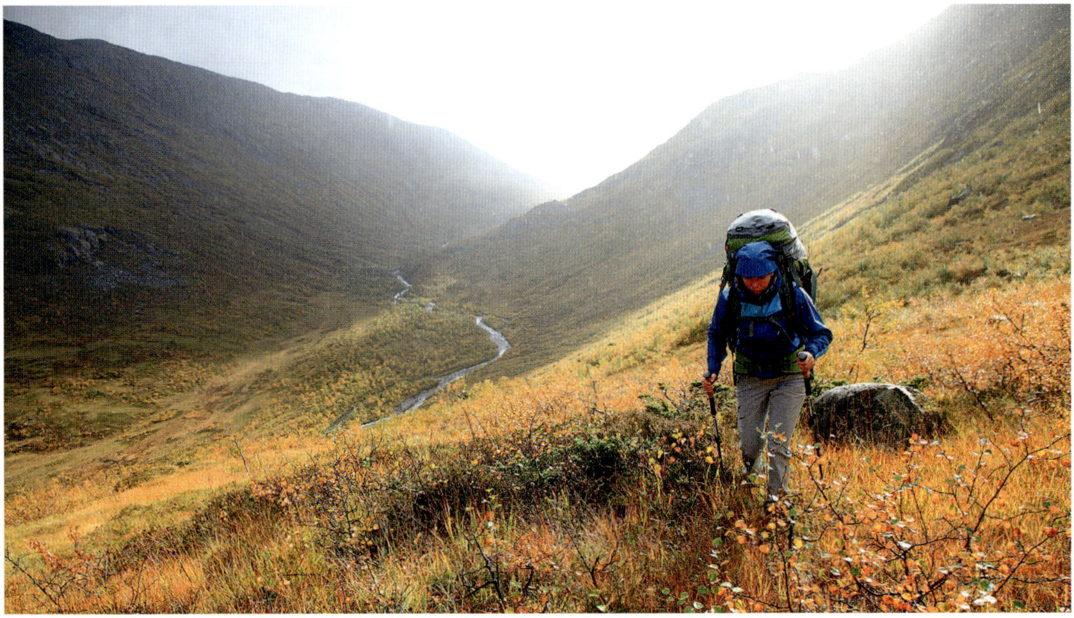

75 km

Querfeldein vom Folddalen hinüber ins Naustådalen. Mit jedem Meter wird die Aussicht atemberaubender.

Untergrund zu lesen. Wiesen beispielsweise, die keine Fußspuren zeigen und nach einem wunderbar festen Untergrund aussehen, können tückisch sein. Der erste Schritt ist vielleicht okay, der zweite auch noch, aber plötzlich steigt Wasser am Wanderstiefel an, erst am Sohlenrand hinauf, dann in Richtung Spann. Es gibt jetzt eigentlich nur zwei Dinge: den Rückzug antreten oder schnell weiterlaufen. Nur nicht stehenbleiben!

Der Pfad steigt an und lässt den Fluss in seinem eingeschnittenen Bett zurück. Eigentlich sollte es jetzt trockener werden, denkt man, aber weit gefehlt: es wird nur noch schlimmer: Bald gehen wir mit jedem Schritt durch Zentimeter hoch stehendes Wasser.

Während der Trail zur Trollheimshytta dem Fluss treu bleibt und durchs Folddalen in ein großes Feuchtgebiet führt, wollen wir eine andere, hoffentlich trockenere, Route gehen, und eine Spitzkehre des Weges, die um den Berg Sollirabben führt, abkürzen. Wer im Trollheimen eine reine Hüttentour plant, wird sicherlich bis zur Trollheimshytta weitergehen, mit unserem Zelt aber sind wir unabhängig.

Wir haben den Birkenwald am Hang unter uns zurückgelassen und sind einigen roten Punkten an Baumstämmen und auf Steinen gefolgt, doch nachdem wir uns mehrfach einen besseren Weg durch die Sumpfflächen suchen mussten als unsere Vorgänger, deren tiefe Spuren noch sichtbar sind, ist der Weg plötzlich verschwunden. Eigentlich ist die Richtung ja klar, aber trotzdem sucht man weiter, da man doch weiß, dass hier irgendwo ein Weg sein muss. Allein die Hoffnung auf ein leichteres Vorankommen hilft. Beim Abstieg zurück ins Tal finden wir den Trail tatsächlich wieder. Zurück an der Folda halten wir Ausschau nach einer geeigneten Stelle, um den Fluss zu überqueren. Am besten möglichst bald, da der Wasserstand mit jedem Meter und weiteren Zuflüssen von beiden Talseiten steigen wird. Zum Glück finden wir schnell eine geeignete Stelle. Wir entledigen uns unserer Hosen, hängen uns die Schuhe hoch und öffnen die Gurte der Rucksäcke, um im Falle eines Sturzes nicht von ihrem Gewicht unter Wasser gezogen zu werden und wagen die Überquerung. Immer wieder überrascht im norwegischen Fjell die Kälte eines Flusses. Schon nach drei Metern spüre ich meine Beine kaum noch, doch 20 liegen noch immer vor uns. Am anderen Ufer sind ein paar Schritte im Gras eine Wohltat. Ein schönes Gefühl, wenn es anfängt in den Füßen zu kribbeln und das Blut zurückkehrt.

Zwei weglose Kilometer weiter beginnen wir am linken Talrand mit dem Aufstieg zu unserem Pass. Aus der Ferne und auf der Karte hat alles ziemlich simpel ausgesehen, jetzt müssen wir feststellen, dass es gar nicht leicht ist, einen guten Weg zu finden. Am Hang wachsen leider eine ganze Menge kleiner, krüppeliger aber auch kräftiger Birken, die stellenweise eine so undurchdringliche Wand bilden, dass wir unseren ersten Anlauf abbrechen müssen. An einer anderen Stelle kraxeln wir ein Bachbett hinauf und klettern dann seitlich heraus. Äste zerren am Rucksack und reißen uns die Mützen vom Kopf, immer wieder wird man plötzlich festgehalten und weiß nicht, wie man sich am geschicktesten befreien soll, ohne den Rucksack abzunehmen. Doch irgendwann haben wir das Gestrüpp hinter uns gelassen und können über Gras- und Felsflächen weiter aufsteigen. Wir schwitzen und wollen uns gerade die Jacke ausziehen, da beginnt es zu regnen. Es ist ein ständiges Auf und Ab heute, mal trocken, dann wieder nass, aber fast immer haben wir Glück und werden mit einem Regenbogen belohnt. So auch jetzt: Einzelne Sonnenstrahlen schießen durch die Wolkendecke, sorgen für gleich zwei Regenbögen und beleuchten das Tal unter uns, arbeiten die unterschiedlichen Farbschattierungen aus dem bunten Laub des Waldes. Der Aufstieg von rund 400 Höhenmetern hat sich gelohnt.

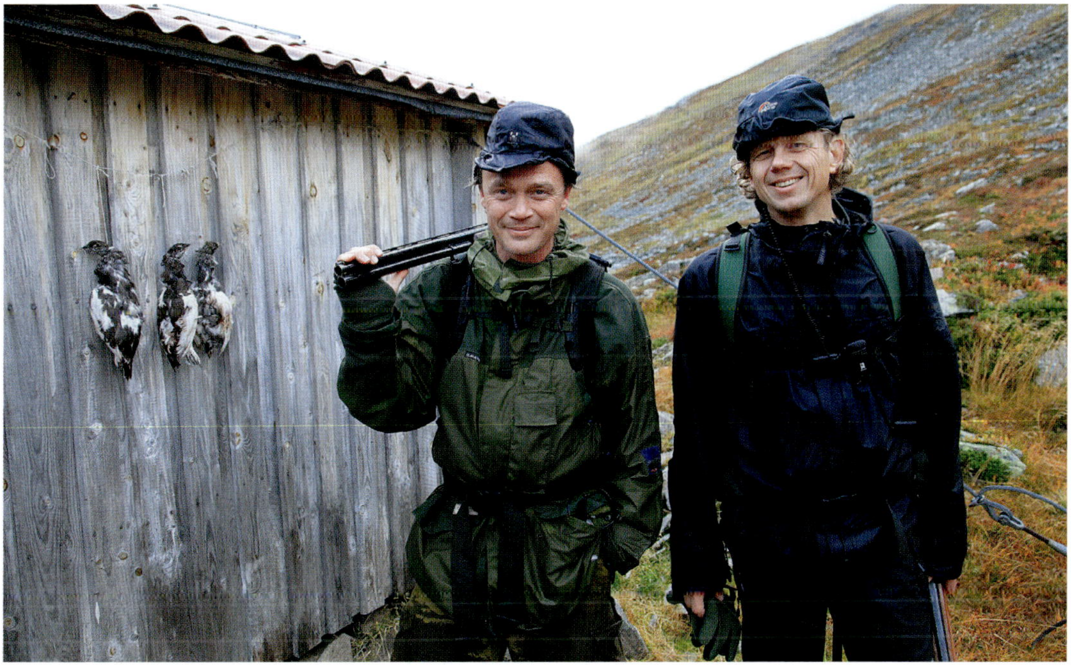

Im Herbst wird die Nøstebu oft von Jägern genutzt, die in den Bergen Schneehühner schießen.

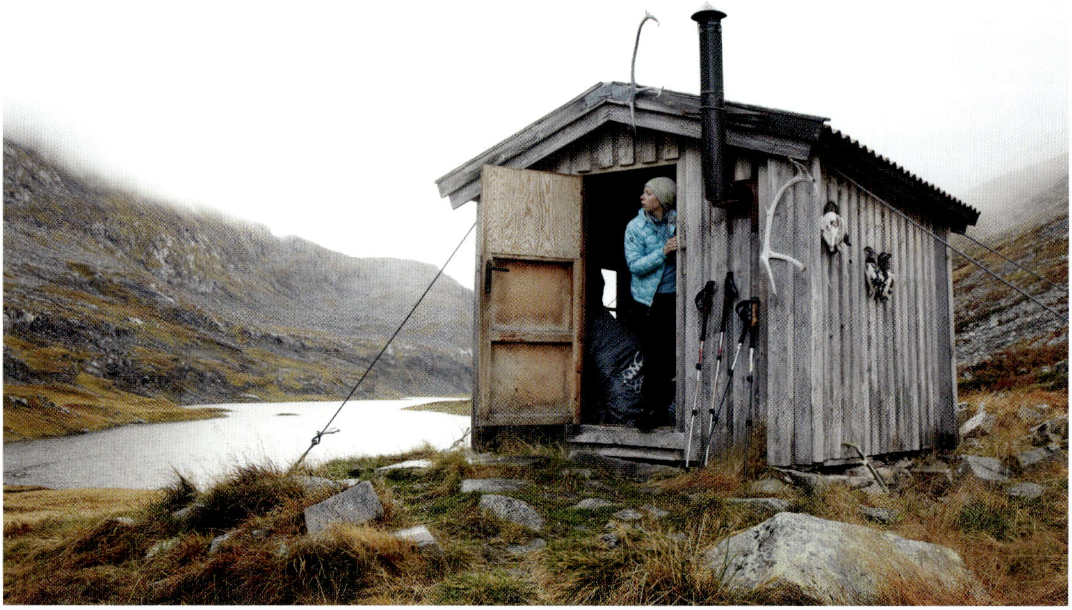

Übernachtung in einer winzigen Biwakhütte am Naustådalsvatnet. Eine Wohltat nach einem Tag im Dauerregen.

Von unserem selbst gewählten Pass sehen wir den Nedre Salsvatnet. Kurz beraten wir uns über den besten Weg, dann queren wir den Hang hinunter und gelangen zurück zum markierten Weg, der von der Trollheimshytta kommt. Wir laufen durch dichte Teppiche von Blaubeersträuchern und müssen einfach immer wieder anhalten, um uns zu stärken. Lecker! Unten im Tal wird das mit einem erneuten Regenguss quittiert, aber mich kann fast nichts mehr schockieren heute – seit mehreren Stunden habe ich Wasser in den Stiefeln und eiskalte Füße. Als wir die Karte noch einmal studieren, entdecken wir, dass es in drei Kilometern Entfernung eine Notunterkunft geben soll. So wandern wir weiter, ein festes Ziel vor Augen. Der Weg führt an den Seen vorbei und quert dann ihren Zufluss nach rechts. Über große Steine gelingt es uns gerade noch ans andere Ufer zu gelangen. Wenn es weiterhin so regnet, wird man hier bald seine Schuhe ausziehen müssen.

Das Naustådalen, durch das wir nun westwärts weiter wandern ist karg und steinig, aber wunderschön. 50 Höhenmeter überwinden wir noch einmal, um ans Ufer des langgestreckten Øvre Salsvatnet zu gelangen. Während wir an seinem Südufer entlang wandern, bescheint die Sonne kurz die Steilwand des Berges Salen, die steil 500 Höhenmeter zum See hin abfällt. Noch zwei Kilometer sind es nun zum nächsten See, dem Naustådalsvatnet an dessen Ostende die winzige Biwakhütte Nøstebu steht. Drinnen gibt es einen Ofen, drei Pritschen, einen kleinen Schemel, einen Tisch und sonst nicht viel Platz, um sich groß auszubreiten. Wir bleiben. Später kommen noch zwei einheimische Jäger vorbei, die ihre frisch geschossenen Schneehühner draußen über einen Nagel hängen. Sie haben ihr Zelt einen halben Kilometer weiter am See stehen und waren heute den ganzen Tag unterwegs, um zu zweit fünf Hühner zu schießen.

Der dritte Tag

Als wir an ihrem Camp vorbeikommen, frühstücken unsere Jäger gerade. Kräftiges Brot und in der Pfanne gebratenen Speck, wie es sich gehört für zwei kernige Typen im Fjäll. Die Gehzeit, die sie uns zur Hütte von Kårvatn nennen, werden wir selbst ohne geschulterte Flinte und Jagdbeute nicht unterbieten können. Die beiden sind fit.

Der Weg ist matschig und nass, wie wir es kennen von den letzten Tagen, führt aber durch eine ganz andere Landschaft. Schon nach einer halben Stunde beginnt das Tal sich zu weiten und fällt immer steiler hinab in Richtung Kårvatn. Auf acht Kilometern verlieren wir 600 Höhenmeter. Der Blick geht weit. Meine wieder trockenen Füße stecken in trockenen Socken und Plastiktüten, dann erst in den Stiefeln, die noch immer durchweicht sind. Rund zehn Kilometer sind es bis nach Kårvatn. Der Abstieg unterteilt sich dabei in einen Absatz von ca. 200 Höhenmetern gleich nach dem See und – unterbrochen von einigen topfebenen Kilometern einer plötzlich ganz gemächlichen Landschaft – einem zweiten von 400 Höhenmetern. Diesmal geht es durch einen dichten Kiefernwald bergab, mitunter so steil, dass die Knie ächzen. Alles ist grün und braun, die bunten Herbstfarben des Fjells sind zurückgeblieben. Links von uns stürzt der Fluss Nauståa ins Tal, bildet weiß schäumend und durch die Bäume herüberblitzend den Naustådalsfossen. Ein kleiner Pfad führt bis direkt zum Fall.

Als der Talgrund erreicht ist, gehen wir über Schotterwege noch einmal 15 Minuten bis wir die Farm Kårvatn erreichen. Inmitten der Ansammlung von alten und neuen Häusern, Wohn- wie auch Hofgebäuden, finden wir gleich rechts die lokale DNT-Hütte. Wir sind die einzigen Besucher und verziehen

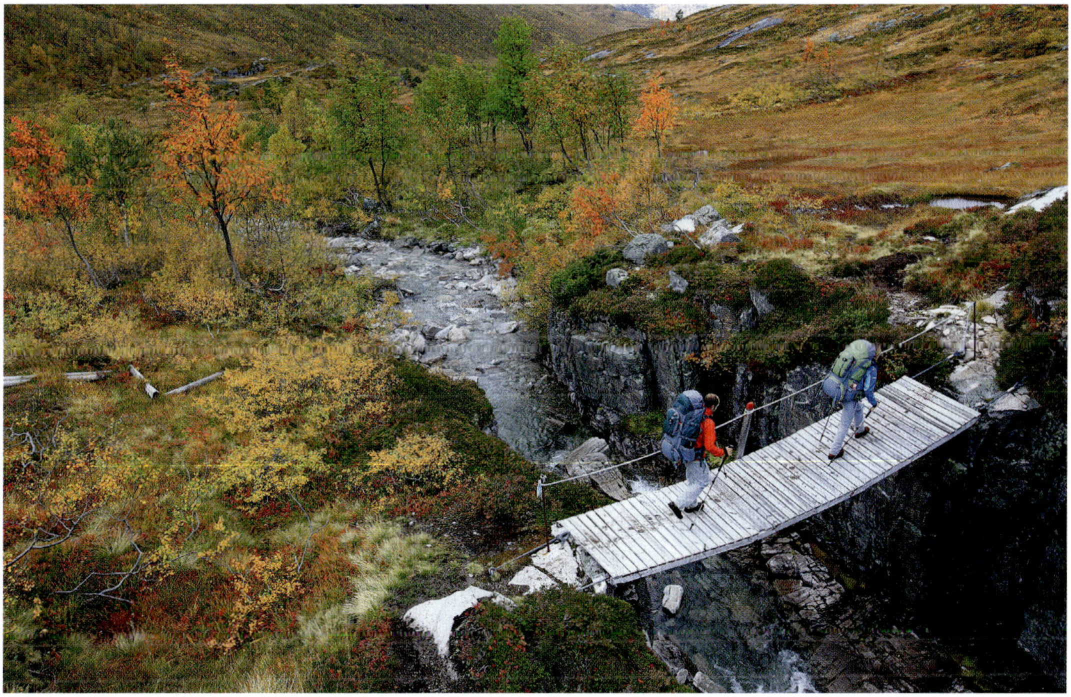

Auf dem Weg vom Naustådalsvatnet nach Kårvatn überspannt die Hängebrücke eine kleine Schlucht.

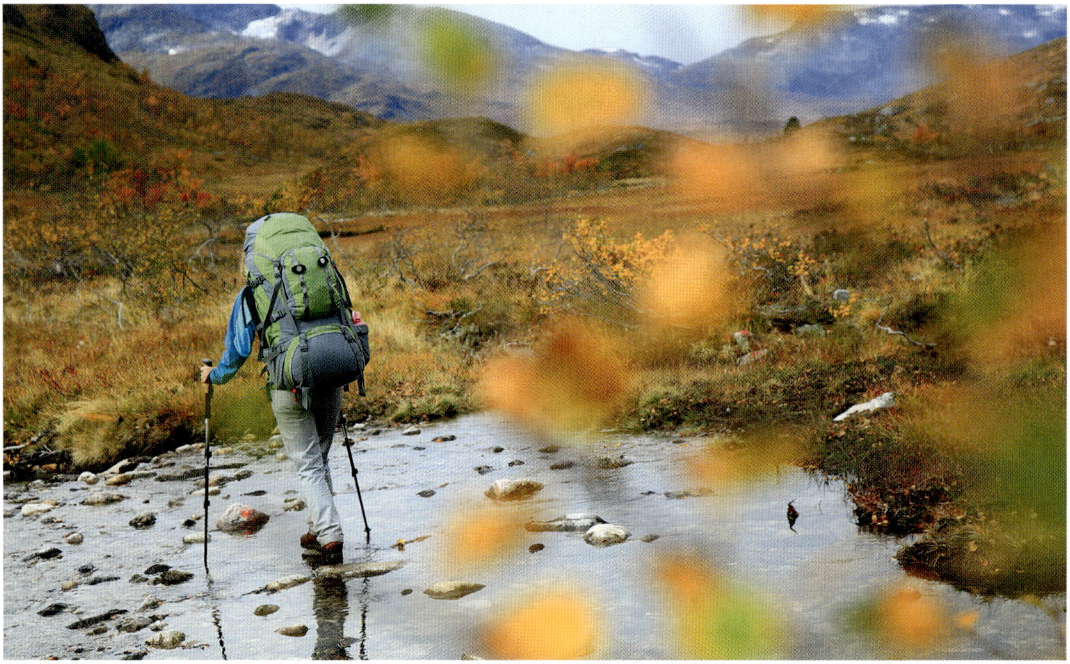

Wir lassen den lichten Birkenwald hinter uns, die DNT-Hütte ist nun nicht mehr fern.

uns nach drinnen, um eine heiße Suppe zu kochen. Draußen regnet es schon wieder. Von Kårvatn gibt es zwei Wege zurück nach Storli: links herum und mehr oder weniger direkt (dabei muss ein Pass überwunden werden) oder rechts herum und mit einem Abstecher über das bekannte Innerdalen. Dieses hatte uns ein Freund aus Oppdal schwärmerisch als den Yosemite Norwegens beschrieben. Der Weg ins Innerdalen ist zwar weiter und führt über einen großen Pass, aber als Optimisten hoffen wir auf schnelle Wetterbesserung, wenn wir uns diesem Pass und den neuen Strapazen stellen.

Also gehen wir nach rechts, folgen zunächst auf drei Kilometern der Lehmpiste in westliche Richtung. Die Straße ist nicht besonders reizvoll, aber es ist nicht viel Verkehr und wir kommen zügig voran. Dann folgen wir den Schildern in Richtung Innerdalen und biegen nach links in einen Kiefernwald. Es beginnt ein Anstieg von rund 400 Höhenmetern bis zur Baumgrenze und einem ersten Plateau, das wie ein Balkon oberhalb des Tals thront. Der Untergrund im Kiefernwald überrascht ein wenig: wie oben im Fjell gleicht auch hier der Boden einem Schwamm. Bei jedem Schritt quatscht es, ich bin froh, dass meine Füße in Plastiktüten stecken. Auf dem Aufstieg regnet es zweimal kurz und heftig, dann zeigt sich wieder die Sonne. So lange, bis wir das weitläufige Plateau erreichen, das orangebraun daliegt, von Gräsern und Blaubeergestrüpp bewachsen, hier und da verziert von einzelnen krüppligen Kiefern und vom Wind gebeugten Birken. Das Todalen liegt nun unter uns, der Blick reicht zurück bis dorthin, wo wir heute morgen den Abstieg nach Kårvatn begonnen haben. Wir gehen noch eine kleine Weile weiter und schlagen dann an einem Bach unser Lager auf. Gerade noch rechtzeitig, bevor aus Sonne wieder Regen wird, dichter Nebel aufzieht und uns umhüllt.

Der vierte Tag

Als wir am nächsten Morgen loswandern, ziehen nach anfänglichem Sonnenschein wieder Wolken auf, umhüllen uns innerhalb von fünf Minuten und dann wird das Wetter richtig schlecht: Die Sicht ist gering, der kleine Gletscher oberhalb von uns und die Berge, die ihn umgeben, sind verschwunden. Alle Steine werden rutschig, zwischen ihnen bilden sich Pfützen, die Temperaturen sinken spürbar. Längst haben wir Regenjacken und -hosen übergezogen und die Kapuzen sitzen tief im Gesicht. Die Augen suchen kurz nach dem nächsten Wegpunkt, dann senkt sich der Blick wieder zu den Füßen und wir stapfen weiter, stetig bergan zum Pass, dem höchsten Punkt zwischen Todalen und Innerdalen. Rechts steigt das Snøfjell auf 1330 Meter an, aber wir sehen nichts davon. Erst, als wir uns dem kreisrunden See Bjøråvatnet nähern, reißt es plötzlich wieder auf, es gibt noch einen Regenbogen und dann sehen wir auch den letzten Anstieg hoch zum Pass direkt vor uns. Genau 201 Höhenmeter sind es vom See zur Passhöhe des Bjøråskaret (1.178 m).

Als wir nach drei Stunden oben stehen, können wir nur staunen. Der Blick ist atemberaubend schön, nach links ins Renndalen, nach vorn ins Innerdalen, dem „kleinen Yosemite“. Vor uns liegt echtes Norwegen, wild und schön. Am Talgrund, 800 Meter unter uns, der Innerdalsvatnet, darüber hoch aufragend die Gipfel des Hesten, des Skarfjells und des markanten, einer Pyramide gleichenden, Innerdalstårnet die höchsten Gipfel bis knapp 1.800 Meter Höhe aufstrebend. In der Luftlinie sind sie keine vier Kilometer entfernt, doch zwischen uns liegt das tiefe, schmale Innerdalen. Um das kleine Paradies perfekt zu machen, stürzt aus einem See zwischen den Gipfeln gegenüber ein weiß schäumender Wasserfall aus dem Storvatnet 300 Meter tief ins Tal, dorthin, wohin wir nun aufbrechen.

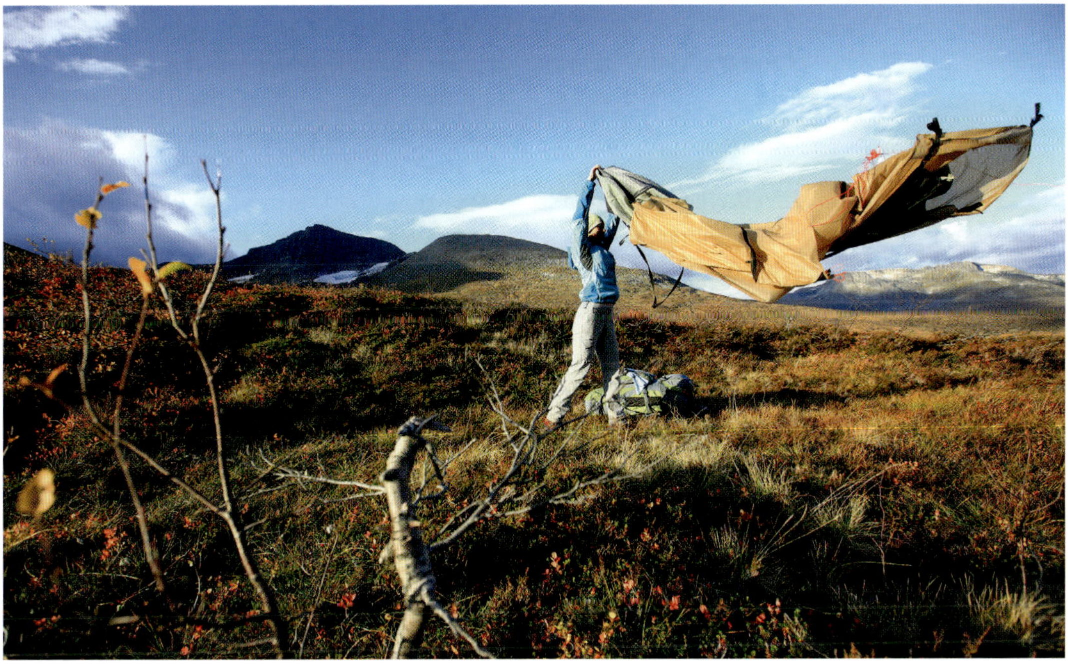

Ein trockenes Plätzchen für unser Zelt zu finden ist manchmal ein Problem.

Der Abstieg hat es in sich, unsere Trekkingstöcke sind Gold wert im Geröll und Matsch und auf den rutschigen Steinen. In vielen Serpentinen geht es den Hang hinunter, erst über Geröll und Wiesen, dann durch Birkenwald. Fast zwei Stunden benötigen wir für die 800 Höhenmeter und unsere Knie sind dankbar, als wir den Talboden erreichen. Eine Belohnung winkt in der Innerdalshytta, einer großen, bewirtschafteten DNT-Hütte, in der wir die einzigen Gäste sind: Es gibt einen heißen Tee und Waffeln mit braunem Käse, roter Marmelade und Rømme, einer norwegischen Sahnecreme.

So gestärkt können wir das Innerdalen in Angriff nehmen. Rund acht Kilometer geht es von der Hütte am Taleingang nach Westen. Wir ahnen, dass der Weg durch das enge Tal recht nass werden könnte, sind dann aber doch überrascht, wie viel Wasser im Boden gespeichert ist. Jeder einzelne Schritt drückt Nässe aus dem Erdreich, immer wieder müssen wir bis zu den Knöcheln durch Schlamm und Pfützen waten oder große Umwege gehen bzw. springen: von einer trockenen Insel zum nächsten Stein, zum nächsten Stock. Und manchmal passiert es, dass der Blick täuscht und man mit einem großen Platsch doch auf einem sumpfigen Fleck landet. Dann hilft nur beherzt weiter zu springen, um möglichst nicht zu lange auf einer Stelle zu verharren und einzusinken. Es ist mühsam. Meine Socken sind trotz Plastiktüten durchweicht, aber Katrins Schuhe halten sich weiter wacker. Nach fünf Kilometern fangen wir an, nach einer trockenen Stelle für das Zelt zu suchen.

Der fünfte Tag

Beim Aufwachen haben wir den gleichen Klang im Ohr, der uns schon in den Schlaf gewiegt hat. Regentropfen prasseln auf unser Zelt. Die Fußteile der Schlafsäcke sind feucht, weil sie die Zeltwand berührt haben. Beim Blick nach draußen sehen wir nicht viel. Wolken hängen tief, verdecken den Blick auf die Berggipfel völlig. Das Innerdalsporten, der östliche Eingang ins Tal ist völlig unsichtbar. Als wir später weitermarschieren, lichten sich die Wolken dann und wann kurz und zeigen, knapp 500 Meter über uns, eine annähernd geschlossene Schneedecke. Der Winter ist nicht mehr fern.

Wir marschieren eine weitere Stunde über Weg und Wiesen und müssen immer wieder von den Talwänden herabkommende Bäche queren. Kurz bevor wir parallel zum Fluss, der uns in Kaskaden entgegenstürzt, den Aufstieg aus dem Tal zur Innerdalsporten beginnen, zweigt rechterhand das Tverrådalen ab. Ein Fluss, die Tverråa, schäumt von dort ins Innerdalen herab, am Talausgang scheint ein Berg zu wachen: der Navardalsnebba reicht hoch in die Wolken. Seinen Gipfel (1.662 m) sehen wir nicht, nur dass er ziemlich weiß sein muss. Wann immer die Wolken sich an seiner Spitze lüften, blitzt Schnee hervor.

Bei gefühlten zwei Grad Celsius laufen wir nun eine Etage höher durch das enge Innerdalsporten, das Nadelöhr, dass das Innerdalen an diesem Ende begrenzt. Die Berge steigen imposant vom Talgrund auf. Acht Kilometer laufen wir langsam höher und höher, entdecken eine Herde Rentiere und dann, auf einem kleinen Pass stehend, den See Tovatna zu unseren Füßen. Er liegt eingebettet in bunte Gräser, Büsche und Bäume und leuchtet blau herauf. An seinem südöstlichen Ende, das wir vier Stunden nach dem Start erreichen, beginnt eine Schotterpiste, die bis zur Farm Storli führt. Noch einmal 45 Minuten sind wir auf dieser Zielgeraden unterwegs und kommen schnell zu dem Schluss, dass wir noch einmal wiederkommen werden. Im Trollheimen warten noch einige Täler darauf, von uns entdeckt zu werden.

Kajaktour auf dem Lysefjord

Auf dem Wasser des schönsten Fjords

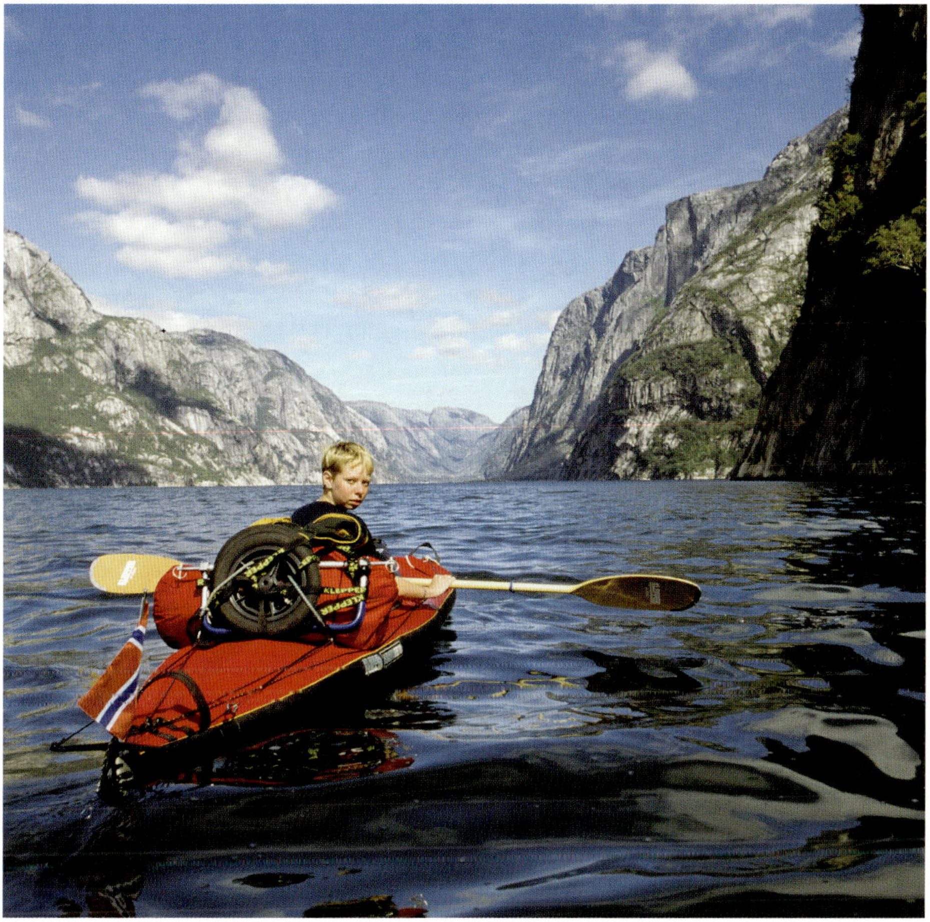

Tour 7

Kajaktour auf dem Lysefjord

Schwierigkeit	Baden	Zelten	Hüttenübernachtung
★★☆☆	★★☆☆	★★★★	☆☆☆☆

40 km

Charakter der Tour

Relativ leichte Faltboot-/Seekajaktour, ideal, um erste Erfahrungen auf einem Fjord zu sammeln. Keine Probleme durch hohe Gezeitenunterschiede bzw. Gezeitenströmungen. Einzige Schwierigkeit ist das Finden von geeigneten Zeltplätzen, da dessen Ufer meist steil aus dem Wasser aufragen. Entlang der Südseite des 40 Kilometer langen Fjords gibt es auf der viertägigen Tour etwa vier Plätze.

Anreise:
Am besten nehmen Sie die Fähre von Hirtshals nach Kristiansand, um mit dem eigenen Fahrzeug nach Norwegen zu kommen, und genießen dann die Fahrt entlang der Südwest-Küste bis nach Stavanger. Dort lohnt sich ein Spaziergang durch die Altstadt. Von Stavanger dann wieder ein Stück zurück auf der E 39 nach Sandnes, dort abbiegen auf die 13 und nach Osten weiter bis zur Fähre von Lauvik fahren. Hier nach Oanes am Nordufer des Lysefjords übersetzen. Über die große Brücke drei Kilometer weiter erreicht man Forsand am Südufer, wo die Tour beginnt. Ohne eigenes Fahrzeug könnte man per Bus und mit Faltbooten über Kristiansand nach Stavanger anreisen und von dort die Fähre zum Ausgangspunkt nehmen.

Abreise:
Mit der Touristenfähre von Lysebotn (im Sommer mehrmals täglich) gemütlich die gesamte Strecke zurück bis Forsand schippern, wo man das Auto gelassen hat. Wer ohne Auto und mit der Fähre von Stavanger nach Forsand angereist ist, wählt dementsprechend die Fähre bis Stavanger zurück. Infos: Tel. (+47) 51 86 87 88, www.norled.no ; Alternativ gibt es ein Schnellboot, das ganzjährig zwischen Lysebotn und Stavanger verkehrt. Infos unter www.kolumbus.no, Tel. (+47) 51 92 52 00

Startpunkt:
Forsand.

Endpunkt:
Lysebotn.

Beste Reisezeit:
Der Lysefjord friert normalerweise zwar nicht zu, weshalb man die Tour im Prinzip das ganze Jahr über durchführen könnte, richtig Spaß macht es aber wohl nur im Sommer, von Juni bis September, wenn man an heißen Tagen auch mal ein Bad im Fjord wagen kann.

Verpflegung:
Direkt am Anleger von Forsand gibt es einen Supermarkt. Unterwegs darf geangelt werden *(Siehe Angeln, Seite 9)*, um den Speiseplan zu bereichern.

Übernachten:
Lysebotn: Bed & Breakfast, Hütten, Hostel sowie Campingmöglichkeit, Tel. (+47) 99 49 95 99 www.visitkjerag.no oder lysefjorden.turistforeningen.no; ***Hauane Bed & Breakfast*** (traditionell, gemütlich und sehr schön, im Tal hinter Lysebotn), Tel. (+47) 98 88 77 38, www.lysegard.com

Kartenmaterial:
Turkart 2681: Lysefjorden 1:50.000, Verlag Utland IT.

Sehenswürdigkeiten:
Vom Wasser aus ist die Sicht auf die berühmte Felskanzel des Preikestolen fast ebenso spektakulär wie von oben herunter. Einem Würfel gleich, klebt sie an der Wand. Besonders nach Regen viele Wasserfälle, die sich von allen Seiten direkt in den Fjord ergießen. An schönen Tagen kann man auf dem Abschnitt unterhalb des Kjerag-Plateaus kurz vor dem Ende des Fjordes mit Sicherheit einige Basejumper beobachten, die sich von der 1.000 Meter hohen Felsklippe mit ihrem Fallschirm zum Fjord stürzen. Im Lysefjord-Center in Oanes gibt es eine Ausstellung über den Fjord und eine Diashow über die Region (sowie ein Café).

Sonstige Aktivitäten:
Wandern Kjeragbolten & Prekestolen, siehe Tour 4, Seite 82.

Infos, Wichtige Adressen:
FVA Stavanger, Domkirkeplassen 3, 4006 Stavanger, Tel. (+47) 51 85 92 00, www.regionstavanger.com; ***Lysebotn Turistsenter AS***, Tel. (+47) 51 70 34 90; ***Basejumper*** am **Kjerag**: www.basekjerag.com; ***Viele Infos zur Region***: www.lysefjordeninfo.no, www.fjordnorway.com; vom Campingplatz in Lysebotn fahren ***Shuttle-Minibusse*** (hauptsächlich für die Basejumper) hoch zum ***Øygardstøl***, dem Panoramarestaurant, an dem die Wanderung zum Kjerag Plateau beginnt.

Route:
Forsand – Lysebotn.

Länge der Tour:
40 km, 2 bis 4 Tage

Umtragestellen:
keine

Karte Lysefjord

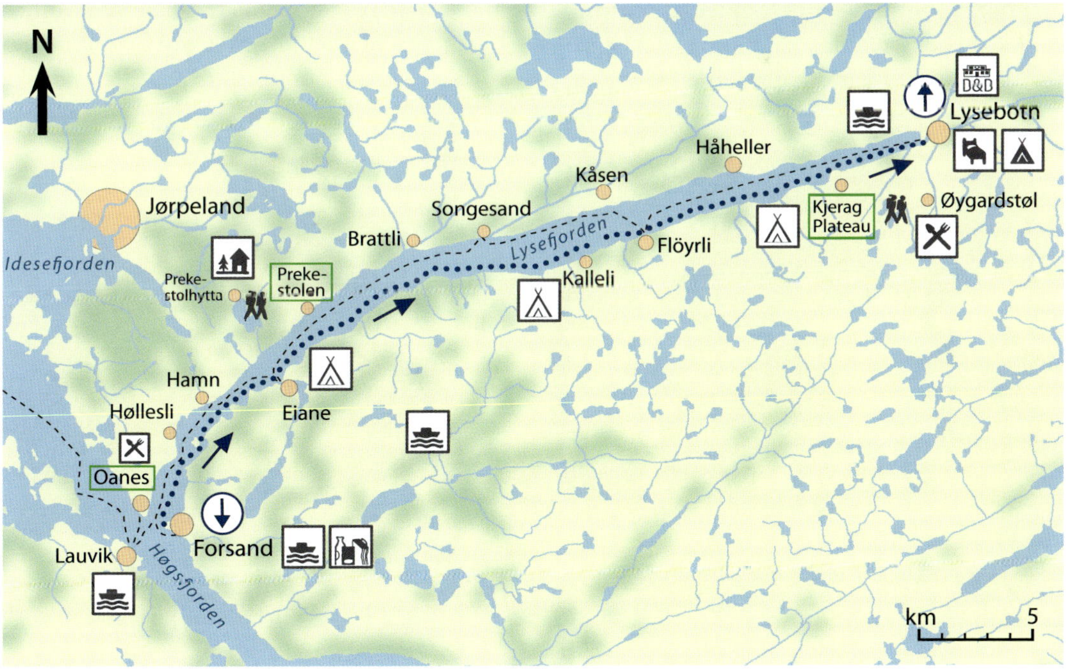

Unter der Felskanzel

40 km

Der erste Tag

Mit zwei Faltbooten starten wir am Nachmittag im kleinen Sporthafen von Forsand, um dem Lysefjord rund 40 Kilometer bis zum hintersten Winkel zu folgen. Der kleine Ort Lysebotn ist unser Ziel; eine Fähre wird uns von dort zurückbringen. Als wir die Boote aufbauen, werden wir interessiert beäugt. „Sind das etwa Faltboote?“, fragt eine besonders neugierige Dame. „Meine Mutter ist früher auch mal mit solchen Dingern gefahren.“ Es stellt sich heraus, dass die vermeintliche Norwegerin eigentlich Deutsche ist, die vor einigen Jahren hierher geheiratet hat. Ihr Mann, Berater einer Ölfirma in Stavanger, drückt uns beim Abschied noch seine Visitenkarte in die Hand. „Falls ihr mal Probleme in Norwegen haben solltet. Einfach anrufen.“ Danke!

Wir sitzen noch nicht lange in den Booten, als der Himmel seine Schleusen öffnet. Angesichts des Wetters kaum von uns beachtet, unterqueren wir die moderne Hängebrücke, die seit einigen Jahren das Eingangstor zum Fjord markiert. Auch einen kleinen Schiffsfriedhof lassen wir achtlos rechts liegen. Schon die erste Bucht nach knapp fünf Kilometern ist unsere. Bei so einem Wetter bringt es keinen allzu großen Spaß weiter zu fahren. Schnell das Zelt aufbauen und raus aus den nassen Sachen, hinein in die gute, trockene Nylonstube, zum Essen, Lesen, Faulenzen. „Morgen wird es schon besser aussehen“, versuche ich aufzumuntern. „Der Wetterbericht hat gesagt...“ – „...ja, ja der Wetterbericht!“, werde ich unterbrochen. Zugegeben, bisher hatte er sich nicht bewährt – auch für heute war gutes Wetter angesagt worden.

Der zweite Tag

Als wir am nächsten Vormittag wieder in den Booten sitzen und Kurs Nordost nehmen, wird es tatsächlich noch schlimmer. Ein peitschender Rückenwind treibt uns voran, lässt die Boote auf den Wellen tanzen.

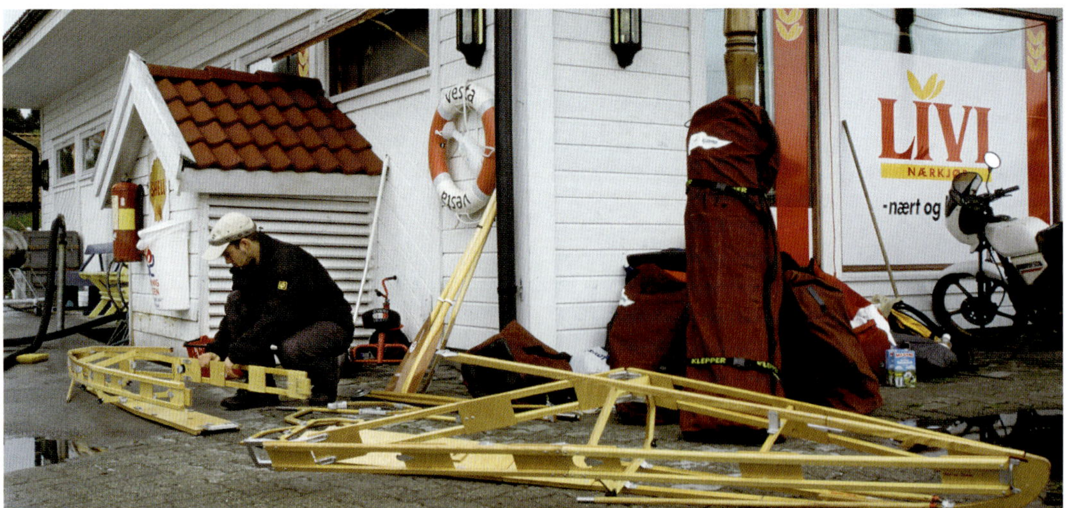

Aufbau der Faltboote in Forsand.

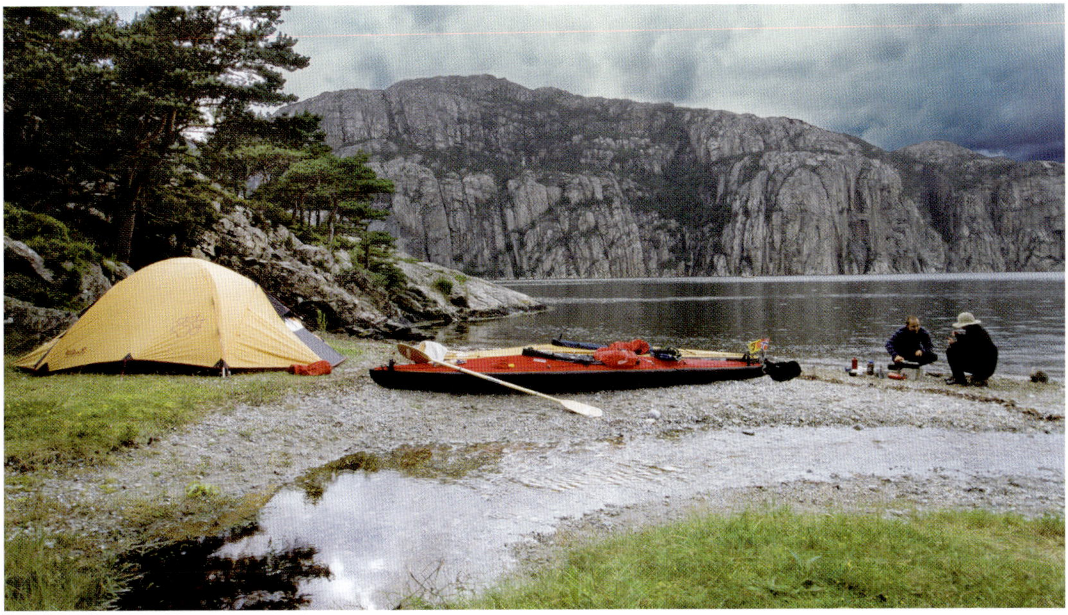

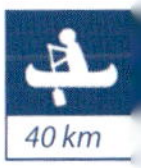

Es gibt nicht viele solch idealer Zeltmöglichkeiten am Fjord.

Dann prasseln dicke Regentropfen herab, klatschen ins graue Fjordwasser. Ich ziehe den Kragen unter die Nase, die Kapuze tiefer in die Stirn und bearbeite die Fluten mit dem Paddel. Im Grunde macht es mir Spaß, den Naturgewalten so direkt ausgesetzt zu sein – jedenfalls bis zu dem Zeitpunkt, als sich Regen- und Salzwasser vereinigen und in meine Jacke laufen. Die Situation bei Katrin ist nicht viel besser, dabei leuchtet ihr rotes Boot so wunderschön und fast idyllisch vor den grauen Felswänden am gegenüber liegenden Ufer. Dort ragt die Wand mit dem Preikestolen in die Wolken, der berühmten Felskanzel, die halb so groß wie ein Fußballfeld ist, tischeben und 604 Meter senkrecht über dem Wasser thront. Heute ist vom Predigerstuhl, so die Übersetzung, nicht viel zu sehen. Stattdessen ergießen sich unzählige Wasserfälle aus den nebligen Höhen zu uns hinab. Ein Schauspiel, das Besuchern bei Sonnenschein und Trockenheit verwehrt bleibt.

Die Ufer ragen meist steil aus dem Wasser; lange bieten sich keine Zeltmöglichkeiten. Auch wenn es nicht den Anschein macht, vielleicht sähe es am anderen Ufer besser aus. Wenn man sich aber einmal für eine Fjordseite entschieden hat, sollte man ihr treu bleiben. Den Fjord zu kreuzen macht weitaus weniger Spaß, als sich an den Ufern entlang zu tasten, wo es mehr zu entdecken gibt und man sein Vorankommen besser wahrnimmt.

Wir haben uns für das Südufer entschieden und sehen nur noch einen kleinen Zeltplatz, kurz vor einem etwas größeren Wasserfall, etwas nördlich gegenüber vom Preikestolen, bevor wir am Abend unser Zelt an einem schönen Kiesstrand kurz vor der Siedlung Kalleli aufbauen. Es ist bereits 20 Uhr; längst hatten wir unser Zelt aufschlagen wollen. Doch es gab auf den ganzen letzten Kilometern nicht eine Möglichkeit anzulanden. So mussten wir weiter, Stunde um Stunde, bis uns der Hintern weh tat und die Arme lahm wurden.

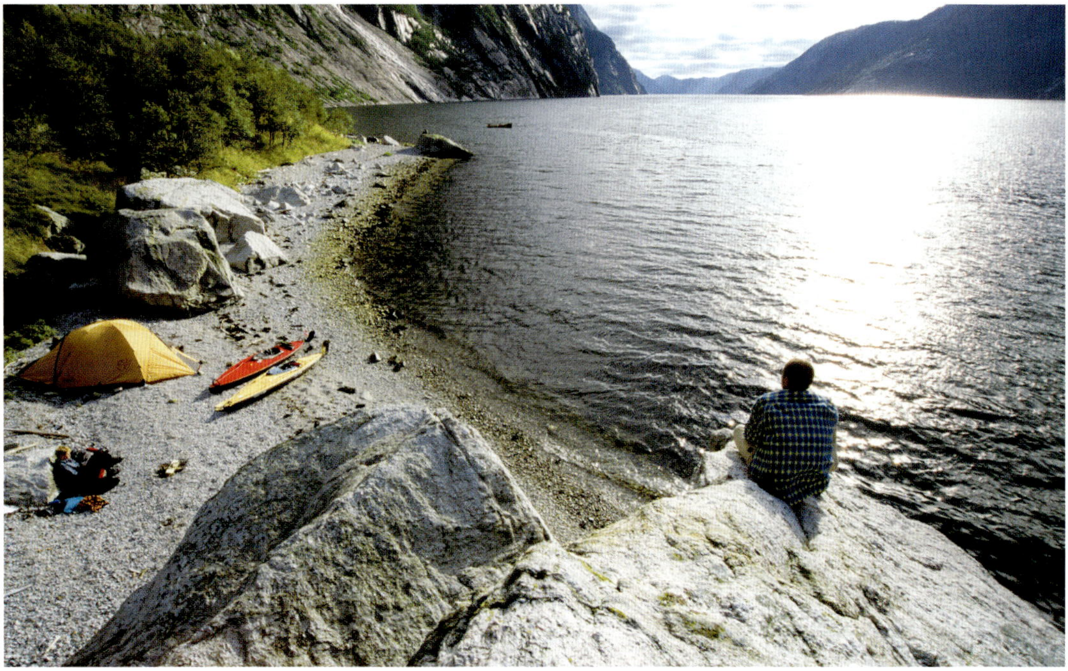

Ein perfekter Zeltplatz direkt unterhalb des Kjerag Plateaus.

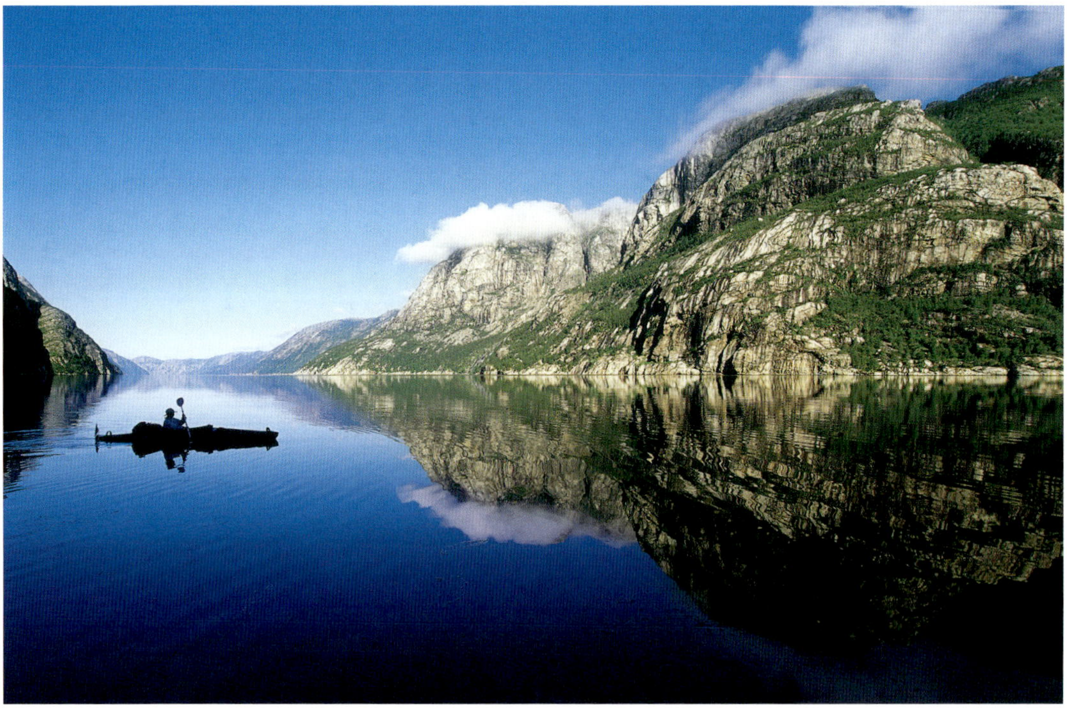

Leider, leider ...der letzte Morgen auf dem Lysefjord.

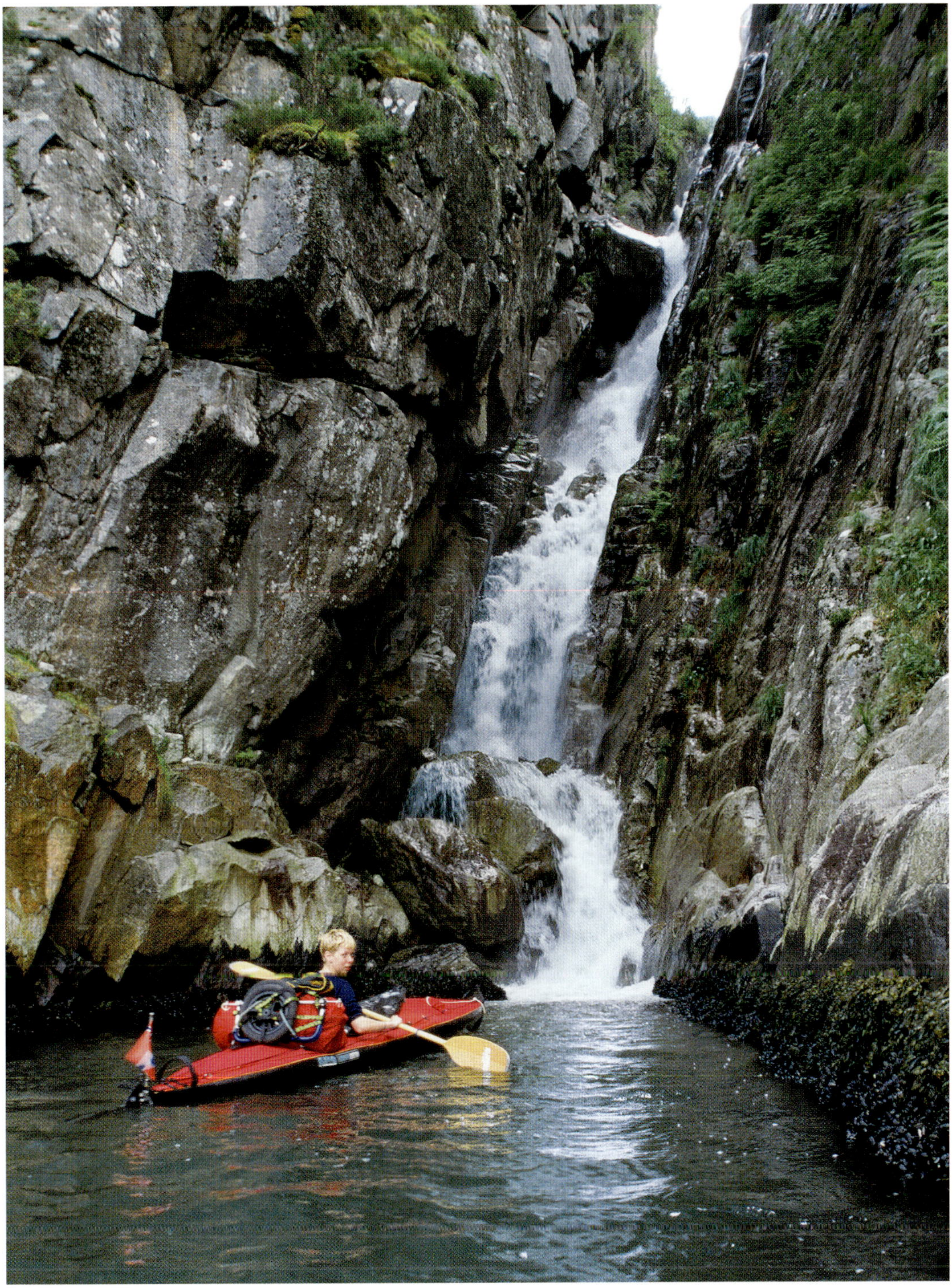

Nach ergiebigem Regen bilden sich an allen Fjordwänden kleine und große Wasserfälle.

Der Zeltplatz auf dem Strand ist perfekt, für das Wohlbefinden fehlt nur noch eine große Portion Spaghetti. Doch die bleiben uns vorerst verwehrt. Unser Benzinkocher will nicht mehr und erst nach zwei Stunden, in denen ich gebastelt und gereinigt habe, ein ums andere Mal, haucht er uns eine feine Flamme entgegen. Mit dem Essen wird es also doch noch etwas. Nur der Schlaf wird hart: meine selbstaufblasende Isomatte hat ein Loch. Irgendwo.

Der dritte Tag

Die Abendgebete, in die wir die Wettergötter eingeschlossen haben, zeigen Wirkung – der nächste Morgen weckt uns mit Sonnenschein. Wir lassen uns Zeit, relaxen bis zum Mittag an unserem Strand. Dann erst beladen wir die Boote und stechen unter einem blauen, von einzelnen kleinen Wolken verzierten Himmel in See. Nicht weit hinter Kallali liegt am Ufer das hässliche Kraftwerk Fløyrli. Eine dicke Stromleitung zieht sich hier den Hang hinunter. Doch wiederum nur ein kleines Stück weiter hilft die Natur, die Zeichen der Zivilisation zu vergessen. Ein Wasserfall stürzt in den Fjord, tief in einer Spalte versteckt, in die wir ein kleines Stück hineinpaddeln können. Die Sonne streichelt uns heute; Regenjacken und Fleecepullis sind nun Ballast.
Plötzlich taucht vor meinem Boot ein Schnauzbart mit Knopfaugen auf, schaut mich neugierig an und verschwindet wieder – ein Seehund! Es gluckst hinter uns. Wieder einer! Scheint so, als wären sie sehr daran interessiert, was da für zwei große Fische durch ihr Revier ziehen, denn den ganzen Vormittag werden wir begleitet. Mal sehen wir nur einen Seehund, dann wieder zwei oder drei auf einmal. Ein Tier überraschen wir beim Sonnenbad auf einem Felsen. Plump, aber erstaunlich schnell wälzt es sich herum und plumpst über zwei natürliche Steinstufen ins sichere Nass. Mit jedem Kilometer wird das Wetter besser und das Wasser des Fjordes leuchtet immer grüner. Das Felsmassiv des Kjerag Plateaus, das über 1.000 Meter senkrecht aus dem Fjord aufsteigt, kommt bald in Sicht, zu seinem Fuße eine grün bewachsene Landzunge mit einem feinen Kiesstrand. Ein geeigneter Platz für die Nacht, auch wenn es noch gar nicht so spät ist. Wir bleiben, bauen das Zelt auf und beginnen Himbeeren für den Nachtisch zu sammeln. Einen halben Topf füllen wir in der nächsten halben Stunde, so reichlich wachsen sie rundherum.

Der vierte Tag

Bis nach Lysebotn ist es nur noch ein Katzensprung von einer Stunde, die wir gut auch gestern Abend noch hätten paddeln können. Doch dann wäre uns dieser phantastische Morgen entgangen. Wir stehen früh auf, da wir heute noch hoch zum Kjerag Plateau wandern wollen. Unser Zeltplatz liegt noch im Schatten, die gegenüberliegende Fjordwand wird bereits von der Morgensonne angestrahlt, das Wasser liegt still da. Nur zaghaft tauchen wir die Paddel ins Wasser, lauschen der Natur, der Möwe, die über unsere Köpfe hinweg zieht, und dem Plätschern des Wassers, das in den Fjord einströmt und von irgendwo her an unsere Ohren dringt.
Dann gleiten wir vom Schatten ins Licht. Die Sonne kommt hinter den Bergen hervor, schießt wie ein Blitz auf uns herab, schlagartig wird es warm; wir müssen die Sonnenbrillen herausholen. Wenig später landen wir am Steg von Lysebotn an, lassen die Boote zurück und machen uns auf den Weg in die Berge *(Siehe Tour 4).*

Paddeln auf dem Telemarkkanal

Ein Kanal, der zum Glück keiner ist

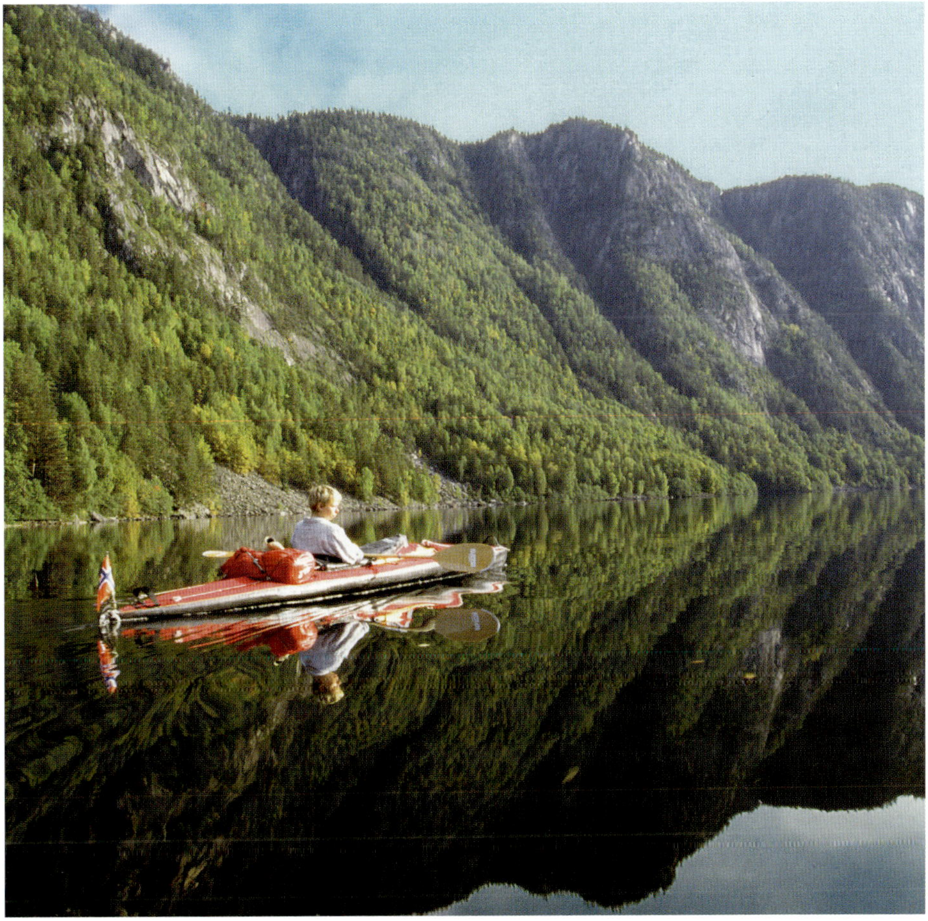

Tour 8

Paddeln auf dem Telemarkkanal

Schwierigkeit	Baden	Zelten	Hüttenübernachtung
★★☆☆	★★☆☆	★★★★	★☆☆☆

85 km

Charakter der Tour

Der Telemarkkanal bietet durch das intensive Kennenlernen der Landschaft der Provinz Telemark im Zusammenspiel mit seinem historischen Hintergrund ein abwechslungsreiches Erlebnis. Wobei das Wort Kanal fast nicht passt – die ersten 67 von 85 Kilometern verlaufen über Seen und kurze, flussartige, natürliche Verbindungsstrecken. Erst danach helfen die Schleusen, den Höhenunterschied zwischen den einzelnen Gewässern zu überbrücken. Die Reise im eigenen Kajak oder Kanadier (wegen der hohen Windanfälligkeit auf den Seen nicht so geeignet) ist für Anfänger und Familien, zumindest mit dem Start in Dalen, weniger zu empfehlen. Zum einen gibt es an den ersten beiden Tagen, mit einer Ausnahme, kaum Möglichkeiten, an den Seeufern zu zelten, so dass man an jedem Tag etwa 25 Kilometer paddeln muss, zum anderen ist bei plötzlichen Wetterumbrüchen nicht immer schnell ein Uferstreifen in der Nähe, an dem man ans sichere Land gehen kann.

Anreise: Um zum Ausgangspunkt Dalen zu gelangen, reisen Sie am besten per Fähre von Kiel nach Oslo. Fahren Sie zunächst in östlicher Richtung auf der E 18 nach Drammen und dann auf der E 138 über Notodden nach Höydalsmo (210 km). Dort biegen Sie auf die 45 ab und erreichen nach 20 Kilometern Dalen (Tipp: auf dem Weg sehenswerte Stabkirche von Eidsborg). Kürzere Fährverbindung und Anreise bieten die Fähren von Norddänemark nach Langesund oder Larvik.

Abreise: Für die Rückreise bieten sich neben Oslo, (von Ulefoss in nördlicher Richtung über Gvarv nach Notodden, von dort entsprechend der Anreise weiter; 140 km bis Oslo) auch die Häfen von Langesund, von dem die Fähre der Fjord Line nach Hirtshals übersetzt oder Larvik an, von dem die Fähren der Color Line nach Frederikshavn in Norddänemark übersetzen. Von Ulefoss über Porsgrunn nach Langesund oder Larvik sind es etwa 50 bzw. 60 Kilometer.

Zurück zum Startpunkt:
Es ist sinnvoll, den Pkw vor dem Start nach Ulefoss zu bringen. Reist man mit zwei Autos an, ist das kein Problem, ansonsten muss man mit öffentlichen Verkehrsmitteln zurückkehren, wofür man etwa einen halben Tag einplanen sollte. In der Hauptsaison fährt der „Kanalbus" zwischen Skien und Dalen, außerhalb der Saison ist man auf die Busse von Telemark Bilruter angewiesen. Von Ulefoss mit Umsteigen in Bø und Åmot zurück nach Dalen. Etwas kompliziert, aber machbar.

Startpunkt:
Dalen.

Endpunkt:
Ulefoss.

Beste Reisezeit:
Vom Frühsommer bis in den Herbst machbar, allerdings sind die Schleusen nur von Mitte Juni bis Anfang August in Betrieb (täglich von 9 - 18 Uhr geöffnet). Wer außerhalb der Saison kommt, entgeht zwar einerseits dem Trubel auf dem Kanal, lernt aber andererseits die Schleusen nicht kennen und sollte sich auf einige

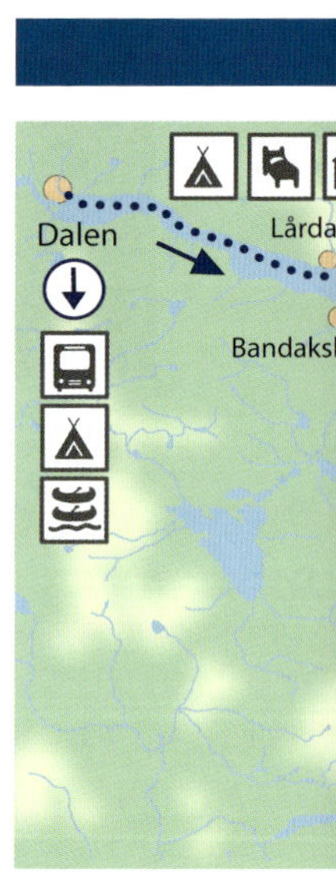

> *Länge der Tour:*
> 85 km, ca. 5 Tage
>
> *Umtragestellen:*
> Fünf Schleusen, die ausserhalb der Saison umtragen werden müssen. Bootswagen erforderlich.

Strapazen beim Umtragen einstellen. Bootswagen mitnehmen!

Verpflegung:
Sinnvoll ist es, die Verpflegung für die ganze Zeit mitzunehmen. Im Boot dürfte das auch kein Problem sein. So ist man auf jeden Fall unabhängig von den Öffnungszeiten und dem Angebot der vereinzelt am Kanal liegenden Läden.

Übernachten:
Zeltplatz am Nordufer, wilde Zeltplätze und im Herbst zelten an den geschlossenen Schleusen **Dalen**: ***Campingplatz,*** Tel. (+47) 35 07 75 87, www.buoycamping.com **Lårdal**: ***Hotel „Skattekammeret Gjestehus"***, Tel. (+47) 35 07 65 00 **Kilen:** ***Kilen Feriesenter*** (Hütten & Camping), Tel. (+47) 35 05 65 87, www.kilenferiesenter.no **Lunde:** ***Campingplatz,*** Tel: (+47) 915 754 21, www.kanalcamping.no

Kartenmaterial:
Eine Karte für Radtouristen entlang des Kanals, für Paddler aber ebenfalls geeignet: ***„På Sykkel i Telemark"***, 1:100.000. Vor Ort erhältlich oder im Internet bei www.visittelemark.com bestellen.

Kanuverleih: **Dalen:** ***Telemark Adventure,*** Aasmund Nordgaards veg 6, Tel. (+47) 928 17 012**,** www.telemarkadventure.com **Lunde:** ***Telemark Kanalcamping,*** Tel. (+47) 91 57 54 21 www.kanalcamping.no

Infos, Wichtige Adressen:
FVA Dalen, 3880 Dalen, Tel. (+47) 35 07 56 56, www.visitdalen.com; ***Telemarkreiser AL,*** P.O.Box 3133, Handelstorget, N-3707, Skien, Tel. (+47) 35 90 00 20, www.visittelemark.com; ***Infos über den „Kanalbus"***: www.kanalbussen.no; ***weitere Busverbindungen***: www.telemarkbil.no

Sonstige Aktivitäten:
Der markierte ***Radweg Nr. 2,*** der ***„Kanalvegen"***, führt rund 120 Kilometer am Kanal entlang bzw. verläuft in dessen Nähe. Räder können auch vor Ort gemietet werden, die Dampfer nehmen sie ebenfalls mit, weshalb man eine Strecke radeln, die andere zurück schippern kann. Infos bei Telemarkreiser, s.o.

85 km

Karte Telemarkkanal

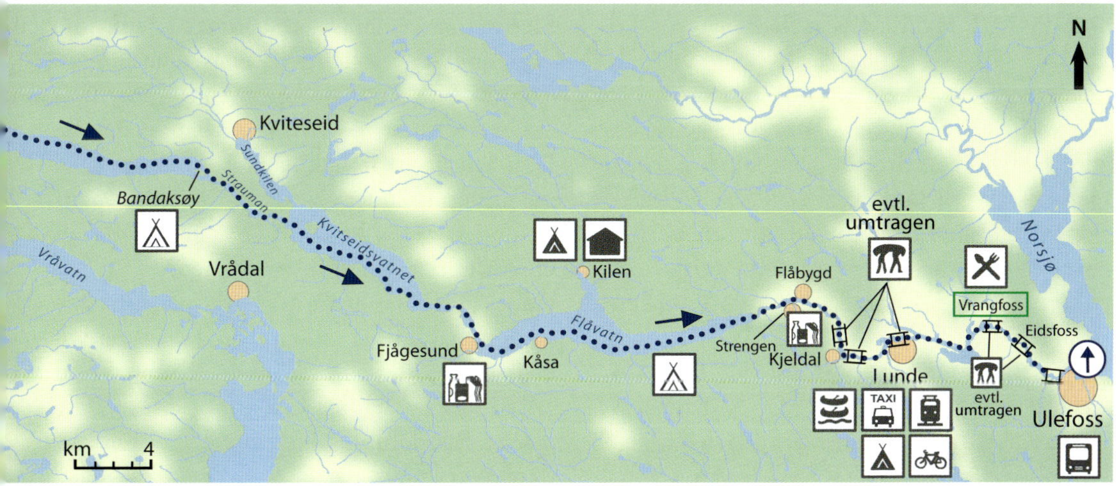

Ein Kanal, der zum Glück keiner ist

Was für Schweden das Kanuparadies des bekannten Dalsland-Kanals, ist für Norwegen der Telemarkkanal: eine Kette von langgezogenen Seen und Flüssen, verbunden durch kurze künstliche Kanal-Abschnitte und Schleusen. Erbaut vor über 100 Jahren, um die Flößerei und den Warentransport von der Küste tief ins Landesinnere der Provinz Telemark zu ermöglichen. Bei seiner Eröffnung im Jahre 1892 war der Kanal, der von der Nordsee bis in den Ort Dalen am westlichen Ende des Kanals 72 Höhenmeter durch 18 Schleusenkammern überwindet, ein bauliches Meisterwerk mit großer Bedeutung für die Menschen, die an seinen Ufern lebten. Heute ist er mit seinen historischen, originalgetreu erhaltenen und handbetriebenen Schleusen weniger Lebensader der Provinz Telemark als ein touristisches Ziel, vor allem für Freizeit-Kapitäne aus ganz Europa. Ob mit Motorboot, Segelyacht, Kanu oder Kajak – im Sommer ist viel los auf dem Wasser. Von Juni bis August fahren vier Ausflugsschiffe vom Meer ins Landesinnere und zurück – zwei davon historische Dampfer, die M/S Victoria (Bj. 1882) und die M/S Henrik Ibsen (Bj. 1907).

Der erste Tag

Wir wollen dem Trubel der Sommermonate entgehen und sind Ende September gekommen. Es ist ein kühler, aber klarer Morgen, als wir in Dalen unsere Faltboote zu Wasser lassen. Der Anleger der Kanaldampfer liegt still am Ufer des gut 25 Kilometer langen Bandak-Sees.

Es wird lange dauern, bis auf der Tour ein Kanal-Feeling aufkommt, da es zunächst über den Bandak, dann über einen kurzen Flussabschnitt in den Kvitseidsvatnet und danach in den Flåvatn geht. Erst ein Stück hinter dessen Ende liegt in einem weiteren Flussabschnitt, nach fast 70 Kilometern, die erste Schleuse.

Auf stillem Wasser, in dem sich die bis zu 1.000 Meter hohen Berge spiegeln, nehmen wir Kurs Ost und paddeln auf den See hinaus. Trotzdem bleiben wir immer in der Nähe des linken Ufers. Es macht einfach mehr Spaß, ein bisschen was zum Schauen zu haben und zu merken, wie schnell man vorankommt.

Erst nach knapp zwei Kilometern, hinter einem kleinen Knick im See, öffnet sich der Bandak zu seiner vollen Breite von mitunter bis zu zwei Kilometern. Während unsere Uferseite zunächst für lange Zeit unbesiedelt und nur von Birken und Kiefern bestanden ist, sieht man rechts voraus eine kleine Siedlung mit zwei, drei Höfen.

Der Ort Lårdal ist nach etwa zehn Kilometern das erste Zeichen der Zivilisation am nördlichen Ufers des Sees. Wer den See nicht in einer Etappe abpaddeln möchte, findet hier eine Übernachtungsmöglichkeit – den offiziellen Zeltplatz Lårdal Camping Sjøbui. Das gilt allerdings nur für den Sommer. Im Herbst hat er längst geschlossen. Jene, die sich über ein weiches Bett freuen, finden dies im Hotel „Skattekammeret Gjestehus“. Sehenswert ist die 1831 gebaute Kirche. Hier wurden Kirchenlieder zum ersten Mal auf „nynorsk“, der Zweitsprache Norwegens, gesungen. Der Pfarrhof in Lårdal gilt als einer der schönsten in Norwegen.

Da es noch früh am Tag ist, paddeln wir weiter und hoffen auf eine Stelle, an der wir vielleicht wild zelten können. Daraus wird allerdings tatsächlich erst am Ende des Sees etwas. Bis dahin steigen die Ufer steil aus dem Wasser.

Seit dem Start hatten wir am Ufer immer wieder Nagespuren von Bibern entdeckt – alte, vertrocknete und auch frische. In Gedanken versunken, ob man denn wohl am Tag einen Biber zu Gesicht bekommen könne, fahre ich um eine kleine Felsspitze herum und höre plötzlich Lärm: Vor mir am Ufer, keine zehn Meter entfernt, verlässt ein Biber seinen frisch angenagten Birkenstamm, prescht ein paar Meter am Ufer entlang, hechtet ins Wasser und schnellt, angetrieben von seinem großen platten Schwanz, davon und taucht wenig später ab.
Am Himmel hat sich bis zum Mittag einiges getan: Von Blau keine Spur mehr, statt dessen ziehen graue Wolken über uns hinweg, wachsen mehr und mehr zusammen, bis sie am frühen Nachmittag eine geschlossene dunkle Decke bilden. Ein Sturm wäre hier, ohne Möglichkeit anlanden zu können, gefährlich. Aus diesem Grund sollten Paddel-Neulinge und Familien den Bandak-See nur bei gutem, stabilem Wetter und in Begleitung von erfahrenen Paddlern angehen.
Die Insel Bandaksøy markiert das Ende des Sees und für uns Ende einer langen Etappe. Wir umfahren sie südlich und entdecken am rechten Seeufer einen kleinen Kiesstrand. Unseren Kiesstrand.

Der zweite Tag

Wer im Sommer auf dem Telemarkkanal paddelt, muss sich darüber im Klaren sein, dass ein Zeltplatz durchaus belegt sein kann und man noch einmal weiter muss. Nach 25 Paddel-Kilometern in den Armen ist das kein Spaß. Glücklicherweise finden sich an den Ufern des schmalen Strauman, über den wir am nächsten Morgen unsere Tour fortsetzen, einige weitere gute Plätze zum Zelten.

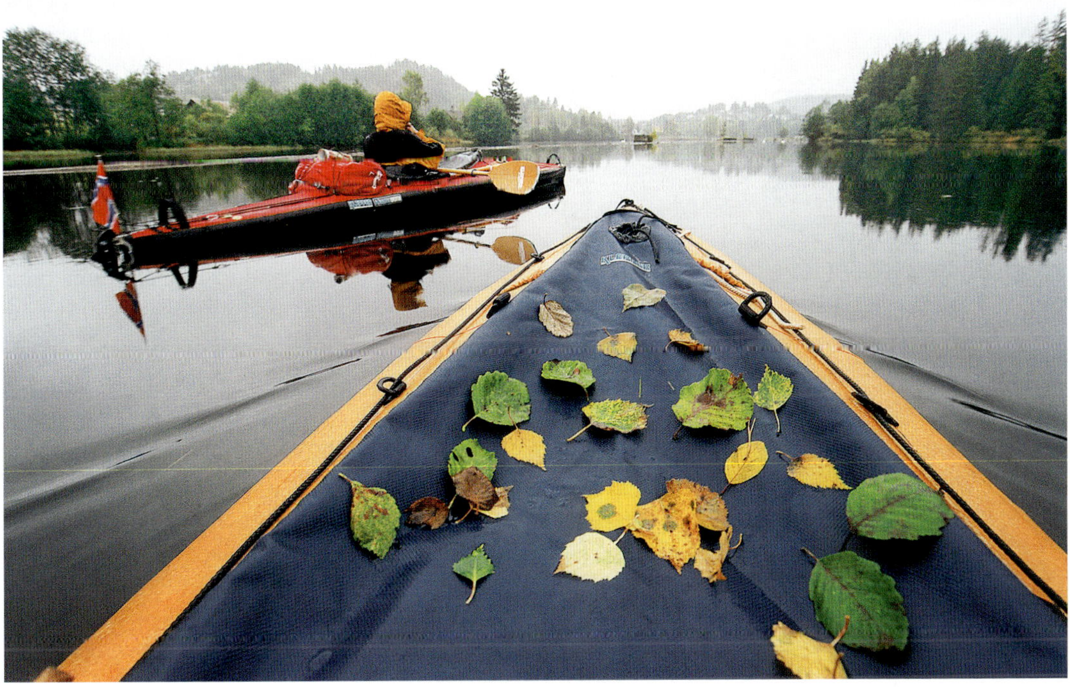

Im Herbst ist man fast allein auf dem Wasser.

Der maximal 500 Meter breite Strauman ist mehr Fluss als See und bietet eine willkommene Abwechslung zum großen Bandak. Lange währt sie allerdings nicht – schon nach fünf Kilometern fährt man unter einer großen Hängebrücke der Straße 41 auf den Kvitseidsvatnet.

Auf diesem See hält man sich besser am rechten Ufer, da es dort einige wenige Anlandemöglichkeiten gibt. Auch ist die Aussicht auf das gegenüberliegende, etwas wildere und landschaftlich reizvollere Ufer schöner.

Gut zehn Kilometer paddeln wir über den See, bis sich die Ufer immer weiter aufeinander zubewegen und wir dem Kvitseidsvatnet durch eine kleine Schlucht entschwinden. Noch einmal fünf Kilometer sind es auf dem Fjågesund Straumen – einem Verbindungsstück, wieder halb Fluss, halb See – bis in den nächsten See, den Flåvatn. Nach dreieinhalb Kilometern liegt rechterhand der Ort Fjågesund mit einem kleinen Landhandel.

85 km

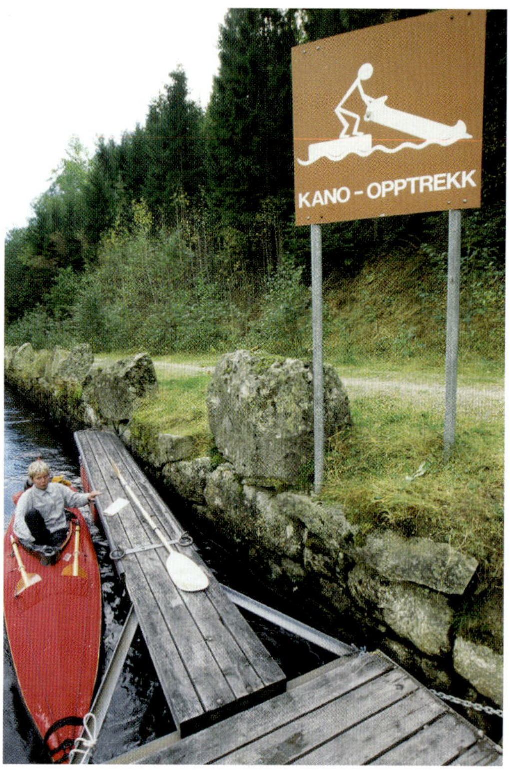

Ein Bootswagen ist Gold wert.

Es gibt einiges zu sehen an den Ufern, die hier vornehmlich landwirtschaftlich genutzt werden, dann gelangen wir auf den Flåvatn. Mit 16 Kilometern Länge und einer Breite von bis zu zweieinhalb Kilometern erinnert er an den Bandak. Wer in den Genuss eines offiziellen Campingplatzes kommen will, hält sich ans Nordufer des Sees, auch wenn diese Route einen „Umweg“ von einigen Kilometern bedeutet (der Zeltplatz in Kilen liegt etwa sechs Kilometer entfernt am nördlichen Ufer in einer Bucht). Da wir lieber wild zelten wollen und der Campingplatz ohnehin schon für den Winter geschlossen hat, überqueren wir den Flåvatn gleich zu Beginn an einer noch schmalen Stelle und ziehen entlang des einsamen Südufers weiter gen Osten.

Über 20 Kilometer haben wir auch heute schon wieder hinter uns gebracht und machen uns langsam auf die Suche nach einem Zeltplatz. Schnell merken wir, dass wir ein ähnliches Problem haben wie schon am Vortag: Weit und breit gibt es keine Möglichkeit anzulanden. Felsen steigen aus dem Wasser, und wo sie nicht zu steil sind, stehen so viele Bäume und ist der Untergrund so uneben, dass man kein Zelt aufschlagen könnte. Spannend sind die vielen Kiefern anzuschauen, die vielfach direkt aus den Uferfelsen herauszuwachsen scheinen. Jede noch so kleine Nische müssen sie für die Verankerung ihres Wurzelwerks genutzt haben.

Nach einer Weile können wir in der Ferne einen großen Strand ausmachen – wir verschwenden keine weitere Zeit damit, die Ufer nach geeigneten Stellen abzusuchen, sondern steuern geradewegs darauf zu. Wieder sind wir ganz allein, wo im Sommer bestimmt eine Menge los ist. Bei den rar gesäten wil-

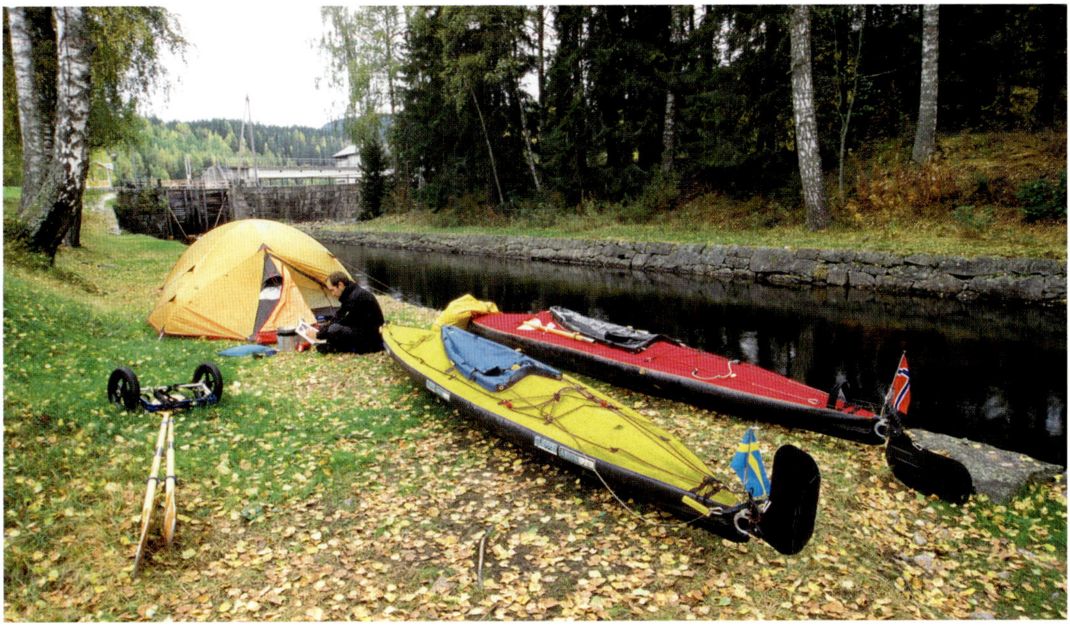

Zelten an der Schleuse von Hogga.

den Zeltmöglichkeiten am Telemarkkanal wird sich alles auf die wenigen schönen Plätze konzentrieren. Es ist herrlich, zu einer solchen Jahreszeit unterwegs zu sein. Auch wenn ein Bad in den Seen angesichts der frischen Temperaturen leider ausscheidet.

Der dritte Tag

Heute wollen wir es ruhiger angehen lassen. Über 50 Kilometer auf strömungslosen Gewässern an zwei Tagen ist nicht ganz das, was wir uns unter einer entspannten Tour auf dem Telemarkkanal vorgestellt haben. Von der Distanz her wird es besser in den nächsten Tagen, von den Anstrengungen her kaum – nur wissen wir das noch nicht.

Noch knapp acht Kilometer sind es auf dem Flåvatn, bis wir den See bei Strengen über einen recht schmalen Fluss verlassen. Zur Zeit der Holzflößerei wurden mit einem Bugsierboot etwas 200 bis 250 Bündel Holz, etwa 5.000 Kubikmeter, in einem Schlepp bis nach Strengen transportiert. Hier übernahmen Lastkraftwagen den Transport nach Skien und Kragerø. Neben dem Schiffsverkehr war die Flößerei die wichtigste Einnahmequelle des Kanalbetriebes. Heute ist es damit endgültig vorbei, das letzte Schleppen ging im Sommer 2004 über den Bandaksee. Nun spürt man sogar ein wenig Strömung. Ein wunderbares Gefühl. Nachdem wir erst die Ortschaft Flåbygd am linken Ufer passiert haben, erreichen wir wenig später eine Straßenbrücke. Kurz dahinter liegt am rechten Ufer ein kleiner Landhandel.

Dann, nur drei Kilometer weiter, ist es endlich soweit: Die erste Schleuse kommt in Sicht. In zwei Kammern überbrückt sie den Höhenunterschied von 72 Metern hinab auf 65 Meter. Jedenfalls im Sommer. Wir müssen die Boote mit Hilfe des Bootswagens umsetzen.

Gut einen halben Kilometer, bevor man die Schleuse erreicht, gelangt man an das Kraftwerk von Hogga, das in einer leichten Rechtskurve am linken Ufer liegt. An dieser

Stelle gibt es einen kleinen – für Kajakfahrer viel zu hohen – Steg und ein Schild, auf dem mit einer Skizze gezeigt wird, dass man die Boote hier aus dem Wasser heben sollte, um nicht Gefahr zu laufen, durch die Strömung in Richtung Kraftwerk gezogen zu werden. Man muss zwar etwas vorsichtig sein, kann aber eigentlich, solange man sich nah ans rechte Ufer hält, weiter bis direkt an die Schleuse paddeln. Die Strömung führt zwar zum Kraftwerk, ist aber so gering, dass selbst Paddel-Neulinge keine Probleme bekommen sollten. Zusätzlich ist der Flussarm des Kraftwerks mit einer schwimmenden Barriere gesichert.

Wenig später gelangt man an die Schleuse. „64 km" von Dalen, lesen wir auf einem Schild. Was bedeutet, dass es nur noch 21 Kilometer bis nach Ulefoss sind. Grund genug, um auf dem Rasen neben der unteren Schleusenkammer unser Zelt aufzuschlagen – wir haben noch viel Zeit, um unser Ziel zu erreichen. Die Anlage ist völlig verlassen, daher stören wir auch niemanden und bleiben selbst ungestört. Kein wilder Zeltplatz, aber doch ein einsamer. Nachts liegen wir noch lange wach und lauschen dem Rauschen des durch die Schleusenkammer strömenden Wassers, bis wir endlich fest einschlafen.

85 km

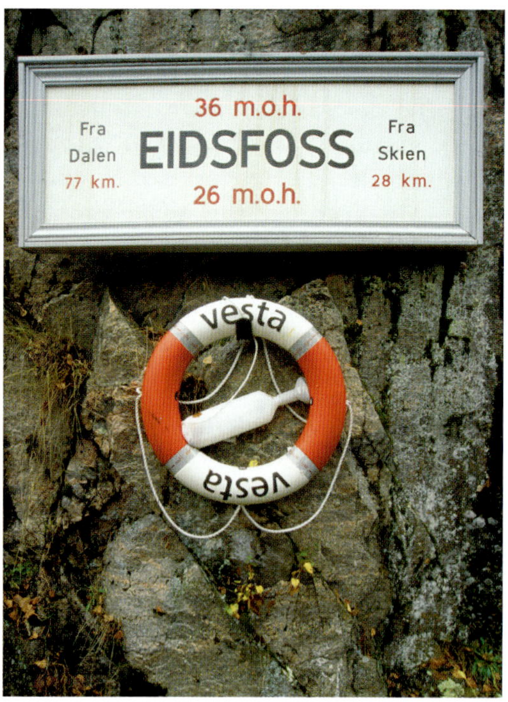

Nach 77 Kilometern auf 36 Meter über dem Meer: Die Schleuse von Eidsfoss.

Der vierte Tag

Der entspannte Tag gestern hat uns gefallen. Richtig ausgeschlafen sind wir, als die Morgensonne uns aus dem Zelt treibt. Wir räumen es aus und rücken es immer den trocknenden Sonnenstrahlen hinterher, während wir erst mal ausgiebig frühstücken. Als wir gegen elf Uhr aufbrechen, fängt es leider wieder an zu regnen. Zusätzlich von gelben Birkenblättern berieselt, setzen wir die Boote in den unteren Schleusenkanal ein und paddeln schnell einen Kilometer zur nächsten Schleuse von Kjeldal. Schmal und steil sind die Wege parallel zur Schleuse, dessen Kammer die Schiffe drei Meter absenkt, von 65 auf 62 m ü. NN, sodass wir den Bootswagen fast überhaupt nicht einsetzen können.

Die großen Seen liegen endgültig hinter uns, es sind nur noch zweieinhalb Kilometer über den schmalen, träge fließenden Straumen bis zur nächsten Schleuse in Lunde. Wir scheuchen einen Graureiher auf, der sich wohl über die Paddler zu dieser Jahreszeit und bei diesem Wetter wundert. Es regnet noch immer und stärker und es ist noch kälter geworden. Gut einen halben Meter müssen wir die Faltboote aus dem Wasser hoch auf einen Steg ziehen, bevor wir sie unterhalb der Schleuse wieder einsetzen können. Unter dem Vordach der Schleusenstation, neben der im Sommer ein Restaurant und

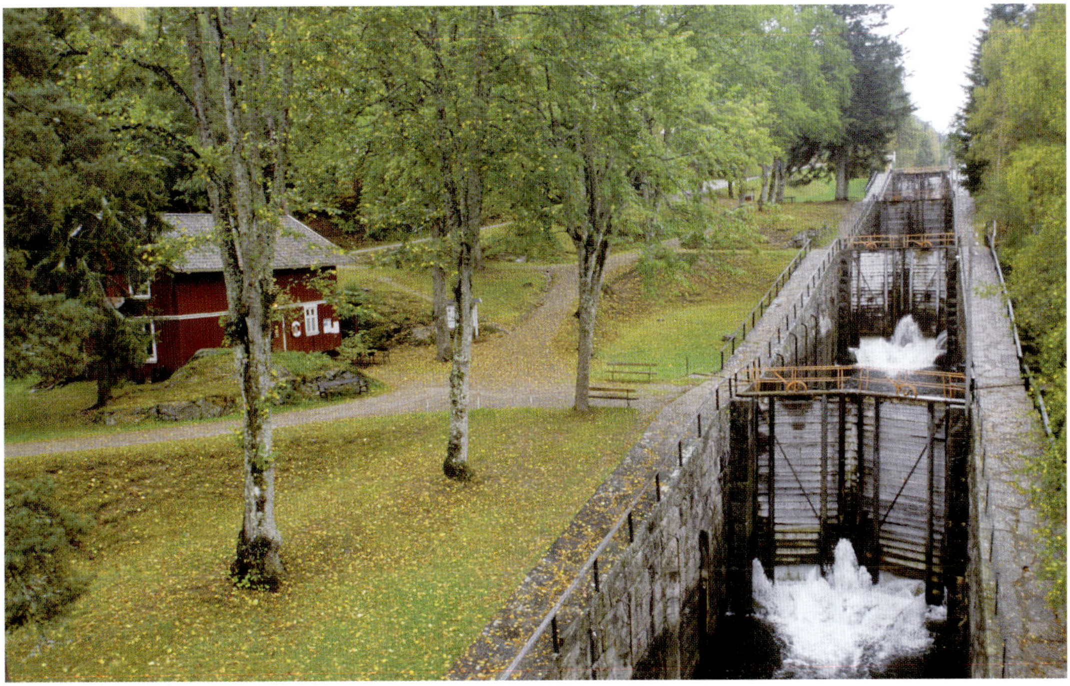

Meisterstück des Telemarkkanals: Die Schleuse von Vrangfoss.

ein Kiosk betrieben werden machen wir eine kurze Mittagsrast. Toiletten und eine Dusche kann man im Servicegebäude während der Saison ebenfalls nutzen, im Ort gibt es einen Supermarkt. Jedes Jahr im Juni findet hier wie in vielen Orten entlang des Kanals das große Musik-Festival „Viser ved kanalen" statt.

Nun unterfährt man zwei Straßen- und eine Eisenbahnbrücke. Die nächsten Kilometer sind landschaftlich sehr abwechslungsreich und reizvoll. Mehr und mehr Birken haben sich in den letzten Tagen gelb verfärbt, es sieht mittlerweile richtig herbstlich aus. Am nördlichen, linken Ufer gibt es viele kleinere Buchten, bis sich der Straumen nach rechts zum Nomevatn hin, einem kleinen, gut zwei Kilometer langen See öffnet, der durch die Aufstauung des Wassers während des Kanalbaus entstand. Dann geht links ein schmaler, knapp 20 Meter breiter Flussarm ab, die Zufahrt zur großen Schleuse von Vrangfoss und einer der schönsten Abschnitte des Telemarkkanals. Das Wasser ist tief, die Ufer sind felsig und bewaldet.

Sobald die Schleuse von Vrangfoss in Sicht kommt, sollte man sich so weit wie möglich rechts halten: Links liegt das Wehr von Vrangfoss mit einer Fallhöhe von über 20 Metern, rechts befinden sich die fünf Schleusenkammern und ein kleiner Steg. Das Schleusensystem von Vrangfoss ist ohne Frage das Meisterstück des Telemarkkanals. An keiner anderen Stelle war der Bau ähnlich kompliziert, keine andere Schleuse ist so imposant. Die Schleusenkammern überwinden insgesamt einen Höhenunterschied von 23 Metern, der Schleusenvorgang dauert rund eine Stunde. Als „achtes Weltwunder" wurde der im Jahre 1892 fertig gestellte Telemarkkanal in Europa bezeichnet. In nur fünf Jahren sprengten sich damals

500 Männer den Weg durch die Bergwelt und hatten damit Nordeuropas wichtigste Wasserstraße geschaffen. Auf ihr konnten Waren, Menschen und Vieh schnell und bequem von der Südküste Telemarks bis nach Dalen am Fuß der Hochebene der Hardangervidda transportiert werden.

Wir haben genug für heute, wollen raus aus den nassen Sachen, rein ins Zelt und in die Schlafsäcke. So ziehen wir nur die Boote aus dem Wasser und transportieren sie einen kleinen Hügel hinauf und drüben, parallel zu den Schleusen, wieder ein ganzes Stück hinunter. Neben Kammer drei schlagen wir unser Lager auf. Wieder ist weit und breit niemand zu sehen. Auch das viel versprechende Schleusencafé hat natürlich schon geschlossen. Dabei lese ich draußen etwas von Apfelkuchen und „Vaffler med tilbehør". Welch eine Gemeinheit. Immerhin haben wir für heute abend noch eine Packung Mousse au Chocolat im Boot. Verdient haben wir es uns allemal (auch an dieser Schleusenanlage gibt es ein im Sommer geöffnetes Häuschen mit Toiletten und Dusche).

85 km

Der fünfte Tag

Nachdem es in der Nacht für kurze Zeit funkelnde Sterne und einen klaren Himmel gegeben hatte, regnet es zum Morgen erneut. Es kostet Überwindung, sich wieder die noch nassen Regenklamotten überzuziehen, das triefende Zelt zu verpacken und ins Boot zu steigen. Doch es ist der letzte Tag auf dem Kanal für uns, am Nachmittag schon werden wir in Ulefoss an unserem Auto sein, wo uns endlich trockene Kleidung erwartet.

Vom unteren Ende der Schleuse paddeln wir auf einem schmalen, vom natürlichen Ufer auf der rechten und einem Steinwall auf der linken Seite eingefassten, gut 400 Meter langen Kanal bis zum Zusammenfluss mit dem Wasser, das von der Staustufe abfließt. In den Baumwipfeln ringsum wabern die Wolken, es ist kühl. Doch aus dem Warmpaddeln wird nichts – schon hinter der nächsten Ecke kommt die Schleuse von Eidsfoss in Sicht, unsere letzte auf dieser Tour. Und die hat es noch einmal in sich. Am linken Ufer, wo sich ein Steg befindet, gibt es für den Bootswagen kein Fortkommen: Zwischen den beiden Stegen liegen ein schmaler Trampelpfad und ein Abhang mit Geröll – die beiden Schleusenkammern überwinden einen Höhenunterschied von zehn Metern. Also probieren wir es rechts und kommen ganz gut ins Unterwasser. Noch befinden wir uns 26 Meter oberhalb des Meeresspiegels; erst die Schleuse von Ulefoss würde uns dem Meer noch einmal um elf Meter näher bringen. Aber dort wird unsere Tour enden. Der attraktivste Teil des Telemarkkanals liegt hinter uns, kurz hinter Eidsfoss hat uns die Zivilisation wieder: Auf den letzten zwei Kilometern nach Ulefoss verläuft am rechten Ufer eine Straße, dahinter die Häuser des Ortes Lanna. Viele Häuser haben einen eigenen Bootssteg. Es muss schön sein hier im Sommer mit seiner gemütlichen Betriebsamkeit. Heute bleiben die Menschen lieber drinnen. Nicht einmal die Autofahrer werfen einen Blick herüber. Als wollte man uns dafür bestrafen, dass wir unsere Reise auf dem Kanal hier beenden, sind die Stege zum Anlanden diesmal besonders hoch.

Und doch sind wir uns am Ende der Tour einig, dass der Herbst dem Sommer vorzuziehen ist. Man erlebt den Telemarkkanal einfach anders. Vielleicht haben wir ja das nächste Mal mehr Glück mit dem Wetter.

Paddeln auf dem Femundsee

Norwegens Kanu-Klassiker

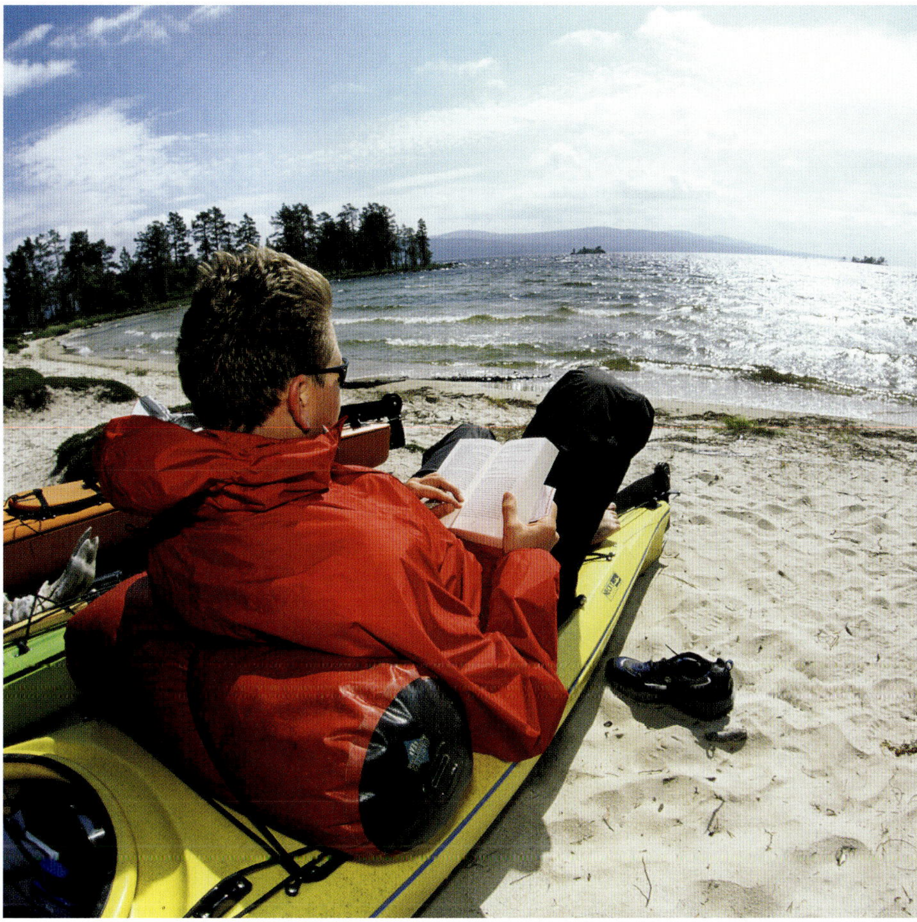

Tour 9

Paddeln auf dem Femundsee

Schwierigkeit	Baden	Zelten	Hüttenübernachtung
★★☆☆	★½☆☆	★★★★	☆☆☆☆

Charakter der Tour

Der Femundsee mit seinen kaum besiedelten Ufern, an denen Blaubeerkraut und viele Kiefern wachsen und mitunter Rentiere entlang spazieren, ist eines der klassischen Kanureviere Norwegens – für Einsteiger und Familien ist es trotzdem nicht unbedingt geeignet. Durch seine weite Nord-Süd-Ausdehnung mit einer großen, freien, zwischen Bergen eingebetteten Wasserfläche kann sich bei starkem Wind – und den gibt es hier häufiger – eine hohe Dünung aufbauen. An solchen Tagen sollte man besser an Land bleiben. Durch den häufigen Wind sind Kanadier für den Femundsee weniger geeignet. Sie bieten dem Wind eine weitaus höhere Angriffsfläche als Seekajaks oder Faltboote.

Anreise:
Von Oslo auf der E 6 nach Hamar (hier kann man die Olympia-Eislaufhalle besichtigen), dort auf die 25 nach Elverum abbiegen, von wo aus Sie über die Straße Nr. 3 nach Koppang gelangen. Weiter auf den Straßen Nr. 30, 217 und 26, vorbei am Isterensee bis nach Femundsenden, dem Südende des Femundsees. Von Oslo ca. 320 Kilometer.

Abreise:
Entgegengesetzt zur Anreise oder, als Alternative, über die Straßen 26 und 25 über Trysil *(entlang des Trysilelva, Tour 19)* zurück nach Elverum und von dort weiter.

65 km

Startpunkt:
Femundsenden.

Endpunkt:
Synnervika.

Zurück zum Startpunkt:
Die Fahrt von Süd nach Nord über den Femund konnte man früher mit einer phantastischen Rückreise kombinieren, als das historische Dampfschiff Faemund II im Sommer einmal in der Woche von Synnervika zurück nach Femundsenden gefahren ist. Die Bootsmitnahme an Deck war kein Problem und in ein paar Stunden hatte man seinen Ausgangspunkt wieder erreicht. Heute verkehrt das Schiff leider nur noch zwischen Synnervika und Elgå (www.femund.no). Entweder stellt man seinen Pkw am Ziel ab, oder man nutzt die Faemund II, um zumindest die Hälfte der Strecke gen Süden zurückzufahren und paddelt dann am östlichen Ufer zurück nach Femundsenden – weil die Ufer sehr weit auseinander liegen, ist diese Seite des Sees ja quasi noch immer Neuland für Paddler, die am Westufer gen Norden gefahren sind.

Beste Reisezeit:
Die Region des Femundsees ist im Winter eine der kältesten des Landes südlich des Polarkreises. Dementsprechend ist der See, mitunter bis Mitte/Ende Mai, mit Eis bedeckt. Aus diesem Grund ist das klare, saubere Wasser des Femundsees auch im Sommer noch extrem kalt. Baden ist nur etwas für harte Naturen. Bis Ende September können Sie auf dem See paddeln, danach können Ihnen Herbststürme einen Strich durch die Rechnung machen. Wer die Tour wie hier beschrieben durchführen und mit dem Schiff einen Teil der Reise zurücklegen will, muss sich nach den Fahrzeiten des Schiffes richten.

Verpflegung:
An den Seeufern gibt es keine Möglichkeit, Lebensmittel nachzukaufen; die gesamte Verpflegung muss mitgeführt werden. Nehmen Sie vorsichtshalber Essen für zwei zusätzliche Tage mit, da Sie beispielsweise durch Sturm am Ufer festgehalten werden können. Es lohnt sich, einen kleinen Pilzführer dabei zu haben und die Umgebung der Zeltplätze nach Pilzen abzusuchen. Fertiggerichte lassen sich so mit wenig Aufwand verfeinern. Außerdem gilt der Femundsee als gutes Angelrevier (Lizenz z.B. am Campingplatz Femundsenden). Nächster Supermarkt in Drevsjø, etwa fünf Kilometer von Femundsenden in östlicher Richtung auf der Straße 26. In Elgå gibt es einen Kaufmannsladen.

Karte Femundsee

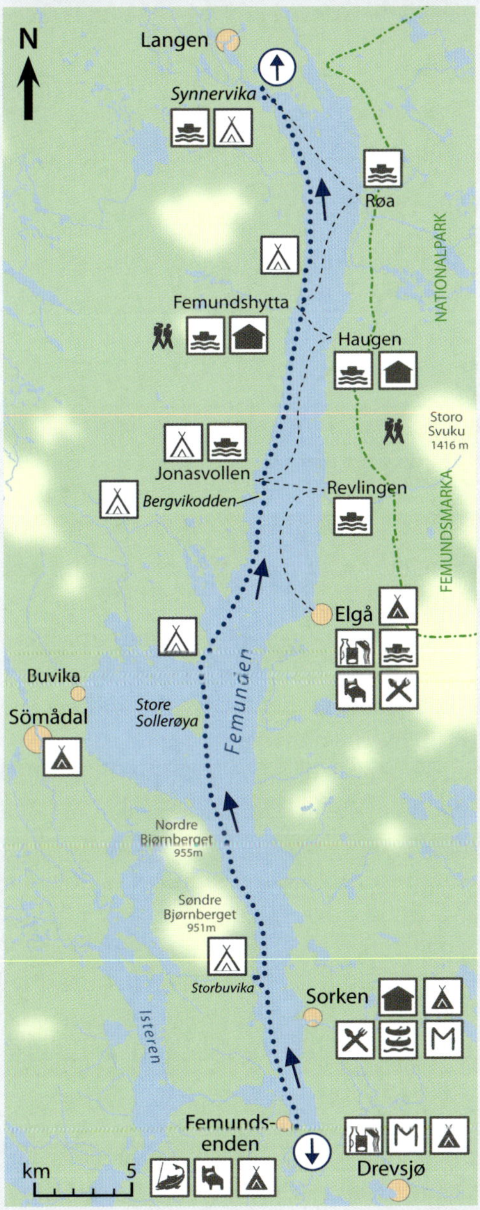

Übernachten:
Auch wenn die Ufer des Femundsees größtenteils unbesiedelt sind, ist es manchmal gar nicht so einfach, einen guten Zeltplatz zu finden. Die ersten zwei Tagen gibt es einige schöne Sandstrände und gut zugängliche Ufer, dann wird es schwieriger. Wenn man sich darauf einstellt, mal ein halbe oder ganze Stunde länger zu paddeln, findet man allerdings immer einen Platz.

Femundsenden: *Campingplatz*, Tel. (+47) 62 45 90 66, geöffnet ca. 15.06. - 31.08.

Sorken: *Femund Canoe Camp* (Camping & Hütten), Tel. (+47) 62 45 90 19, www.femund-canoe-camp.com; *Vestre Sorken Feriegård* (Hütten), Tel. (+47) 62 45 91 74

Elgå: *Femund Fjellstue* (Campingplatz & Zimmer), Tel. (+47) 62 45 95 41, www.femundfjellstue.no

Haugen: *Haugen Gård*, Selbstversorgerhütten, Tel. (+47) 62 45 98 60, www.femundsmarka.net

Femundshytta (Weltkulturerbe): Selbstversorgerhütten, Tel. (+47) 62 45 95 77, www.femundshytten.no

Kartenmaterial:
Turkart 2559 Femunden, 1:100.000, Statens Kartverk N50

Sehenswürdigkeiten:
Bergbaustadt Røros: gut 30 Kilometer nordwestlich des Femundsees gelegen, ist ein kulturelles Highlight der Region. Nachdem die Stadt über 300 Jahre lang vom Kupferabbau gelebt hatte und 1977 die letzte Grube stillgelegt wurde, sorgt heute der Tourismus für einen Großteil des Einkommens der Bevölkerung. Rechtzeitig wurde der Ortskern unter Denkmalschutz gestellt, so

dass man noch heute die einfachen Arbeiterhütten im Blockhausstil und die großen Villen der Grubendirektoren bestaunen kann. Auch die mächtige Kirche von 1784 fällt auf. In Røros ist Geschichte greifbar – die Stadt ist **UNESCO-Weltkulturerbe.** Durch das Zentrum von Røros und die bis zuletzt genutzte Olavsgrube werden im Sommer täglich Führungen angeboten. Røros Reiseliv, Postboks 123, 7361 Røros, Tel. (+47) 72 41 00 00, www.roros.no
In **Drevsjø**, nahe des südlichen Ufers informiert das ***Blokkodden-Freilichtmuseum*** über das Leben der Samen sowie über das Zusammenleben von Samen und Norwegern seit dem 17. Jahrhundert. Im Ufertort **Elgå** befindet sich der einzige ***Inlands-Fischmarkt*** Norwegens.

Kanuvermietung:
Sorken: ***Femund Canoe Camp,*** Tel. (+47) 62 45 90 19, www.femund-canoe-camp.com, Boot- & Ausrüstungsverleih von Anfang Juni bis Mitte September. Möglichst vorab und so früh wie möglich buchen! Transfer zu verschiedenen Ausgangspunkten kann arrangiert werden.

Infos, Wichtige Adressen: Das für die Region zuständige **Fremdenverkehrsbüro** hat seinen Sitz in **Engerdal:** ***Engerdal Naeringssenter AS***, Tel. (+47) 62 45 66 70, www.engerdal.info; **Femundsee-Dampfer AS Faemund:** www.femund.no, Tel. (+47) 96 39 20 17.

Route: Femundsenden – Synnervika entlang des Westufers.

Länge der Tour:
65 km, 5 Tage

Umtragestellen:
keine

Norwegens Kanu-Klassiker

65 km

Es hat viele Tage geregnet und stürmt noch immer heftig, als wir den Campingplatz Femundsenden am Südufer des Femundsees beziehen – ein idealer Startpunkt für eine Kanutour über den See, weil man hier auch sein Auto abstellen kann, eine Angellizenz bekommt und bequem von dem schönen Sandstrand aus starten kann.
Den nächsten Tag verwenden wir darauf, unsere Ausrüstung zu sortieren und alles für den Start vorzubereiten – und den Sturmgott zu besänftigen. Bei diesem heftigen Wind, der uns direkt aus Norden entgegen bläst, wäre jeder Meter ein Kampf. So soll die Tour nicht beginnen.

Der erste Tag

Der Morgen der Abfahrt ist gekommen. Der Wind hat sich gelegt und die Sonne scheint, der Bug meines Kajaks durchschneidet schwarzes Wasser; es ist schön, endlich unterwegs zu sein. Meine zwei Begleiter paddeln rechts vor mir ein kleines Stück voraus, jeder fährt sein eigenes Tempo. Wir bleiben in der Nähe des linken Ufers und paddeln nordwärts.
Nach zwei Kilometern öffnet sich linkerhand die Bucht Glöten, aus der der Fluss Glöta zum Isterensee abfließt. Er bleibt allerdings Wildwasserpaddlern vorbehalten. Wir wollen den Isteren erst später kennenlernen; unser Ziel liegt zunächst knapp 60 Kilometer entfernt im Norden: die Bucht Synnervika, von der wir mit dem historischen Dampfer Faemund II – der 1905 vom Stapel lief – zurückfahren wollen.
Der Zeltplatz und sein Strand werden hinter uns immer kleiner. Das Ufer links ist unbewohnt; rechts sieht man vereinzelt Autos in nördliche Richtung nach Sorken und zurück

fahren. Nach sechs Kilometern liegen wir gleichauf mit dem Ort, in dem sich auch das Femund Canoe Camp befindet. Nur ein einziges Kanu steuert weit voraus auf Sorken zu, ansonsten sind wir allein auf dem Wasser. Nördlich von Sorken ist auch das Ostufer des Sees größtenteils unbesiedelt.

Kurz bevor wir eine nur wenige Quadratmeter kleine Insel passieren, auf der einige Vögel brüten, beginnt es urplötzlich heftig zu regnen. Nach zehn Minuten kehrt die Sonne zurück. Wir paddeln noch zwei Kilometer weiter und gehen dann an einem schönen Sandstrand in der Storbuvika an Land. Ein paar hundert Meter weiter steht, durch Bäume verdeckt, ein schönes Ferienhaus, der Traum einer norwegischen Sommerhütte. Wir sind allein, die Hütte ist zur Zeit unbewohnt und der Strand damit ganz unser.

Der zweite Tag

Entspannt gehen wir es auch am zweiten Tag an und frühstücken, im Sand sitzend, gemütlich an die Boote gelehnt. Der Wind hat wieder aufgefrischt, doch er kommt zur Abwechslung aus Süden und dürfte uns helfen, heute ein gutes Stück weiter zu kommen. Noch liegt Femundsenden gerade mal neun Kilometer entfernt. Bevor wir endlich in die Boote steigen, bekommen wir Besuch von zwei Rentieren. Sie spazieren aus dem Wald auf unseren Strand, kommen ein wenig näher, verharren einen Moment und starren uns an, bevor sie sich wieder ins Dickicht zurückziehen. Dort knabbern sie an Flechten und Knospen und schauen immer wieder neugierig zu uns zurück.

Schnell schiebt uns der Wind am ersten und dann an einem zweiten Ferienhaus vorbei; beide in traumhafter Lage, nur wenige Meter vom Wasser entfernt. Auf den nächsten acht Kilometern weicht das linke Ufer immer weiter zurück und steigt gleichzeitig an. Zunächst treiben wir, vom Wind vorwärts geblasen, am 950 Meter hohen Südgipfel des Björnberget vorbei, dann an seinem fünf Meter höheren Nordgipfel. Der Femundsee selbst liegt 662 Meter über dem Meer.

Einige Kilometer nördlich unseres ersten Camps weicht das Westufer etwa fünf Kilometer zurück und bildet eine große Bucht. Wer zum Campingplatz von Sømådal hinein paddeln will, sollte sich gut überlegen, ob er dafür zehn Kilometer von der „Ideallinie" abweichen will. Andererseits muss man für den direkten Weg nach Norden zunächst gut drei Kilometer zur Insel Store Solleröya übers offene Wasser paddeln und danach noch einmal zwei Kilometer zurück

65 km

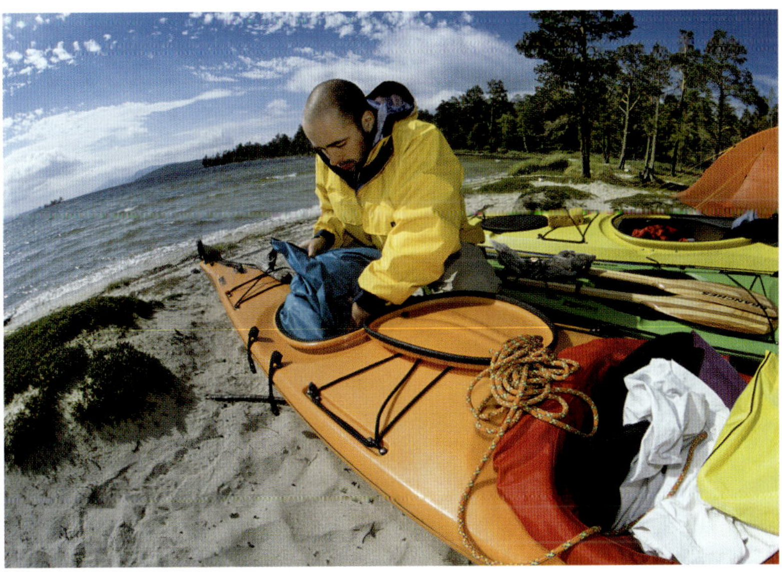

Das Beladen der Boote ist täglich eine langwierige Prozedur.

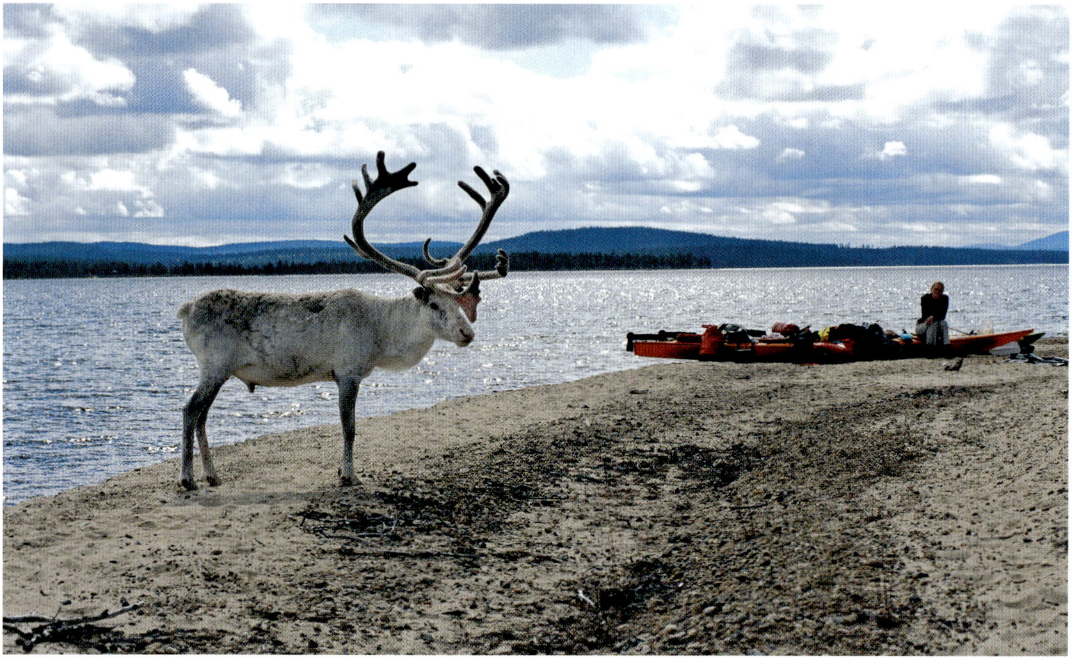

Ein Rentier kommt zu Besuch – Pause an einem Sandstrand am Westufer des Femundsees.

65 km

ans „Festland". Wir wählen letztere Variante und werden hervorragend vom Wind vorangetrieben, machen laut GPS, das wir zum Spaß dabei haben – denn verfahren kann man sich auf dem Femund bestimmt nicht –, bis zu acht Kilometer in der Stunde.

Knapp neun Kilometer ist der Femundsee an dieser Stelle breit, verengt sich aber im Norden bald auf drei Kilometer. Doch ganz so weit kommen wir heute nicht mehr. Beim Blick durchs Fernglas hat ein naher Sandstrand in einer Bucht mit ein paar Inseln unser Interesse geweckt. Eine Stunde später stehen dort unsere Zelte auf einer grünen Terrasse zwischen Sand und einer großen sumpfigen Fläche im Rücken, in der wir später erfolgreich Moltebeeren suchen.

Der dritte Tag

Der starke Wind hat sich zum Sturm entwickelt und bläst am Morgen Wellen mit Schaumkronen an unseren Strand. Draußen, außerhalb unserer Bucht, sieht es auf dem offenen See noch wilder aus. Der Wind kommt aus südöstlicher Richtung und konnte auf seinem weiten Weg Kraft aufbauen. Wir müssen uns entscheiden: Entweder den Tag über am sicheren Strand bleiben oder rausfahren und den Rückenwind ausnutzen um voranzukommen. Es dauert lange, bis wir uns entschließen, doch noch zu starten. Die wichtigste Aufgabe ist, zunächst die richtige Fahrtrichtung einschlagen zu können. Denn es ist weniger ein Problem, gegen oder mit den Wellen zu paddeln – nur quer zu ihnen zu treiben ist gefährlich. Also paddeln wir Wind und Wellen entgegen aus der Bucht hinaus, schleichen uns im Windschatten hinter einer Insel herum und gelangen so auf das offene Wasser. Dort ist einiges los: Bis zu eineinhalb Meter hoch kommen uns die Wellen entgegen, mal mit kleinen, mal größeren Schaumkronen besetzt. Jeder sucht für sich den Moment mit möglichst wenigen großen Wellen und dreht, so schnell es geht, die Bootsspitze. Ganz ohne seitlich von einem Brecher getroffen zu werden, schaffe auch ich das Manöver nicht. Doch Minuten später kommt es noch besser, als sich eine Welle genau dann bricht, als ich mich auf ihrem Kamm befinde. Der Wasserberg sackt leicht in sich zusammen und umspült meine ganze Hüfte. Wasser läuft ins Boot, ich sitze plötzlich in einer kalten Pfütze.

Heute werden wir wider Willen bis zu zehn Stundenkilometer schnell. Der Sturm pfeift und heult so laut, dass die Verständigung fast unmöglich ist.

Gut zwei Stunden bleiben wir auf dem Wasser, bis wir genug haben von Wind, Nässe und Anspannung und zurück an Land wollen. Doch gerade hier ist das nicht leicht: Die Ufer sind schroff, dahinter beginnt buckeliger Waldboden, von Heidelbeerkraut und Moos bedeckte Steine und viel Kiefernwald. An der windgeschützten Nordseite der Landzunge Bergvikodden finden wir schließlich eine Stelle, an der wir halbwegs gut an Land kommen. Plötzlich ist es herrlich still, der Sturm tobt weiter draußen, nur nicht hier bei uns.

Der vierte Tag

Nach dem gestrigen Tag haben wir uns, da sind wir einer Meinung, etwas Besonderes verdient, und so gibt es nach dem obligatorischen Müsli-Frühstück noch Pfannkuchen, die wir mit selbst gepflückten Blaubeeren verfeinern. Mousse au Chocolat hatte es schon am Vorabend gegeben.

Der Sturm ist zu einer leichten Brise abgeflaut und bläst nun aus entgegengesetzter Richtung. Bis zur Häuseransammlung Jonasvollen, an deren Steg auch die Faemund II anlegt, ist es nicht mehr weit. Ein, zwei Mal sieht man ein Blockhaus im Wald stehen, doch insgesamt ist das westliche Ufer

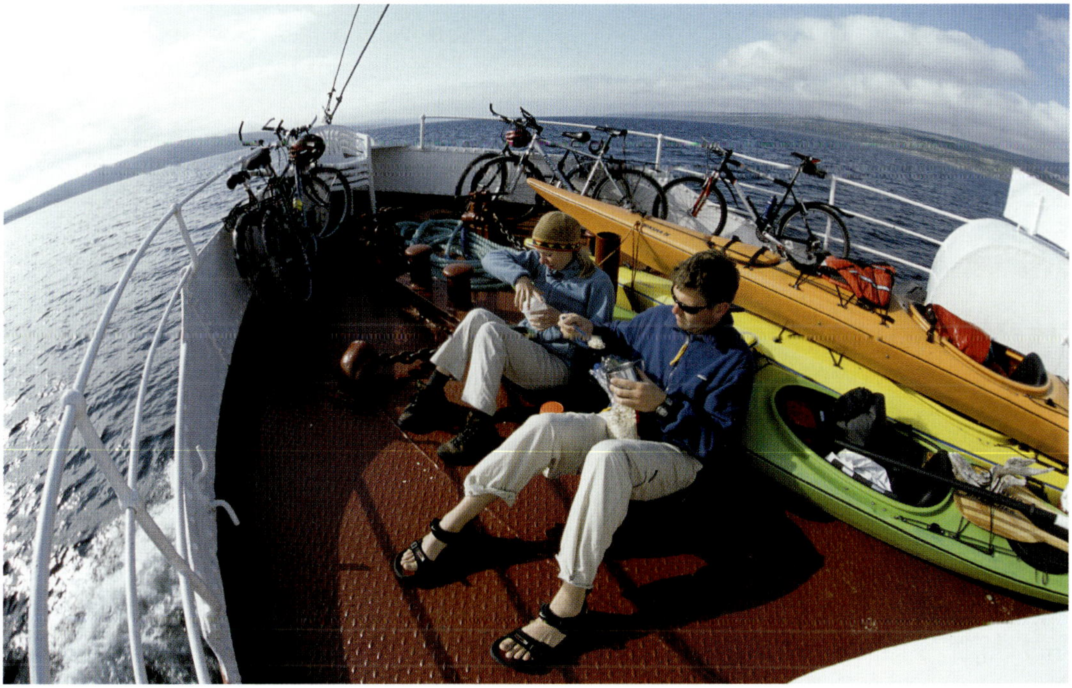

Rückfahrt auf der historischen Faemund II.

des Femund hier – wie auch das gegenüber liegende – sehr einsam. Es bieten sich immer wieder schöne Zeltplätze auf Lichtungen, von denen grellgelb die Flechten herüber leuchten. Wir passieren kleine Buchten sowie Landzungen und schließlich auch die Bergbau-Geisterstadt Femundshytta, seit 2010 Weltkulturerbe. Hier befindet sich eine Anlegestelle des Dampfers, es werden Hütten für Selbstversorger vermietet. Die Femundsmarka ist nicht nur für die phantastischen Paddel-Möglichkeiten bekannt, sondern auch für ihre hervorragenden Wandermöglichkeiten *(Siehe Tour 22)*. Einer der unzähligen Trails der Region endet hier. Von der Bergbau-Geisterstadt Femundshytta, die bis ins Jahr 1820 zum Bergbaukomplex Røros gehörte, sind nur noch Ruinen übrig. Heute sind die Berge am rechten Ufer höher als die auf unserer Seite. Mit 1.415 Metern überragt der Store Svuku dort die gesamte Umgebung. Schon ein ganzes Stück südlich der Femundshytta hatte es mit Zeltplätzen nicht mehr gut ausgesehen; auch nördlich ist es nicht ganz einfach: Viele Uferstreifen sind extrem feucht; beim Gehen über saftige Moosteppiche sackt man weit ein. Als wir beim dritten Anlauf an Land gehen, finden wir nicht nur, etwa 100 Meter vom Ufer entfernt, unter einigen Kiefern einen halbwegs trockenen Zeltplatz, sondern auch ein wahres Moltebeeren-Paradies. Von allen Seiten leuchtet es rot und orange – schon beim Entladen der Boote verspeisen wir einige der Beeren, die vom Femundsee bis hinauf ans Nordmeer als kleine Delikatesse gelten. Das Hauptgericht wird heute noch leckerer als gestern. Kartoffelbrei mit Apfelmus, dazu angebratene Zwiebeln und Speck. Was in Norddeutschland als Himmel und Erde bekannt ist, mundet auch in Norwegen vorzüglich.

Der fünfte Tag

Noch eine Etappe liegt vor uns bis nach Synnervika, von wo aus morgen der Schaufelraddampfer Faemund II ans Südende des Femundsees tuckern wird. Leider fährt der Dampfer diese Strecke nicht mehr, sondern verkehrt im Sommer nur noch auf der nördlichen Seehälfte. Bis Elgå könnte man also mitfahren und die zweite Etappe mit dem Kanu zurücklegen. Sonst bleibt nur die Möglichkeit, die ganze Strecke aus eigener Kraft zurück zum Einsetzort zu paddeln.

Rund zehn Kilometer sind es von unserem „Moltebeeren-Paradies“ in die Bucht Synnervika. Also kein Grund zur Eile. Und doch werden wir am Nachmittag fast dafür bestraft, uns soviel Zeit gelassen zu haben: Aus Südosten breiten sich tiefschwarze Wolken über dem Himmel aus und kommen rasch näher. Eine kleine Armada von Motorbooten braust in voller Fahrt aus Süden heran. Es donnert, Wind kommt auf. Am östlichen Ufer regnet es bereits. Doch uns, die wir nah am Ufer langsam in die Synnervika hineingleiten (einige schöne Zeltplätze auf diesem Stück) verschont das Sommergewitter. Nicht ein Tropfen fällt hier.

Der Femundsee teilt sich an seinem Nordende in zwei größere Buchten, von denen die westliche die richtige für uns ist. Wer also immer in Ufernähe bleibt, kann die Einfahrt nicht verfehlen.

Von weitem schon sehen wir die Faemund II vor Anker liegen. Am rechten Ufer legen wir kurz hinter dem Kai an und ziehen die Boote an Land. Der Dampfer wird uns morgen zurück nach Femundsenden bringen. Die Reise könnte nicht schöner und gemütlicher ausklingen.

Paddeln auf dem Isterensee

Ein perfekter Strandurlaub

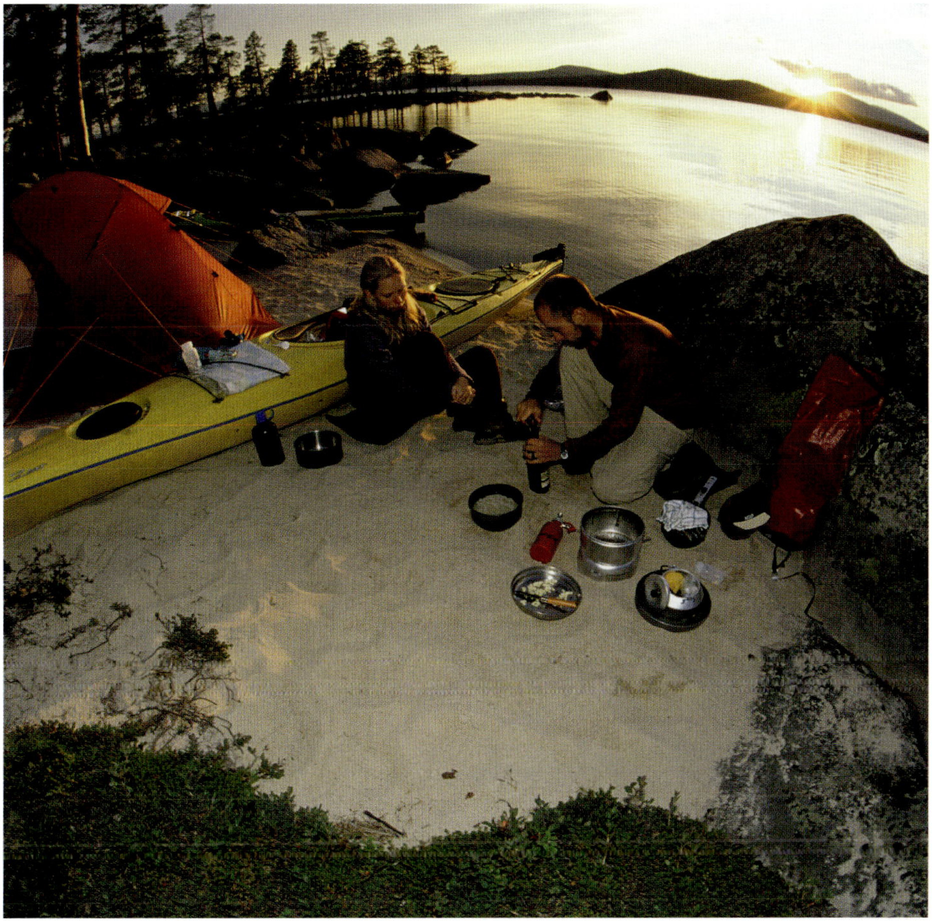

Tour 10

Paddeln auf dem Isterensee

Schwierigkeit	Baden	Zelten	Hüttenübernachtung
★☆☆☆	★★★★	★★★★	☆☆☆☆

Charakter der Tour

Der Isterensee ist zwar viel unbekannter als der mächtige Nachbar Femund, doch wenn man in der Gegend ist, sollte man unbedingt auch auf dem Isteren ein paar Tage verbringen. Es lohnt sich insbesondere, wenn man gerne badet und Sandstrände mag. Davon hat der Isteren mehr als genug. In jeder der unzähligen Buchten findet man einen, und zwischendrin gleich noch ein paar mehr. Der See ist vom Süd- bis zum Nordende nur ganze 18 Kilometer lang und könnte im Prinzip in einer zweitägigen Rundtour erkundet werden. Viel mehr Spaß macht es aber, sich viel Zeit zu nehmen, von Strand zu Strand zu paddeln und gemütliche Pausentage einzuschieben. Gerade Familien finden mit dem Isteren ein ideales Revier.

Anreise:

Von Oslo auf der E 6 nach Hamar (hier ist die Olympia-Eislaufhalle zu besichtigen), biegen dort auf die 25 nach Elverum ab, von wo aus sie über die Straße Nr. 3 nach Koppang gelangen. Weiter geht es auf den Straßen 30 und 217. Letztere mündet am Südwest-Ufer des Isteren in die Straße 26. Fahren Sie weiter in Richtung Drevsjø. Zwischen der Straßenmündung und dem Gehöft Gløtberget bieten sich verschiedene Buchten für den Start an. Wer sein Auto nicht unbeaufsichtigt an irgendeinem Einsetzpunkt zurücklasssen will, kann von Gløtberget aus starten. Dort gibt es einen zwar gebührenpflichtigen, aber beaufsichtigten Parkplatz.

40 km

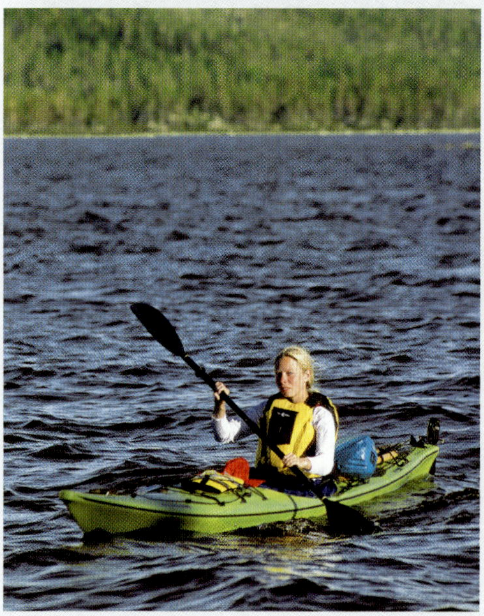

Abreise:

Entsprechend entgegengesetzt der Anreise oder als Alternative über die Straßen 26 und 25 über Trysil *(entlang des Trysilelva, Tour 19)* zurück nach Elverum und von dort weiter.

Start- und Endpunkt:

Straße 26 bei Gløtberget.

Beste Reisezeit:

Die Femundsmarka, in deren Zentrum der Isterensee und gleich nebenan der Femund liegen, ist im Winter eine der kältesten Re-gionen des Landes südlich des Polarkreises. Dementsprechend ist der Isteren auch bis in den Frühsommer, mitunter bis Mitte/Ende Mai, zugefroren. Im Gegensatz zu dem recht tiefen und daher auch sehr kalten Femundsee, ist der Isteren in weiten Teilen sehr flach und erreicht im Sommer Badetemperaturen. Bis Ende September/Mitte Oktober können Sie ohne weiteres auf dem See paddeln. Anders als auf dem Femund ist man Herbststürmen auf dem Isteren durch seine vielen Buchten und Inseln nicht so gnadenlos ausgeliefert.

Verpflegung:
Wer kein „fangsicherer“ Angler ist und seine Vorräte dementsprechend aufstocken kann, muss für die Tour auf dem Isteren alles an Verpflegung mitführen. Einen kleinen Pilzführer dabei zu haben und die Umgebung der Zeltplätze auf der Suche nach Pilzen zu durchstreifen, lohnt sich häufig – eine tolle Ergänzung zu Fertiggerichten.

Übernachten:
Traumstrände, wohin man blickt – der Isteren bietet weitaus mehr schöne Zeltplätze, als man auf einer Tour nutzen kann. An Sommer-Wochenenden sollte man sich frühzeitig einen Platz suchen, da oft viele Einheimische unterwegs sind. ***Tipp:*** Nehmen Sie einen kleinen Handfeger mit, um Zelt und Ausrüstung von Zeit zu Zeit vom Sand befreien zu können.

Kartenmaterial:
Turkart 2722: Femunden Sør 1:50.000, Verlag Nordeca.

Kanuvermietung:
Sorken: ***Femund Canoe Camp,*** Tel. (+47) 62 45 90 19, www.femund-canoe-camp.com, Boot- & Ausrüstungsverleih von Anfang Juni bis Mitte September. Möglichst vorab und so früh wie möglich buchen!

Infos, Wichtige Adressen:
Das für die Region zuständige ***Fremdenverkehrsbüro*** hat seinen Sitz in **Engerdal:** ***Engerdal Naeringssenter AS***, Tel. (+47) 62 45 66 70, www.engerdal.info

Länge der Tour:
40 km, 2 bis 7 Tage

Umtragestellen:
keine

Route:
Gløtberget – Nordende Isteren– Gløtberget

Karte Isterensee

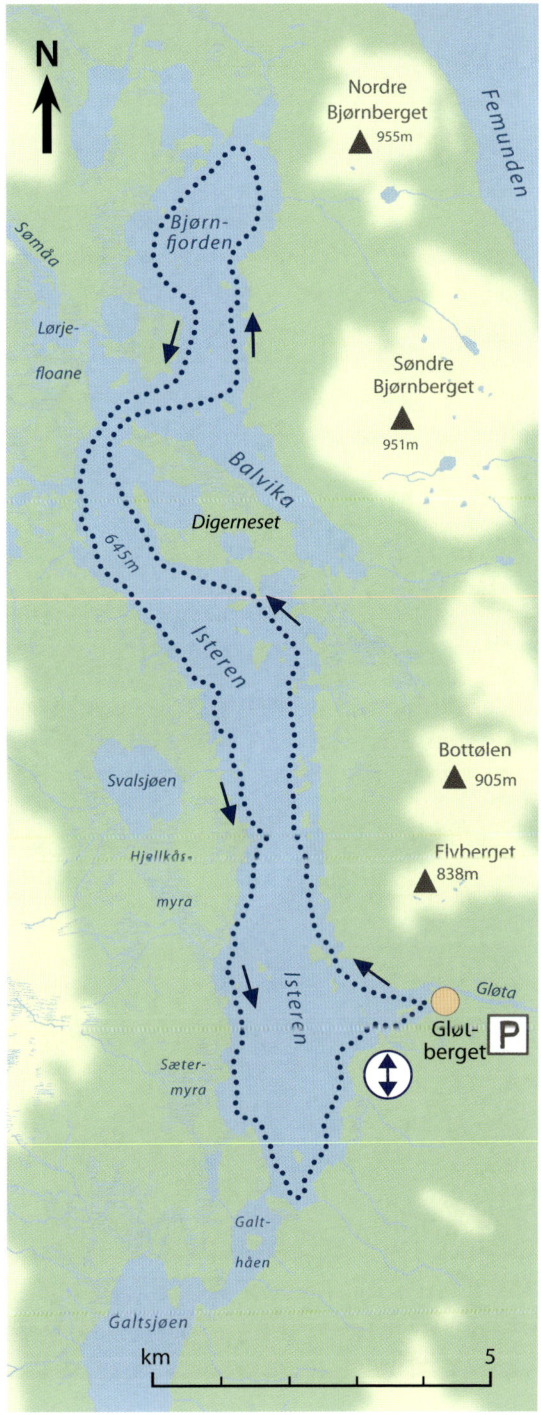

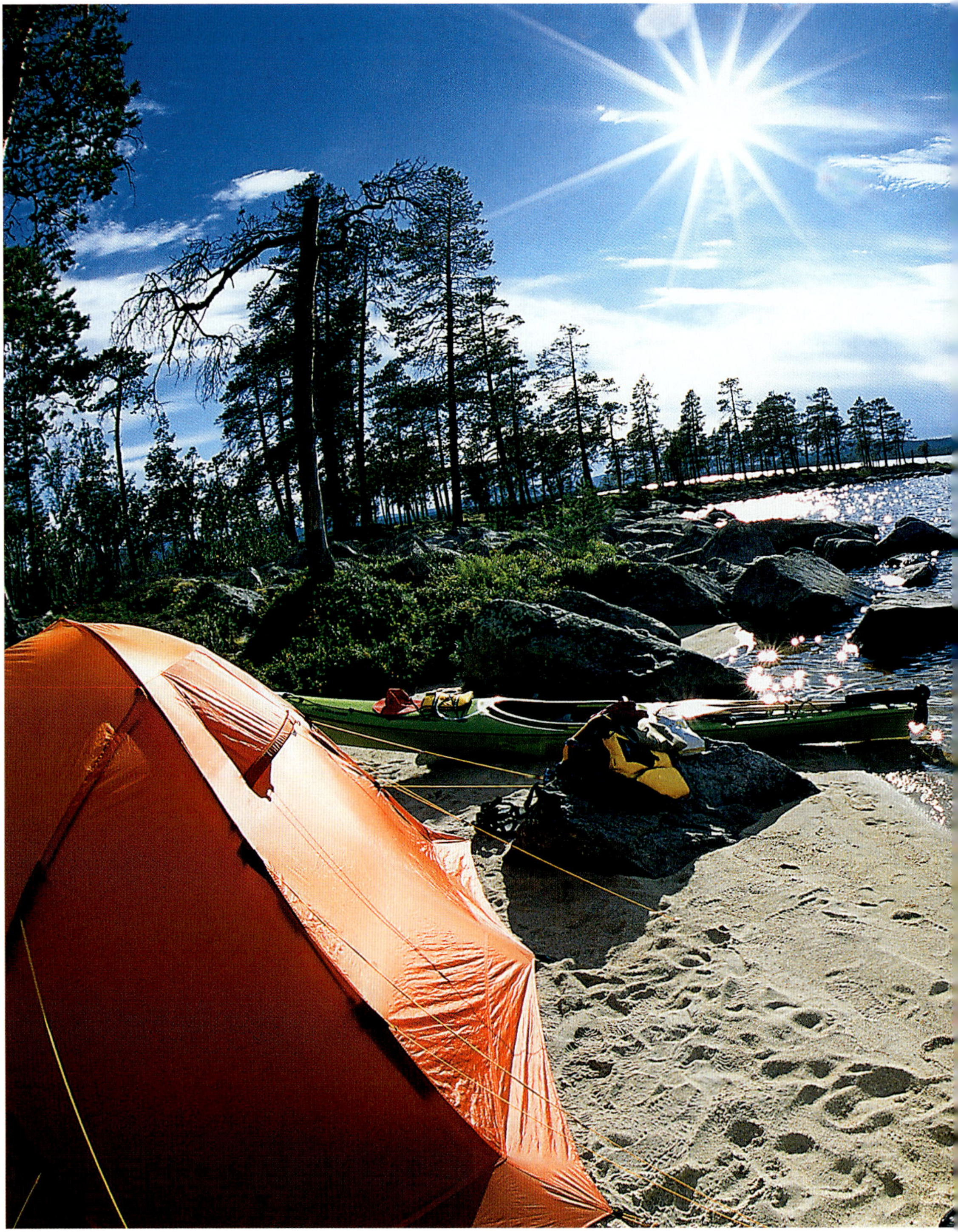

Norwegen, wie Sie es sich bestimmt nicht vorgestellt haben.

40 km

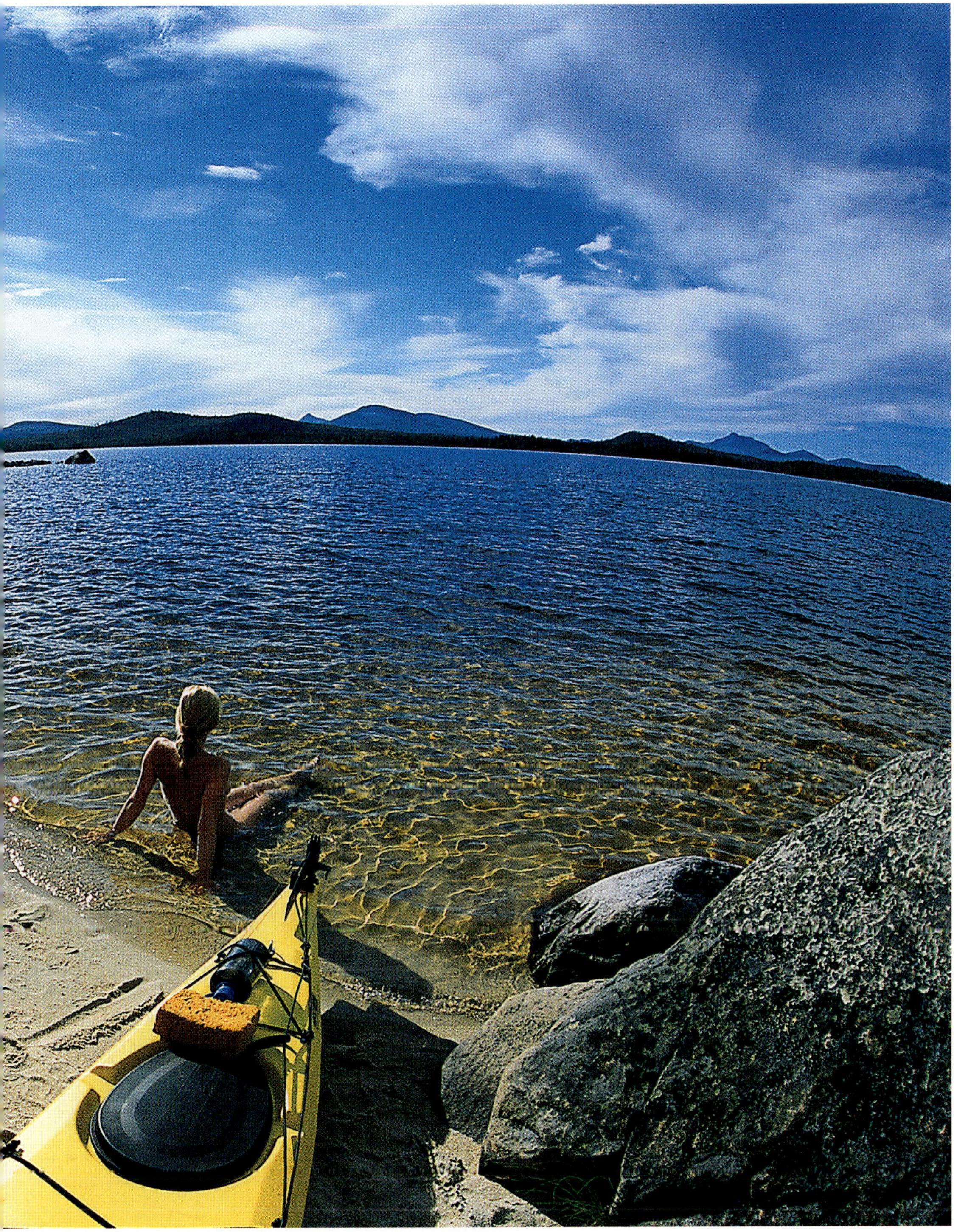

Ein perfekter Strandurlaub

Der erste Tag

Das Erste, was wir beim Entladen der Boote und Sortieren der Ausrüstung für die einwöchige Tour bemerken, ist die im Vergleich zum Nachbarn Femund um einiges wärmere Wassertemperatur, was wohl mit der geringeren Tiefe zu erklären ist. An seiner tiefsten Stelle misst er gerade mal 45 Meter. Schnell springen wir ins Wasser und genießen ein Bad, bevor wir die Boote beladen und in See stechen. Hinter uns mündet die zwei Kilometer lange Gløta vom Femundsee kommend, in den Isteren. Wir haben viel Gutes über ihn gehört und uns daher eine Woche Zeit genommen. Wer viel paddeln möchte, kann den 18 Kilometer langen Isteren an einem Tag vom Süd- zum Nordende schaffen und am nächsten zurück fahren – wer eine entspannte Tour plant, wird sich auf dem Isteren extrem wohl fühlen. Das Wetter spielt auch mit, vom ersten bis zum letzten Tag scheint die Sonne.

Es ist schon spät am Nachmittag, und so paddeln wir nur ein kleines Stück, bis der erste schöne Zeltplatz am Ostufer in Sicht kommt. An einer schmalen Halbinsel landen wir zwischen zwei feinen Buchten mit Stränden an und bauen unser Zelt unter einigen Kiefern auf. Leider ist es windstill, und so fallen wahre Geschwader von Mücken über uns her. Skandinavien, wie man es sich vorstellt. Doch schon ein wenig Autan vertreibt sie schnell und wirkungsvoll. Wer hätte das gedacht?

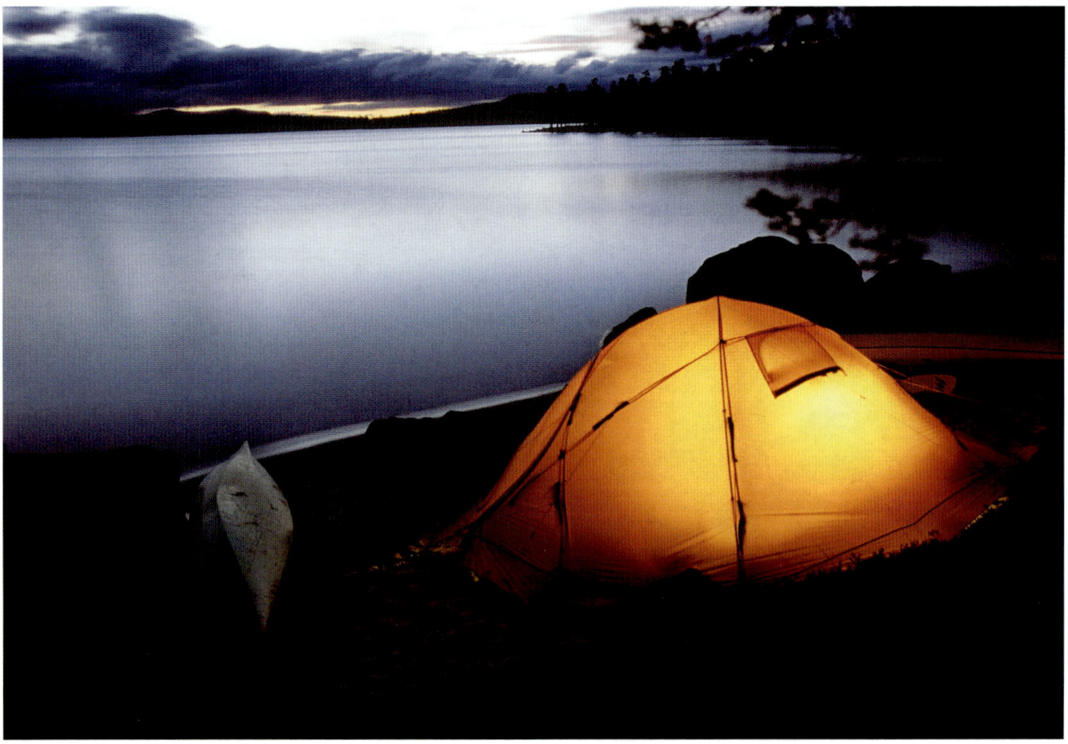

Abendstimmung am Nordende des Isterensees.

40 km

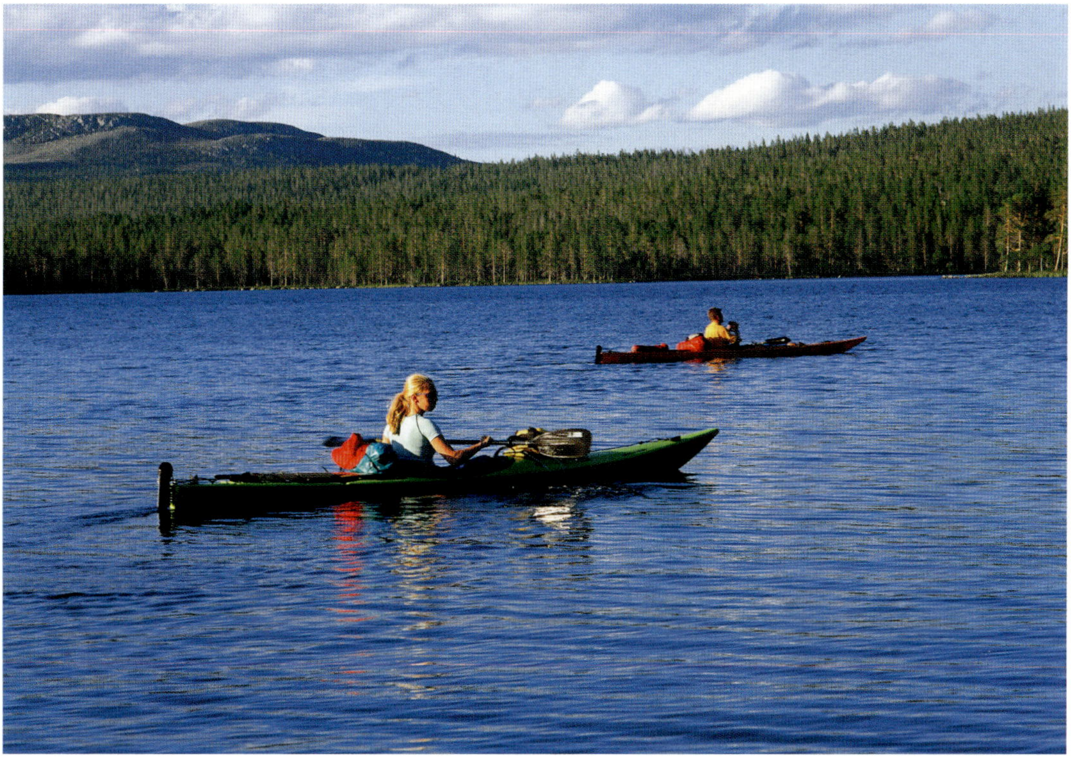

Im Abendlicht über den kleinen Isteren See. Theoretisch könnte man den See an zwei Tagen komplett erkunden, aber es gibt einfach zu viele schöne Buchten, Strände und Zeltstellen, so dass man leicht eine Woche bleiben kann.

Die nächsten Tage

Es gefällt uns so gut hier, dass wir bleiben. Herrlich, sich einfach treiben zu lassen – baden und faulenzen, essen und baden, in der Sonne liegen und baden, Pilze sammeln und lecker zu Abend essen.

Ganz ähnlich wie die ersten beiden, verlaufen auch die nächsten fünf Tage auf dem Isteren. Über das glitzernde Wasser des spiegelglatten Sees paddeln wir, bis wir einen noch schöneren, weichen Sandstrand entdecken als am Tag zuvor, wo wir dann unser Zelt aufbauen. So wird aus dem Aktivurlaub ein Urlaub mit wenig Aktivität.

Der Weg zur großen Bucht Bjørnfjorden an der Nordspitze des Sees führt uns zunächst am Ostufer entlang, um die große, verzweigte Halbinsel Digerneset herum. Hat man sie umschifft, öffnet sich nach rechts die knapp drei Kilometer tiefe Balvika, deren westliches Ufer sehr feucht und sumpfig ist und wenige Zeltplätze bietet.

Das Ostufer des Isteren wächst hier im Norden zu den beiden Gipfeln des 950 bzw. 955 Meter hohen Bjørnberget an. Eine schöne Alternative für einen Tag, ist die Besteigung einer der beiden Gipfel. Es gibt keinen markierten Pfad; man sollte sich besser nach der topographischen Karte richten, um nicht die steilste Route zu wählen. Die Besteigung querfeldein ist jedoch auch für jedermann machbar. Vom Gipfel bietet sich eine phantastische Aussicht über Isteren- und Femundsee bis hinüber nach Schweden. Die Grenze liegt nur knapp 20 Kilometer entfernt im Osten.

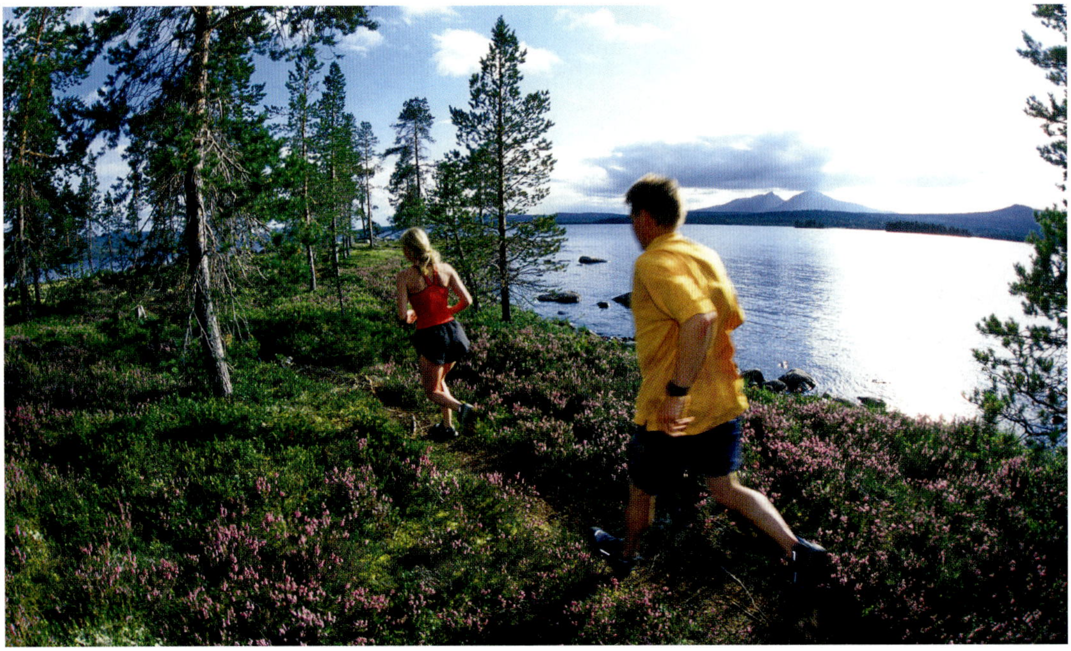

Traumhafte Joggingstrecke am Ufer des Isteren.

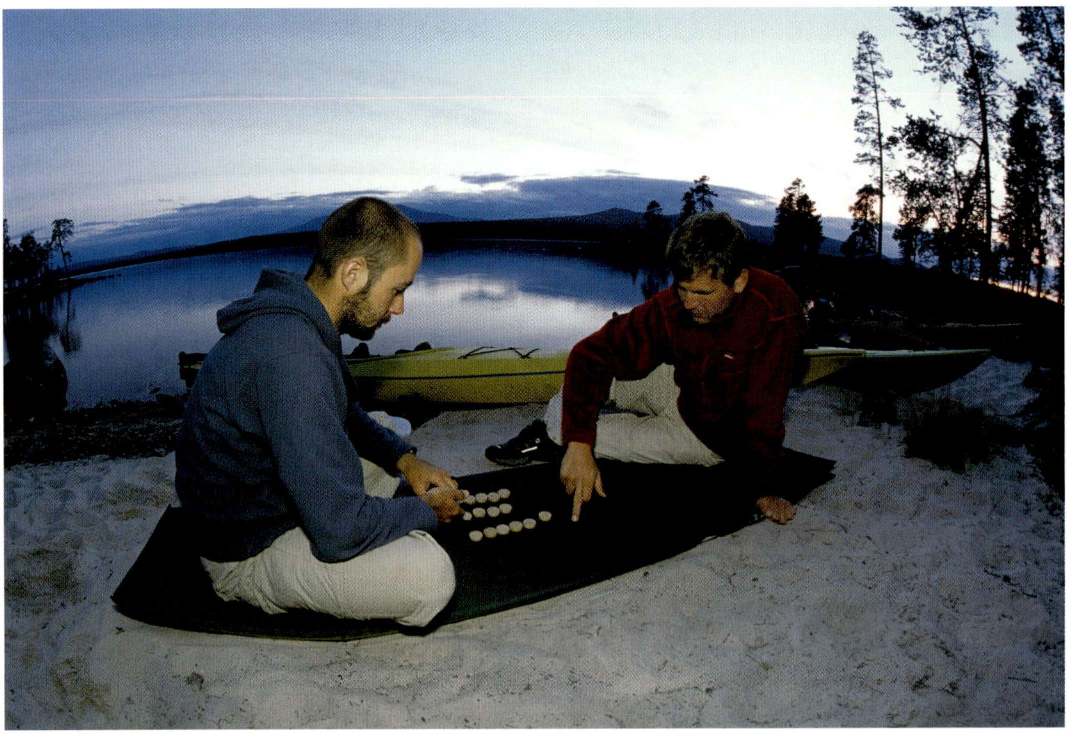

Backgammon auf der Isomatte – wir genießen die Zeit am Isterensee.

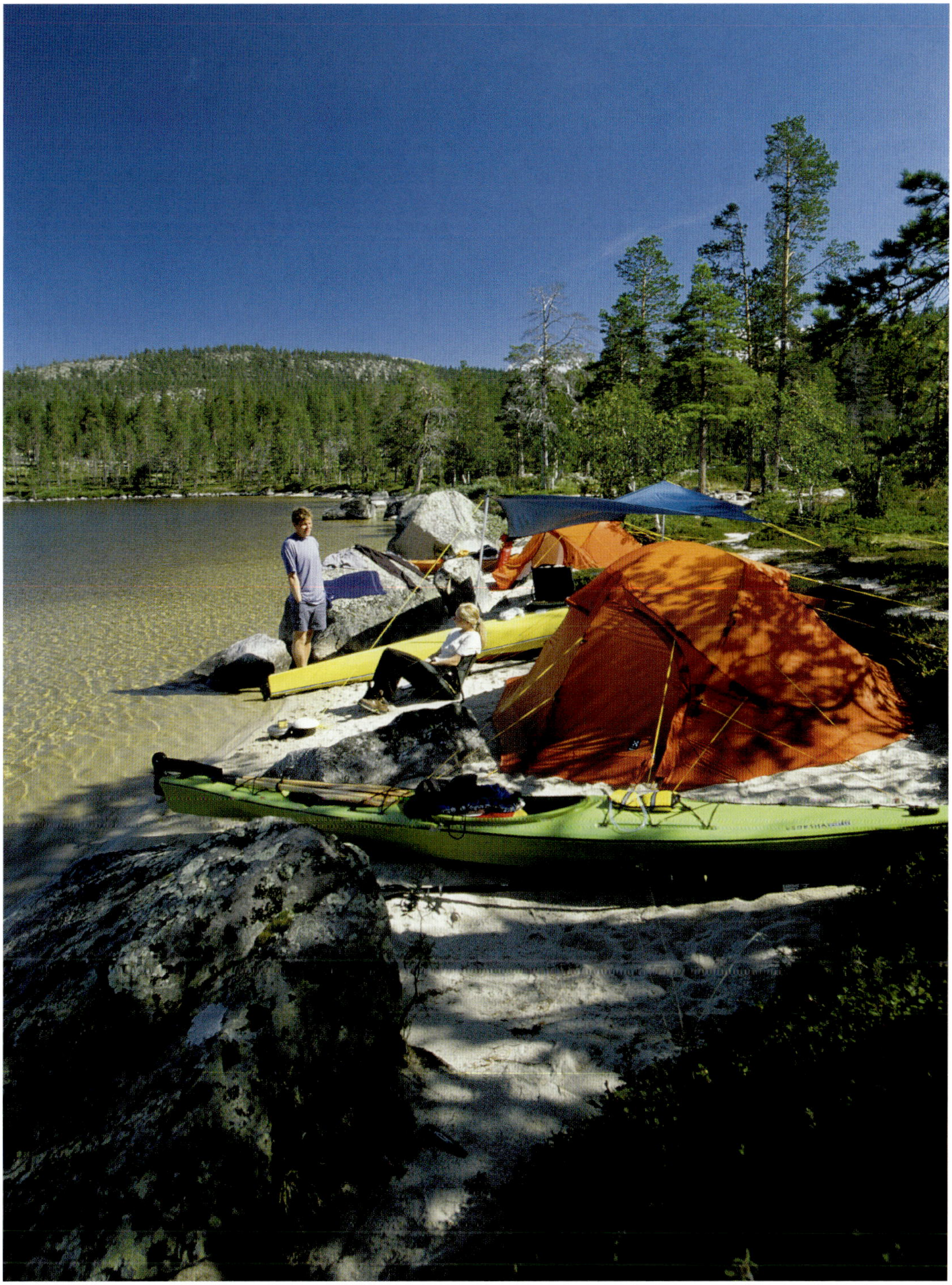

„Wollen wir wirklich schon los, oder noch einen Tag hierbleiben?"

Karibische Bedingungen

Den wohl schönsten Strand finden wir am Ostufer des Bjørnfjorden. Relativ schmal, verläuft er sanft geschwungen, gut 150 Meter am Ufer entlang, immer wieder unterbrochen von kleinen Felsburgen. So gibt es eine Reihe winziger „Privatbuchten“, in die gerade ein Zelt und ein, zwei Boote hineinpassen. Palmen wären hier fehl am Platze, dafür wachsen keine zehn Meter vom Wasser entfernt mächtig behangene Heidelbeersträucher, mit deren Früchte wir unser Müsli verfeinern.

Aus kulinarischer Sicht wird das Abendbrot noch eine Nummer besser als das Frühstück. Seit fast zwei Wochen versuchen wir vergeblich, einen Fisch zu fangen. Erst auf dem Femundsee, jetzt auf dem Isteren und nichts hat angebissen. Gar nichts. Nicht am Morgen vom Ufer aus, nicht am Abend vom Boot aus und erst recht nicht tagsüber. Stundenlang haben wir Blinker und Wobbler gebadet. Jens versucht sein Glück ein weiteres Mal, paddelt zu einer kleinen Landzunge, vor der einige Steine und Schilf aus dem Wasser ragen. Man soll sich „in den Fisch hineinversetzen“, haben wir in einem Magazin gelesen. Ein Hecht könnte gut dort unten lauern, denkt sich Jens. Der perfekte Hinterhalt. Er behält recht und trifft auf einen besonders gieriges Exemplar, gut einen halben Meter lang, der unseren Blinker fast gänzlich verschluckt. Den Hecht über dem offenen Feuer zu grillen, fällt aufgrund des über den ganzen Sommer anhaltenden Feuerverbots aus. Doch auch in der Pfanne des Benzinkochers, geröstet in Olivenöl, mit vielen Kräutern und frischem Knoblauch, wird der Fisch ein leckeres Festmahl. Und schmeckt zum eigens für diesen Anlass mitgeführten Wein unglaublich gut.

Der Rückweg

Von unserem Strand aus erkunden wir nach dem obligatorischen Pausentag noch die ein wenig versteckten, vom Bjørnfjorden abgehenden Buchten und machen uns dann auf den Rückweg gen Süden. Letztendlich sind es nur knapp 20 Kilometer bis zu unserem Auto, doch wir wollen uns noch nicht trennen vom Isteren und dehnen die Strecke auf zwei Tage aus. Diesmal halten wir uns ans westliche Ufer, an dem man vereinzelt Sommerhäuser und einen Bauernhof sieht. Während das Ostufer des Isteren absolut einsam ist, führt im Westen die Straße nur maximal einen Kilometer vom Wasser entfernt nach Norden. Sie ist nicht stark befahren, doch vereinzelt hört man Autos vorbeibrausen.

Wir finden einen schönen, aber nur sehr schwer zugänglichen Platz auf einer Landzunge und kochen zur Feier des Tages noch einmal richtig gut. Angesichts dessen wollen es sich wahrscheinlich auch einige Mücken gut gehen lassen und fallen über uns her. Wir werden nicht oft gestochen, doch diese wenigen Stiche schwellen stärker an als alles, was wir bisher von Moskitos gewohnt sind, jucken höllisch und verändern sich nach ein paar Tagen zu einem dunkelrot-blauen Bluterguss. Ein Andenken, das uns bis zur Rückkehr nach Hause erhalten bleibt.

Mit dem Fahrrad entlang der Küste

Die Riviera Norwegens

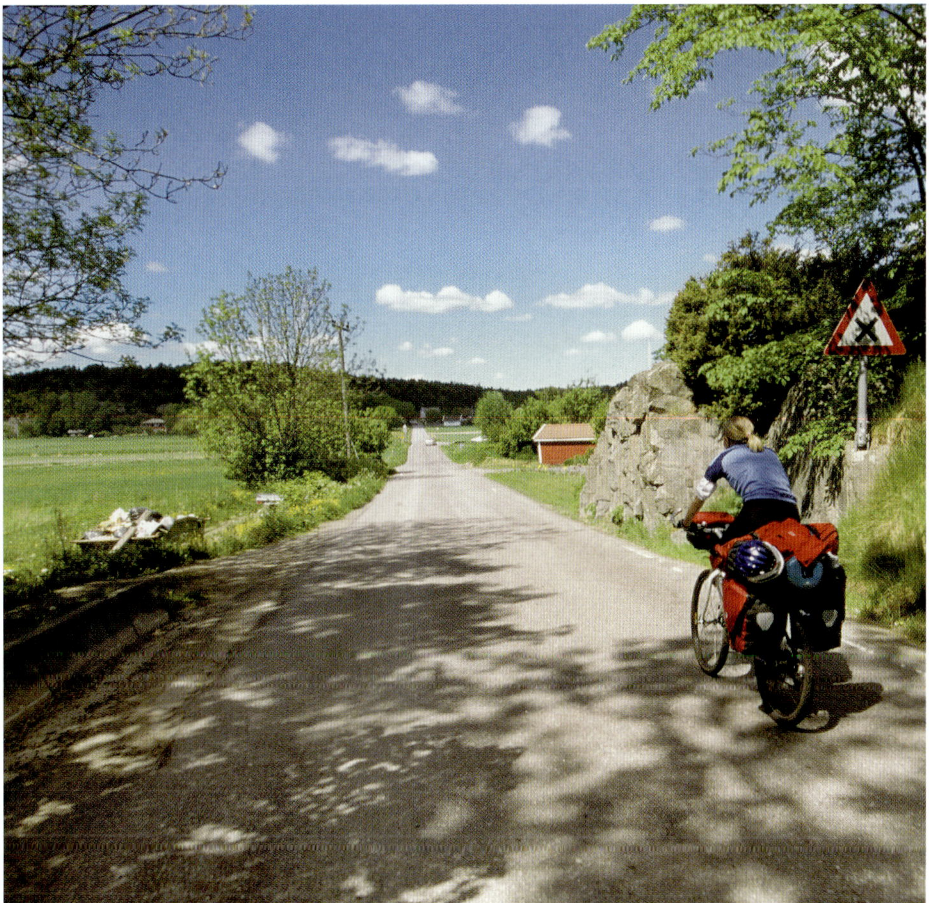

Tour 11

Entlang der Südküste

Schwierigkeit	Höhendifferenz	Zelten	Hüttenübernachtung
★★☆☆	★★☆☆	★★☆☆	★★☆☆

Charakter der Tour

Gut einwöchige Radtour entlang des schönsten Küstenabschnitts Südnorwegens. Entdecken Sie schnuckelige Städte und Dörfer, die durch blitzweiße Häuser und attraktive Häfen bestechen. Keine übermäßig großen Höhenunterschiede, doch fast täglich kurze steile Anstiege, die etwas Kondition erfordern. Nicht immer in Sichtweite der Schärenküste, aber doch in der Nähe. Viele kurze Stichstraßen führen hinab ans Wasser. Auf den zum Teil unvermeidbaren Passagen auf der E 18 muss man mit starkem Verkehr rechnen. Die Tour ist Teil der vor wenigen Jahren vollständig markierten North Sea Cycle Route, die die Nordsee einmal „umrundet".

Anreise:
Nehmen Sie die Fähre von Hirtshals nach Kristiansand: im Fährhafen von Kristiansand beginnt die Tour. Um bei der Überfahrt mit dem Schiff etwas Geld zu sparen, gibt es die Möglichkeit – sofern man nicht ohnehin mit dem Zug nach Kristiansand anreist –, sein Auto auf einem Parkplatz in Hirtshals abzustellen. Normalerweise ist es kein Problem, einen gebührenfreien Platz auf dem Hafengelände zu finden.

Abreise:
Vom Endpunkt Kragerø mit dem Überlandbus zurück nach Kristiansand (Fahrradtransport normalerweise kein Problem). Von dort per Fähre zurück nach Hirtshals. Oder von Kragerø 40 Kilometer weiter nach Langesund radeln und von dort die Fähre der Fjord Line zurück nach Hirtshals. Alternativ per Rad bis nach Larvik, von dort die Fähre nach Frederikshavn nehmen und durch Norddänemark zurück nach Hirtshals radeln. Wer viel Zeit hat, kann natürlich auch auf einer schönen Strecke durchs dünner besiedelte Inland zurück nach Kristiansand fahren.

220 km

Startpunkt:
Kristiansand

Länge der Tour:
ca. 220 km, 5 Tage

Endpunkt:
Kragerø.

Beste Reisezeit:
Von Mai bis Oktober (viele Campingplätze öffnen allerdings erst Mitte Mai und schließen Ende August), besonders im Frühsommer sehr schön. Der Trubel der norwegischen Sommerferien hat dann noch nicht begonnen, Sie haben die Küste noch fast für sich allein. Im Juli und August kann man vielerorts schön baden.

Übernachten:
Wilde Zeltplätze zu finden, ist auf dieser Tour nicht immer leicht, mit ein wenig Geduld jedoch machbar. Die Küste ist stark besiedelt. Unterwegs gibt es viele **offizielle Zeltplätze**, teilweise auch **Jugendherbergen** und **Pensionen**.

Verpflegung: Täglich Möglichkeiten die Vorräte aufzustocken.

Kartenmaterial:
Süd-Norwegen, Oslo – Stavanger – Bergen, Cappelen Kart, 1:335.000, Kümmerly + Frey.

Sehenswürdigkeiten:
Kristiansand, Lillesand, Grimstad, Arendal, Tvedestrand, Lyngør, Risør, Kragerø: siehe Tourenbeschreibung und Stadttelegramm. Einen Besuch der Insel Lyngør, vielleicht auch eine Übernachtung dort, sollte man auf keinen Fall versäumen. Die Insel, bzw. die vier Inseln über die sich das Dorf ausbreitet, sind ein „südnorwegischer Traum".

Infos, Wichtige Adressen:
www.visitsorlandet.com; ***Fremdenverkehrsamt Kristiansand***, Tel. (+47) 38 12 13 14 www.visitkrs.no; ***FVA Arendal***, Tel. (+47) 37 00 55 44, www.arendal.com; ***FVA Kragerø***, Tel. (+47) 35 98 23 88, www.visitkragero.no; ***allgemeine Infos Fahrrad fahren in Norwegen:*** www.northsea-cycle.com, www.cyclingnorway.no

Route:
Kristiansand – Lillesand – Grimstad – Arendal – Tvedestrand – Lyngør – Risør – Kragerø.

Karte Südküste

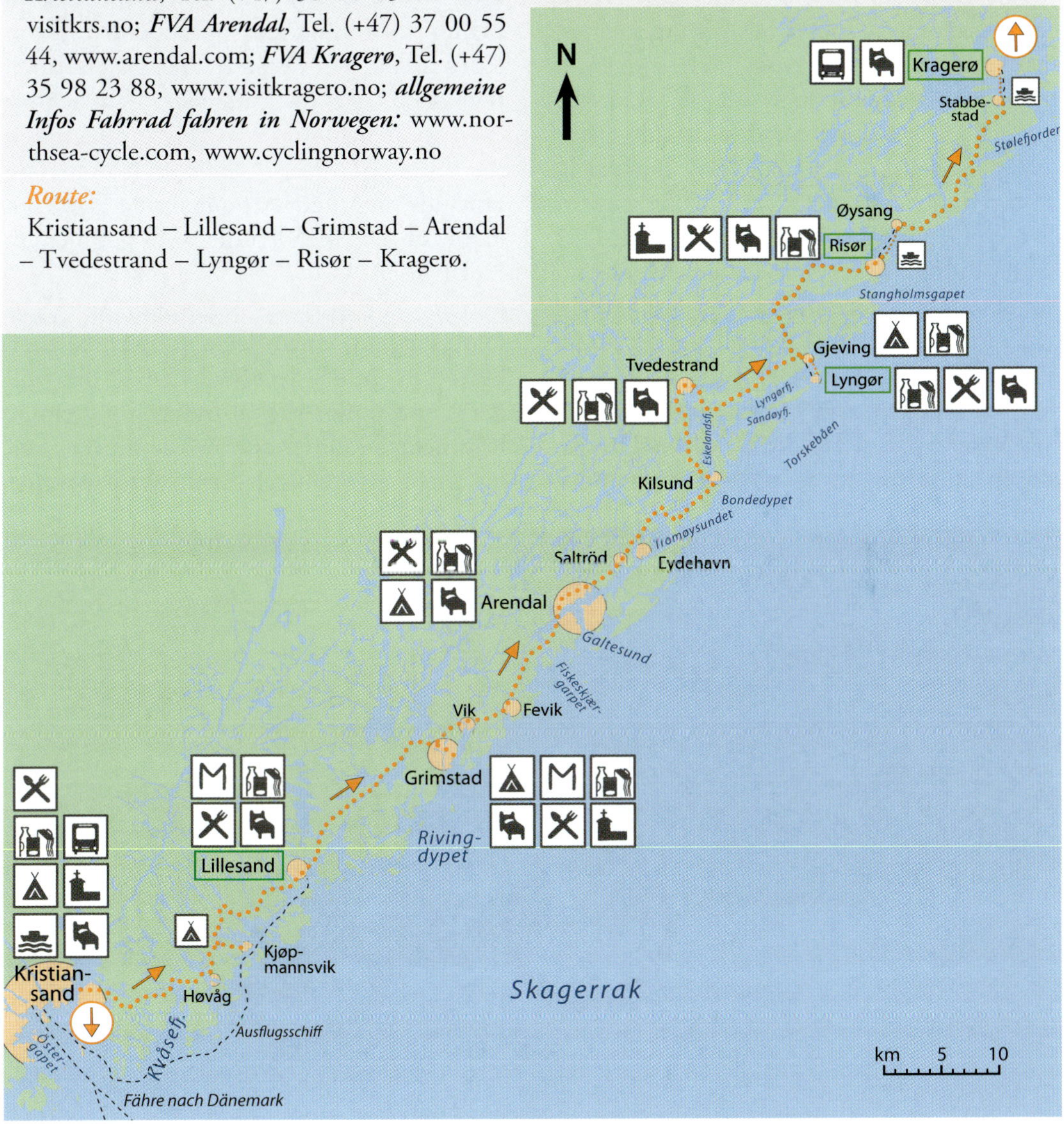

220 km

Die Riviera Norwegens

Der erste Tag

Um sieben Uhr rollen wir müde und kaputt von der Fähre, die uns über Nacht von Hirtshals nach Kristiansand gebracht hat. In der Stadt werden gerade erst die Bürgersteige runtergeklappt; im Zentrum vor dem Dom sind Marktleute dabei, ihre Stände aufzubauen. Neun Grad Celsius zeigt das Thermometer an – für den Morgen eines ersten Juni ganz schön frisch. Wir sind noch etwas früh dran im Jahr mit der Radtour. Unser Plan, mit einem Schiff das Stadtgewirr von Kristiansand zu umgehen und nach Lillesand überzusetzen, ist hinfällig geworden. Noch fährt das Ausflugsboot nicht. Die Saison beginnt hier erst in einigen Wochen.

Auf dem Radweg parallel zur E 18 rollen wir in Richtung Lillesand/Arendal aus der Stadt hinaus. Zweimal müssen wir uns nach dem Weg erkundigen und biegen nach einigen Kilometern rechts auf die Straße 401 nach Hövåg ab. Dort ist es etwas ruhiger und wir beginnen, die Tour zu genießen: Die Reifen surren, eine leichte Brise raschelt in den Bäumen. Die Kilometerzahl auf dem Tacho steigt langsam, wir sind unterwegs. Endlich. Nur wenige Autos überholen uns, für Momente gehört die Straße nur uns allein.

Eine Woche lang wollen wir die „Costa Blanca" Skandinaviens erkunden, uns von Kristiansand gen Osten treiben lassen. Ihren Beinamen hat die Südküste den schmucken weißen Dörfern zu verdanken, durch die man an einem schönen Sommertag fast nur mit einer Sonnenbrille flanieren kann, so sehr blenden die weiß getünchten Holzhäuser.

Unsere Mittagspause legen wir in Kjöpmannsvik ein, einem kleinen beschaulichen Dorf am Ende der Stichstraße, die von der Landstraße 401 abzweigt und einige Kilometer hinunter zum Meer führt – von hier geht es nur noch übers Wasser weiter.

220 km

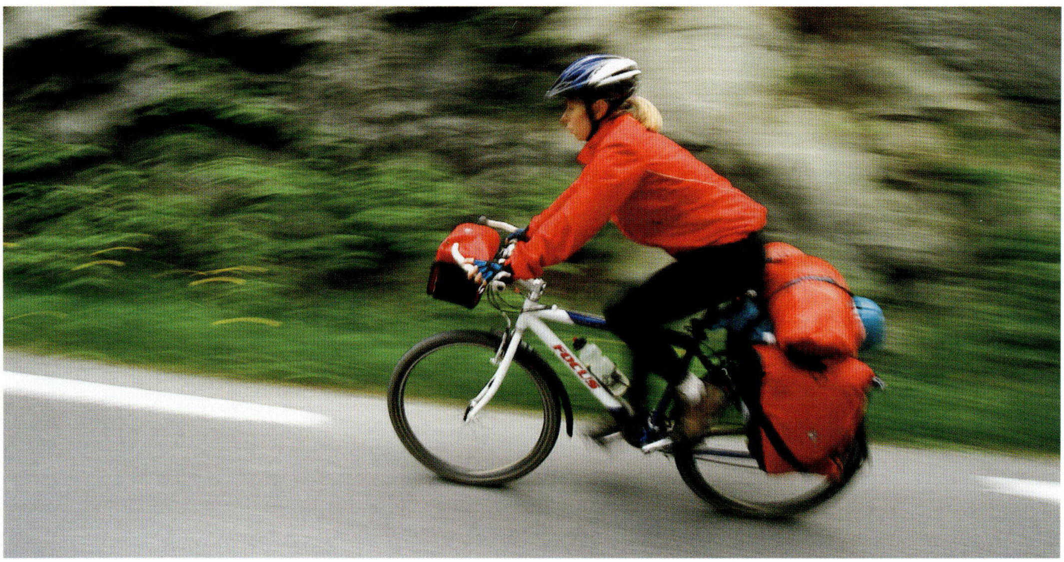

Am ersten Tag der Tour ist noch wenig vom Frühling zu spüren.

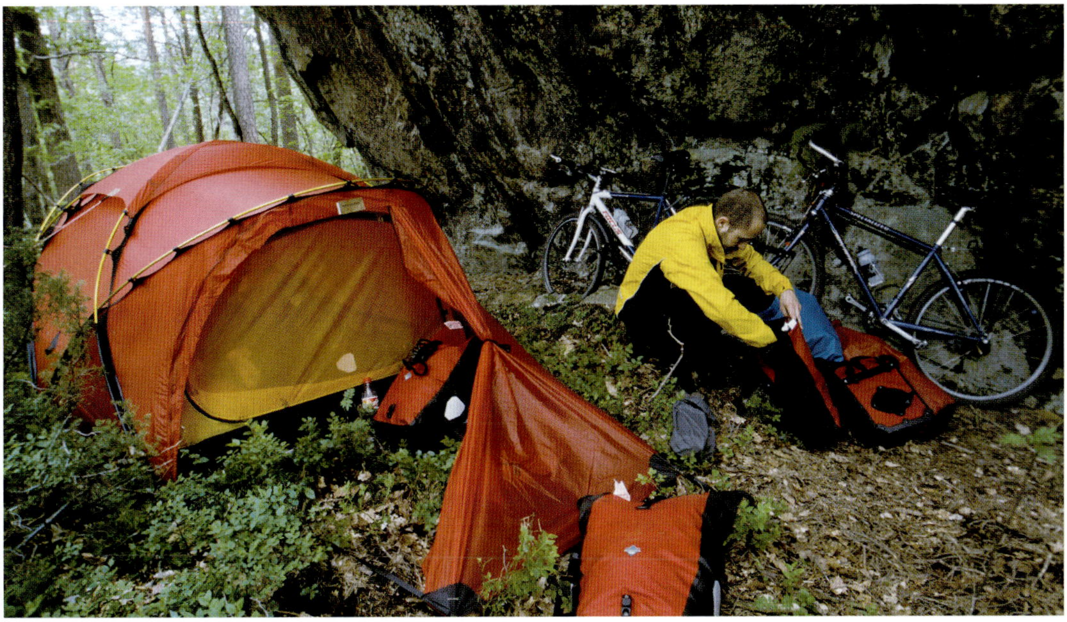

Wilder Zeltplatz am Ende des Tages.

Während unserer Rast legt neben uns am Steg ein Boot an, auf das drei Sitzbänke montiert sind. Noch einmal wittern wir unsere Chance, auf dem Wasserweg nach Lillesand zu kommen. „Ist das ein öffentliches Boot?“, frage ich den Kapitän. „No, sorry. That's our school boat.“
Also radeln wir zurück zur 401. Kurz bevor wir sie erreichen, entdecken wir einen wunderschönen Zeltplatz im Wald und entscheiden uns kurzerhand dafür, hier zu bleiben.

Der zweite Tag

Der nächste Morgen lockt uns früh auf die Räder: Die Sonne scheint von einem blauen Himmel. Noch bevor wir auf der 401 zurück auf die E 18 gelangen, biegen wir auf einen Radweg ab, der auf den Schildern als „Nummer 1“ bezeichnet wird – ein Teil der North Sea Cycle Route. Der Radweg verläuft auf der alten Schotterstraße nah entlang des Wassers, führt dort, wo die E 18 einen Berg zerschneidet, in einem großen Bogen um ihn herum. Viel länger, aber auch viel schöner. Die E 18 zeigt uns später wieder, dass sie keine gute Wahl für Radler ist. Unzählige Lastwagen überholen uns – einer fährt besonders eng an uns vorbei, sein Sog bringt mich fast zu Fall.
Nach etwa zehn Kilometern erreichen wir den Abzweig nach Lillesand. Wie bei so vielen Städten auf der Tour, führt die E 18 nur an ihnen vorbei, eine Stichstraße, mitunter ziemlich steil, bringt einen hinunter zum Wasser.

220 km

Unten, nahe des Hafens, heißt man uns willkommen. Die Schulband versucht sich gerade an einem Jazz-Klassiker; der ganze Ort scheint auf den Beinen zu sein. Überhaupt ist Lillesand sehr hübsch! Große Patrizierhäuser im Schweizer Stil bestimmen das harmonische Ortsbild. Eines der schönsten Gebäude ist das Rasthaus aus dem Jahre 1734 sowie das 1827 erbaute Haus des Reeders Carl Knudsen. Heute beherbergt es ein kleines Stadt- und Seefahrtsmuseum.

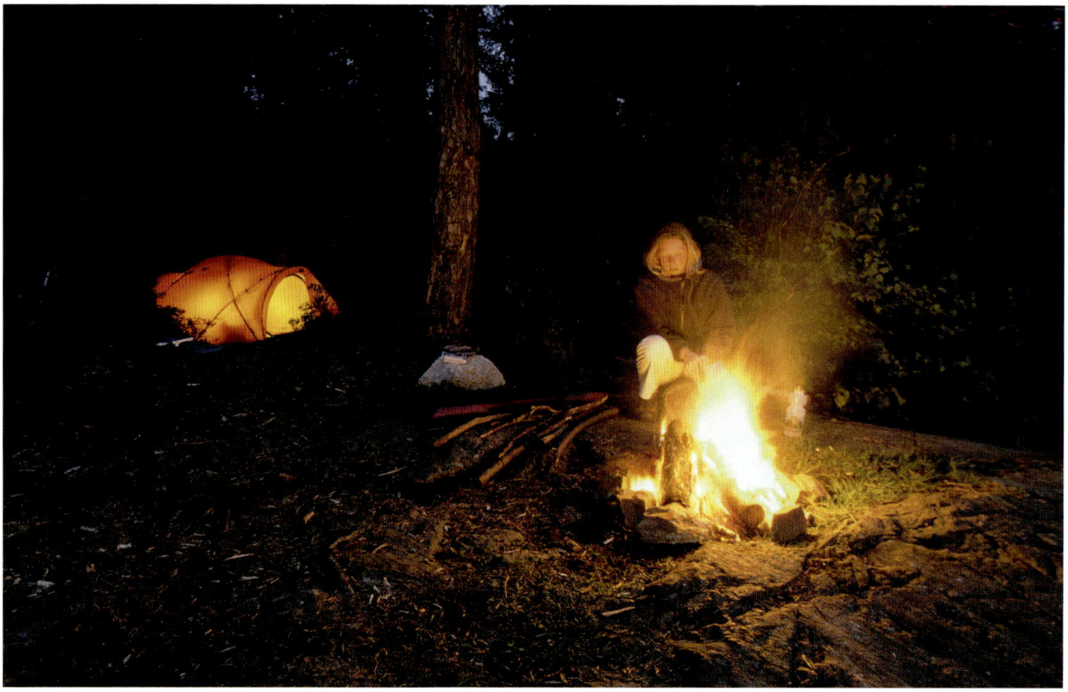

Ein Feuer ist auch im Frühsommer nach Regenfällen und in Wassernähe okay.

220 km

Nach einem Mittagssnack kämpfen wir uns wieder hinauf zur E 18. Auf einem Straßenschild lesen wir „19 Kilometer nach Grimstad“ und klein daneben auf dem Wegweiser des Radwegs „15,8 km“. Hätten wir vorher gewusst, was uns erwartet, wären wir den etwas weiteren Weg gefahren. Denn der Abschnitt des Radwegs, auf den wir uns jetzt begeben, ist allenfalls für Mountainbiker ein Spaß, nicht aber für bepackte Reiseradler. Für ein kurzes Stück geht es beschaulich im Wald nördlich der E 18 voran, dann erreichen wir den ersten steilen Anstieg, den man nur mit Mühe schafft. Auf den nächsten zehn Kilometern windet sich der Weg mal hoch, mal runter, besteht aus lockerem Sand oder Schotter, übersät mit faustgroßen Gesteinsklumpen. „Haben wir uns etwa verfahren?“, doch die Schilder des Radwegs stimmen mit unserer Route überein. Als Belohnung für alle Strapazen gönnen wir uns in Grimstad unseren ersten Hot Dog. Wie in Dänemark schmecken sie auch in Norwegen vorzüglich. Kein Geringerer als Henrik Ibsen hielt sich in den Jahren 1844 - 1850 als Apothekerlehrling in dem hübschen Örtchen auf. Das alte Wohnhaus des Dichters und Dramatikers beherbergt heute auch das Stadtmuseum. Die Grimstadt Kirche von 1883, der zweitgrößte sakrale Bau Norwegens, ist ebenso wie die ältere Fjäre-Kirche aus dem 12. Jahrhundert sehenswert. Einen Platz fürs Zelt zu finden wird an diesem Abend besonders schwer. Auf dem Campingplatz in Grimstad hat die Saison noch nicht begonnen; so dass wir erst zehn Kilometer später weitab der Route fündig werden. Nach Arendal weiterzufahren ist – sollte man in Grimstad kein Glück haben – sicherlich die beste Variante. Dort gibt es gleich zwei offizielle Zeltplätze und auch einige Hotels.

Der dritte Tag

Wir erreichen Arendal am nächsten Vormittag. Die Stadt reiht sich als weitere Perle in die Kette der schneeweißen Städte und Dörfer der Südküste ein und lädt zum längeren Verweilen. Sie ist die zweitgrößte Stadt auf der Tour und breitet sich über sieben dem Festland vorgelagerte Inseln aus. Viel von ihrem Flair hat Arendal durch architektonische Maßnahmen verloren, doch im kleinen Hafen fühlen sich alle Gäste wohl.

Schon kurz hinter der Stadt müssen wir nach einem Zeltplatz Ausschau halten – die gestrige Strecke ist Katrins linkem Knie nicht bekommen. Dafür haben wir heute Glück: Zehn Kilometer weiter steht unser Zelt in einem idyllischen Kiefernwäldchen, davor gleiten Felsen sanft ins Wasser eines großen, stillen Sees. Am Abend machen wir ein Lagerfeuer und berauschen uns an dem Sonnenuntergang, der nicht enden will. Lange leuchten noch rote Wolkenfetzen am Himmel, schauen hinter einer Galerie aus dunklen Tannenspitzen am westlichen Seeufer hervor.

Der vierte & fünfte Tag

Der Routenverlauf ist heute nahezu ideal, die Essenz unserer Woche an der Südküste: Die Straße verläuft in leichtem Auf und Ab durch kleine Wälder und hübsche Ortschaften, berührt Buchten und überquert Meeresarme, eröffnet immer wieder neue Blicke auf die Skagerrak-Küste und die ihr vorgelagerten Inseln und Inselchen, Schären jeglicher Größe und Form. Eilande, die mal kaum aus dem Wasser ragen, mal steil aufsteigen, mal kahl sind, dann wieder bestanden von Kiefern, mal unbewohnt, mal gekrönt durch ein buntes Holzhaus mit einem Steg davor.

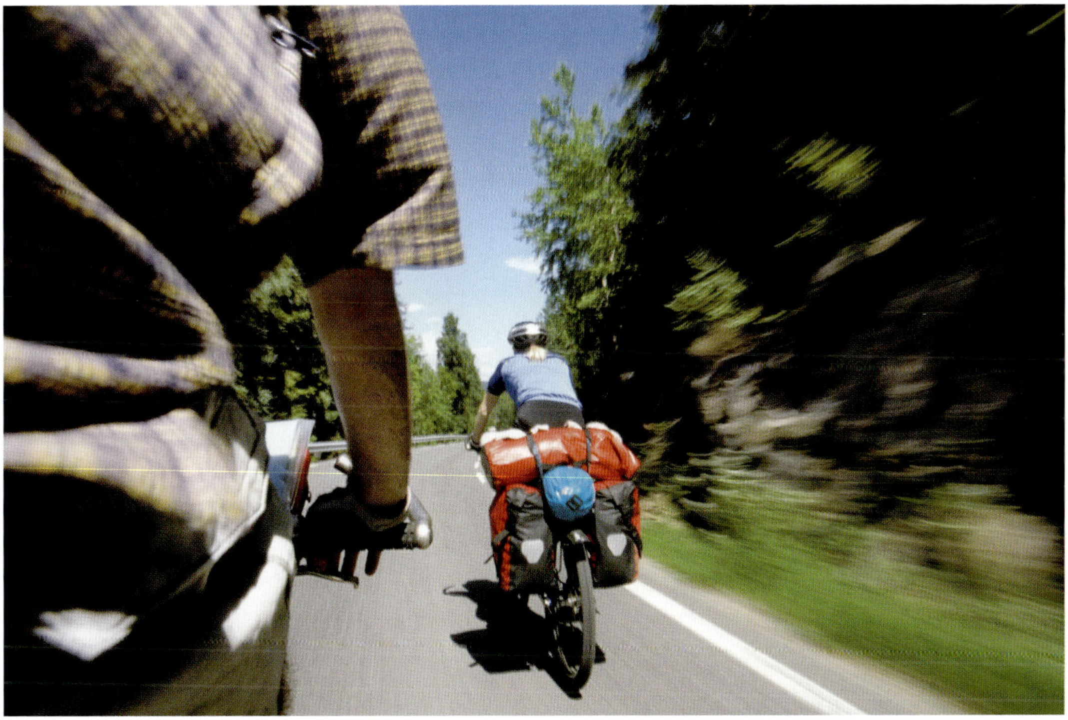

Im Gepäck müssen Shorts und lange Hosen greifbar sein. Jeden Tag wechselt das Wetter.

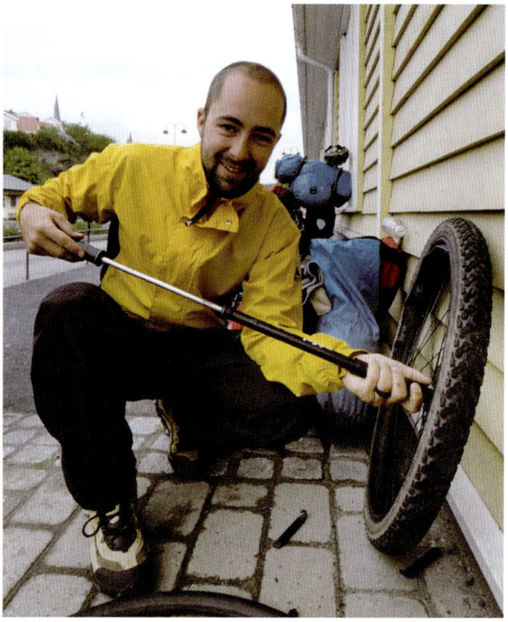

Ein Plattfuß in Kragerø.

„Sørlandets lächelndes Grübchen“ nennen die Einwohner ihre Stadt Tvedestrand, die durch Tourismus geprägt ist. Eine lange, steile Abfahrt führt uns durch die Gassen hinab an den Hafen. Von hier unten erkennt man erst so richtig, wie einmalig die Lage 220 km des Ortes ist. Die Häuser kleben förmlich an dem bewaldeten Hang, der sich wie die Sitzreihen eines Amphitheaters um das Hafenbecken schmiegt. Einige Motorboote und Segeljachten liegen am Kai vertäut, es ist offensichtlich, dass die Saison noch nicht begonnen hat. Beschauliche Ruhe auf dem Wasser und der kurzen Promenade.

Umso besser für uns – wir finden eine Bank, auf der wir uns mit Blick auf die leise schaukelnden Holzboote ausstrecken und von der Sonne streicheln lassen können.

Noch 15 Kilometer sind es auf der 411 bis nach Gjeving (Camping, Landhandel), mit vielen Steigungen, die bei den heutigen Temperaturen das Blut ein wenig köcheln lassen. Von Gjeving ist es nur ein Katzensprung zum Höhepunkt der Tour, dem Dorf Lyngør, gut einen Kilometer vor der Küste gelegen. Dafür benötigen Radfahrer allerdings die Hilfe des Bootstaxis. In der Vorsaison gibt es eventuell die Möglichkeit, auf einer unbewohnten Ecke der Hauptinsel Ytre Lyngør wild zu zelten, im Sommer sollte man über Nacht auf dem Campingplatz von Gjeving bleiben und einen Tagesausflug nach Lyngør unternehmen.

1991 wurde Lyngør zum schönsten Dorf Europas gekürt und verdient diese Auszeichnung ohne Frage auch heute noch. Wir trauen unseren Augen kaum, als wir mit dem Bootstaxi am späten Nachmittag aus Gjeving übersetzen. Das Dorf ist über vier kleine, hügelige, eng beieinander liegende Inseln verteilt. Dicht an dicht drängen sich kleine weiße Sommerhäuser und feine

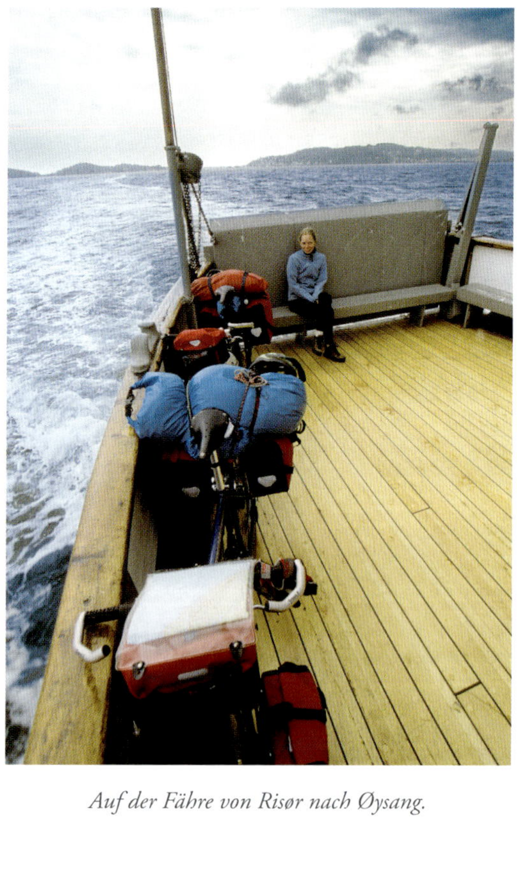

Auf der Fähre von Risør nach Øysang.

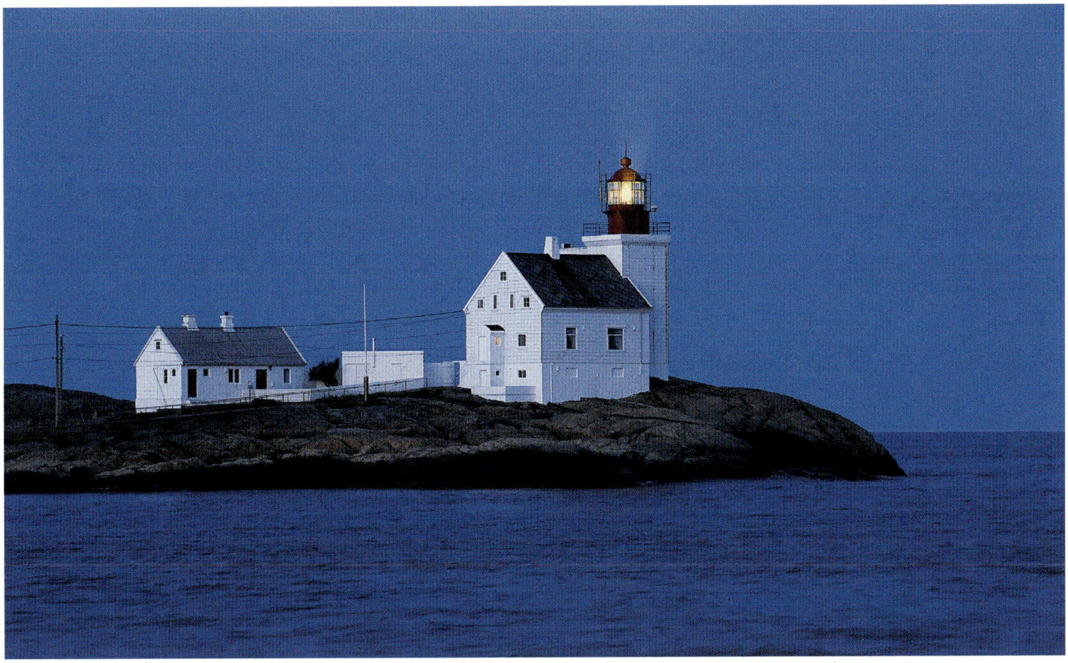

Der Leuchtturm von Lyngør.

Villen auf dem knappen Land. Es gibt keine Autos in Lyngør, und jetzt, Anfang Juni, auch noch nicht viele Menschen. Hier sitzt jemand auf seiner Terrasse, da hämmert und werkelt man, macht die Häuser bereit für den Sommer. „Vielleicht 2.000 bis 3.000 Menschen leben im Juli und August im Ort“, erzählt mir ein Einheimischer. „Im Winter sind es gerade einmal 100.“ Unser Wassertaxi setzt uns am Steg von Ytre Lyngør ab, der größten der vier Inseln, dann sind wir allein. Nur ein Weg, knapp zwei Meter breit und asphaltiert, verbindet das eine Ende der Insel mit dem anderen. Derart übersichtlich, ist die Insel schnell erschlossen. Da ist es schon viel spannender, dem Bootsverkehr auf dem Kanal zwischen den Inseln zuzuschauen.

Wir finden einen Zeltplatz am nördlichen Ende des Eilandes: Unser Stoffpalast steht auf einer Stein-Terrasse, keine 20 Meter vom Wasser entfernt. Das Rauschen des Meeres umfängt uns wie der Ruf der Möwen und der Duft des Salzwassers. In einer Felsritze blüht wilder Schnittlauch, gelbgrüne Flechten überziehen das Gestein ringsum.

Am Abend fällt der Lichtkegel des Leuchtturms von Lyngør über den Felsrücken hinter dem Zelt zu uns herab. Wir stapfen im Schein des Vollmonds herüber, setzen uns in eine Felsmulde und schauen dem Licht zu, wie es seine Runden dreht. Dunkel, hell. Dunkel, hell. Ein Blinken als Zeichen der Sicherheit, der Warnung an Steuermänner vor den unberechenbaren Schären.

Zwei Tage bleiben wir auf Ytre Lyngør, lernen den Landhandel und sein Süßwarenregal kennen, eine Insel-Katze, die uns auf unseren Spaziergängen begleitet und die wir Kalle nennen, und einige Bewohner des Dorfes. Einer ist Schriftsteller, wie könnte es anders sein. Es gibt sicher nicht viele Plätze auf der Erde, die einem Schriftsteller besser stehen könnten.

Der sechste Tag

Erst als wir Lyngør auf der 411 wieder verlassen, ändert sich auch das Wetter. Es regnet, ist kalt und es scheint, als hätte man uns in den April zurück versetzt. Doch das Wetter passt zur Route, macht den Wald, durch den sich die Landstraße schlängelt, noch grüner, noch saftiger und lebendiger. Wir strampeln bergauf und rollen wieder hinab, vorbei an einsam stehenden, bunten Gehöften, Farbklecksen unter dem graue Himmel, und durch kleine Dörfer, an Seen entlang, an deren Oberfläche die Wolken lecken, vorbei an tief ins Land ragenden Meeresarmen.

Wir sind unterwegs zur „Perle der Südküste", wie es in einem Reiseführer heißt, unterwegs nach Risør mit seinen schmucken, weißen Patrizierhäusern, die das Hafenbecken säumen. Bei Sonnenschein würde Risør eine Perle sein, das stimmt – auch wenn es Lyngør niemals das Wasser reichen könnte – heute ist es für uns nur eine Stadt, in der wir die Vorräte aufstocken. Allerdings ist die Kleinstadt eine von Europas besterhaltenen Holzhaussiedlungen des 19. Jahrhunderts. Im Jahre 1990 erhielt sie sogar den Preis für die schönste Holzstadt des Landes. Die Kirche von Risør wurde im Jahre 1647 gebaut. Das Altarbild wurde von einem Rubensschüler gemalt und war ursprünglich für eine Kirche in Riga bestimmt, doch das Schiff erlitt zwischen Risør und Lyngør Schiffbruch und so landete das Bild hier.

220 km

Mit einer kleinen, antik anmutenden Fähre – mit wundervollen, von unzähligen Schritten der Passagiere gezeichneten Holzplanken – die eigentlich nur noch Schulkinder benutzen, um auf die andere Seite des Fjordes zurück nach Hause zu gelangen, setzen wir unsere Reise fort und kehren der Stadt wieder den Rücken. Auf dem Schiff sitzen uns zwei Mädchen gegenüber und knabbern „Reker", kleine Shrimps, aus einer Papiertüte. Mit gekonntem Griff lösen sie das Innere aus der Schale und werfen diese über Bord. Die Möwen ergattern sie meist noch bevor sie im Heckwasser der Fähre landen.

Die Fähre erreicht Øysang, ein Dorf, das man kaum so nennen kann. Drei, vier Häuser sind auf den ersten Blick zu sehen; es ist unerklärlich, wohin die 15 Teenager verschwunden sind, die das Boot hier verlassen haben. Oben, an der Landstraße nach Stabbesand, steht eine Tankstelle. Sie ist verlassen, ihr Vorplatz von Scherben übersät, zwei einsame Zapfsäulen von schwarzen, durchlöcherten Müllsäcken überzogen. Ein trostloser Anblick, ein Zeichen für die starke Landflucht in weiten Teilen Norwegens.

Wir fahren weiter, hinein in einen Wald, rollen jetzt durch die Provinz Telemark. Die Küste liegt hinter uns, das schöne Wetter wohl auch. Eine andere Seite Norwegens breitet sich vor unseren Rädern aus, unsere Blicke schweifen nach links und rechts, auf der Suche nach einem Zeltplatz.

Als es wieder zu regnen anfängt, entscheiden wir uns dafür, doch die 20 Kilometer nach Kragerø, dem Ziel unserer Tour, weiterzufahren. Die Strecke durch den Wald ist einsam und schön, doch der ins Gesicht peitschende Regen trübt die Sicht. Eine Fähre bringt uns ein letztes Mal über die Wellen des Skagerraks von Stabbestad nach Kragerø. Bunte und leuchtend weiße, aus dem 19. Jahrhundert stammende Holzhäuser, die teilweise in die Felsen gebaut wurden sowie die engen, verwinkelten Gassen geben dem Ort sein malerisches Aussehen. Als Saint-Tropez Norwegens wird der Ort daher auch bezeichnet. Viele Künstler, auch Edvard Munch, liebten diesen Ort und das faszinierende Licht der Südküste.

Mit dem Fahrrad von Bergen nach Åndalsnes

Gewaltiges Fjordland

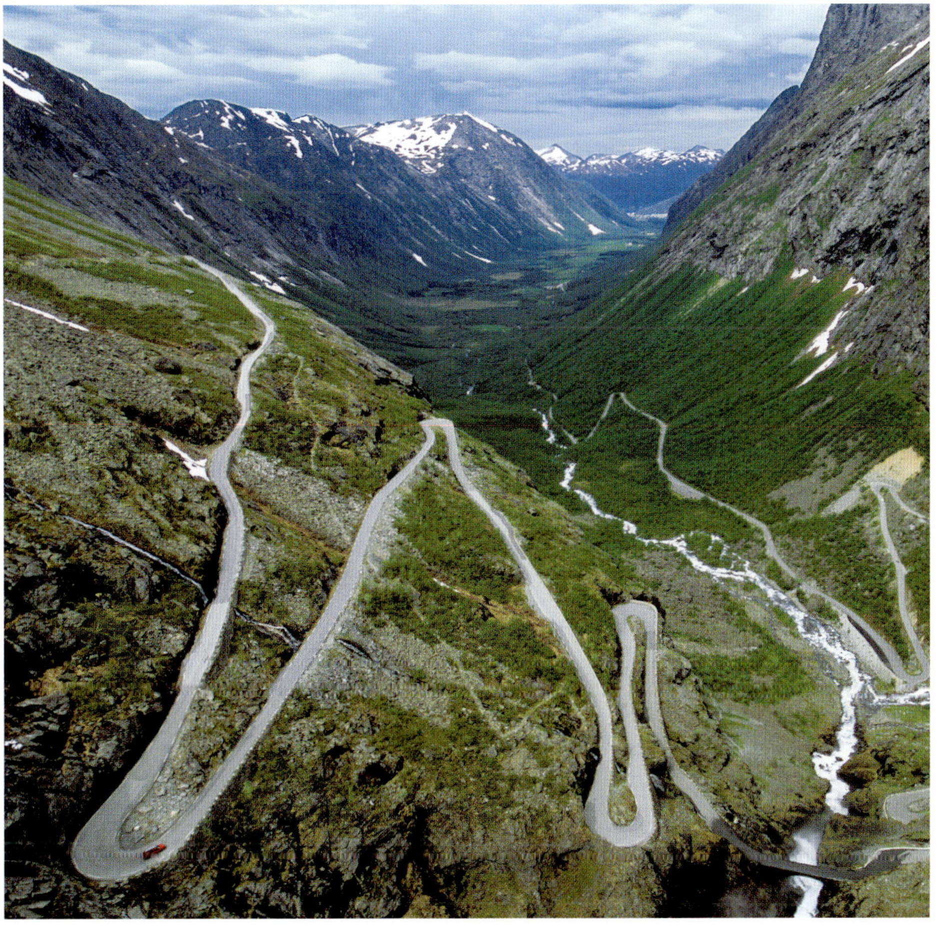

Tour 12

Von Bergen nach Åndalsnes

Schwierigkeit	Höhendifferenz	Zelten	Hüttenübernachtung
★★☆☆	★★★☆	★★★★	★★★★

Charakter der Tour

Etwa zehn bis zwölftägige Fahrradtour durch Norwegens Fjordland. Nicht so viele Kilometer entlang der Küste, wie man es sich vielleicht vorstellt, da die Fjorde eher von Westen nach Osten verlaufen, die Route aber von Süd nach Nord. Um von einem Fjord zum anderen zu gelangen, fährt man fast jeden Tag über einen kleinen oder größeren Pass. Und das ist ziemlich anstrengend. Viele Anstiege, viele tolle Abfahrten. Höchster Pass, der berühmte Trollstigen: Von 0 auf 850 m ü. NN. Am Tag zuvor von 0 auf 624 m ü. NN am Geiranger Fjord.

Länge der Tour:
Ca. 500 km, ca. 10 Tage.

Anreise:
Ausganspunkt der Tour ist Bergen, nach Oslo die zweitgrößte Stadt Norwegens. Verschiedene Anreise-Möglichkeiten: Per Flugzeug direkt (Flughafenbus fährt alle 15 Minuten ins Zentrum, Fahrradmitnahme i.d.R. kein Problem) oder per Fähre der Fjord Line aus Hirtshals in Dänemark sowie der Color Line über Nacht von Kiel nach Oslo. Von dort mit der berühmten Bergen Bahn (Vorsicht: nicht alle Züge nehmen Fahrräder mit) nach Bergen. Schließlich fährt auch noch ein Expressbus von Oslo nach Bergen.

Abreise:
Von Åndalsnes per Bus nach Ålesund (fährt mindestens zwei Mal täglich, Fahrzeit 2,5 Std.). Von dort per Hurtigruten Schiff in rund 13 Std. zurück nach Bergen (Abfahrt in Ålesund 00:45, Ankunft in Bergen um 14:30 am nächsten Tag). Etwas unromantischer ist die Rückfahrt per Bus über Ålesund nach Bergen, die fast einen ganzen Tag dauert (bis zu fünf Verbindungen täglich). Man kann von Ålesund auch per Bus zurück nach Oslo fahren (bis zu fünf Verbindungen täglich, dauert ebenfalls fast einen Tag).

500 km

Startpunkt:
Hafen von Bergen.

Endpunkt:
Åndalsnes.

Verpflegung:
Verpflegung kann jeden Tag nachgekauft werden.

Übernachtung:
Wildzelten wird auf dieser Tour schwer. An den Fjord-Ufern sowie auch im Bereich der Bergstrecken ist das Terrain neben der Straße oft steil. Dort, wo es flacher wird, stehen zumeist Bauernhöfe, Wohnhäuser oder Sommerhütten, gibt es Äcker oder Felder. Mit etwas Mühe findet man zwar fast jeden Abend einen wilden Zeltplatz, stressfreier bleibt das Ganze aber, wenn man sich darauf einstellt, auch auf offizielle **Campingplätze** zu gehen, wobei auch das in den ersten Tagen etwas schwierig ist, weil die „Zeltplatzdichte" dort gering ist. Bei offensichtlich privaten Wiesen o.ä. wenn möglich immer erst den Besitzer um Erlaubnis fragen.

Kartenmaterial:
Mittel-Norwegen Süd, Oslo – Bergen – Ålesund, Cappelen Kart, 1:335.000, Kümmerly + Frey.
Für die Fahrt aus dem Stadtgewirr von Bergen ist diese Karte ungeeignet.
Kostenlose ***Regionalkarte*** im Touristenbüro in Bergen besorgen.

Sehenswürdigkeiten:
Brygge, das alte Stadtviertel mit den Handelshäusern der Hanse direkt am Hafen von **Bergen**. Die Häuser sind rund 280 Jahre alt und wurden nach dem großen Brand von 1702 errichtet. Fahren Sie zum Sonnenuntergang mit einem leckeren Brot und einer Tüte frischer Shrimps (Reker) vom Fischmarkt mit der ***Standseilbahn*** auf den ***Aussichtsberg Fløyen*** und genießen Sie den Sonnenuntergang *(Siehe auch Bergen S. 40). Weitere Sehenswürdigkeiten siehe Tourenbeschreibung.*

Sonstige Aktivitäten: ***Fahrt mit den Hurtigruten*** von Ålesund nach Bergen,
Abstecher zum Briksdalsbreen, einer vom Jostedals-Gletscher ins Tal reichenden Gletscherzunge.

Übernachtung Bergen:
Vandrerhjem Montana, John Blytts vei 30, 5096 Bergen, Tel. (+47) 55 20 80 70, www.montana.no
YMCA, Nedre Korskirkealmenningen 4, 5017 Bergen, Tel. (+47) 55 60 60 55, www.bergenhostel.com

Infos, Wichtige Adressen:
Bergen ***Turistkontor***, Vågsallmenningen 1, Tel. (+47) 55 55 20 00, www.visitbergen.com
Allgemeine Infos über die gesamte Region **Sunmøre***:* www.visitalesund-geiranger.com
Ålesund ***Turistkontor***, Skateflukaia, 6002 Ålesund, Tel. (+47) 70 15 76 00
Åndalsnes and Romsdal ***Tourist Information***, Jernbanegata 1, 6300 Åndalsnes, Tel (+47) 71 22 16 22, www.visitandalsnes.com
Hurtigruten GmbH, Kleine Johannisstraße 10, 20457 Hamburg, Tel. (040) 37 69 30, www.hurtigruten.de; ***Infos über Fähren und Busse***: www.fjord1.no, www.nor-way.no

Route: Bergen – Knarvik – Leirvåg – Rutledal – Dale – Osen – Førde – Skei – Byrkjelo – Stryn – Grodås – Hellesylt – Geiranger – Eidsdal – Linge – Valldal – Trollstigen – Åndalsnes

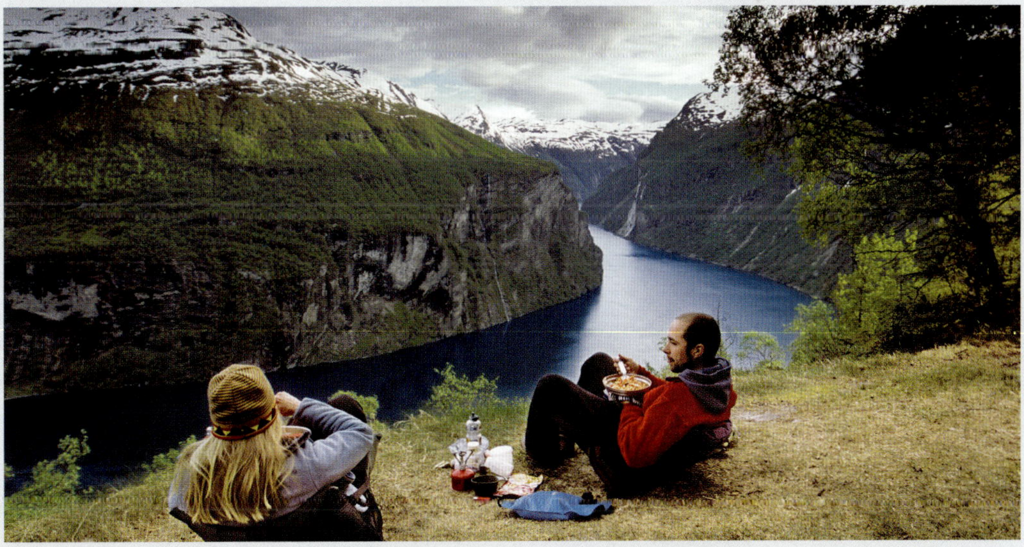

Abendbrot oberhalb des Geirangerfjords.

500 km

Karte Bergen - Åndalsnes

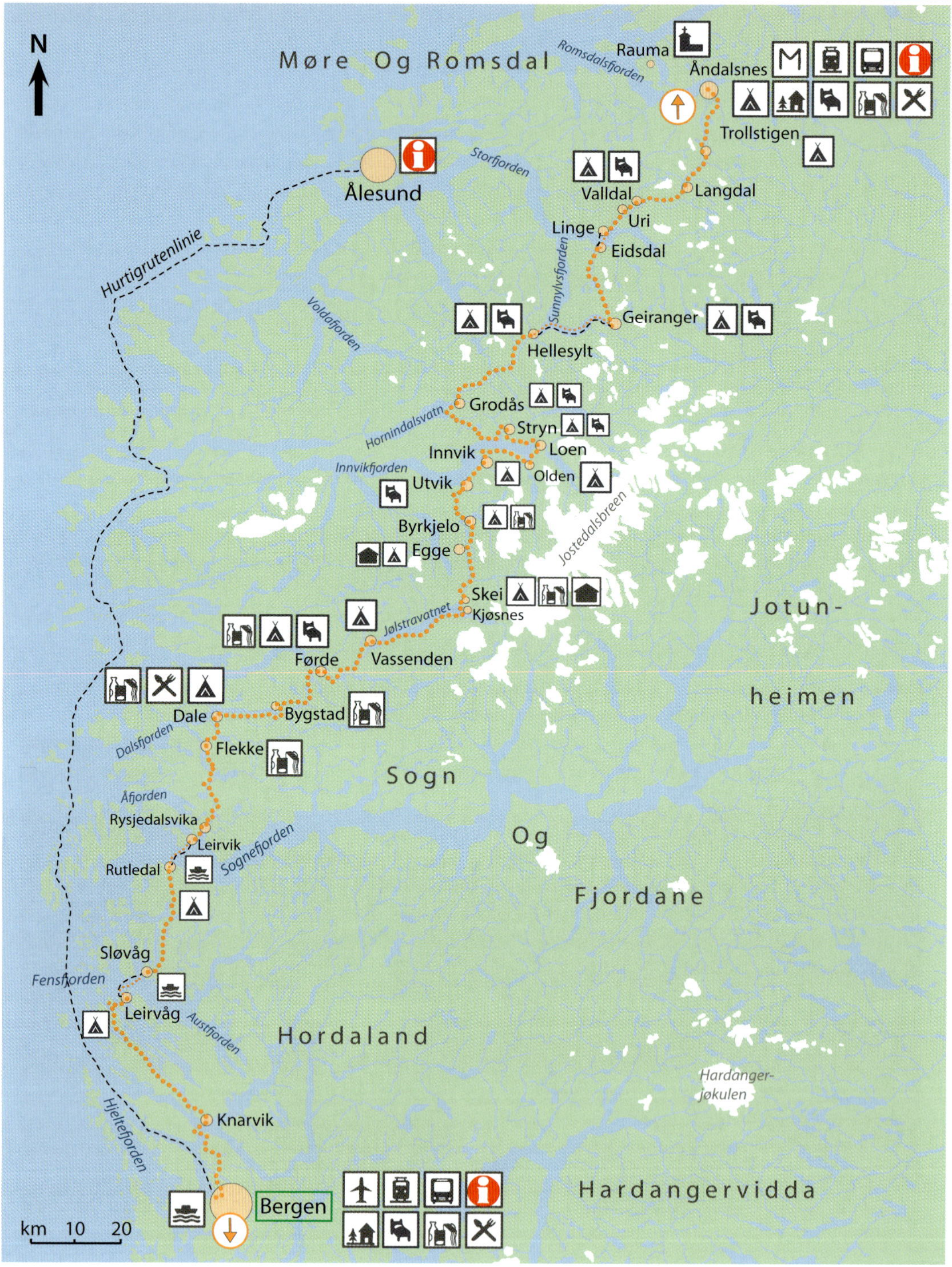

Gewaltiges Fjordland

Alle Koffer sind übers Laufband gekommen, unsere Fahrradtaschen auch. Dann endlich gleiten die Räder unter dem Vorhang aus Plastikbändern hervor. Wir sind auf dem Flughafen von Bergen angekommen und nehmen zunächst den Shuttlebus ins gut 20 Kilometer entfernte Zentrum der zweitgrößten Stadt Norwegens. Dort entfernen wir die zum Schutz angebrachte Pappe und Luftpolsterfolie von den Rädern, stellen die Lenker wieder gerade und bauen die Pedale an. Schließlich behängen wir die Räder mit den Packtaschen – es kann losgehen. Der Fahrt nach Åndalsnes, gut 500 Kilometer weiter im Norden gelegen, steht nichts mehr im Wege.

Kurz schauen wir noch bei der Jugendherberge vorbei und lagern das Verpackungsmaterial der Bikes für den Rückflug ein, holen uns aus dem Touristenbüro eine Karte und Infos, wie wir am besten aus der Stadt Richtung Norden kommen *(Infokasten unten)*. Die Besichtigung des unbedingt sehenswerten alten Stadtviertels Brygge *(Siehe Seite 40)* behalten wir uns für die Rückfahrt vor.

Hinaus aus dem Stadtgewirr von Bergen

Die ersten 30 Kilometer der Tour, das Großraumgebiet von Bergen, sind kompliziert. Zunächst nimmt man die Straße 585/E 39, vorbei an den fast 300 Jahre alten Speicherhäusern der Hanse, der Tyske Brygge, nach Norden. Sie schlängelt sich einige Kilometer am Wasser entlang und verschwindet schließlich in einem langen, für Radfahrer gesperrten Tunnel. Hier wird die Straße überquert und auf dem Radweg links weitergefahren. Grobes Ziel ist die NHH, eine in diesem Teil Bergens bekannte Schule, oben auf einem Berg. An der Schule vorbei, biegt man links in Richtung Eidsvag ab.

Während die große E 39 nach rechts abschwenkt, gehts weiter auf der ruhigeren Straße, die nun für eine Weile oberhalb des Byfjorden verläuft. Man passiert kleine Einfamilienhäuser, aber auch einige Hochhäuser – die Aussicht auf den Fjord von den Balkonen muss phantastisch sein.

Es folgt die Abfahrt hinunter nach Eidsvag. Unten auf der Straße bleiben, die dem Wasser am nächsten ist. Dann gelangt man in den Ort Åsane, lässt das Zentrum links liegen und überquert eine Straßenbrücke. Links befindet sich IKEA. Dann geht es ein kleines Stück weiter und 200 Meter nach einer Tankstelle auf der rechten Seite, links in die 564 in Richtung Salhus. Das ist die schönste Strecke nach Knarvik.

Die kleine Straße führt vorbei an Häusern ans Nordende der Halbinsel. Eine zweite lange Abfahrt hinab in den Ort Salhus. Die große Brücke hinüber nach Knarvik kann man schon sehen. Den Abzweig rechts nach Steinestø nicht verpassen! Dort beginnt die Brücke. Steil führt die schmale Straße eng am Hang klebend wieder vom Wasser weg in die Höhe. Da es für Radfahrer verboten ist, die Brücke auf der Autostraße zu queren, biegt man gut 50 Meter vor einem Verkehrskreisel an der Brücke links in ein Wohngebiet ab. Am Ende der Straße, zwischen Einfamilienhäusern, geht es scharf nach rechts. Ein kleines Stück weiter zweigt links ein kleiner Kiespfad ab, schlängelt sich einen Hang hinauf und verschwindet dann zwischen Büschen: Dies ist der Weg zum Radweg über die Brücke. Am anderen Ufer ist es geschafft, von dort an reicht eine grobe Straßenkarte zur Orientierung aus.

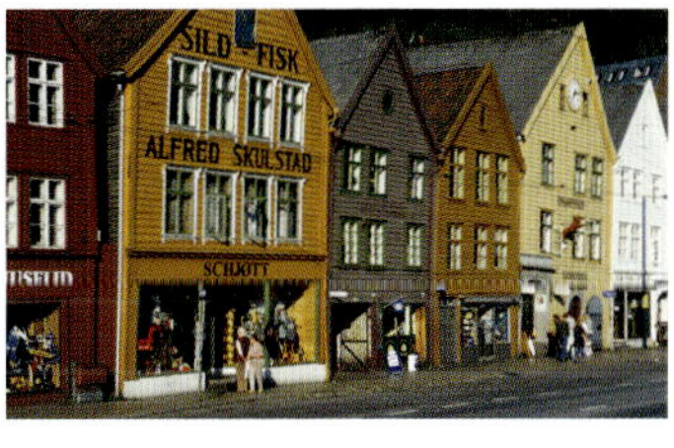

Es ist schon 20 Uhr, als wir die große Brücke bei Knarvik überqueren. Erst hier haben wir das Gefühl, die Stadt hinter uns gelassen zu haben. Auf einer großen Wiese an der Straße schlagen wir nach den ersten 30 Kilometern unser Zelt auf. Möglicherweise wäre es sinnvoll gewesen, noch eine Nacht in Bergen zu verbringen und erst am nächsten Tag früh und frisch aus der Stadt zu fahren, um etwas weiter aufs Land zu kommen...

Der zweite Tag

Die Reise soll ruhig beginnen, so dass wir uns am zweiten Tag Zeit lassen. Wir ordnen noch einmal unsere Taschen und ziehen uns mehrfach um, weil das Thermometer weiter und weiter steigt; gegen Mittag starten wir. Da es fast nicht mehr dunkel wird, haben wir endlos Zeit und können ohne weiteres bis Mitternacht radeln. Nach dem Überqueren einer zweiten Brücke biegen wir am Kreisel links auf die Landstraße 565 in Richtung Austrheim ab. Auch wenn die Küste nun für lange Zeit nie mehr als einen Kilometer entfernt ist, scheint es, als würden wir mitten auf dem Land unterwegs sein. Links und rechts der Straße dehnen sich Felder, Weiden und Blumenwiesen aus, dann und wann rollen wir durch schattige kleine Wäldchen.

Je weiter wir nach Norden kommen, desto einsamer wird es. Im stetigen Wechsel kämpfen wir uns kleine, steile Anstiege hinauf, um durchgeschwitzt auf der anderen Seite wieder abzufahren. Eine hervorragende Einstimmung auf die nächsten Tage. Denn bis Åndalsnes wird es fast täglich einen kleineren oder größeren Pass zu überwinden geben. Von Bergen nach Åndalsnes zu radeln, bedeutet nämlich nicht nur, die berühmten Anstiege am Geirangerfjord und zum Trollstigen zu überwinden – diese Route ist etwas für Leute, die sich gern ein wenig quälen und die gleichzeitig tolle Abfahrten genießen können. Am Nachmittag überqueren wir den Hoplandsosen, eine Art natürlichen Kanal zwischen offenem Meer und dem Wasser zwischen den Inseln. Es ist gerade Flut, das Wasser presst sich durch die schmale Passage.

Der dritte Tag

Wir werden vom Kuckuck geweckt. Ganz nah beim Zelt muss er sitzen und mit heiserem Klang eine Dame suchen. Auch gestern schon konnten wir in der Nähe unseres ersten Zeltplatzes den vertrauten Klängen des Sommers lauschen.

Wir fahren durch einige kleine Ortschaften, über kurze, steile Brücken von einer Insel zur nächsten und gelangen schließlich an die Abzweigung nach Leirvåg, wo uns eine Fähre über den Fensfjord nach Sløvåg bringen wird. Eineinhalb Kilometer schießen wir hinab zum Wasser und Fähranleger, genießen die Abfahrt und den salzigen Wind. Unten gibt es eine wohlverdiente Pause – wir haben noch eine Stunde Zeit bis die nächste Fähre ablegt. Viel länger als eine Stunde muss man kaum warten. Das Schiff verkehrt mehrmals täglich, nur am Samstag und Sonntag nicht so häufig.

Der Fährhafen von Sløvåg am anderen Ufer, von Industrie gesäumt, ist wenig einladend. Bei grauem Himmel kämpfen wir uns gegen den aufgekommenen Wind vorbei an dem für Norwegen so ungewohnten Bild.

Die Landschaft hat ihr Gesicht gewandelt, ist schroffer geworden, es gibt mehr Erhöhungen und Markantes, an dem das Auge verweilen kann. Schon nach wenigen Kilometern entlang des Fensfjords Richtung Osten schwenkt die Straße nördlich in ein grünes Tal ab.

Dem Eidsfjord folgend radeln wir durch eine hügelige, von Landwirtschaft geprägte

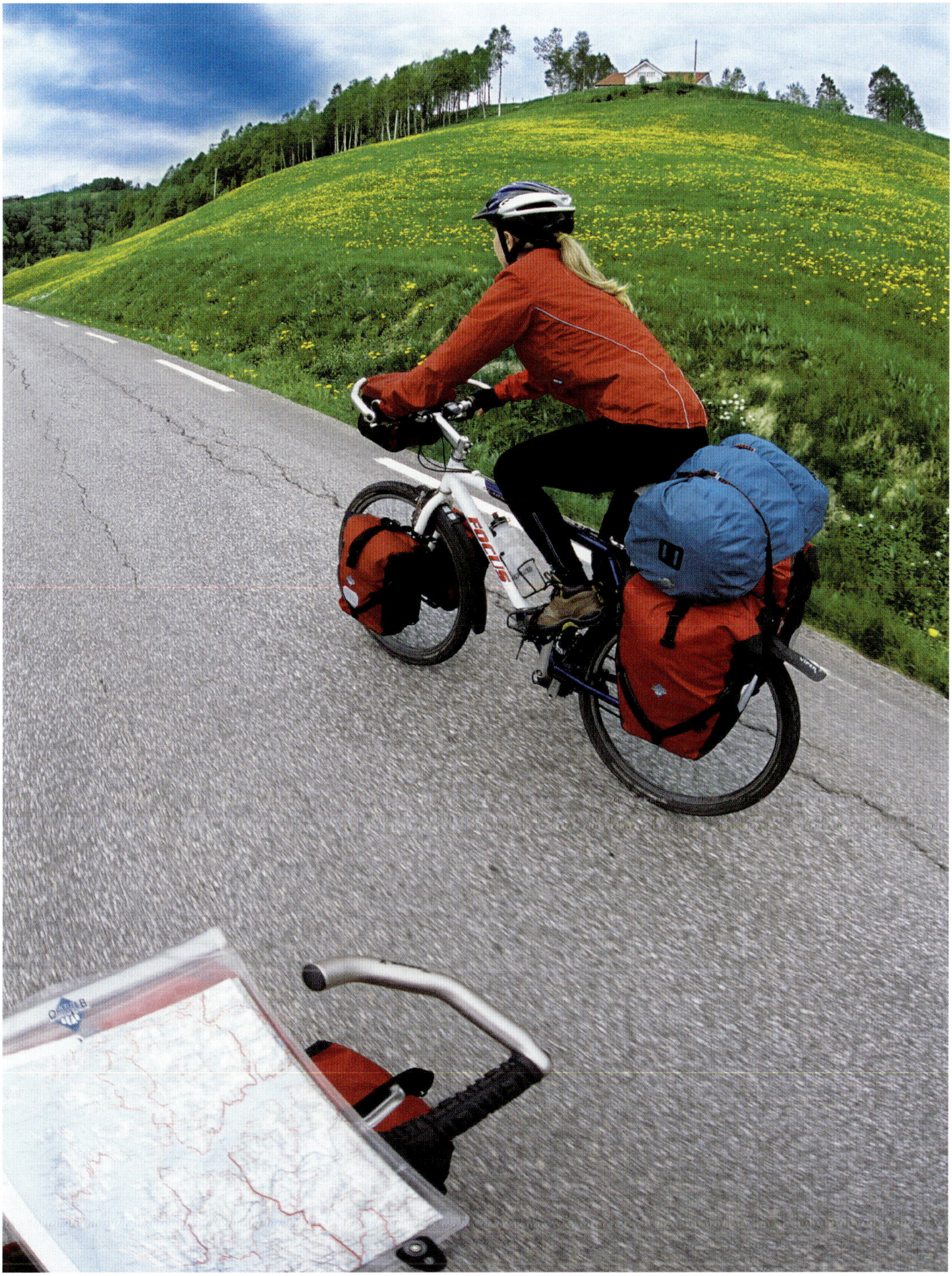

Jeden Tag ein neuer Pass - Motto für die Tour durchs Fjordland.

Gegend. Immer wieder kommen wir an kleinen Gehöften und Ortschaften vorbei, freuen uns über die vielen jungen Lämmer auf den Weiden. Einerseits die steilen Talwände bestaunend, stöhnen wir über die vielen Höhenmeter, die es zu überwinden gilt. Auch unsere ersten Tunnel liegen heute auf der Strecke – der längere mit 600 Metern – ist zwar beleuchtet, doch sollte man trotzdem an seinen Radtaschen ein blinkendes LED-Licht befestigen. Die norwegischen Autofahrer sind manchmal ziemliche Raser. Hinter dem Tunnel erstreckt sich links der Gulafjord, flankiert von über 500 Meter hohe Bergen. Wir düsen hinab bis auf Meereshöhe. So schön die rauschende Abfahrt auch ist, verlieren wir damit jeden einzelnen erkämpften Höhenmeter. Am Ende des Tages geht es von Nordgulen, einem kleinen Ort im hintersten Fjordzipfel, von Null auf geschätzte 300 Meter hoch. Einen guten Teil der beschwerlichen Strecke schaffen wir noch am Abend, bauen an einem Bach unser Zelt auf und genießen den Sonnenuntergang.

Der vierte Tag

Da die Fähre von Rutledal nach Rysjedalsvika nur alle drei Stunden über die „Mündung" des mit 204 Kilometern längsten Fjords der Welt, den Sognefjord, übersetzt, müssen wir früh aufstehen. Noch zwei Kilometer geht es bergan, dann sausen wir die phantastische Abfahrt zum Fähranleger hinab.

Drüben geht es kurz am Fjordufer entlang, dann biegen wir auf die Landstraße 57 nach Norden. Dale ist unser Ziel, 42 Kilometer entfernt am nächsten Fjord gelegen, dem Dalsfjord. Und was liegt in Norwegen zwischen zwei Fjorden? Natürlich, eine Bergkette. Teilweise radeln wir auf dem alten „Trondheimer Postweg", passieren

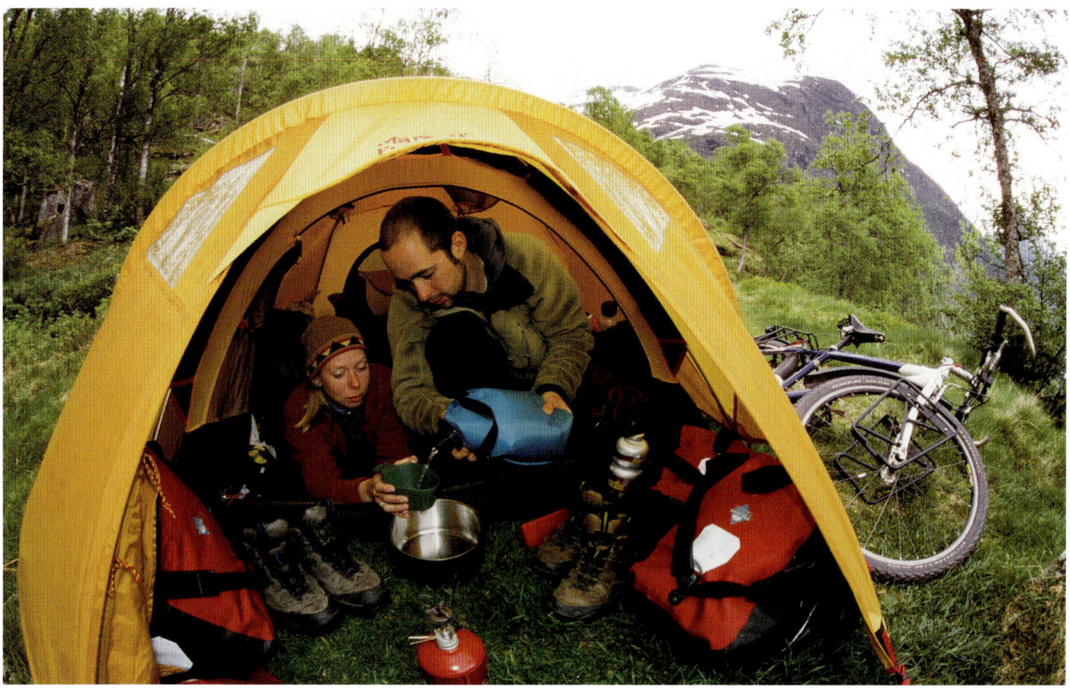

Einer der wenigen schönen, wilden Zeltplätze der Tour.

500 km

zwei wunderbar erhaltene alte, steinerne Bogenbrücken. Stetig aber sanft steigt die Straße an. Doch dann, nach etwa zehn Kilometern, kurz vor einem Örtchen, das ebenfalls Dale heißt, geht es richtig los: In einer langgestreckten Linkskurve, die uns um einen See herumführt, steigt die Straße steil an und zweieinhalb Kilometer nach dem See, ist man am höchsten Punkt angelangt.

Die Belohnung für die Mühsal ist eine wunderbare, zehn Kilometer lange Abfahrt: Zunächst durch ein Gebiet mit einigen Höfen, Blumenwiesen und Schafweiden, dann durch ein enges Tal, das sich die Straße mit einem rauschenden Wildbach teilt. Hinter Nautsund, einem kleinen, unscheinbaren Dorf, das man schnell hinter sich lässt, geht es mehr oder weniger eben weiter bis nach Flekke.

Im örtlichen Supermarkt frischen wir unsere Lebensmittelvorräte auf. An der nächsten schönen Stelle wollen wir unser Zelt aufschlagen. Ein schwieriges Unterfangen, hatte es doch vor Flekke mehr wilde Zeltplätze gegeben. Wir müssen also weiter. Immerhin geht es von der „Passhöhe“ bis Dale nur noch bergab, entlang eines donnernden, weiß schäumenden Flusses, der sich in wilden Kaskaden dem Fjord entgegenwirft.

Zwar gibt es in Dale keinen Zeltplatz, aber ein freundlicher Polizist geleitet uns persönlich zum „Klokkagarden“. Wo das Geburtshaus des Dichters Jakob Sande steht, hat ein gemeinnütziger Verein zur Erhaltung des Erbes des Dichters, für Individualreisende eine Wiese zum Zelten gemäht, es gibt ein Bad mit Dusche, Campingstühle und -tische im Schatten einer riesigen Buche inmitten des Dorfes. Das ist besser als jeder wilde Zeltplatz. Am Abend, nach dem Essen, bummeln wir durch den Ort, in dem es nicht viel zu sehen gibt: ein Café, einen Fähranleger und ein kleines Einkaufszentrum mit Supermarkt und Sportladen (in dem es auch einige Fahrrad-Artikel gibt), Ärzte, eine Bank und die Post.

Der fünfte Tag

Entlang des schmalen Dalsfjorden nach Osten, weg von der Küste, aber immer in unmittelbarer Nähe zum Salzwasser. Wir haben Gegenwind, kämpfen uns voran und nähern uns einem heftigen Anstieg, der am Ende des Fjords, nach rund 20 Kilometern, wieder einmal die Beine fordert. Je nachdem, wie fit man sich fühlt, bieten sich zwei Varianten an. Die zweieinhalb Kilometer kürzere, aber steilere, geht am Ende des Fjords direkt hinter der Osen bru (kleiner aber imposanter Wasserfall) rechts ab. Wer es gern etwas „gemütlicher“ hat, fährt noch ein kleines Stück auf der 57 weiter am Fjord entlang nach Bygstad (Supermarkt) und beginnt erst dort den Anstieg in Richtung Førde. Sofort geht es für etwa vier Kilometer steil bergan. Sobald man die Kaskaden des Flusses sieht, der parallel zur Straße verläuft, hat man das Gröbste hinter sich. Noch acht Kilometer sind es bis zur großen E 39, die man nach Førde unter die Räder nehmen muss. Wer wild zelten möchte, findet auf diesem Abschnitt einige passable Stellen, auch wenn es mitunter etwas sumpfig ist.

Der sechste Tag

Im beginnenden Regen biegen wir auf die große Schnellstraße und radeln auf dem Seitenstreifen Førde entgegen. Eine sieben Kilometer lange, steile Abfahrt führt hinab in die Stadt und ans Meer. Besonders hübsch ist es in dem industriell geprägten Zentrum nicht, aber man kann seine Vorräte auffüllen und findet natürlich auch eine Unterkunft bzw. einen offiziellen Campingplatz. In jedem Juli findet in Førde das Førde Folk

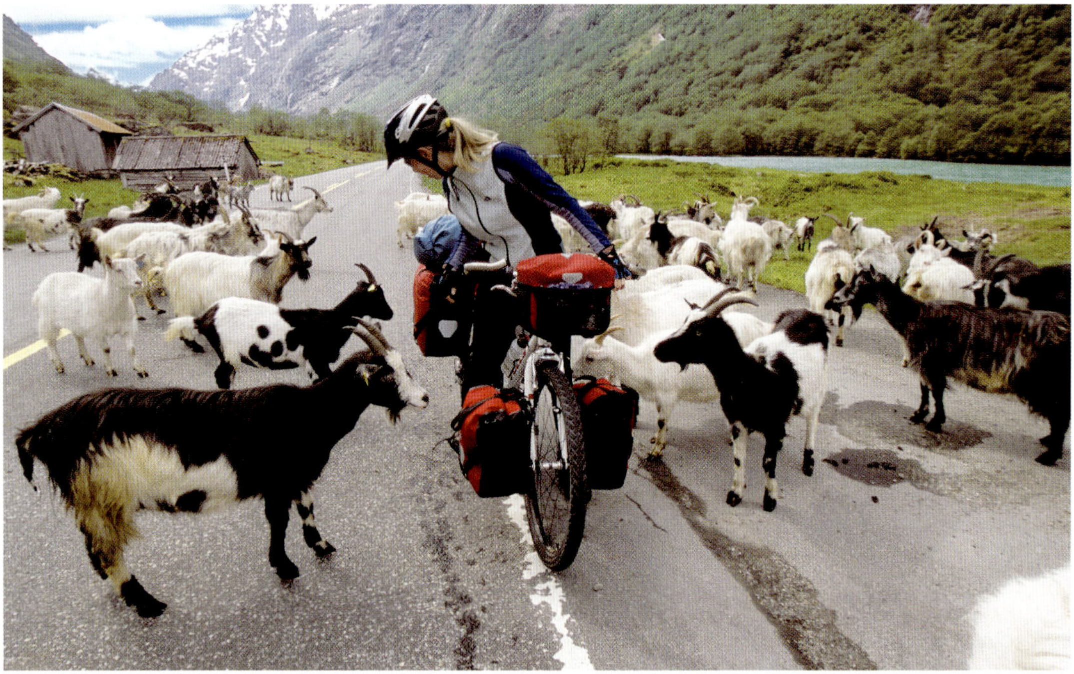

Neugierige Ziegen bringen den Verkehr zum Erliegen.

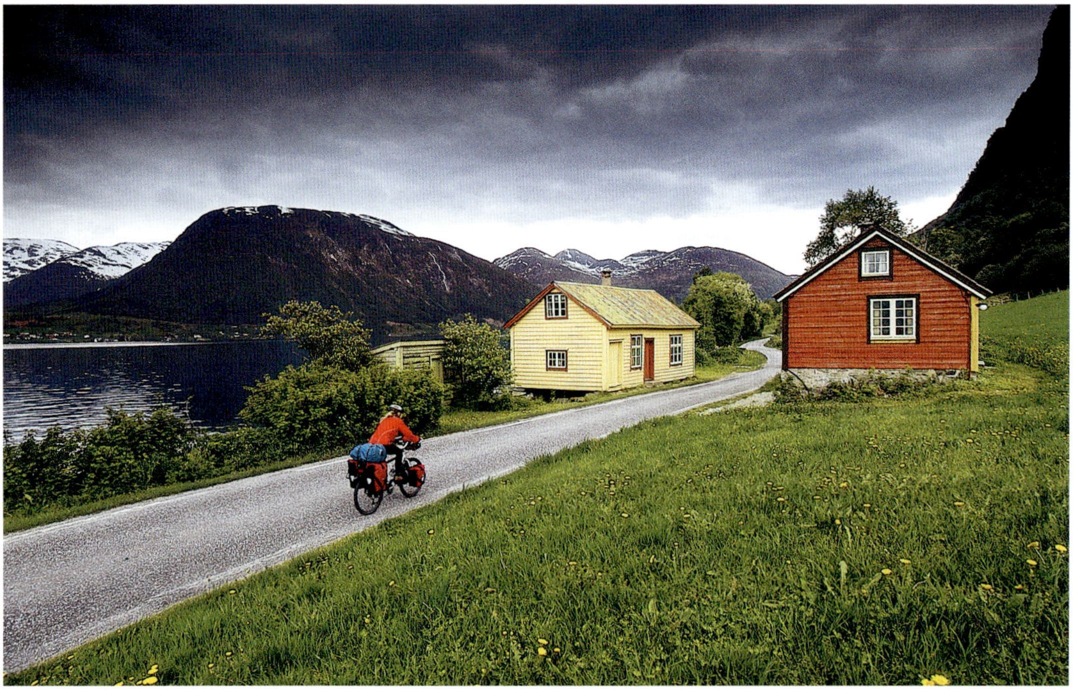

Mit dem Rad von Bergen nach Ålesund .

500 km

Music Festival, das größte Volksmusikfestival Norwegens mit internationaler und norwegischer Musik statt. Weiter folgen wir der E 39 in Richtung Moskog und Skei. Nach 20 Kilometern, immer leicht bergan, lange Zeit entlang der wilden, weiß schäumenden Jølstra, können wir die letzten Kilometer nach Skei auf einer Nebenstrecke zurücklegen. In Vassenden (Campinghütten, Supermarkt), am westlichen Ende des Jølstravatnet, biegen wir auf die kleine Straße ab, die am Südufer des Sees verläuft. Nebeneinander rollen wir über den Asphalt vorbei an kleinen Gehöften, Wiesen und Ferienhütten. Auf 24 Kilometern bis Kjøsnes begegnen wir kaum einem Auto. Auf einer Brücke überqueren wir den Kjøsnesfjord, der sich rechts zwischen Felswänden hindurchzwängt und verliert. Es hat wieder angefangen sanft zu regnen, doch auch die Sonne kämpft um die Herrschaft über den Nachmittag. Und so bewundern wir einen Regenbogen, der sich aus dem Fjord über den Himmel zieht.

Der siebte Tag

Zwischen Skei (Camping, Campinghütten, Supermärkte, Tankstelle) und Byrkjelo erwartet uns der bisher schönste Abschnitt der Tour. Die Berge, die bislang für mühsame Straßenführungen gesorgt hatten, werden nun mächtiger und wachsen enger zusammen. Nach einigem Auf und Ab biegt die Straße in ein schmales, tief eingeschnittenes Tal, das sie sich nur mit einem türkisfarbenen Gletscherbach teilen muss. Wir sind zwar wieder auf der E 39, doch mittlerweile ist das Aufkommen an Pkws und Lkws verschwindend gering. So gering, dass wenig später sogar eine Herde Ziegen den Verkehr im Tal zum Erliegen bringt. Die Tiere versperren uns den Weg, lecken und nagen an unseren Taschen und wollen uns nicht durchlassen. Erst nach einer Weile können wir ihnen entkommen. Am Ende des Tals liegt der kleine Ort Egge (Camping, Campinghütten).

Auf der Nr. 60 durchfahren wir den Ort Byrkjelo (Tankstelle, Supermarkt, Camping) in Richtung Utvik. Natürlich geht es bergauf – diesmal scheint zur Abwechslung die Sonne; der Schweiß rinnt bald in Strömen. Auf den nächsten acht Kilometern gewinnt die Straße in Steigungen bis zu 7% rund 400 Höhenmeter. Passhöhe ist das Utvikfjell-Skigebiet auf 600 m ü. NN.

Die steile, berauschende, neun Kilometer lange Abfahrt hinab zum Innvikfjord, führt zunächst durch freies, karg bewachsenes Gelände, später durch Wald. An einem sprudelnden Bach entdecken wir einen schönen Platz zum Zelten. Fünf Kilometer hinter dem Pass bietet sich für Radler mit einem großen Portemonnaie ansonsten auch das Hotel Karistova für die Übernachtung an.

Der achte Tag

In Utvik (Supermarkt, Campingplatz, Campinghütten) erleben wir am nächsten Morgen eines der ungeschriebenen Gesetze für Reiseradler: „Sprich niemals darüber, wenn du Rückenwind hast." Wir fallen in den kleinen Supermarkt im Ort ein, um uns unser Frühstück zu versüßen. Kurz bevor ich eintrete, zeige ich auf die Flagge vor der Tür, die starken Rückenwind für uns anzeigt. Als wir zehn Minuten später wieder vor die Tür kommen, weht die Fahne in entgegengesetzte Richtung.

Die Straße führt eben und in unmittelbarer Nähe zum Wasser über Innvik bis in den Ort Olden. Mit dem Wind haben wir nun doch noch Glück. Schnell haben wir die 17 Kilometer hinter uns gebracht. Pause ist angesagt. Auf einer Bank machen wir es uns gemütlich, beobachten die Leute beim Einkaufen und die Jugendlichen beim Cruisen auf dem Parkplatz.

Von Olden (Campingplatz und -hütten) zweigt das Oldedal in südliche Richtung ab. An seinem Ende, 24 Kilometer entfernt, ergießt sich die bekannte Gletscherzunge Briksdalsbreen ins Tal hinab. Die 24 Kilometer lange Sackgasse schreckt uns dann doch ab, so dass der beeindruckende Gletscher unbesehen bleibt. Gern hätten wir den Ausflug zumindest mit dem Bus gemacht, aber so früh im Jahr – es ist Ende Mai – ist hier noch nichts los.

Über Loen, einem gigantischen Wohnwagen-Dauercamper-Ort, erreichen wir nach 17 Kilometern den Ort Stryn. Hier gibt es alles, was das Herz erfreut. Supermärkte, Restaurants, Tankstellen, Touristeninformation, Pensionen und einen Campingplatz. Der Jostedalsbreen, der größte Gletscher des Festlandes, ist nah, daher befindet sich unweit des Ortes das „Stryn Sommerskisenter", ein Gletscherskigebiet.

Der neunte Tag

Hellesylt, Ausgangspunkt für die Fährfahrt über den Geirangerfjord, ist unser Tagesziel. Kaum einen Kilometer rollt das Rad am nächsten Morgen am Innvikfjord entlang, beginnt auch schon der Anstieg auf einen kleinen Pass, auf dessen höchstem Punkt auf 245 Metern eine Tankstelle liegt. Und es bleibt nicht bei diesem einen Pass heute. Nach der schönen Abfahrt hinunter zum tiefsten Binnensee Europas, dem Hornindalsvatn (514m tief), und durch den 800

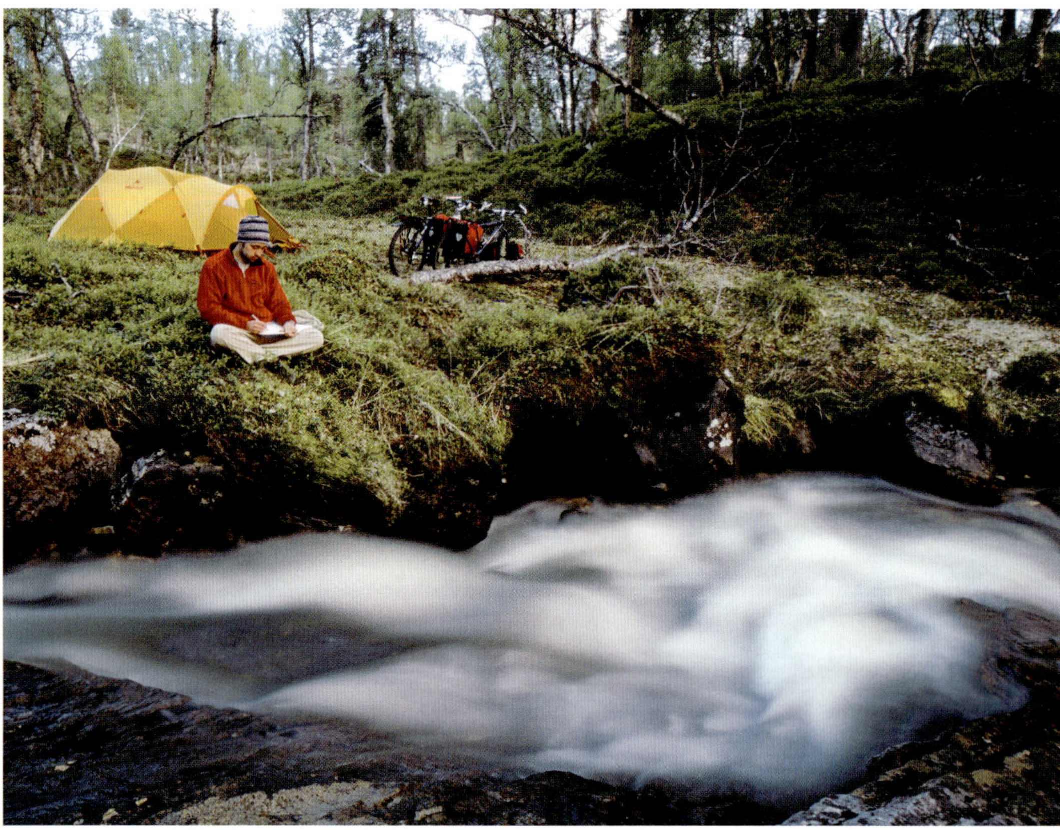

Zeltplatz mit „fließend Wasser" kurz vor Utvik.

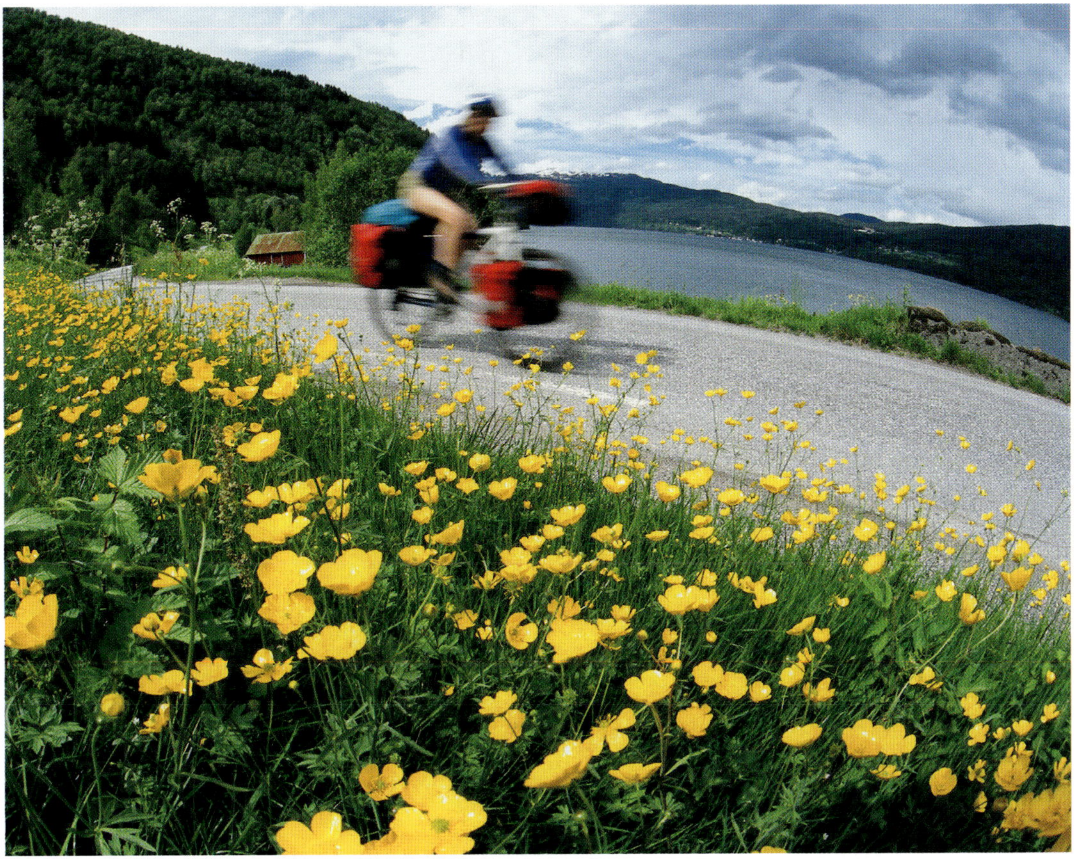

Ende Mai beginnt der Frühling auch in Norwegen. Radfahren im Fjordland.

Meter langen Kjøshammar-Tunnel in den Ort Grodås (Tankstelle, Hotel, Supermarkt, Campingplatz), steigt die Straße Nr. 60 erneut an. Knapp 350 Höhenmeter müssen diesmal bewältigt werden. Fast zehn Kilometer geht es stetig in das Hornindal hinauf. Das Tal ist anfangs recht breit, relativ dicht besiedelt und wird landschaftlich stark genutzt. Das Tal wird wilder, karger, schöner. Eben geht es weiter. Zu beiden Seiten dehnen sich sumpfige Wiesen mit krüppeligen Birken aus, dahinter thronen Berge mit schneeverzierten Gipfeln. Begeistert sehen wir viele schöne Stellen zum Zelten. Wenig später überqueren wir die Provinzgrenze ins Møre og Romsdal; eine phantastische Abfahrt beginnt. Auf zwölf Kilometern müssen wir nur bremsen; getreten wird nur noch, um den Rausch der Abfahrt zu verstärken. Bevor es die 400 Höhenmeter hinab geht, sollten Sie sich auf jeden Fall warm anziehen, denn die Talwände wachsen immer enger zusammen und im Frühsommer ist es am Talgrund schon am frühen Nachmittag schattig.

Hellesylt empfängt uns freundlich und unglaublich ruhig; noch sind wenig Touristen hier, der Campingplatz ist kaum belegt. Im Ort gibt es mehrere Supermärkte, eine Tankstelle, Restaurants, Imbisse und eine Jugendherberge (01.06. - 01.09.). Ein Bach rauscht in Kaskaden mitten durchs Zentrum hinunter in den Fjord.

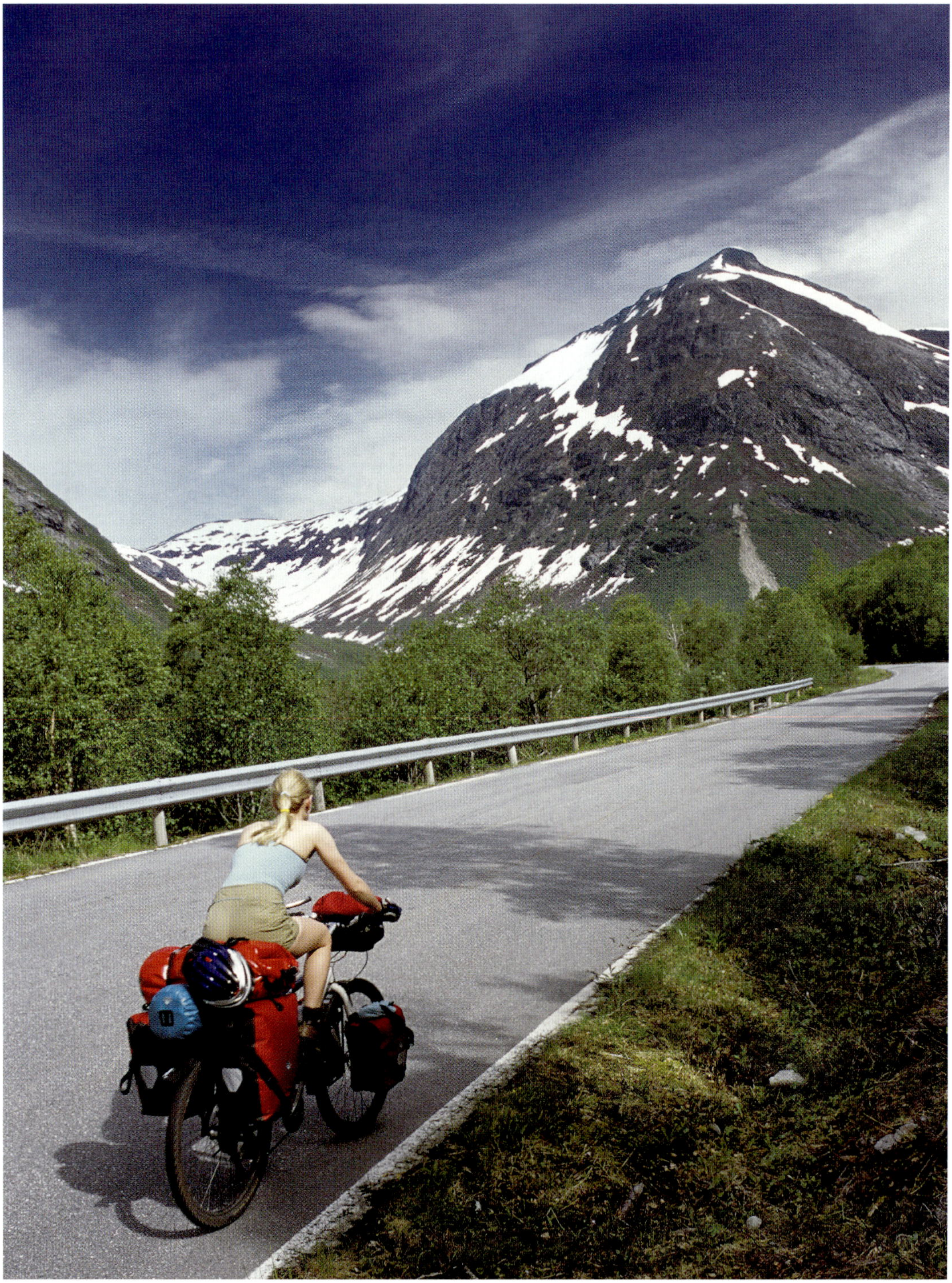

500 km

Anfahrt zum Trollstigen.

Der zehnte Tag

Legendär ist der Geirangerfjord; er gilt als schönster Fjord Norwegens. Ob er diesen Titel verdient oder ihn nur erlangt hat, weil so viele Kreuzfahrtschiffe ihn ansteuern und sich allein dadurch sein Ruhm weltweit verbreitet, darüber scheiden sich die Geister. Schön ist er in jedem Fall, und die Fahrt mit dem Schiff zwischen den engen, hoch aufstrebenden Felswänden ist ein Erlebnis. Wasserfälle wie die „Sieben Schwestern“ auf der einen Seite und „der Freier“ auf der anderen donnern in die Tiefe, kleine Farmen klammern sich an Felsen über dem Wasser, wie Miniaturen wirken die vorbeifahrenden Boote – erst jetzt erkennt man die Dimensionen der Natur.

Am Tag unserer Fährpassage ist das Wetter trüb – wir schlafen aus, frühstücken ausgiebig und pflegen uns und die Ausrüstung, bis wir am Mittag die Fähre nehmen. Aus dem touristischen Geiranger (Campingplatz, Hotel, Supermarkt, Souvenirläden), das nach einer guten Stunde erreicht ist, machen wir uns schnell wieder davon.

Inzwischen ist heftiger Sturm aufgezogen, der uns mit 30 km/h aus dem Ort „hinausbläst“. Dann beginnt der bisher härteste Anstieg der Reise. Der Adlerweg – die einzige Straße nach Geiranger, die das ganze Jahr über befahrbar ist – klettert eng am Hang und im Zickzack mit elf Serpentinen von Null auf 624 Meter. Erstaunlich schnell kommen wir diesmal voran, teilen uns die Strecke von Serpentine zu Serpentine ein und sind schon nach einer knappen Stunde oben an der elften Haarnadelkurve angelangt. Ein letztes Mal lassen wir den Blick über den atemberaubenden Fjord schweifen, genießen den Ausblick zurück zu den „Sieben Schwestern“ und sehen unsere Fähre, wie sie klitzeklein den Fjord durchkreuzt.

Die Straße schwenkt vom Fjord zur Passhöhe hinauf. Im Winter müssen hier mehrere Lawinen abgegangen sein, umgerissene und abgeknickte Bäume sowie Leitplanken bieten ein Bild der Verwüstung. Nach Durchfahren des 600 Meter langen Oppskred Tunnels gelangen wir bald an einen See, an dem es mehrere Campingplätze mit Hütten gibt.

Die ersten Kilometer hinter der Passhöhe geht es erst leicht bergab. Dann folgt die rauschende Abfahrt zum Norddalsfjord: Rund acht Kilometer fällt die Straße steil ab; wir schießen durch enge Kurven und lange Geraden, der Fahrtwind treibt trotz Sonnenbrille Tränen in die Augen. Radfahrer, die sich dem Geiranger-Fjord aus Norden nähern, haben mit dieser Anfahrt eindeutig die anstrengendere und langwierigere vor sich.

Per Fähre setzen wir das letzte Mal über einen Fjord. Von Eidsdal (Supermarkt) nach Linge fährt mindestens ein Boot stündlich. Drüben beginnt die 33 Kilometer lange Anfahrt zum berühmten Trollstigen mit seinem höchsten Punkt bei 850m ü. NN. Nach vier Kilometern gönnen wir uns in Valldal (Supermarkt, Tankstelle, Hotel, Campingplatz) einige Leckereien, denn die Aussichten auf den gerade einsetzenden Regen und die Quälerei des Anstiegs machen zwei Schokomuffins unvermeidlich. Dann hilft alles nichts; wir müssen weiter. Auf den ersten zehn Kilometern durch ein breites und besiedeltes Tal macht sich die gemächliche Steigung kaum bemerkbar. Wir passieren Zeltplätze mit Campinghütten, Erdbeerfelder und Obstbaum-Plantagen in diesem fruchtbaren Tal.

500 km

Dann gewinnt die Wildnis langsam wieder Oberhand, es gibt weniger Höfe und Felder; die Straße beginnt steiler anzusteigen. Ein letzter Zeltplatz – und ein imposanter Wasserfall, der sich in einen großen Wasserkessel ergießt – liegt an der Gudbrandsbru, dann wird es endgültig einsam.

Der elfte Tag

Die Nacht haben wir auf einem wunderschönen, wilden Zeltplatz in unmittelbarer Nähe eines rauschenden Baches verbracht. Ausgeschlafen machen wir uns am Morgen bei strahlendem Sonnenschein an das letzte harte Stück der Tour – den langen und zähen Anstieg zum Pass. Von dort oben werden wir die Räder praktisch bis zum Ziel der Reise, Åndalsnes, ausrollen lassen können.

In Windeseile zieht der Himmel zu; es ist düster, kalt und ungemütlich, als wir zwischen den ersten Schneefeldern hindurchradeln. Stellenweise türmen sich schmutzige weiße Wälle bis zu zwei Meter hoch neben der Straße auf. Ein Langläufer beginnt gerade seine Tour.

Der Pass ist – trotz Triumph über den geschafften Anstieg – ein wenig trostlos. Die berüchtigte Trollstigen Fjellstue, ein Souvenir-Restaurant-Zentrum, vor dem sich im Sommer Dutzende Reisebusse drängeln, ist zum Glück auch noch nicht zu sehen. Stattdessen ragen aus dem Schnee wilde Berge, grau, zackig, ein wenig feindlich heute, so ganz ohne Sonne.

Drei Kilometer rollen wir bergab, an der Fjellstue vorbei, an die „Abbruchkante“, an der sich ein Ausblick auf die legendäre Trollstigen-Straße bietet. Der „Trollstigvei“, ist weit über die Landesgrenzen hinaus berühmt. Im Jahre 1936 eröffnet, schlängelt er sich am Hang klebend in elf Haarnadelkurven mit bis zu zwölf Prozent Steigung hinauf, überquert zwei Wasserfälle, darunter den 180 Meter hohen Stigfossen. Wir schauen vom Felsbalkon hinab in ein enges Tal, dessen Wände in drei Richtungen steil abfallen und das nur in Richtung Åndalsnes sanft und eben ausläuft. Auch hier haben die Gletscher einst ganze Arbeit geleistet.

Die Abfahrt bildet den krönenden Abschluss unserer Tour durchs Fjordland: Gut zehn Kilometer geht es steil (links Campingplatz mit Hütten), dann weitere zehn Kilometer bis Åndalsnes leicht bergab. Die mehr als 800 Höhenmeter zwischen Pass und Meer genießen wir ausgiebig.

Der große Campingplatz von Åndalsnes liegt eineinhalb Kilometer vor dem Zentrum. Er ist nicht besonders hübsch, aber für eine letzte Nacht vor der Rückfahrt durchaus zu gebrauchen. Das Norwegische Gipfelmuseum im Ort zeigt die Geschichte des Bergsteigens in Norwegen und der 800 Jahre alten Stabkirche Rødven im nahen Rauma kann man gut noch einen Besuch abstatten. Schade nur, dass die Tour schon zu Ende ist.

Der Rallarvegen

Auf den Spuren der Pioniere

von Tonia Körner

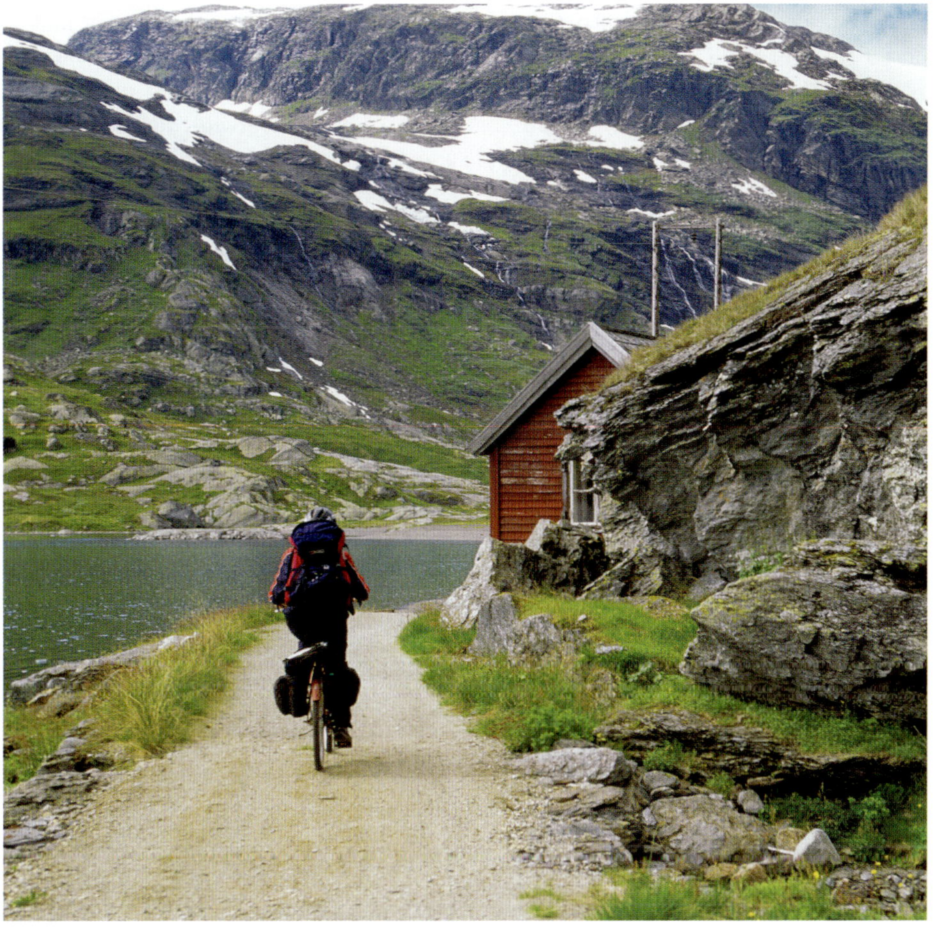

Tour 13

Der Rallarvegen

Schwierigkeit	Höhendifferenz	Zelten	Hüttenübernachtung
★★☆☆	★★☆☆	★★★☆	★★★★

Charakter der Tour

Im Herzen Südnorwegens, am nördlichen Rand der Hochebene der Hardangervidda, erstreckt sich Norwegens Radklassiker Nr. 1 – der Rallarvegen. Der beliebte Radweg begeistert sowohl durch eine beeindruckende Hochgebirgswelt als auch durch die malerische Fjordlandschaft und liebliche Täler. Aufgrund der erheblichen Höhendifferenzen entscheidet sich der überwiegende Teil der Radfahrer, insbesondere Familien mit Kindern, ihre Tour in Haugastøl, also im Gebirge anzufangen und von Ost nach West zu radeln. Haugastøl liegt bereits auf einer Höhe von 988 Meter, Voss und Flåm dagegen auf Meereshöhe.

Wer konditionell fit ist, kann die abenteuerliche Strecke in zwei Tagen schaffen. Allerdings sollte man sich im Hinblick auf einige interessante Abstecher, schlechtes Wetter und schwierige Wegabschnitte lieber ein bisschen mehr Zeit geben.

Anreise:

Mit der ***Bergen-Bahn,*** von Oslo oder Bergen nach Haugastøl. Platzreservierung Pflicht, Fahrradmitnahme möglich (ca. 20 Euro). Für Juli und August mindestens ein bis zwei Monate im Voraus reservieren (Infos: www.nsb.no).

Mit dem ***Auto*** von Olso über die Provinzstraße 7 über Hønefoss, Gol und Geilo nach Haugastøl (252 km). Ab Bergen ebenfalls auf dem Riksvei 7 bis Bruravik. Dort mit der Fähre nach Brimnes (ca. alle 20 - 40 Min.). Dann auf der 7 weiter in Richtung Geilo nach Haugastøl (183 km).

Abreise:

Mit der Bergen-Bahn mehrmals täglich von Voss zurück nach Oslo oder Bergen.

Startpunkt:

Haugastøl Turistsenter am Riksvei 7 in Haugastøl.

Endpunkt:

Voss Stadtzentrum.

125 km

Beste Reisezeit:

Von Juli bis Mitte September haben die meisten Einrichtungen entlang der Strecke geöffnet. Bis Mitte Juli können Altschneefelder stellenweise für Probleme sorgen, ab Mitte September kann schon wieder der erste Schnee fallen. Eine Garantie für gutes Wetter gibt es ohnehin nie. Selbst im Hochsommer besteht die Gefahr von Schneefall auf der höchsten Etappe zwischen Finse und Hallingskeid.

Wer im Juli und August, der norwegischen Ferienzeit, kommt, muss mit belegten Hotels und vollen Hütten rechnen. Frühzeitiges Buchen ist hier sehr sinnvoll. Die wohl schönste Zeit ist Anfang September, wenn sich das Laub der Bäume zu verfärben beginnt. Zwar kann es dann schon etwas kalt sein, dafür herrscht meist stabiles, relativ trockenes Wetter, die Unterkünfte sind angenehm leer und die Luft ist erfreulich mückenfrei.

Markierung & Wegzustand:
Die gesamte Strecke ist ausgeschildert. Überwiegend gute Sandwege. Asphaltstraße zwischen Mjølfjell und Voss sowie Berekvam und Flåm. Vorsicht bei der Durchfahrt der Bahnunterführungen! Wer mit Schwung durchsausen will, übersieht leicht im Dunkeln das lose Geröll auf dem Boden. Sturzgefahr! Etwa 45 % der Strecke sind für den motorisierten Verkehr gesperrt. Diese allein für Radler und Wanderer zugänglichen Etappen bestehen abschnittsweise aus rauen Schotterpisten, die teilweise sehr steinig und steil sind. Das sind vor allem die Abfahrt zum Låghellervatnet, die Klevagjelet-Schlucht, der Aufstieg nach Vatnahalsen und die Haarnadelkurven von Vatnahalsen hinab ins Flåmsdalen.

Radverleih:
In **Haugastøl** *Turistsenter*, am Bahnhof in **Finse** sowie in **Flåm**.
Verliehen werden Mountainbikes oder das Rallarsykkel, eine Mischung aus Mountainbike und Tourenfahrrad, das speziell an die Anforderungen des Rallarvegen angepasst ist. Ab ca. 60 Euro für zwei Tage, jeder weitere Tag ca. 15 Euro. Das Rückfahrticket kann gleich mitgekauft werden, am Endbahnhof gibt man das Rad einfach am Frachtschalter ab. Sämtliches Fahrradzubehör (Radtaschen, Pumpe, Kindersitz, Kinderanhänger, etc.) kann ebenfalls geliehen werden. Radreparaturen möglich. Geöffnet täglich von 9 - 17 Uhr, in der Hochsaison bis ca. 20 Uhr.

Verpflegung:
Lebensmittelläden in Haugastøl *Turistsenter, Hotel* **Finse** *1222,* **Flåm, Mjølfjell, Reimegrend, Urdland** und **Voss.**
Café in Haugastøl *Turistsenter,* **Storudi,** *Rallarmuséet* **Finse,** *Hotel Finse 1222,* **Fagernut, Seltuft, Vatnahalsen** *Høyfjellshotell,* **Myrdal** *stasjon,* **Flåm, Upsete** *Fjellstove,* **Mjølfjell** *Vandrerhjem-Fjellstove* und **Voss.**

Übernachtung:
Wildzelten ist fast überall erlaubt, außer auf den Abschnitten Haugastøl– Tungevatnet und Finse–Låghellevatnet. An jedem Etappenpunkt ***Berghütte*** oder ***Hotel.***
In **Flåm** und **Voss** *Campingplätze, Jugendherberge* sowie *Hüttenvermietung.*
Vatnahalsen *Høyfjellshotell* ab ca. 50 €/Pers., Tel. (+47) 57 63 37 22, www.vatnahalsen.no
Upsete: *Hotel Upsete Fjellstove,* Tel. (+47) 57 63 37 13.
Mjølfjell *Vandrerhjem und Fjellstove,* Tel. (+47) 56 52 31 50, www.mjolfjell.no

Kartenmaterial:
Hochwertiger Radwanderführer aus Norwegen: ***Rallar-Weg und Hallingdal (Hjulgleder: Sykkel guide Rallarveg og Hallingdal)*** 1:100.000 (Fernradweg 4), Castor Forlag.
Per Versand z.B. bei www.mapfox.de erhältlich.

Infos, Wichtige Adressen:
Haugastøl *Turistsenter,* 3595 Haugastøl, Tel. (+47) 32 08 75 64, www.haugastol.no
Turistinformasjon **Flåm**, Bahnhof, 5742 Flåm, Tel. (+47) 57 63 21 00, www.visitflam.com
Voss *Turistinformasjon,* Utträgata 9, 5700 Voss, Tel. (+47) 40 61 77 00, www.visitvoss.no
Infos zur Geschichte des **Rallarvegen**: www.rallarmuseet.no
Flåmsbana: Tel. (+47) 57 63 21 00, www.visitflam.com

Route: Haugastøl – Finse – Hallingskeid – Vatnahalsen – Flåm – Upsete (mit dem Zug) – Voss.

Länge der Tour:
Ca. 125 km, 3 - 4 Tage.

125 km

Karte Rallarvegen

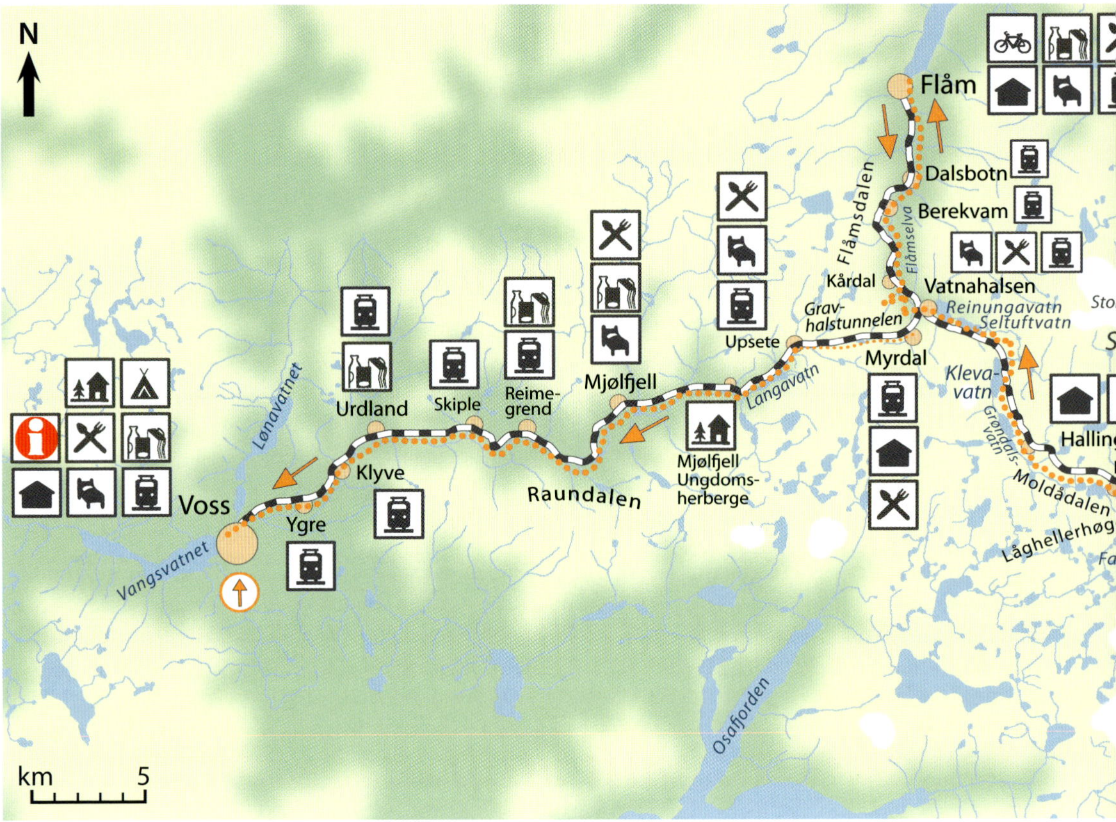

Auf den Spuren der Pioniere

125 km

„Se opp!" – Vorsicht!, erschallt ein Ruf, und dann – eine gewaltige Explosion. Nach dem ersten Schrecken schauen wir uns gebannt um. Hacken, Messgeräte, eine Konservenbüchse, ein abgenutztes Paar Lederschuhe und ein großer Sack mit Dynamit. An den Wänden etliche Illustrationen und Fotos. Und passend dazu Arbeitsgeräusche aus Lautsprechern. Geschichte zum Anfassen – der Rallarveg, präsentiert im Rallarveg-Museum in Finse.

Doch nicht nur dort, auch unterwegs zeigt uns der abenteuerliche Rallarveg durch die raue und unwirtliche Gebirgswelt der Hardangervidda, welch spektakuläres Projekt hier Eisenbahngeschichte geschrieben hat – die mit rund 120 Kilometern längste Hochgebirgsstrecke Europas, die bekannte Bergen-Bahn. Der berühmte Bau- und Versorgungsweg, der Rallarveg, der am Ende des letzten Jahrhunderts zunächst entlang der geplanten Eisenbahntrasse über die Hardangervidda im Norden angelegt wurde, diente ehemals zur Beförderung von Material, Versorgungsgütern und Arbeitern

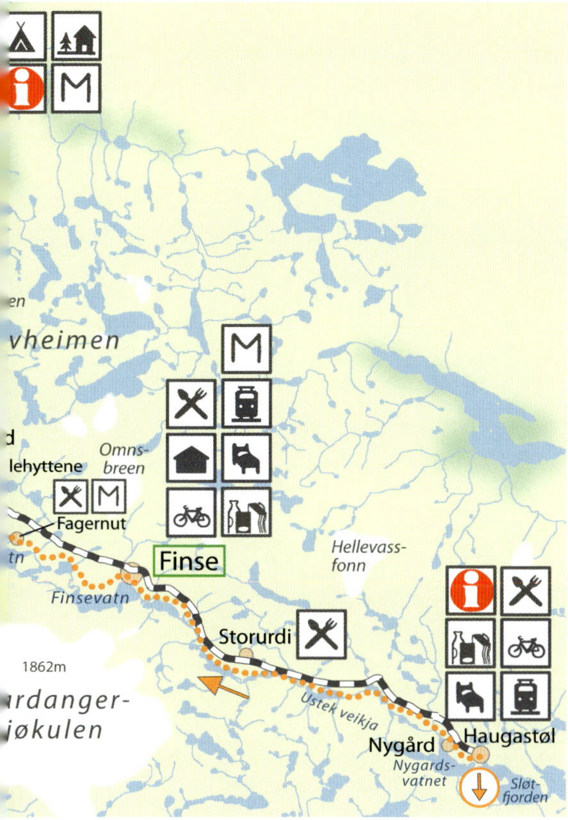

während des Baus des gebirgigsten Teils der Schienentrasse. Heute ist er eine der schönsten Radstrecken Europas. Das Wort „Rallare“ stammt übrigens aus dem Schwedischen und bedeutet: Bahnarbeiter, Streckenarbeiter, Schienenleger.

Der erste Tag

Am späten Nachmittag starten wir in Haugastøl am östlichen Rand der Hardanger-vidda. Gegenüber dem Haugastøl Turist-senter am Riksvei 7 weist ein Schild auf den Anfang des Rallarvegs hin. Die ersten Kilometer schlängelt sich der sandige Fahrweg zwischen der Bahnlinie und dem Nordostufer des Nygardsvatnet durch eine üppig grüne Landschaft mit Almbetrieb und Ferienhütten. Zelten ist hier daher nicht erlaubt. Während die Eisenbahn am Ende des Sees in einen Tunnel eintaucht, queren wir über eine Brücke den wild schäumenden Fluss Vikaåni. Auf der kurzen Steigung ins nächst höhere Tal müssen wir kräftig in die Pedale treten. Viehroste – die uns beim Passieren kräftig durchschütteln – und Glockengeläut machen auf kleine Schafherden aufmerksam, die – niemand weiß warum – bevorzugt mitten auf der Straße liegen.

Die Baumgrenze bleibt hinter uns zurück. Wir folgen nun dem Fluss Ustekveikja, der abwechselnd kleine, stille Seen und rauschende Kaskaden bildet. Sobald Fluss, Rallarvegen und die Eisenbahn scharf nach Westen abbiegen, verläuft die Bergenbahn über eine neue Trasse. Von der alten ist noch ab und an der Bahndamm zu erkennen.

Bei Kilometer 16 lädt das Café Storudi in einem ehemaligen Bahninspektorhaus zur Einkehr. Dahinter wird das Tal enger; die Löcher in der Straße werden dagegen größer. Schroff ragen die nur mit Flechten und Moosen bedeckten Felsen auf beiden Seiten auf. Es geht ständig weiter aufwärts. Mal links, mal rechts der Bahn. Endlich liegt der See Finsevatnet vor uns. In Finse selbst ist Zelten verboten. Doch noch ein bis zwei

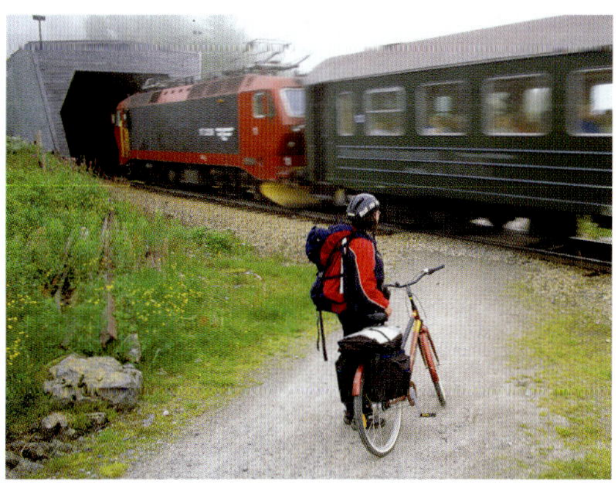

Die Flåmsbana kreuzt den Rallarvegen.

125 km

Kilometer vor der kleinen Siedlung finden sich an plätschernden Bächen genügend idyllische Plätzchen.

Auf 1.222 m ü. NN liegt in Finse der höchstgelegene, ganzjährig besetzte Bahnhof Europas. Ansonsten gibt es neben dem Museum noch ein Berghotel, eine DNT-Wanderhütte und hier und da ein Menge schnuckeliger Ferienhütten. Nach Süden hin rauben uns die beeindruckenden Eismassen des Gletschers Hardangerjøkulen den Atem, die sich hinter dem Finsevatnet majestätisch in den blauen Himmel erheben. Mit seiner Eiskappe von 73 Quadratkilometern ist er der sechstgrößte Gletscher Norwegens und weithin ein Blickfang. Etwas abseits gelegen auf einer kleinen, in den See hineinragenden Halbinsel, trotzt die DNT-Hütte allein den Elementen. Gebaut wurde die Finsehytta während des Zweiten Weltkrieges von den Deutschen, die hier Treibstoffe und Motoren für Flugzeuge unter arktischen Bedingungen testeten.

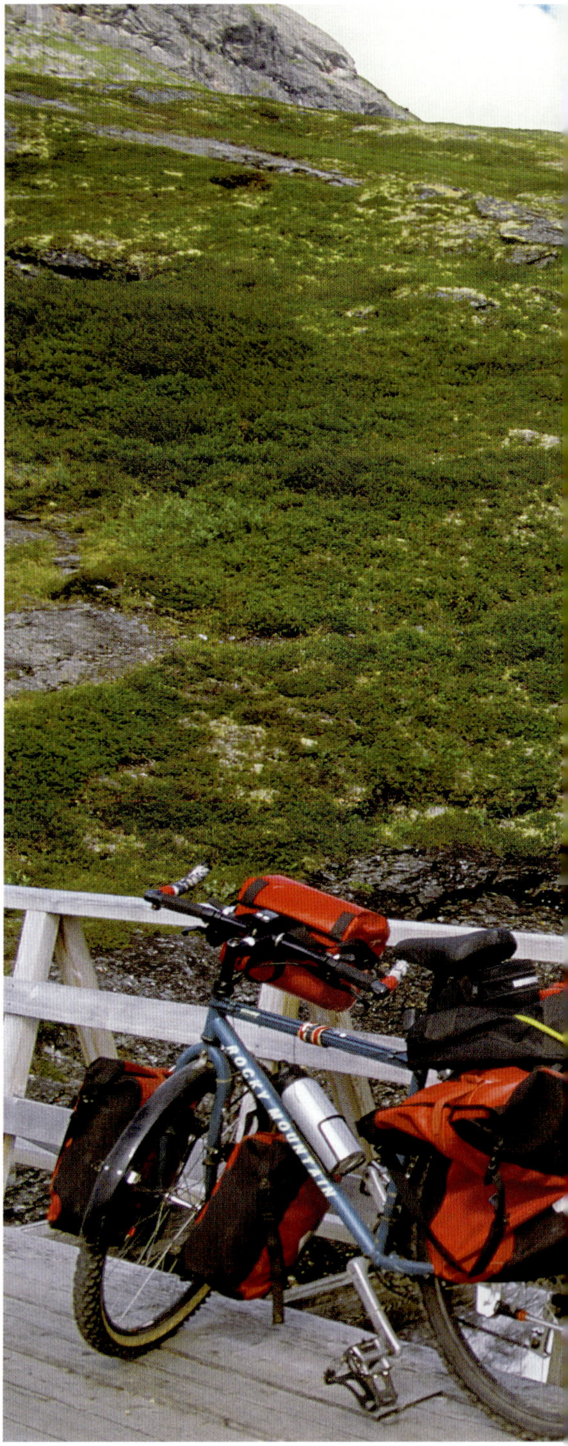

Der zweite Tag

Am nächsten Morgen beginnt der schwierigste Teil der Tour. Nur ein paar Meter, und die neue Bahnstrecke entzieht sich hinter dem Bahnhof in Finse im 1993 eröffneten Finsetunnelen dem Blick. Der Rallarvegen aber folgt der alten Trasse in einem Bogen entlang des Finsevatnet weiter nach Westen, das Tal hinauf. Immer öfter müssen wir unsere Drahtesel über Altschneefelder schieben, die auch die umliegenden Höhen selbst im Hochsommer in einen grauweißen Flickenteppich verwandeln. Mächtige Eisschollen schwimmen auf den tiefblauen Bergseen.

125 km

Schließlich wird nach neun Kilometern der höchste Punkt (1.343m) beim See Fagervatnet erreicht. Einige Kurven tiefer machen wir Rast im Fagernut Vaktarbustad. In

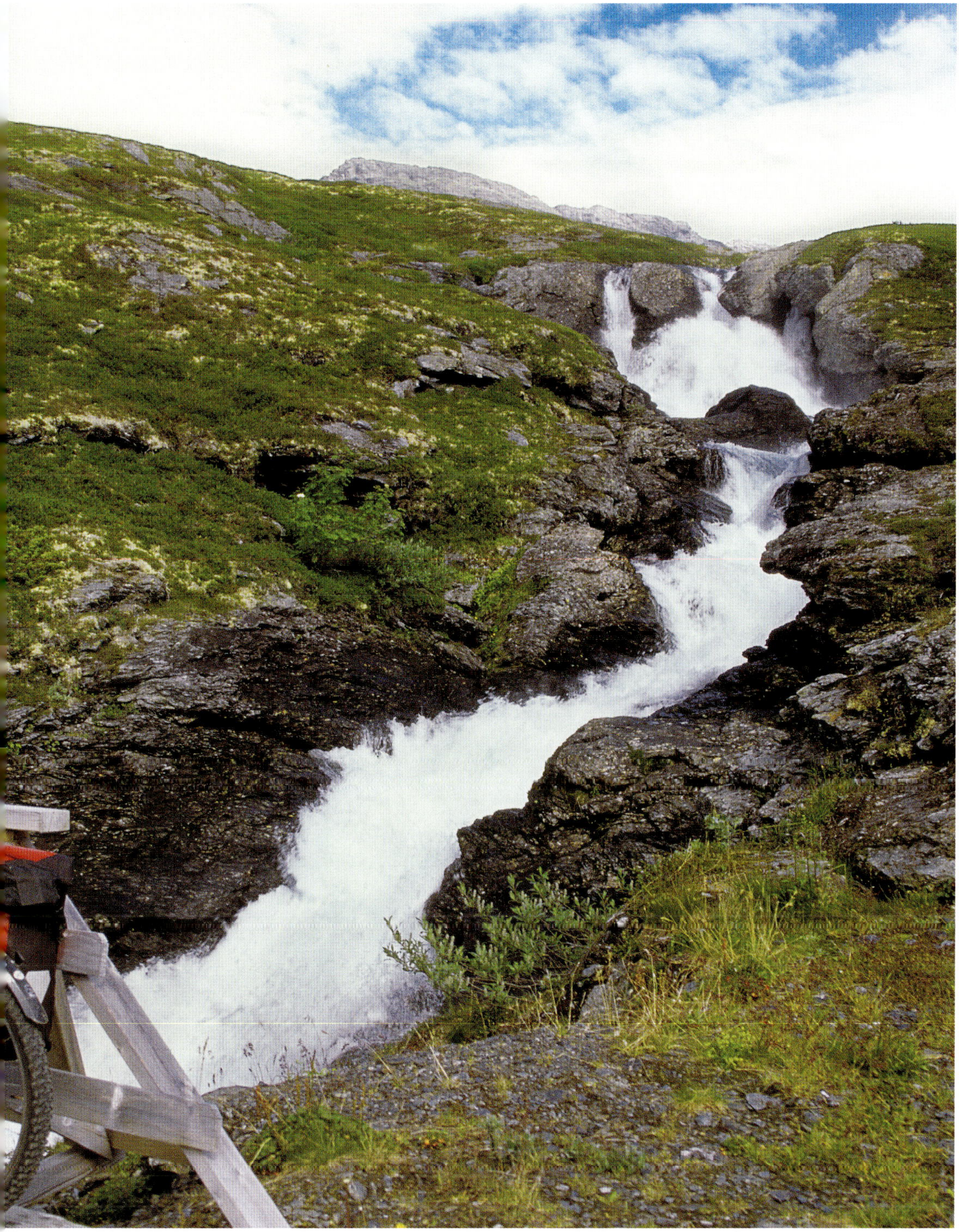

Wasserfall in der Schlucht Klevagjelet.

125 km

dem ehemaligen Bahnwärterhäuschen von 1904 befindet sich neben einem geselligen Café auch eine kleine Ausstellung über das harte Leben der Bahnwärter. Von Härte und Entbehrungen spüren wir heute nichts. Genüsslich löffeln wir leckere Rallarsuppe (Eintopf mit Kartoffeln, Gemüse und Fleisch). Auf dem Teller daneben stapeln sich die Waffeln, dick begraben unter süßer Sahne.

Nördlich des Fagervatnet windet sich der Rallarvegen zum Pass Låghellerhøgdene hinauf, von wo sich ein grandioser Weitblick über das Gebirge Skarvheimen öffnet.

Dann geht es zu Tal: Rasant gestaltet sich die Abfahrt zum 200 Meter tiefer gelegenen Låghellervatnet. Anschließend sausen wir das wunderschöne Moldådalen hinab. Links donnern Wasserfälle, rechts die Eisenbahn, dazu wird es immer grüner. Silbern glänzend ragen dagegen die blechernen Schneeverbauungen der Bergenbahn schlangengleich aus dem Fels hervor.

Nach 22 Kilometern schmiegen sich die Holzhäuschen und der Bahnhof von Hallingskeid oberhalb von uns an den Hang. Beschwingt radeln wir weiter leicht bergab zum Grøndalsvatn. Ein traumhafter Zeltplatz löst den anderen ab. Am Ende des malerischen Klevavatnet führt ein Felstunnel auf die andere Seite, während die Züge oberhalb davon über die schöne Steinbrücke Klevabrua rattern. Unter ihren Steinbögen stürzt ein Wasserfall in mehreren Kaskaden ins Tal, das sich in eine wilde, enge Schlucht verwandelt – die Klevagjelet-Schlucht. Jäh fällt der schmale, steinige und unbefestigte Weg zu den wirbelnden Wassermassen ab. Neben uns türmen sich dafür gigantische Felsblöcke auf. Wir fühlen uns auf einmal ganz klein.

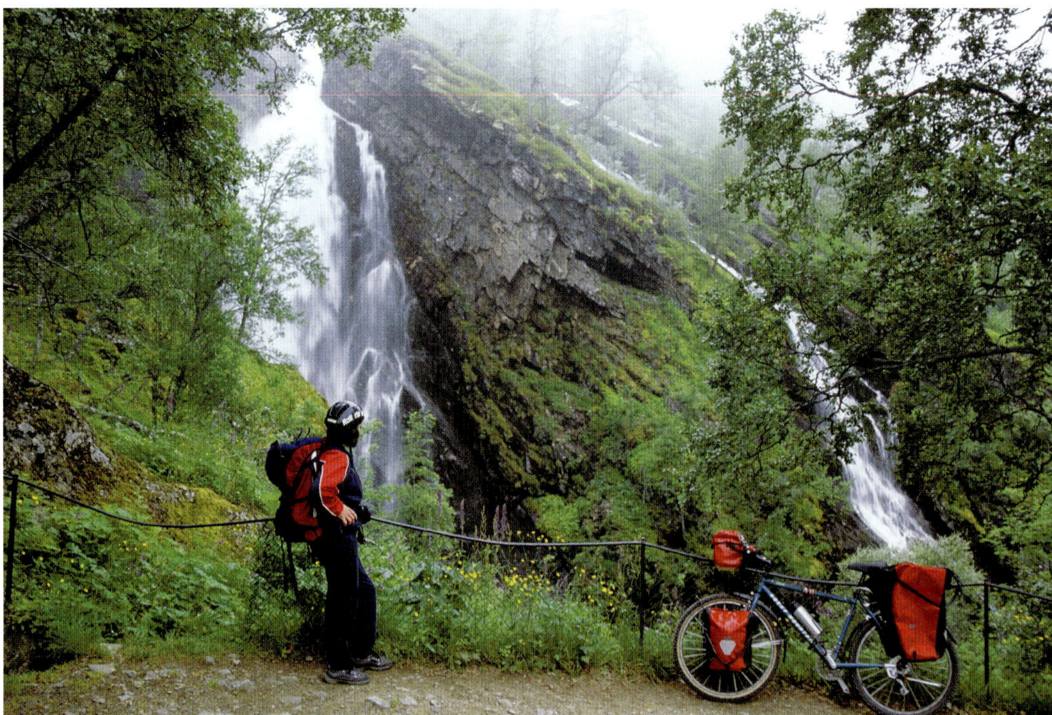

Viele Wasserfälle säumen den steilen Weg ins Flåmsdalen.

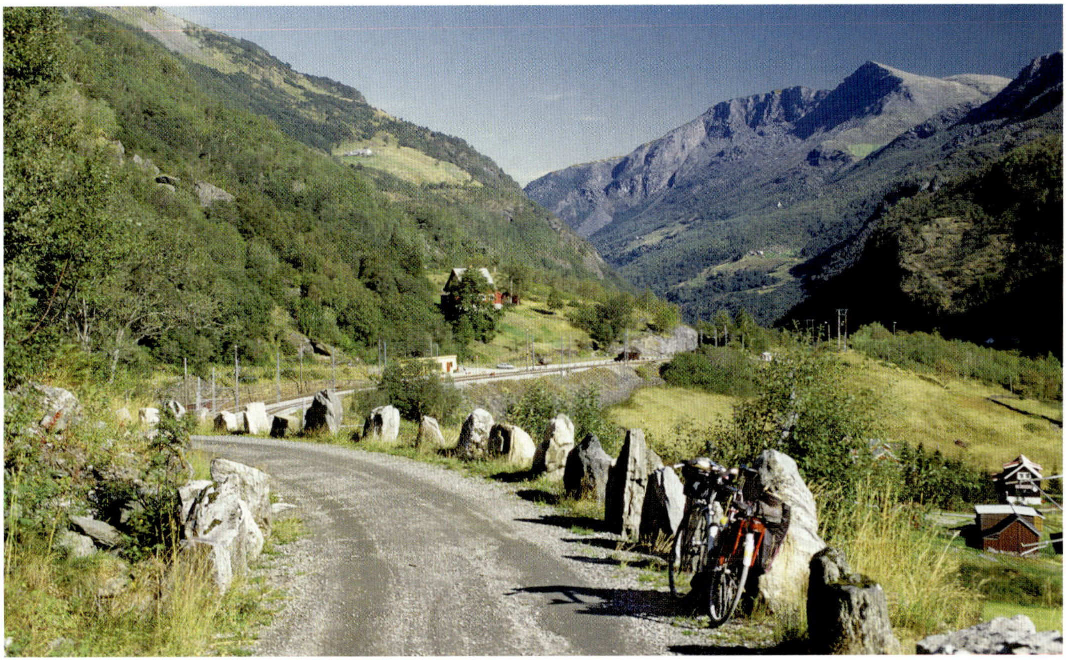

Historische Straßenbegrenzungen im Flåmsdalen.

Doch plötzlich öffnen sich die Felswände und in der Tiefe dehnt sich der bezaubernde Seltuftvatnet aus, umrahmt von hoch aufragenden Bergen. Am anderen Ende des Sees radeln wir durch dichten Birkenwald in Serpentinen zum Reinungavatnet hinunter. Weit über uns verläuft die in den blanken Fels gesprengte Eisenbahntrasse. Die letzten Meter steigen steil über groben Schotter nach Vatnahalsen hinauf. Viel Platz gibt es hier nicht. Gerade mal genug für das Vatnahalsen Høyfjellshotell. Die stilvoll eingerichteten Zimmer sind zwar nicht ganz billig, dafür ist die Lage herrlich und das Essen lecker.

Der dritte Tag

Hinter Vatnahalsen kreuzen wir die Gleise der Flåmsbana – nur ein lautes Tuten warnt vor dem nächsten Zug – und stoßen bald auf eine Gabelung. Zur Bahnstation Myrdal geht es bergauf. Zu unseren Füßen liegt jedoch das phantastische Flåmsdalen. Fast lotrecht fallen die Berghänge vom Myrdalsplateau tief in den Talkessel hinab. 810 spannende Höhenmeter gilt es während dieser Etappe entlang der spektakulären Flåmsbana auf teilweise über 15 % Gefälle zu überwinden. Sie ist die steilste Eisenbahnstrecke der Welt. Für jeden Meter schufteten die Arbeiter einen Monat, jeder Millimeter Gleise kostete eine norwegische Krone.

Nicht weniger abenteuerlich sind die berüchtigten 21 Haarnadelkurven des Rallarvegs, die hinter der Gabelung beginnen. Während wir uns vorsichtig über den steilen, groben Schotterweg bergab tasten, ergießen sich neben uns tosende Wasservorhänge ins Tal. Endlich, nach zwei Kilometern, erreichen wir die letzte scharfe Kehre – der Rest hinab nach Flåm ist ein Kinderspiel. Aber Vorsicht! Ab hier gibt es wieder motorisierten Verkehr. Aber auch ausgezeichnete Wiesen zum Zelten.

125 km

Das raue Gebirge bleibt hinter uns zurück und weicht endgültig der typisch westnorwegischen Fjordlandschaft. Über einen kurvenreichen Fahrweg fliegen wir an der Kårdal Ziegenalm, dem gewaltigen Wasserfall Kårdalsfossen und den Stationen Berekvam und Dalsbotn vorbei. Eine Aussicht ist atemberaubender als die andere. Unten in der Schlucht wirbelt der Fluss. Im Laufe der Zeit haben Wasser und Geröllbrocken tiefe Felstöpfe und bizarre Gesteinsformationen ausgemahlen. Abends landen wir in dem lang gezogenen Dorf Flåm (Flåmsbahnmuseum) am Ende des beeindruckenden Aurlandsfjorden.

Der vierte Tag

Am folgenden Tag entscheiden wir uns für die spannende – zugegeben auch bequemere – Fahrt mit der Flåmsbana hoch zurück nach Myrdal. In Myrdal wird der Rallarvegen durch den Gravhalstunnel unterbrochen. Die elf Kilometer lange Strecke nach Upsete müssen wir daher per Zug zurücklegen. Wir haben Glück und erwischen nach der Ankunft in Myrdal gerade noch rechtzeitig den Lokalzug nach Voss. Nur dieser hält auch in Upsete! Vorsichtshalber teilen wir dem Schaffner mit, wo wir aussteigen wollen. Etwas verwaist wirken die unbemannte Bahnstation, die heimelige Berghütte Upsete Fjellstove und einzelne Ferienhütten auf der anderen Seite des Gebirgskammes. Von Touristenrummel wie in Flåm und Myrdal dort keine Spur. Die Einsamkeit der Berge stören höchstens ein paar Schafe. Kaum zu glauben, dass einst, zur Bauzeit des Gravhalstunnels um 1900, in dem 850 Meter hoch gelegenen Dorf 500 Menschen lebten.

Obwohl der Rallarvegen ab hier wieder als Rad- und Wanderweg ausgezeichnet ist, dürfen die hiesigen Landbesitzer den rauen Sandweg mit ihren Fahrzeugen befahren – was im Durchschnitt alle paar Stunden ein Auto bedeutet.

Wir radeln zunächst in westlicher Richtung leicht bergab, am Langavatn vorbei. Doch am Waldrand ändert sich das Terrain – Seeabfluss und Weg fallen abrupt in die Tiefe. Unten halten wir an der schmucken Mjølfjell Ungdomsherberge. Eigentlich zeigt der Tacho erst sechs Tageskilometer an, doch das beheizte Freibad der beliebten Jugendherberge lockt zu einem ungewöhnlichen Badespaß mitten im Gebirge.

Der Weg macht nun einer asphaltierten Straße Platz. Eindeutig verlassen wir jetzt das Fjell und kommen in das liebliche Raundalen. Es wird wärmer; Wiesen, Wald und hübsche kleine Bauernhöfe säumen das Tal. Zügig rollen wir, alle Abzweigungen missachtend, die folgenden 15 Kilometer talwärts durch die Orte Mjølfjell und Reimegrend. Nur noch hinunter. Denken wir. An der nächsten Ecke geht's wieder hoch: Der Schweiß fließt in Strömen und die Kette kracht. Dazu fallen Mücken über uns her.

Hinter Urdland verengt sich das Tal ein letztes Mal. Von unserem Logenplatz hoch über der wilden Schlucht Rastalia riskieren wir einen Blick über die Leitplanke in die furchterregenden Abgründe. Schließlich enden das Raundalen und die 37 Kilometer lange Asphaltspur an der Provinzstraße 13 bzw. der E 16. Voss ist rechter Hand schon zu sehen. Ein ausgeschilderter Radweg führt ins Zentrum, das Abenteuer Rallarvegen ist zu Ende.

Schneeschuhtour durch den Dovrefjell Nationalpark

Auf großem Fuß durchs Fjell

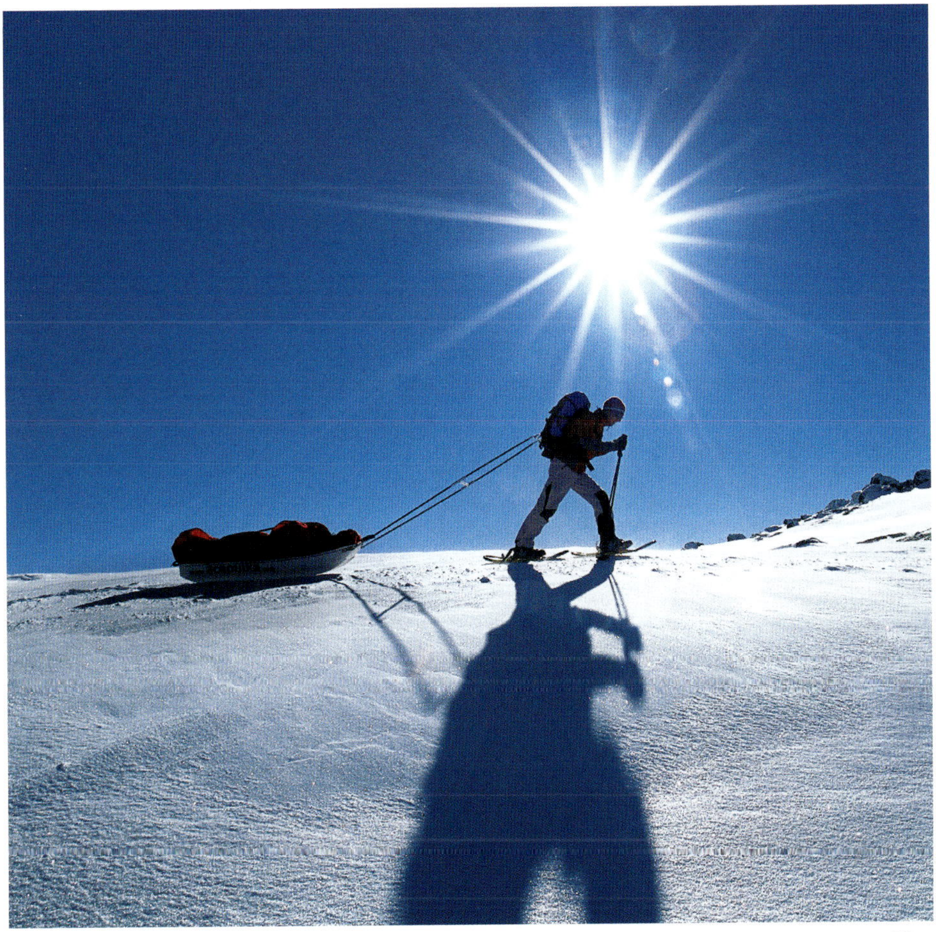

Tour 14

Schneeschuhtour durch den Dovrefjell Nationalpark

Schwierigkeit	Höhendifferenz	Zelten	Hüttenübernachtung
★★☆☆	★★☆☆	★★★☆	★★★☆

Charakter der Tour

Relativ leichte Schneeschuhtour (ideal für eine Woche) durch einen der von Ausländern weniger stark frequentierten Nationalparks des Landes. Im Sommer ist der Park vor allem für seine vielfältige Flora bekannt. Ganzjährig kann man auf Moschusochsen treffen, die es in Norwegen nur hier gibt. Die Route führt, bis auf eine Ausnahme, ohne außergewöhnliche Steigungen durch den westlich der E 6 gelegenen Teil des Nationalparks und unmittelbar an der Snøhetta (2.286 m) vorbei.

Anreise:

Ausgangspunkt der Tour ist die kleine Bahnstation und Häuseransammlung Kongsvoll an der E 6, 155 Kilometer südlich von Trondheim, ca. 390 Kilometer nördlich von Oslo. Aus Deutschland bietet es sich an, nach Trondheim zu fliegen, und von dort per Bus oder Zug nach Kongsvoll weiter zu reisen. Problem: Im Winter halten die Züge dort nur am Wochenende; nächste Bahnstation ist Hjerkinn, ca. zwölf Kilometer südlich. Daher empfiehlt es sich, in der Woche einen Bus von Trondheim über Oppdal nach Kongsvoll zu nehmen. Fahrpläne und weiteres: www.nor-way.no und www.nsb.no

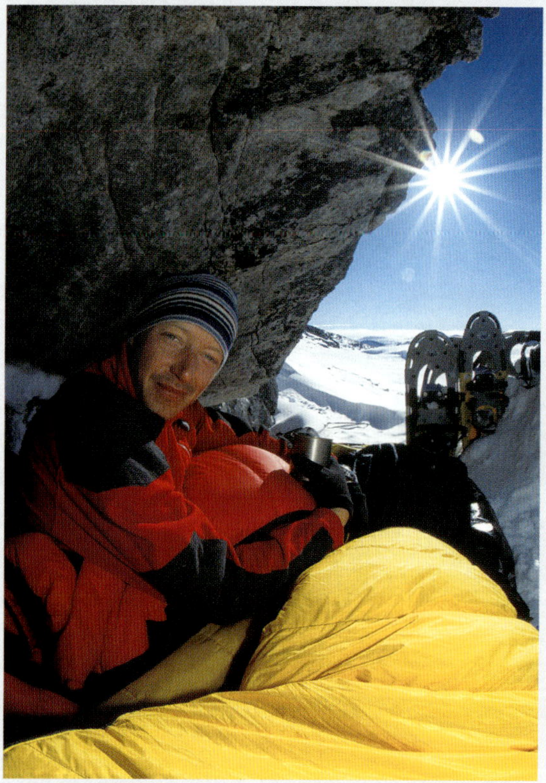

Abreise:

Am Ende der letzten Etappe an der Straße Nr. 70, ca. vier Kilometer östlich von Lønset, hält der Bus nach Oppdal (aktueller Fahrplan in der Dindalshytta, in der Woche fährt normalerweise spätnachmittags ein Bus). Von Oppdal per Bahn oder Bus zurück nach Trondheim.

Startpunkt:

Kongsvoll/Kongsvold Fjellstue.

Endpunkt:

Straße Nr. 70 bei Lønset, ca. 20 km westlich von Oppdal.

Zurück zum Startpunkt:

Nehmen Sie den Bus nach Oppdal und steigen Sie dort nach Süden in Richtung Dombås um. Normalerweise halten alle Busse in Kongsvoll. Fragen Sie vorsichtshalber noch einmal den Busfahrer.

Beste Reisezeit:

Der schönste Monat für eine Schneeschuhtour durch den Dovrefjell-Sunndalsfjella

60 km

Karte Dovrefjell Nationalpark

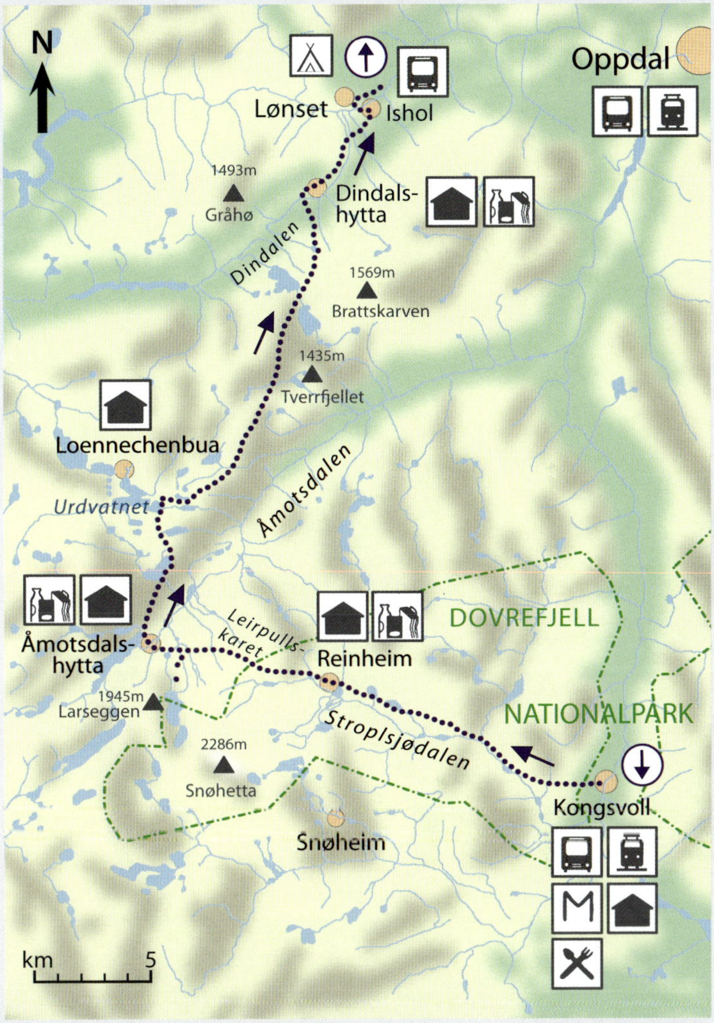

Nationalpark ist der März. Die Temperaturen fallen nicht mehr so tief, und es wird nicht ganz so früh dunkel. Unbedingt vermeiden sollte man die Ostertage, an denen viele Skifahrer aus Trondheim und Umgebung ins Dovrefjell kommen.

Verpflegung:
Unterwegs kann man in den Selbstbedienungsregalen der Hütten **Reinheim**. **Åmotdalshytta** und **Dindalshytta** seine Vorräte aufstocken. Da man dort überwiegend Lebensmittel in Dosen findet, sollte man sich überlegen, ob man nicht gleich einen Teil der Verpflegung in Form von gefriergetrockneten Mahlzeiten mitbringt.

Übernachtung:
Drei urige **DNT-Wanderhütten** (Schlüssel der ***Hütte Reinheim*** an der Rezeption der ***Kongsvoll Fjellstue*** erhältlich) liegen entlang der Route, eine weitere ***(Loennechenbua)*** etwas abseits. Für die anderen Übernachtungen muss ein Zelt mitgeführt werden. ***Kongsvold Fjellstue***, Dovrefjell, 7340 Oppdal, Tel. (+47) 72 40 43 40, www.kongsvold.no; www.pilegrim.info

Kartenmaterial: Turkart 2497: Dovrefjell-Sunndalsfjella, 1:100.000, Statens Kartverk N50.

Infos, Wichtige Adressen:
FVA Trondheim – Trondheim Aktivum AS, Torvet, PO Box 2102, 7411 Trondheim, Tel. (+47) 73 80 76 60, www.trondheim.no; ***Trondhjems Turistforening*** (Norwegischer Wanderverein), Sandgt. 30, 7012 Trondheim, Tel. (+47) 73 92 42 00, www.tt.no

Route: Kongsvoll – Reinheim – Åmotdalshytta – Dindalshytta – Straße 70.

Länge der Tour:
Ca. 60 km, 4 - 6 Tage.

60 km

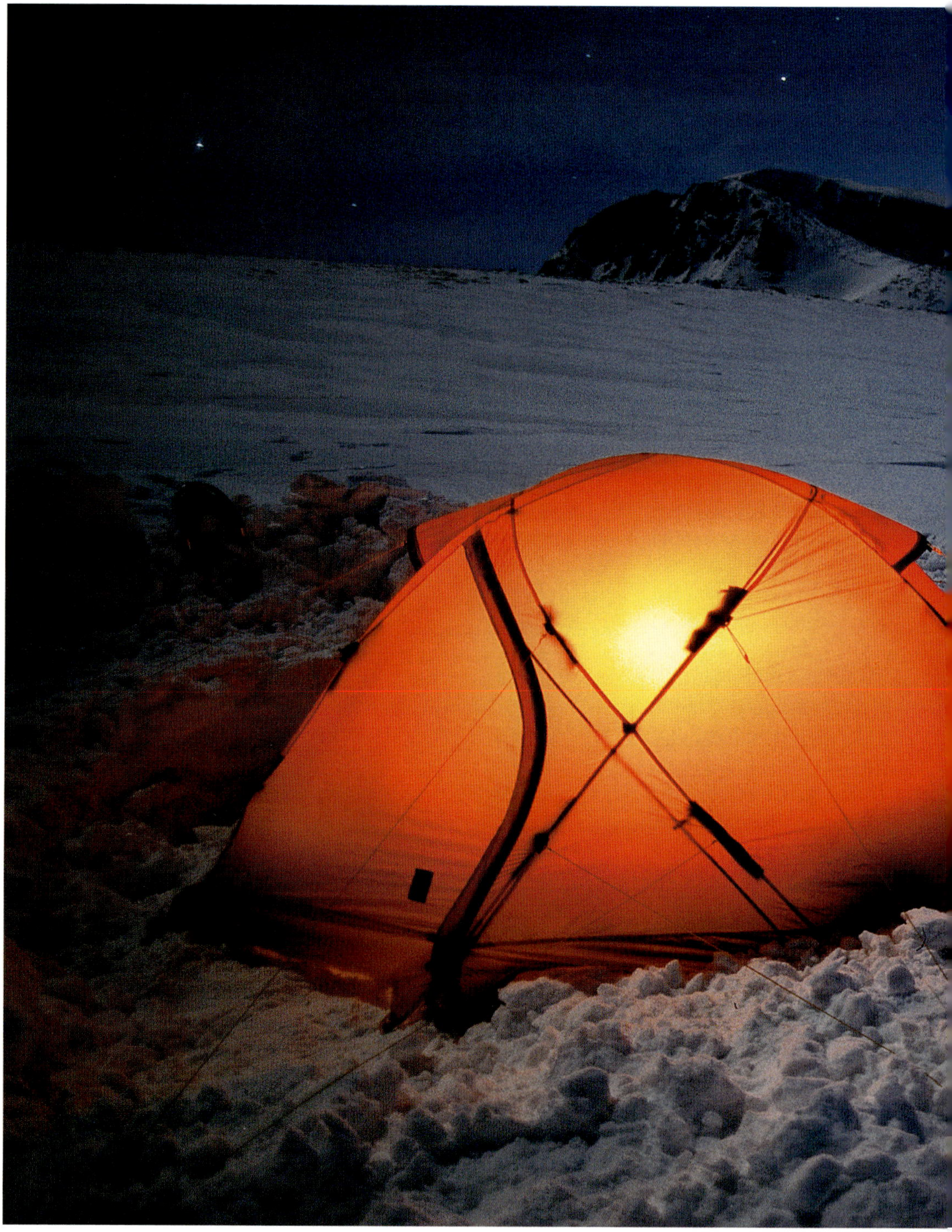

Unsere Gaslaterne spendet behagliche Wärme im kalten Dovrefjell.

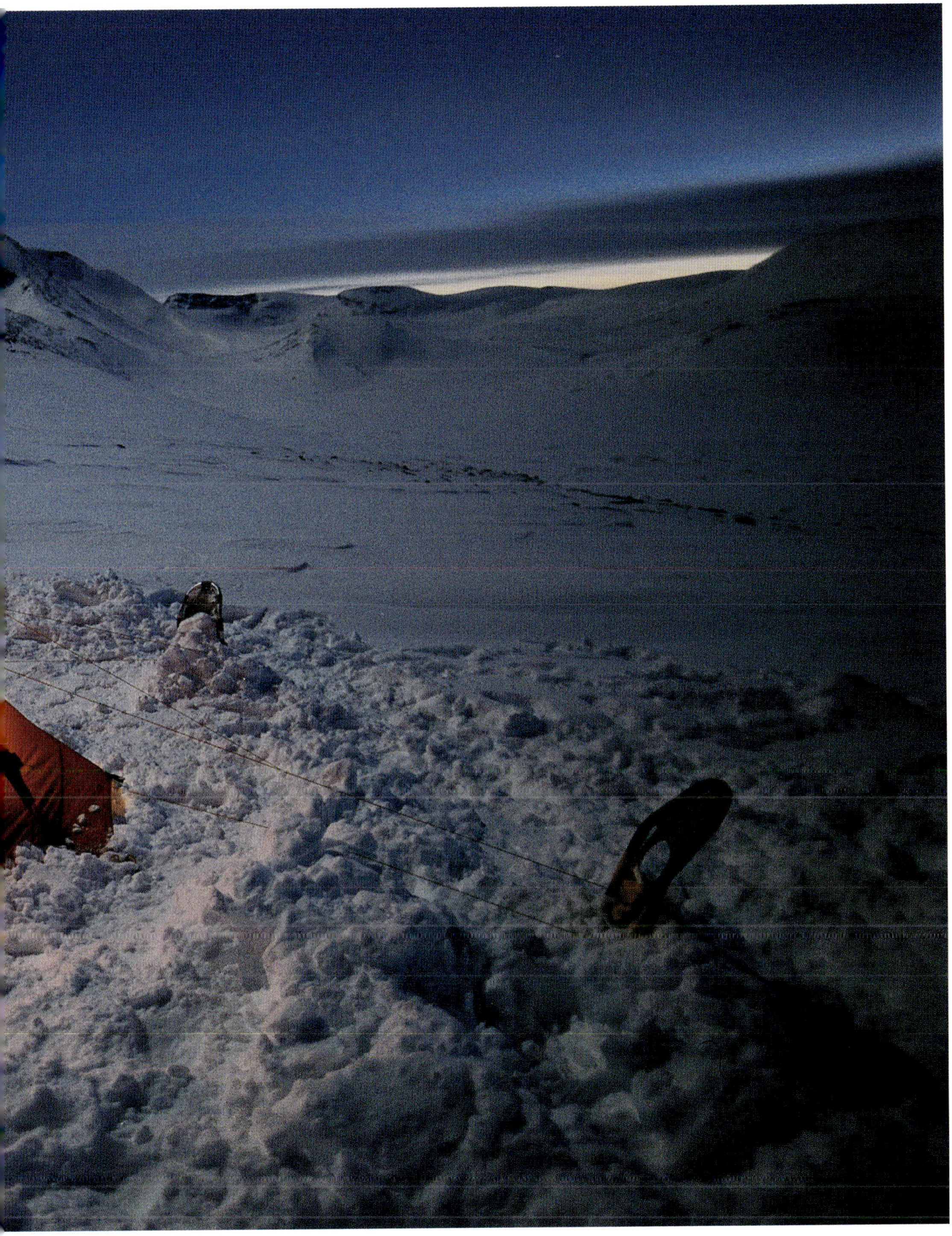

60 km

Auf großem Fuß durchs Fjell

Erst 2002 wurde der Dovrefjell-Sunndalsfjella-Nationalpark gegründet. Er ist Nachfolger des 1974 gegründeten Dovre National Parks und mit 1693 Quadratkilometern rund sechsmal so groß wie sein Vorgänger. Der heutige Nationalpark besteht aus zwei Teilen, die durch das tiefe Tal der Driva getrennt werden. Entlang des Tales verläuft die E 6 als Hauptverkehrsachse zwischen Nord- und Südnorwegen. Er gehört zu den interessantesten und abwechslungsreichsten Hochgebirgsparks Südnorwegens. Die Berge reichen bis zur Snøhetta auf 2.286 Metern, eine wilde rauhe Landschaft, die von Gebirgsbächen durchzogen ist. Hier finden Botaniker eine Artenvielfalt, wie sonst nirgends in Norwegen. In dem kleinen botanischen Garten neben der urgemütlichen Kongsvold Fjellstue, einer ehemaligen Posthalterei, wurden viele verschiedene Bergblumen angepflanzt. Sie beherbergt außerdem ein kleines Dovrefjellmuseum, ist Gasthaus und, unter dem Dach der Uni Trondheim, Forschungsstation zugleich. Am einstigen Postkutschenweg, dem Verbindungsweg zwischen Oslo und Trondheim gelegen, kann man sich heute, angesichts der gut asphaltierten E 6 kaum noch vorstellen, dass die Passage des alten Königswegs durch die Schlucht des Flusses Driva, besonders bei Hochwasser, lebensgefährlich war. Nach dem Tode König Olavs im Jahre 1030 begannen die Pilgerreisen zu seinem Grab nach Trondheim. Seitdem zogen alle norwegischen Könige auf diesem abenteuerlichen Reitpfad zum Nidarosdom, der Krönungs- und Begräbnisstätte der norwegischen Könige. Erst im 18. Jahrhundert wurde der Pfad für Kutschen verbreitert und die einfachen Übernachtungshütten wurden mit Aufkommen des Postwesens zu stattlichen Unterkünften für die Reisenden – die Kongsvold Fjellstue ist eine davon und eine gemütliche Unterkunft für Touren (auch geführte) in den Nationalpark.

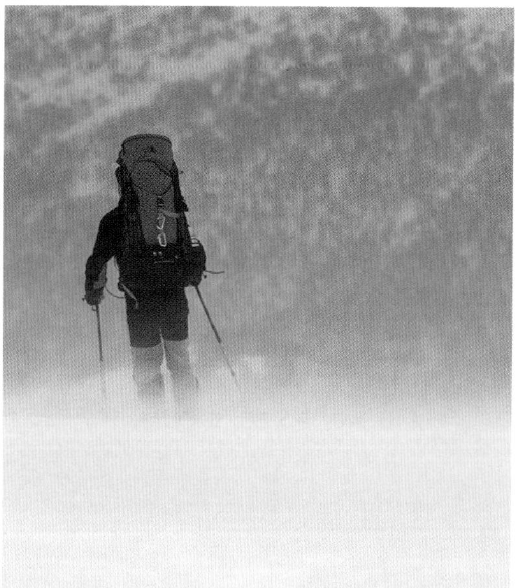

Weiße Schleier jagen über den Boden.

60 km

Der erste Tag

„Da oben wird es ziemlich hart", warnt er uns und zeigt auf die Kuppe in seinem Rücken – unsere Route. Ein Ranger, auf einem Motorschlitten angeknattert, hält direkt vor unseren Füßen. Gerade hat er einen Teil der Winterroute durch den Nationalpark gespurt und mit Markierungen versehen: kleinen, biegsamen Bambusstangen, die uns schon in einer halben Stunde sehr nützlich sein werden. Am Fuß der Steigung machen wir gerade die erste Pause. Es schneit ein wenig und stürmt heftig. Der Wind zerrt an mir, ich bin gespannt, was uns oben erwartet. Wir trinken den letzten Schluck Tee aus

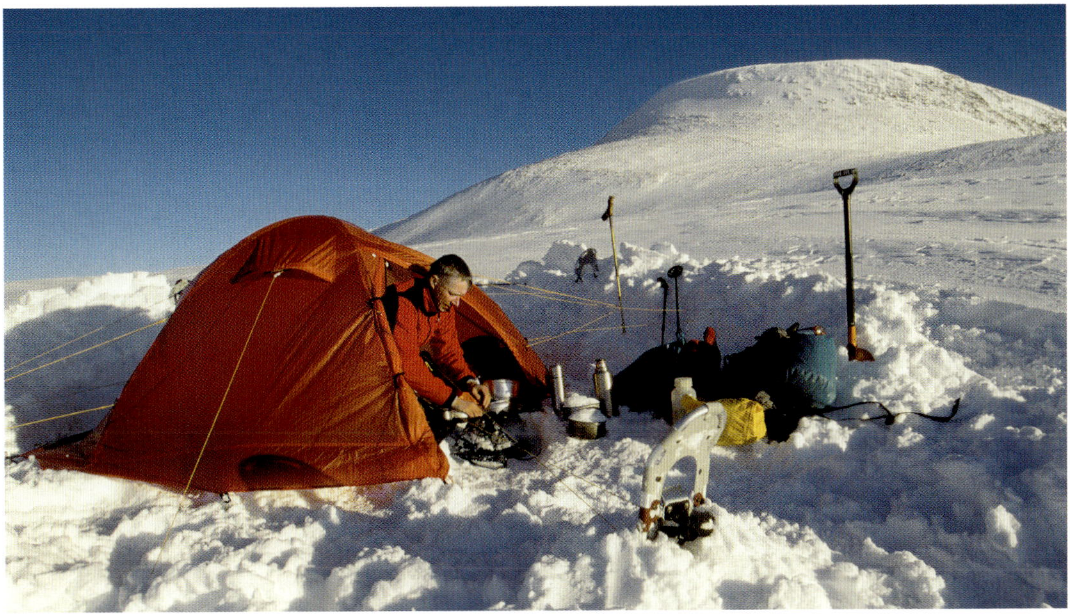

Das Dovrefjell - eine gute Tour für Einsteiger.

der Thermosflasche, teilen die erste Tafel Schokolade der Tour und machen uns für den Aufstieg über die Fjellkuppe bereit. Die Schneeschuhe werden angeschnallt, diesmal legt sich Boris das Zuggeschirr der Pulka über, ich schultere den Rucksack, es geht los. In Kongsvoll, einer kleinen Siedlung an der Bahnlinie Oslo - Trondeim und der E 6, liegt der Startpunkt unserer Route durchs verschneite Dovrefjell. Mit Schneeschuhen und Pulka werden wir in einer Woche quer hindurch marschieren und nahe der Dindalshytta im Norden des Parks wieder in die Zivilisation zurückkehren.

Schon am ersten Hang erkannten wir, dass die Pulka, der Transportschlitten für unsere Wintertrekkingtouren, neben unbestrittenen Vorteilen auch ihre Tücken hat. Der Schlitten brach nach rechts unten weg und zog mich mit sich – Gott sei dank nur ein paar Meter weit. Eindrucksvoll wurde uns vor Augen geführt, was an steileren Stellen passieren kann, sollten wir einmal nicht aufpassen. Auch die erste Steigung offenbarte: Die Pulka, mit knapp 60 Kilogramm Ausrüstung beladen, zerrte an mir. Mitunter kam ich nur weiter, wenn Boris von hinten half. Unsere Rechnung – „Wir haben ja die Pulka, also können wir so viel mitnehmen, wie wir wollen" – geht nicht auf. Nur in der Ebene lässt sich der schwere Schlitten gut ziehen.

Meter um Meter steigen wir dem weißen Himmel entgegen, der mit den Konturen der Bergkuppe längst verschmolzen ist. Der stärker werdende Wind treibt Wolken feinster Eiskristalle übers Fjell, denen man nicht entgehen kann. Ich drehe mich zu Boris, um zu sehen, ob er noch hinter mir ist – weiße Schleier jagen über den Boden, verwischen seine Beine immer wieder bis auf Kniehöhe, die Pulka scheint dann hinter ihm zu schweben.

Am höchsten Punkt des Fjellrückens können wir uns im Geheul des Sturmes nur noch schreiend verständigen. Der Wind

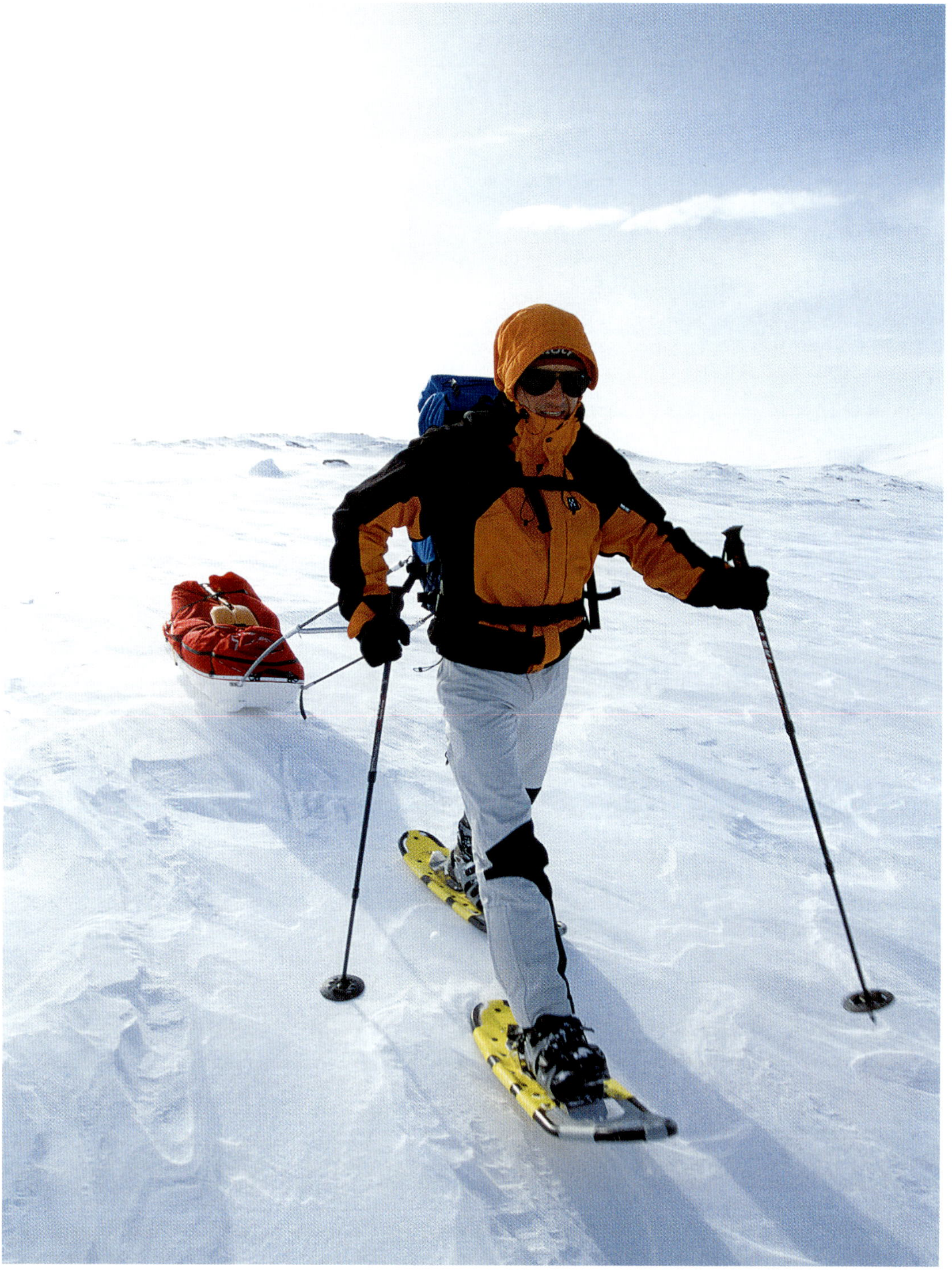

Vor allem in schneereichen Wintern sind Schneeschuhe von Vorteil.

reißt den Schall davon, sobald er den Mund verlässt, so, wie er uns mitunter auch die Luft zum Atmen förmlich wegsaugt. Doch es ist phantastisch hier oben, ich fühle mich so lebendig, frei und stark wie lange nicht mehr. Uns wird klar – hier sind wir allein und auf uns gestellt in einer eisigen, feindlichen, aber atemberaubend schönen Welt.

Die Moschusochsen, die nur im Dovrefjell heimisch sind – vor dem Zweiten Weltkrieg wurden sie aus Ostgrönland eingeführt, nachdem die letzte Eiszeit sie einst von hier vertrieben hatte – haben mit ihrem zotteligen, dichten Fell keine Probleme, sich diesen Naturgewalten zu stellen. Bei uns ist das etwas anders: Die Kapuze ist tief in die Stirn gezogen, der Kragen steht bis knapp unter die Nase, eine Sonnenbrille schützt die Augen. Wie Nadeln bohren sich die aufgewirbelten Eiskristalle in die letzten ungeschützten Hautpartien im Gesicht, Böen versuchen uns umzuwerfen. Es gehört nicht sehr viel Glück dazu, den Moschusochsen auf der Tour durch den Nationalpark zu begegnen. Doch sollte man einen respektvollen Sicherheitsabstand von mindestens 100 Metern einhalten, denn die zotteligen Giganten können sehr ungemütlich werden. Im Sommer halten sie sich gern in dem Gebiet zwischen Kongsvoll und Reinheim auf – ansonsten kann man auch mit ortskundigen Führern auf Safari gehen. In der Hauptsaison im Sommer bietet die Kongsvold Fjellstue täglich Moschusochsen-Touren an.

Spät am Nachmittag bauen wir unser Zelt an einer windgeschützten Stelle auf. In einer Kuhle, die wir mit der Schaufel weiter vertiefen und durch einen Wall zusätzlich schützen. Schneeschuhe und Stöcke halten als Anker zum Abspannen her, kein Wind

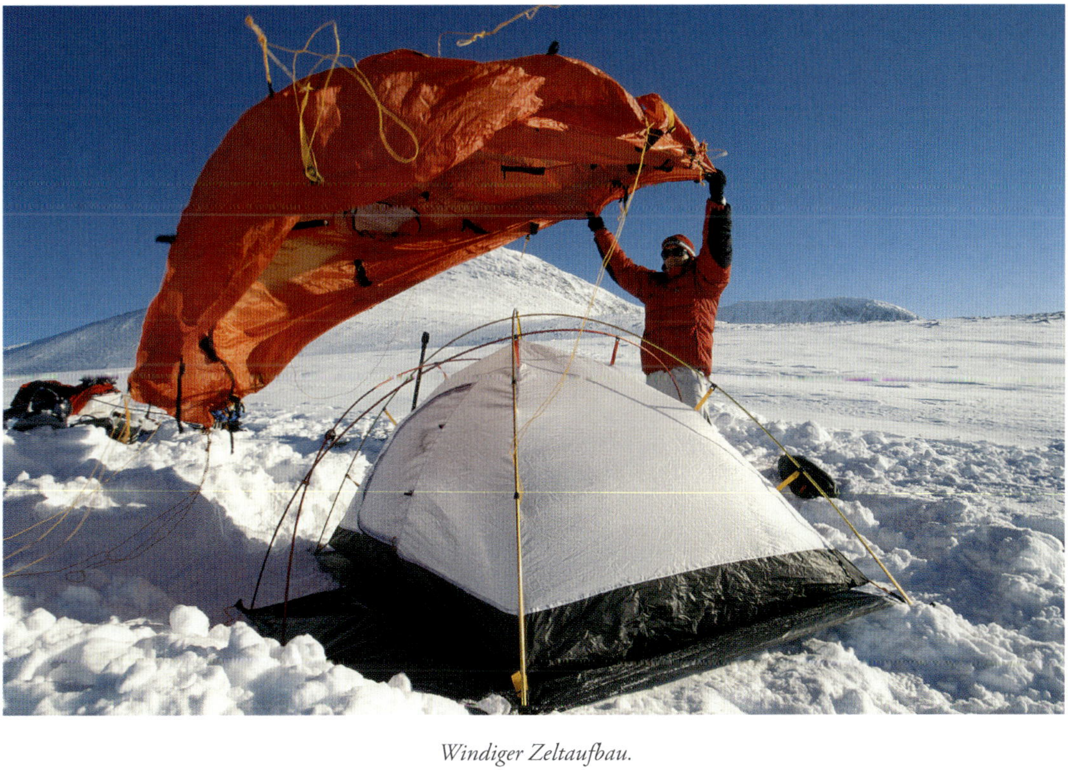

Windiger Zeltaufbau.

60 km

dürfte uns heute Nacht gefährlich werden. Erschöpft vom ersten Tag, vom ungewohnten Marsch mit der schweren Pulka und dem Rucksack, gebeutelt vom Sturm und Schneetreiben, sind wir froh, als wir es uns endlich in unserer kleinen Stoffhütte gemütlich machen können. Viel Platz haben wir nicht auf 1,20 x 2 Metern. Wenn Boris sich dreht, muss ich aufpassen, dass er nicht an die heiße Zeltlaterne stößt, die ein gemütliches Licht wirft und Wärme abstrahlt. Nur in entgegengesetzter Richtung können wir relativ entspannt sitzen, nebeneinander wird es mit den dicken Schlafsäcken und vielen Kleidungsschichten zu eng. Trotzdem fühlen wir uns wohl; uns ist warm, der Wind kann uns nichts mehr anhaben, wird von wenigen Millimetern Stoff draußen gehalten. Als es endlich etwas zu essen gibt, ist der Moment nahezu perfekt.

Der zweite Tag

Am nächsten Morgen scheint die Sonne; es ist windstill. Für ein paar Stunden sieht die Welt ganz anders aus, viel freundlicher und nicht so konturlos, wie noch am Nachmittag zuvor. Schneerippen werfen Schatten, ganze Hänge funkeln. Eine Weile verläuft der Trail eben durch ein breites Tal, steigt dann kurz an und fällt über einen Wall in eine kleine Senke ab. Hier gibt es einen Knick im Weg, der aber trotzdem grob weiter in Richtung Osten führt. Erst hinter der Åmotdalshytta, die wir in zwei Tagen erreichen werden, geht es nordwärts weiter. Schon zum Zeitpunkt unserer Mittagspause hat das Schönwetter-Intermezzo ein Ende. Mächtige Wolken haben auch das letzte Blau über uns verdrängt: Es wird schattig und grau – es ist, als würde sich im Himmel das verschneite Dovrefjell widerspiegeln.

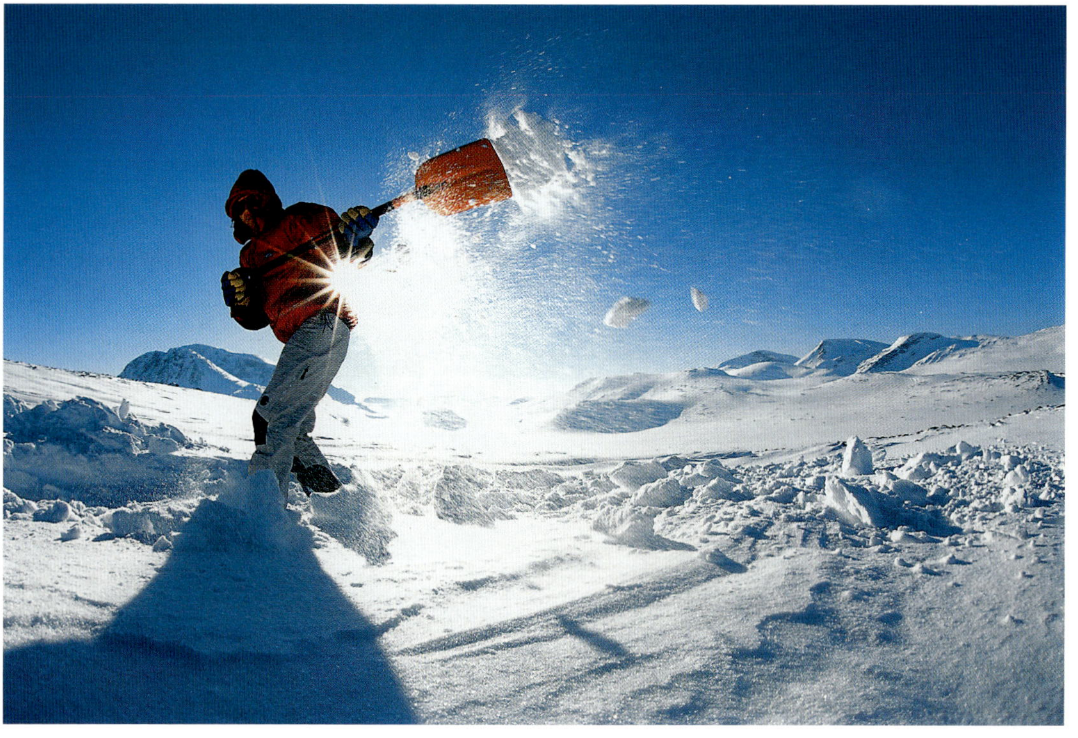

Ein Zeltplatz im Schnee muss mit der Schneeschaufel vorbereitet werden.

60 km

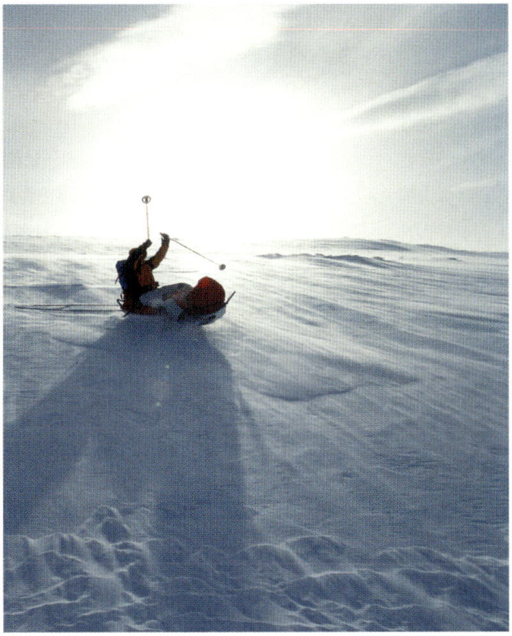

Ein langer Anstieg zum Leirpullskaret, einer Scharte, die uns den Übergang ins nächste Tal ermöglicht, beginnt direkt hinter der Hütte. Schnaufend und schwitzend kämpfen wir uns bergan. Bald können wir die dicken Fleecejacken ausziehen, so warm wird es unter den Strahlen der Märzsonne. Eine ganze Weile kommen wir gut voran. Die Augen wandern über die sanft geschwungenen Grate der Snøhetta links oberhalb des Weges und von Zeit zu Zeit richten wir den Blick zurück ins Tal von Reinheim. Die Talwände links und rechts nähern sich immer weiter, auch vor uns steigt eine Wand in die Höhe. Steil, sehr steil führt der Trail am Talende rechts am Hang hinauf zum Pass. Während Boris im Geschirr der Pulka steckt und zieht, habe

Der Weg führt nun am Rande einer weiten Ebene entlang; rechts steigen Felswände in die Höhe. Wir sind allein; es ist still. In einer Verschnaufpause höre ich die Flügelschläge einer Krähe über unseren Köpfen.
Als wir spät am Abend in den gemütlichen Kojen der Selbstversorger-Wanderhütte von Reinheim die Augen schließen, hängen die Wolken noch immer am Himmel, dicht gedrängt. Allein die Auskunft von Per Willy, einem Norweger, der ebenfalls hier übernachtet, macht Mut: Am nächsten Tag soll das Wetter gut werden, übersetzt er den Wetterbericht.

Der dritte Tag

Als Boris mich um sechs Uhr weckt, ist tatsächlich nicht eine Wolke zu sehen, die ersten Sonnenstrahlen tauchen den Himmel im Osten in Pastelltöne. Der Schnee auf der Snøhetta, dem mit 2.286 Metern höchsten Berg im Nationalpark, dessen vergletscherter Gipfel direkt über Reinheim emporragt, leuchtet zartrosa.

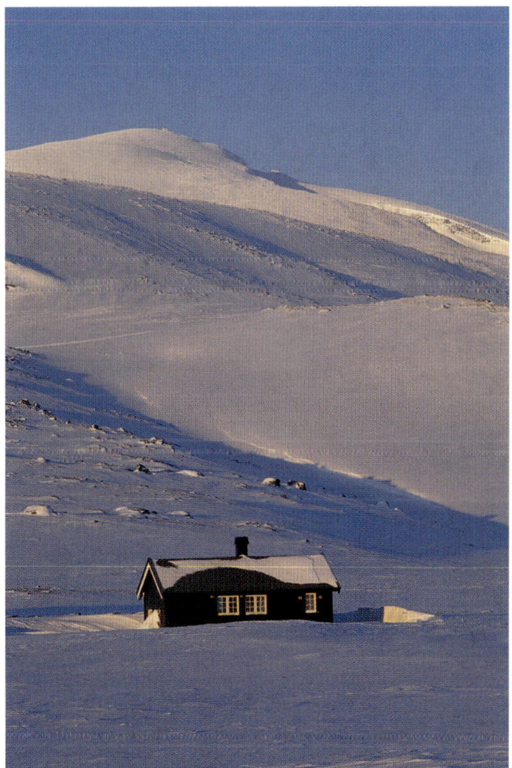

Die DNT-Hütte Reinheim unterhalb der Snøhetta.

ich meine Stöcke hinten in den Riemen eingehakt und schiebe. Nur so gelingt es uns, höher zu kommen. Kann einer nicht mehr weiter und muss eine Verschnaufpause einlegen, gilt es aufzupassen, damit wir nicht wieder zurück nach unten rutschen.

Auf der Passhöhe stürmt es fast wie am ersten Tag, nur lacht die Sonne heute dazu. Weit zurück reicht der Blick nach Reinheim und weiter bis zu der Stelle, an der wir gestern Mittag Rast gemacht haben.

Es ist kalt hier oben im Wind; wir wollen schnell absteigen ins nächste Tal. Ein wenig zu schnell vielleicht, so dass wir unvorsichtig werden. Auf eisigem Untergrund bricht die Pulka nach rechts aus, zieht Boris den Boden unter den Füßen weg und kurze Zeit später auch mir, der ich versuche, die beiden zu halten, und so rutschen wir zu dritt auf dem hart gefrorenen steilen Hang nach unten. Was an anderer Stelle hätte böse ausgehen können, bringt hier, wo die Bahn frei ist, regelrecht Spaß.

Die Åmotdalshytta liegt vier Kilometer entfernt direkt am Trail. Doch in dieser Nacht wollen wir irgendwo draußen sein, den Nachmittag noch im Sonnenschein verbringen und den Sternenhimmel genießen. Und so zweigt unser Weg wenig später links von der markierten Route ab und führt uns langsam bergan bis auf ein kleines Plateau oberhalb des Åmotsdalen, am Fuße des Larseggen und der „Rückseite" der Snøhetta. Oben bauen wir unser Zelt auf und genießen den restlichen Tag.

60 km

Der vierte Tag

Die unfreiwillige Abfahrt des Vortages hat mich auf eine Idee gebracht, die ich gleich heute morgen verwirklichen will: Von unserem kleinen Plateau müssen wir 150 Höhenmeter absteigen, um zurück zum Trail zu kommen. Über einen steilen und hindernisfreien Hang, perfekt für eine Abfahrt mit der Pulka. Während Boris die Kamera in Position bringt, schnalle ich die Schneeschuhe auf der Pulka fest. Immer schneller werdend rase ich zu Tal, rausche über den Tiefschnee, will nur leicht die Richtung korrigieren, komme ins Schlingern und überschlage mich. Überall hängt Schnee, klebt selbst unter der Sonnenbrille; doch weder mir noch der Pulka ist etwas passiert. Sie liegt 20 Meter unterhalb auf dem Rücken. Gegen Ende der Tour haben wir unsere Methode derart perfektioniert, dass wir auch zu zweit abfahren können.

Was wir stilvoll und gemütlich sitzend bewältigen, ist für die Skilangläufer eine schwere Hürde: Sie zittern die Hänge hinunter und hinterlassen rabiate Spuren. Trotzdem belächeln sie uns bei jedem Zusammentreffen und fragen ein ums andere mal ungläubig: „You came all the way with those? Where are your skies? You must be crazy." Sie haben ja Recht – per Langlauf- oder Tourenski wäre man hier, zumindest in der Ebene, einfacher und schneller unterwegs.

Von der großen, innen urgemütlichen Åmotdalshytta verläuft der Trail in nördlicher Richtung über einen kleinen Pass ins nächste Tal. Da das Wetter zum Nachmittag hin doch wieder schlechter wird, überlegen wir uns, die Nacht in der kleinen, unbewirtschafteten Loennechenbua zu verbringen. Sie bietet nur zwei bis vier Leuten einen Schlafplatz und liegt westlich des bald erreichten Urdvatnet hinter einem kleinen, aber steilen Pass. Vergeblich wollen wir die Pulka nicht dort hinüber schleppen, und so macht sich Boris allein auf den unmarkierten Weg, um zu schauen, ob sich für uns noch Platz findet. Als er eine halbe Stunde später zurückkehrt, schüttelt er den Kopf. Die Hütte ist belegt. Also bleiben wir und schlagen am Ufer des Urdvatnet unser Zelt auf.

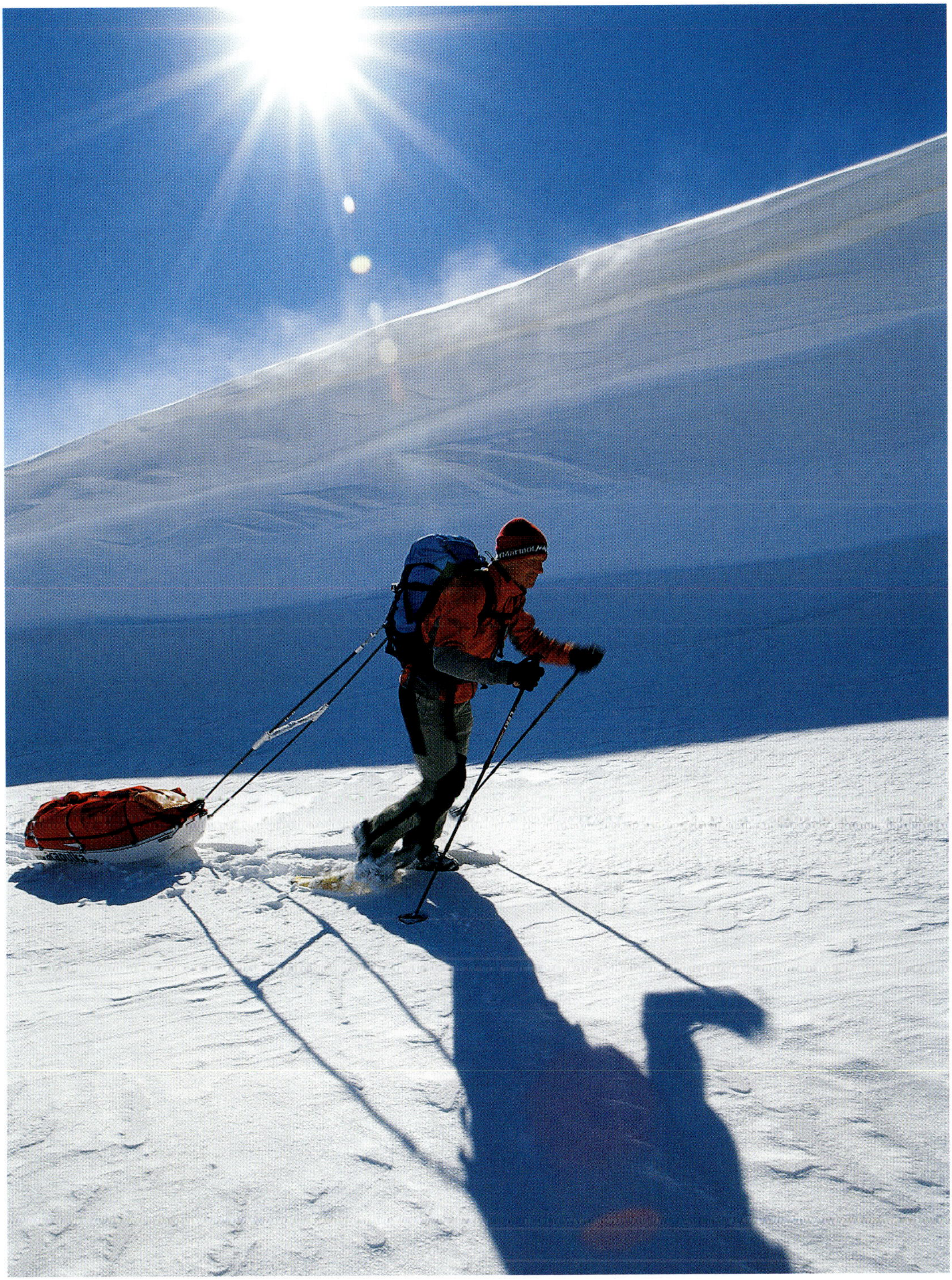

Mit Schneeschuhen und Pulka durchs Dovrefjell.

60 km

Der fünfte Tag

Der Morgen begrüßt uns mit Sturm und einem weißen, konturlosen Himmel. So laufen wir erst gegen Mittag etwas unmotiviert weiter. Leicht steigt der Weg an, und erreicht einen Punkt, an dem die Sicht weit über ein wenig verschneites Tal reicht. Die Temperaturen sind höher als sonst im März; tagsüber haben wir selten noch unter minus zehn Grad.

Heute ist es bei nur knapp null Grad extrem ungemütlich: Im Windschatten einer kleinen Hütte machen wir eine kurze Mittagspause und gehen dann an den schwersten Abschnitt des Tages. 200 Höhenmeter müssen wir uns erkämpfen, um auf den Rücken eines Höhenzuges zu gelangen. Boris hängt vor der Pulka und stemmt sich ins Zuggeschirr, ich bin dicht dahinter und schiebe den Schlitten mit meinen Stöcken vorwärts. Langsam, unglaublich langsam, kommen wir höher, erklimmen Stück für Stück den kleinen Pass. Zwei Norweger auf einem Schneemobil halten vor uns. Man merkt ihnen an, dass sie gern helfen würden und überhaupt nicht verstehen, was wir hier mit Schneeschuhen machen. Aber ihr Schlitten ist voll, und so verschwinden sie bald. „Mit Skiern hätten wir euch ja ein wenig bergauf ziehen können..."

Abgekämpft und müde halten wir Ausschau nach einem geeigneten Übernachtungsplatz. Unter einer überragenden Felswand entdecken wir eine kleine, vielleicht drei Meter breite Terrasse. Mit der Schneeschaufel modellieren wir uns den perfekten Platz für die Nacht: Eine Höhle, die nach Westen und Süden durch eine Schneemauer, in Richtung

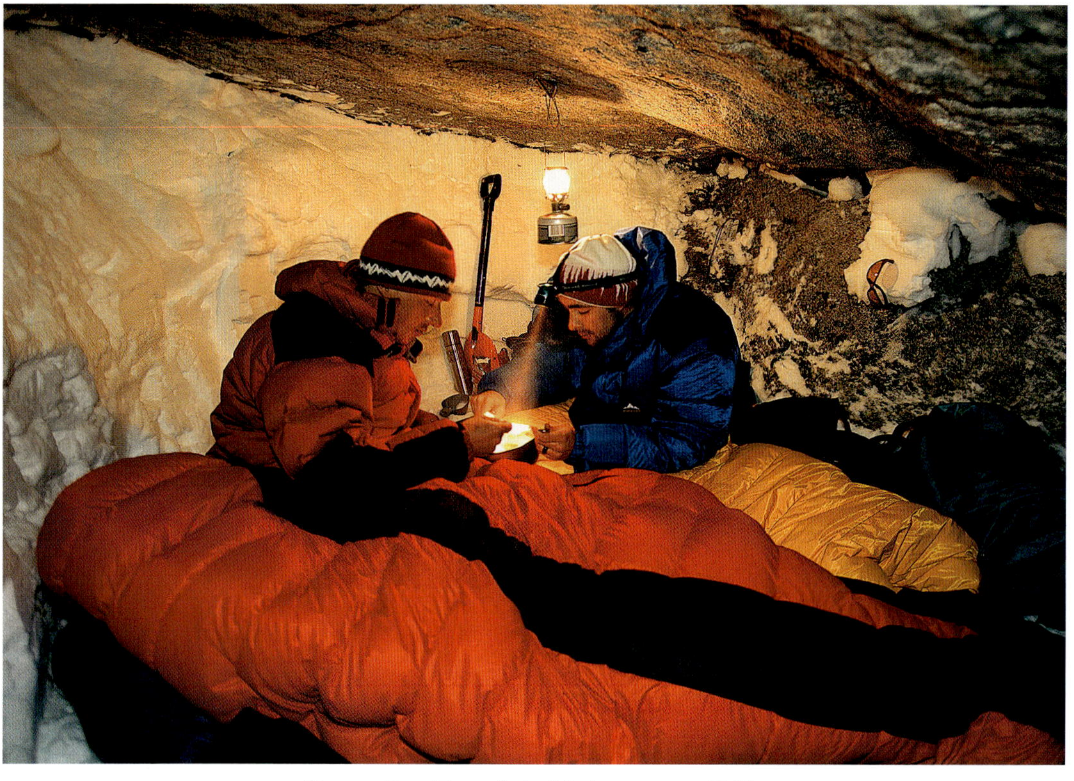

Die erste Tasse Tee nach der Nacht in unserer Höhle.

60 km

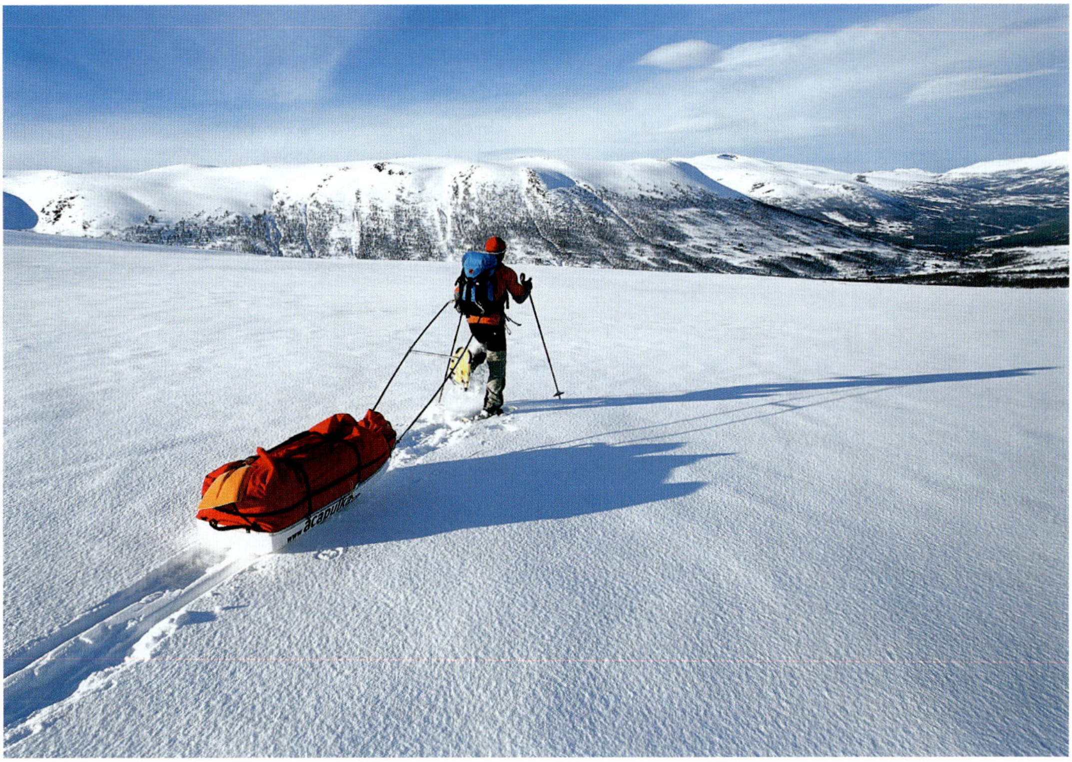

Abstieg zur Dindalshytta. Die Tour geht dem Ende zu.

Osten durch Pulka und Schneeschuhe vor dem Wind geschützt ist. Mit Hilfe eines Karabinerhakens gelingt es uns sogar an dem Fels über unseren Köpfen die Gaslaterne zu befestigen. „Schöner Wohnen" im Dovrefjell, dazu ein leckeres Essen mit „Emmentaler Makkaroni" und einer Tafel Herrenschokolade. Tief verkrochen in den Daunenbergen unserer Schlafsäcke, schlummern wir auch bei minus 15 Grad tief und fest.

Der sechste Tag

Feine Schneewolken wecken mich früh am Morgen. Unser Schutzwall ist gut zehn Zentimeter in sich zusammengesackt, nun bläst der Wind den Schnee direkt in unsere Höhle. Alles ist von einer Puderzuckerschicht bedeckt. Ich überlege mir, ob ich Boris wecken soll, entscheide mich dagegen und schlafe noch ein bisschen weiter. Im Schlafsack dürfte ich sicher sein. Und es ist gut, dass wir nicht zu früh aufbrechen an diesem Tag. Der Wind schafft es tatsächlich, alle Wolken, die noch am Morgen den Himmel bedeckt hatten, weit weg nach Osten zu blasen. Und so starten wir am Vormittag in einen Traumtag: Unsere letzte richtige Etappe zur Dindalshytta, hinter der, nur wenige Kilometer entfernt, die Zivilisation wartet.

Noch eine Weile stapfen wir weiter auf dem kleinen Hochplateau, bis der Weg steil zu einem See abfällt; hindernisfrei, so wagen wir eine „Pulka-Doppelsitzer-Express-Abfahrt". Boris geht nach vorn und nimmt den Rucksack zwischen die Beine, ich sitze hinten und schnalle die Schneeschuhe ab. Für einen Moment werden wir so schnell,

60 km

dass uns angst und bange wird, aber gleich stellen wir fest, wie sicher wir die Spur halten können und schießen über einen kleinen, ebenen Absatz weiter zu Tal.

Unten rasten wir auf einem von der Sonne erwärmten Stein und beobachten Langläufer auf dem Hang. Während sich unsere Spur schnurgerade und breit bergab zieht, kreuzen sie über die ganze Hangbreite im Schneepflug hin und her, bis sie wieder auf sicherem, ebenem Terrain stehen.

Am Ostufer eines Sees zieht sich der Trail zunächst auf gleicher Höhe entlang und steigt dann ein letztes Mal einen Höhenzug hinauf. Von oben reicht der Blick weit übers Land.

Wenig später öffnet sich vor uns das Dindalen. Die steile Talwand gegenüber, von schroffen Rinnen zerfurcht, ist von unzähligen Birken bestanden, die ihre langen Schatten auf den Hang zaubern. Auch auf unserer Seite stehen einige Birken und machen unsere letzte Abfahrt hinab zur Dindalshytta zu einer risikoreichen Unternehmung. An der einen zischen wir links, an der nächsten rechts vorbei, vor einer ganzen Gruppe kommen wir gerade noch rechtzeitig zum Stehen.

Hier unten im Tal hat der Frühling bereits begonnen; hier und da ist der Schnee gänzlich verschwunden. An mehreren urigen Gehöften vorbei erreichen wir die Hütte. Die Herberge des örtlichen Wandervereins ist ein wahres Schmuckstück und urgemütlich. Knapp 100 Jahre alt, erbaut im Blockhüttenstil mit niedrigen Decken, traditionell bemalten Türen, Kamin und prachtvoller Petroleumlampe über dem Tisch. Ein wunderschöner Ort, um unsere gelungene Tour zu beenden.

60 km

Der siebte Tag

Um zurück nach Trondheim zu kommen, müssen wir von der Dindalshytta weiter ins Tal zur Straße Nummer 70 absteigen, wo der Bus nach Oppdal am Nachmittag hält. Von dort fahren dann Bus und Zug weiter nach Trondheim. Vorsichtshalber geben wir uns drei Stunden für die letzten Kilometer. Auch wenn das erste, durchweg abschüssige Stück zum Parkplatz Blokhus, von dem aus zahlreiche Einheimische Tagesausflüge ins Dindal unternehmen, schnell erreicht ist, beginnt es bald darauf knifflig zu werden. Die Schneeschuhe haben wir gleich am Morgen auf der Pulka verstaut und könnten so auch auf der schneefreien Straße vom Parkplatz weiter ins Tal laufen. Mit der Pulka geht das natürlich nicht. Und so wenden wir uns nach einem Tipp eines Norwegers am Parkplatz nach links zu einem Gehöft und direkt vor dem Gebäude nach rechts über eine große verschneite Wiese weiter hinab ins Tal. Am unteren Ende der Weide gelangt man auf einen Trail nach Lønset, das oben an der Straße liegt, an der auch der Bus hält. Wir freuen uns schon, einen schönen Weg gefunden zu haben, als wir plötzlich auf dem letzten Quadratmeter Schnee stehen. Ein paar hundert Meter können wir sie noch über den halbwegs verschneiten Seitenstreifen ziehen, doch dann ist Schluss. Die letzten zwei Kilometer tragen wir sie – neben unseren Rucksäcken – mit einem aus Riemen gebastelten Geschirr den Berg hinauf. Haben die Norweger schon im Fjell ein Problem mit unseren Schneeschuhen und der Pulka gehabt, werden sich jene, die im Auto an uns vorbeifahren, mehr als wundern. Wir sehen das ganze mit Humor und kommen fröhlich und munter genau zehn Minuten zu früh an der Bushaltestelle an. Perfekt!

Skitour durchs winterliche Rondane

Durch eine weiße Wunderwelt

von Tonia Körner

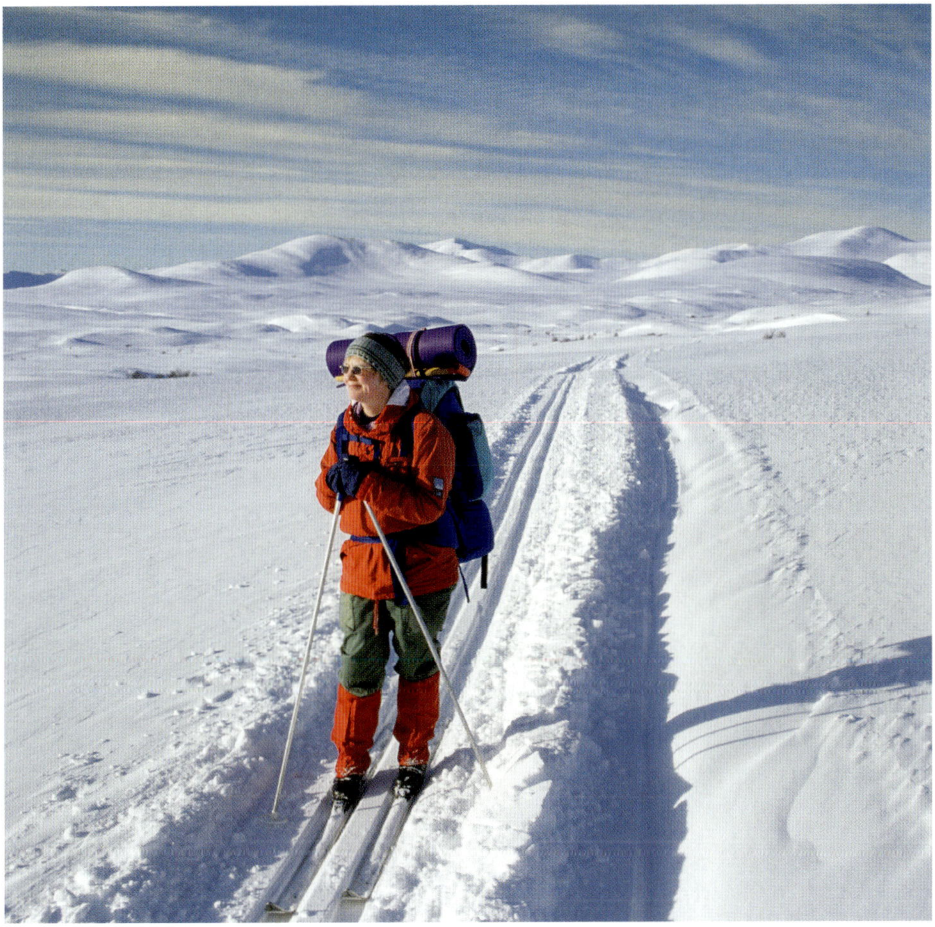

Tour 15

Skitour durchs winterliche Rondane

Schwierigkeit	Höhendifferenz	Zelten	Hüttenübernachtung
★★☆☆	★★☆☆	★★★★	★★★★

Charakter der Tour

Die abwechslungsreiche Tour führt mal durch enge Täler, mal über offene Seeflächen, weite Hochebenen oder mitten durchs Gebirge. Die markierten Routen bereiten keine großen technischen Schwierigkeiten und weisen kaum nennenswerte Höhenunterschiede auf. Obwohl unterwegs einige Skizentren gestreift werden, findet man doch stets die typische gemütliche norwegische Berghütte und einsame Skirouten. Die Tour startet entspannt mit kurzen Etappen zum Einlaufen, die sich im Verlauf der Tour steigern und ein wenig Kondition erfordern.

Anreise:

Mehrmals täglich mit dem Zug Oslo – Otta oder ab Oslo mit dem Bus Nordfjordekspressen mehrmals täglich nach Otta (etwas günstiger). Anschluss in Otta mit dem Lokalbus zweimal täglich nach Høvringen oder Mysuseter. Übernachtungsgäste werden von den Berghotels nach Vereinbarung auch in Otta abgeholt. Mit dem Auto von Oslo auf der E 6 über Lillehammer und Otta bis etwa drei Kilometer hinter Nord-Sel, wo die Straße hoch nach Høvringen abbiegt. Die Straßen nach Høvringen, Mysuseter und Venabu sind ganzjährig geöffnet. Winterreifen und Schneeketten sind unbedingt erforderlich – am besten Spikesreifen *(Siehe Reiseinfos A-Z: „Autofahren“, S. 16).*

Abreise:

Zwischen Venabu Fjellhotell und dem Osloer Flughafen Gardermoen verkehrt jeden Samstag ein Bus über Ringebu. Fast stündlich Busverbindungen von Gardermoen nach Oslo. Oder von Ringebu mit dem Zug mehrmals täglich nach Oslo.

Startpunkt:

Øigardseter Fjellstue in Høvringen.

Endpunkt:

Venabu Fjellstue auf dem Venabygdsfjellet an der Passstraße Rv 27.

Zurück zum Startpunkt:

Vom Venabu Fjellhotel mit dem Bus nach Ringebu. Weiter per Bus oder Zug nach Otta, von dort per Lokalbus nach Høvringen.

71 km

Beste Reisezeit:

Februar bis Mitte April. Dann sind die Tage schon länger und die Gefahr von Winterstürmen wird geringer. In dieser Zeit haben auch alle Hütten geöffnet. Um Ostern herum herrscht Hochbetrieb; oft sind die Unterkünfte dann überfüllt. Außerdem kann der Schnee Mitte April aufgrund von Temperaturen über null Grad matschig werden.
Empfehlenswert: Ende Februar bis Ende März – ideale Ski- und Schneebedingungen.

Markierung & Wegzustand:
Im Gebiet von Høvringen, Mysuseter und Venabygdfjellet im westlichen Rondane sind die Langlaufstrecken teilweise gespurt. Die gesamte Route ist mit Stöcken bzw. Zweigen markiert. Diese sogenannten „kvisteløyper" – Zweigloipen – werden hauptsächlich ab den Winterferien (Mitte Februar), wenn die meisten Hütten geöffnet sind, abgesteckt. Abseits der markierten Routen bieten sich zahlreiche lohnenswerte Abstecher an. Auch die meisten Gipfel sind ohne große Schwierigkeiten zu besteigen. Im Rondane muss man darauf vorbereitet sein, dass stellenweise – insbesondere auf den kahlen runden Kuppen – wenig Schnee liegen kann.

Verpflegung:
Lebensmittelläden in **Høvringen, Mysuseter, Venabu, Rapham** und beim **Rondablikk Høyfjellshotell.** Gutes, meist traditionelles norwegisches Essen auf den Hütten. Selbst bewirtschaftete Hütten verfügen über Vorratskammern, die von Milchpulver bis Ananas in Dosen ein vielfältiges, allerdings oft sonderbares Angebot haben.

Übernachtung:
Wildes Zelten praktisch überall möglich. In *Hütten* der Wandervereine oder ***privaten Berghotels,*** die in regelmäßigen Abständen zu finden sind. Platzgarantie in *DNT-Hütten* (evtl. nur Matte auf dem Fußboden bei Überfüllung). In **Høvringen, Mysuseter, Venabu** und **Rapham** zahlreiche Unterkunftsmöglichkeiten. Viele bewirtschaftete Hütten haben das ganze Jahr über geöffnet, wobei einige nur um Ostern vollen Service anbieten. ***Infos zu den Hütten und Hotels*** auf www.ut.no

Skiverleih: in **Høvringen, Mysuseter, Venabu** ca. 45 Euro/Woche für eine komplette Ausrüstung mit Schuhen, Stöcken, Skiern, Tel. (+47) 91 80 86 71, www.hoevringen-skiskole.com

Kartenmaterial:
Turkarten 2521 & 2523 Rondane Sør und Nord 1:50.000, Statens Kartverk N50, auf denen auch die markierten Skirouten eingezeichnet sind. Das Paket ist im Buchhandel, in der Touristeninformation Otta oder in Sportgeschäften vor Ort erhältlich.

Sehenswürdigkeiten:
Peer Gynt-Hytta.
Venabygd Fjellkapell südwestlich vom Venabu Fjellhotel nahe der Rv 27, schöne Bergkapelle.

Infos, Wichtige Adressen:
FVA Sel Rondane Reiselivslag/Turistkonteret Otta, Ola Dahlsgate 1, 2670 Otta, Tel. (+47) 61 24 14 44, www.visitrondane.com
Ringebu Skysstasjon, Tel. (+47) 61 28 47 00, www.ringebu.kommune.no
Turistkontor Høvringen, Postfach 7, 2675 Otta, Kontakt über www.hovringen.no;
Venabu Fjellhotell, 2632 Venabygd, Tel. (+47) 61 29 32 00, www.venabu.no (Infos über Venabygdfjellet, Busverbindungen).
Infos über Zugverbindungen: www.nsb.no
Infos über Busverbindungen: www.nettbuss.no oder www.nor-way.no

Route:
Høvringen – Smuksjøseter – Rondvassbu – Mysuseter – Eldåbu – Venabu.

Länge der Tour:
71 km, 5 Tage.

Karte Rondane

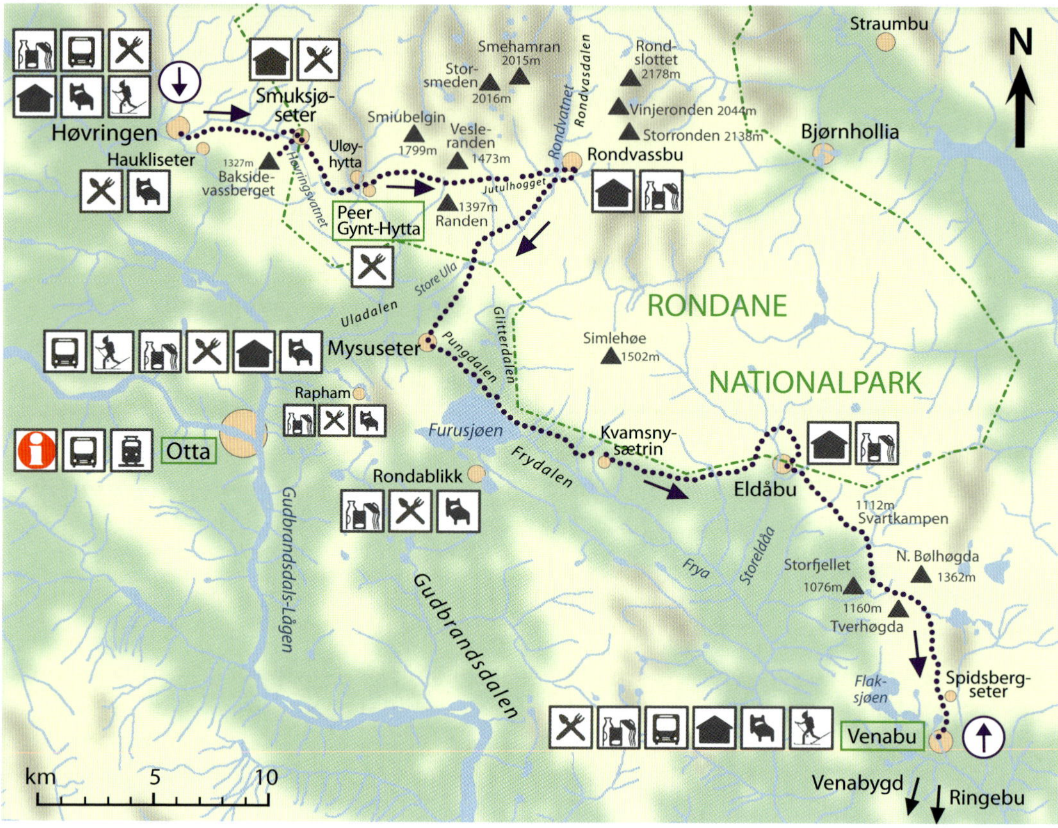

Durch eine weiße Wunderwelt

71 km

Ein typisches Hochgebirge mit ausgedehnten Hochebenen und zehn Gipfeln über 2.000 Metern - das ist Norwegens ältester Nationalpark. Durch die letzte Eiszeit, vor neun- bis zehntausend Jahren, wurde die Landschaft geformt. Dabei wurden große Eismengen gebildet und es wird angenommen, dass Eisschmelzen und Eisansammlungen sich zyklisch abwechselten. Das Eis schmolz gegen Ende sehr schnell ab, wie tief ausgegrabene Flusstäler bezeugen. Zwischen den steil abfallenden Hängen des tiefsten Tals liegt der schmale See Rondvatnet, der auch die Mitte des Nationalparks bildet. Von ihm aus können alle Zweitausender Gipfel in weniger als einem Tag zu Fuß erreicht werden. Einer der wenigen Orte in Skandinavien, an denen wilde Rentiere vorkommen, während Rehe und Elche nur in den Randzonen des Parks anzutreffen sind. Gelegentlich sind auch Moschusochsen aus dem nahen Dovrefjell-Sunndalsfjella-Nationalpark zu sehen. Vielfraße und eine kleine Population an Braunbären leben im Nationalpark, dagegen sind Wölfe eher selten.

Der erste Tag

Wie überdimensionale Fühler erstrecken sich die Skirouten direkt von der Tür unserer Berghütte in der verstreut daliegenden Siedlung Høvringen in alle Himmelsrichtungen. Hufeisenförmig umschließen die nahen Berge das einstige große Almdorf – daher auch der Name „hovring": Hufeisen. Heute ist es eine der vier großen Einfallspforten ins Rondane-Hochgebirge. Ganze Karawanen – bis zum jüngsten Nachwuchs, hinterher gezogen in komfortablen Schlitten – schlängeln sich in Richtung Gebirge. Und wer richtig schlau ist, der lässt sich von seinem Hund per Bauchgurt ziehen. Auf den zahlreichen Routen zerstreuen sich die vielen Skihungrigen allerdings schnell.

Unser erstes Ziel ist Smuksjøseter im Westen des Nationalparks. Wir folgen der Troll-Løypa, die sich entlang des zugeschneiten Flusses Høvringsåe gemächlich in die Höhe windet. Plötzlich erschallt nahebei das Schnarren einiger Schneehühner, die in der weißen Landschaft kaum auszumachen sind. Ein leichter Wind kommt auf und treibt die Wolken am Himmel über uns dahin. In Sekundenschnelle verwandelt sich das eintönige Weiß in prachtvolle Licht- und Schattenreliefs.

Die erste Etappe ist kurz. Bereits mittags erreichen wir nach fünf Kilometern den alten Berggasthof Smuksjøseter, der in idyllischer Lage über der weiß glitzernden Fläche des langgezogenen Høvringsvatnet liegt. Im Windschatten vor dem Hauptgebäude genießen wir die Wintersonne. Wenig später stehen wir jedoch wieder auf den Brettern. Der gegenüber liegende Baksidevassberget lockt zu einer Gipfeltour. Edith zieht verschmitzt lächelnd ihre Skifelle aus dem

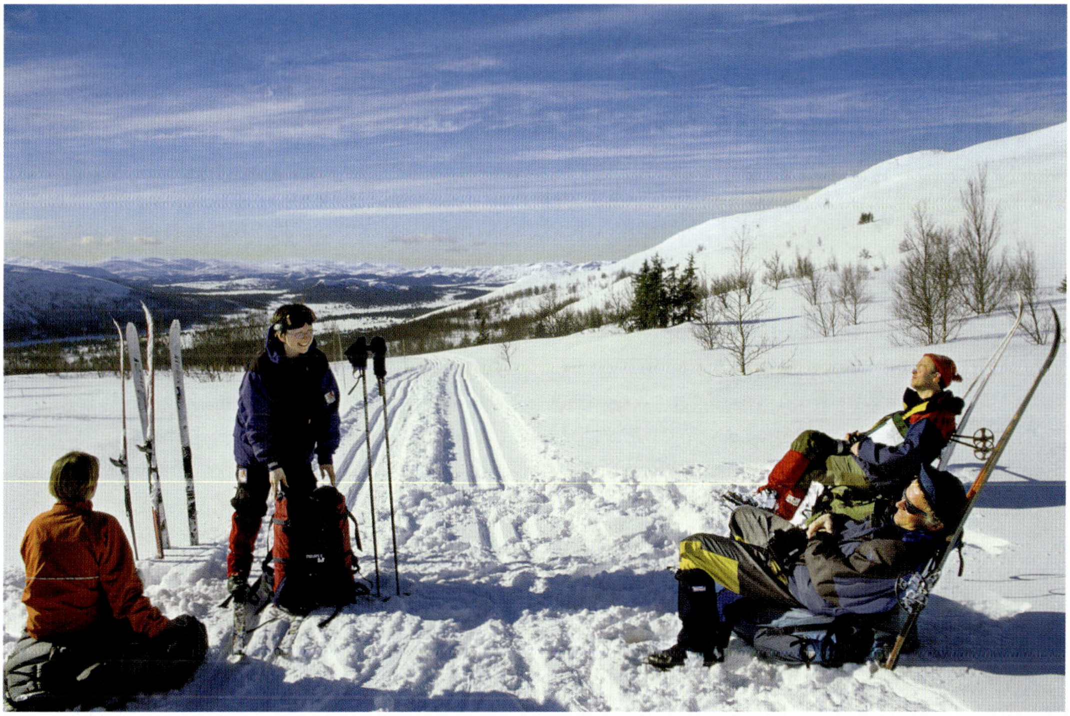

Pause mit Blick ins nördliche Rondane.

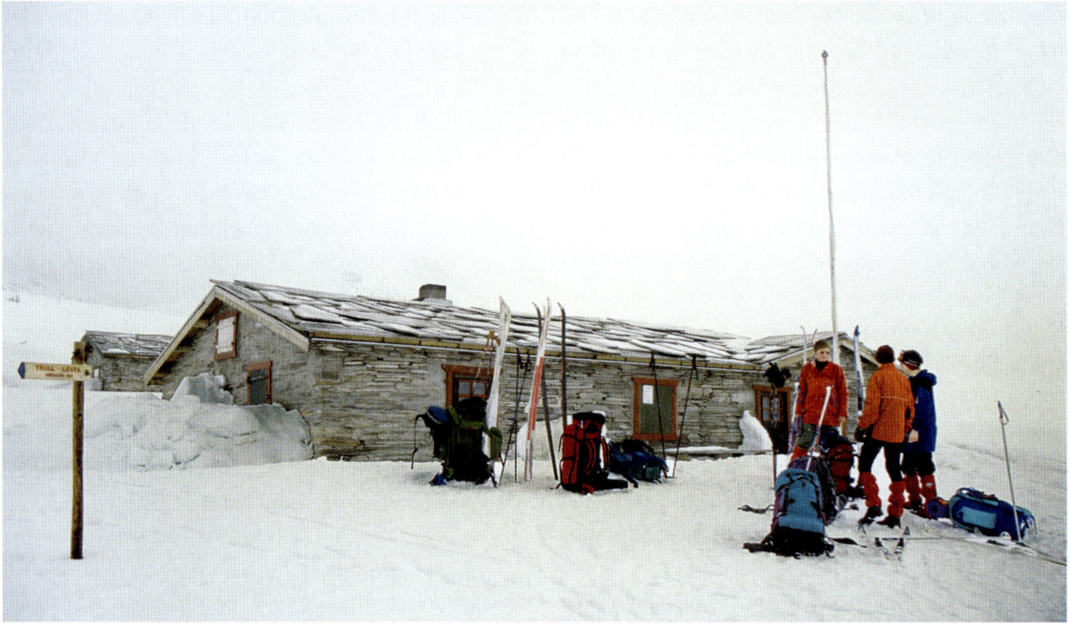

Die neue Peer-Gynt-Hytta.

Rucksack. Während wir im mühseligen Zickzack Stück für Stück höher kriechen müssen, stürmt sie einfach schnurgeradeaus den Hang hinauf. Die Anstrengung lohnt sich. Von oben bietet sich ein überwältigender Ausblick in drei der schönsten Nationalparks Norwegens: Jotunheimen im Westen, Dovrefjell im Norden und Rondane im Osten.

Der zweite Tag

Grau und düster hängt am nächsten Morgen die Wolkendecke über unseren Köpfen. Zunächst geht es durch das Hochtal des Høvringsvatnet zur neuen, im Winter geschlossenen Peer Gynt-Hytta. Etwas weiter oben am Hang entdecken wir die alte Peer Gynt-Hytta, die Uløyhytta – sie ist fast völlig unter Schnee begraben. Die kleine Steinhütte hat eine interessante Vergangenheit: Vor mehr als 150 Jahren, im Sommer 1842, begab sich der Märchensammler P. Chr. Asbjørnsen auf seine erste große Reise zum nördlichen Gudbrandsdalen und in das Rondane-Gebirge. Er übernachtete mit seinen fünf Begleitern in der Hütte. Abends erzählte man sich dort wilde Geschichten über den Prahlhans Peer. Asbjørnsen schrieb sie nieder. 20 Jahre später bildeten sie die Basis für Henrik Ibsens Drama „Peer Gynt“.

Wie an jeder Gabelung, zeigt uns auch hier ein mehrarmiger hölzerner Geselle den Weg. Trotzdem: Karte und Kompass sind Pflicht! Überraschende Schneestürme, in denen nicht mal mehr der Vordermann zu sehen ist, können praktisch jeden Tag und ohne große Vorwarnung losbrechen. Doch wir haben heute ein ganz anderes Problem. Zwei entgegenkommende Skiläufer raten uns ab, die Route über die Höhe Randen zu gehen. Der Wind hat dort den Schnee gänzlich weggeblasen und das Geröll freigelegt. Das passiert auf den kahlen, runden Kuppen in Rondane schon mal. Dann heißt es: Ski in die Hand nehmen und zu Fuß weiter stapfen. Wir beschließen, lieber die neu abgesteckte Route unten herum zu laufen. Am Hang entlang flitzen wir in östlicher Richtung weiter. Zu unserer Linken türmt sich die zerklüftete Bergkette Smiubelgin (Schmiedeblasebalg) auf. Zu unseren Füßen dagegen wandert der Blick nach Süden über das keilartige Uladalen, in das sich der reißende Fluss Ula spektakulär fünfhundert Meter tief hinein gefressen hat.

Nach einem langgezogenen, sanften Anstieg führt uns eine kurze, steile Abfahrt mitten ins Herz des Rondane Gebirges – ins Rondvassdalen. Der Anblick ist atemberaubend: Gipfel reiht sich an Gipfel, schroffe Felswände, scharfe Grate. Der höchste Gipfel mitten unter ihnen ist der Rondslottet mit 2.178 Metern.

Drohend schieben sich dunkle Schneewolken über die gigantische Schlucht Jutulhogget. Enorme Schmelzwassermengen haben sie in der letzten Eiszeit vor 20.000 Jahren ausgeschmirgelt. In ihr verliert sich die scheinbar endlos lange Eisdecke des Sees Rondvatnet, der sich vor uns lang und schmal nach Norden hinzieht.

An seinem Südende liegt die DNT-Hütte Rondvassbu. Die Haupthütte ist Ende Februar noch geschlossen, doch wie so häufig wird eine kleine Selbstversorgerhütte in unmittelbarer Nachbarschaft zum Übernachten angeboten. Auch diese sind gut ausgestattet mit Etagenbetten, Decken, Ofenherd, Holz, Wassereimer und begehbarer Speisekammer. Bezahlt wird in bar in die Kasse oder per Kreditkarte. Während die Männer Wasser aus dem See holen, übernehmen Edith und ich das Kommando in der Küche.

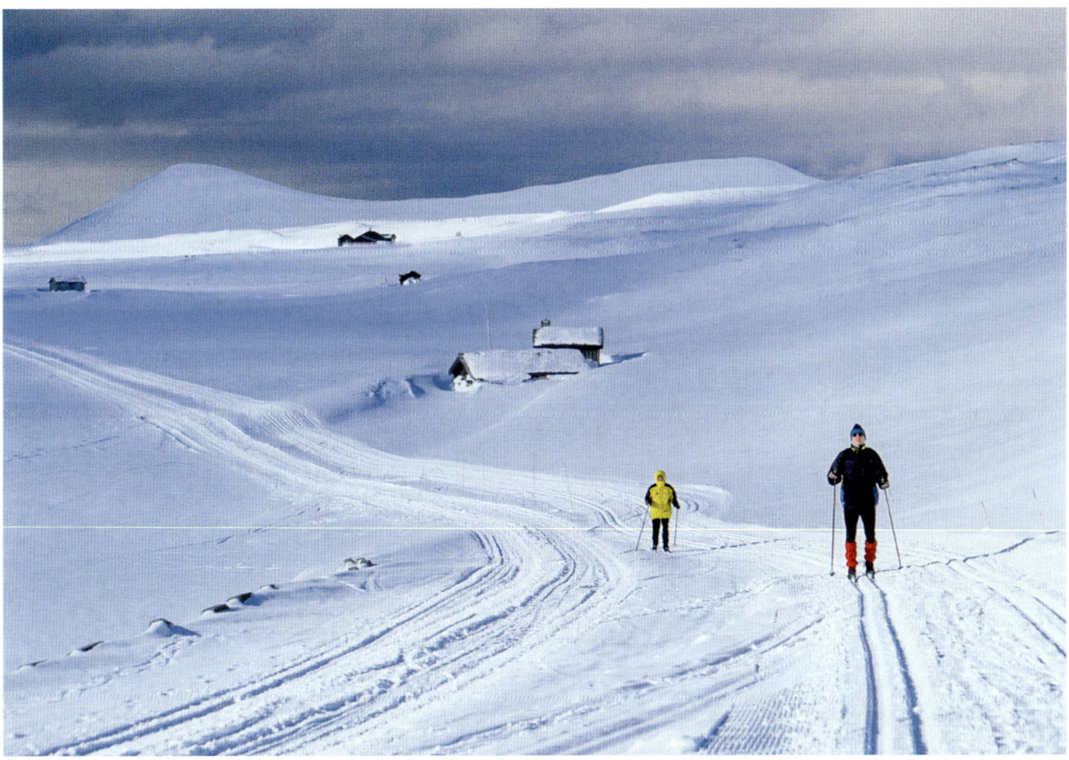

Die Troll-Loipe im Rondane Gebirge.

Der dritte Tag

Nachts hat es kräftig geschneit. Der frische Pulverschnee knirscht unter den Skiern. Das einzige Geräusch in einer weißen Märchenwelt. In südlicher Richtung verlassen wir auf der rechten Talseite das Rondvassdalen. Ein kurzer, aber schweißtreibender Anstieg bringt uns nach eineinhalb Kilometern auf die sanft geneigten Ausläufer des Smiubelgin. Oberhalb des Bacheinschnittes der Store Ula brauchen wir die Skier dann nur bergab laufen zu lassen. Vor uns zerschneidet das mächtige Gudbrandsdalen die Gebirgsplateaus. In unserem Rücken ragen majestätisch die hohen Gipfel des Rondane-Gebirges auf. Beim kleinen Hügel Spranget hilft uns eine kleine Brücke über einen Gebirgsbach.
Das Wetter wird zusehends schlechter. Dichtes Schneegestöber verwischt im Handumdrehen alle Spuren. Bei den ersten Hütten der Bergsiedlung Mysuseter macht uns das immer stärker werdende Gefälle zusätzlich zu schaffen. In rasanter Abfahrt schlängeln wir uns zwischen Nadelbäumen und entgegenkommenden Skiläufern hinab zur Mysuseter Fjellstue; einer urigen Berghütte mit heimeliger Kaminstube und gutem Essen. Sie gehört zur ehemaligen Almsiedlung Mysuseter, die auf 1.000 Meter Höhe am Südostrand des Rondane-Gebirges liegt – heutzutage ein beliebtes Skigebiet auf dem Hochplateau oberhalb des Gudbrandsdalen.

Der vierte Tag

Strahlender Sonnenschein verspricht am anderen Morgen wieder einen herrlichen Skitag. Die Troll-Løypa führt uns von Mysuseter nach Südosten durch das schmale Pungdalen. Beschwingt fliegen wir im leich-

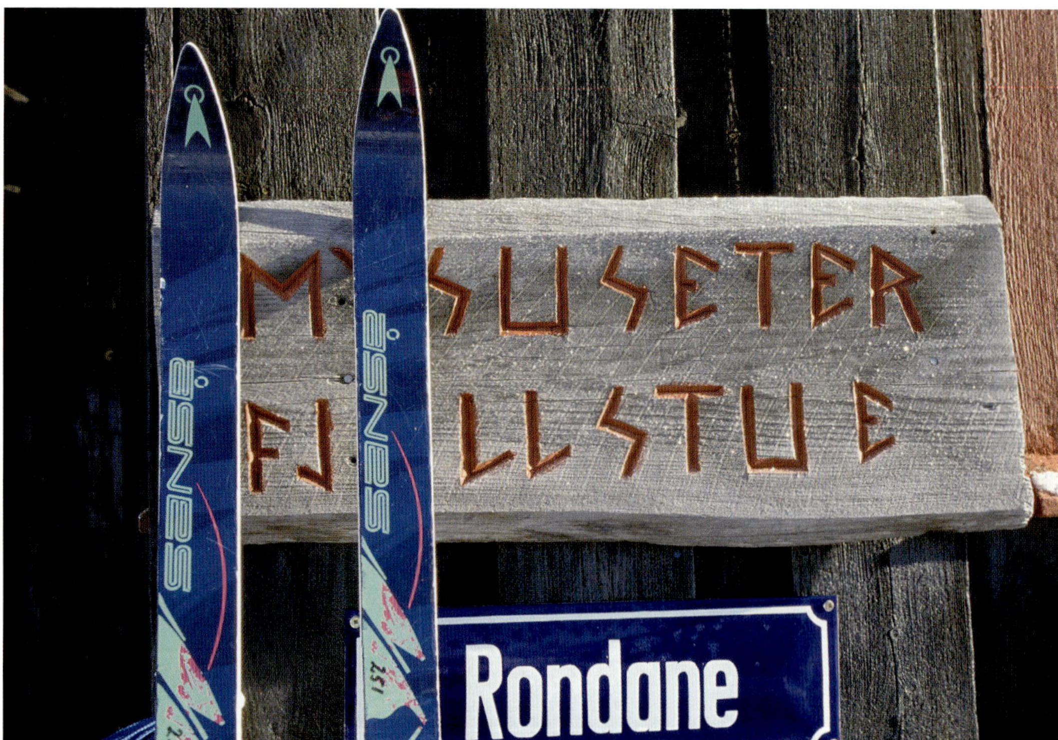

71 km

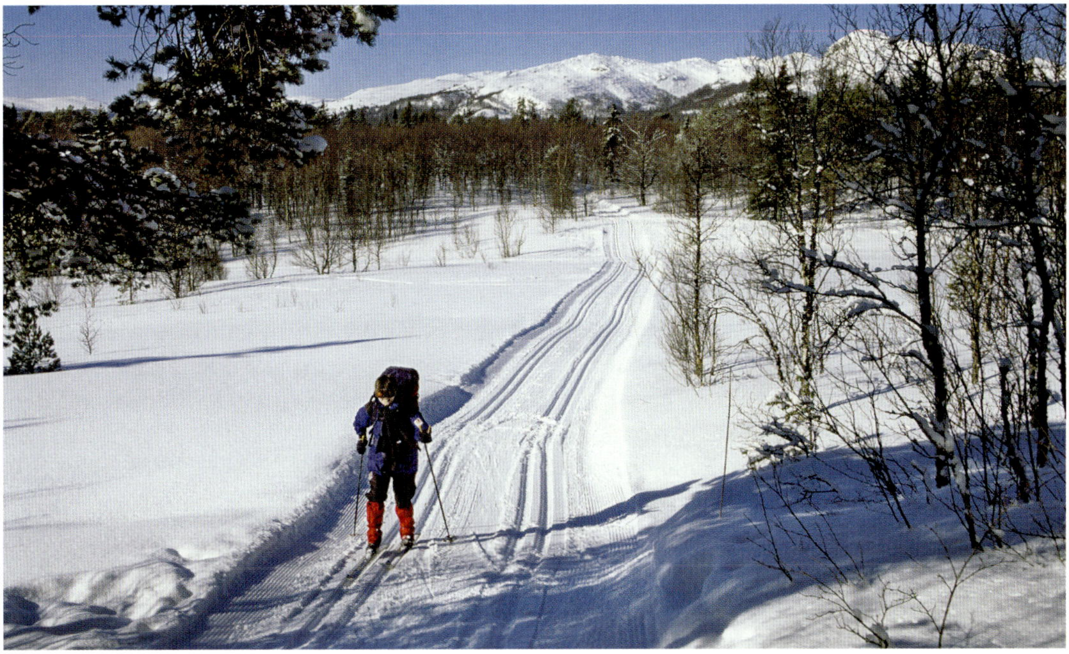

Strahlender Sonnenschein bringt uns wieder einen herrlichen Skitag.

ten Auf und Ab zwischen weiß bestäubten Bäumen und schönen alten Holzhütten dahin. Hinter einer Kurve stehen wir unerwartet auf einem Absatz mit beeindruckender Aussicht über den Furusjøen. Am anderen Ende erheben sich die schneebedeckten Berge des südlichen Rondane gegen den tiefblauen Himmel. Jauchzend sausen wir hinab zum Nordostufer des riesigen Sees. Am Ostrand wendet sich die Troll-Løypa hinauf ins Frydalen. Mittags finden wir bei den Blockhütten von Kvamsnysætrin einen herrlichen Rastplatz mit Sicht ins Tal.

So richtig wieder los mag dann keiner, aber die Strecke nach Eldåbu ist noch lang. Außerdem beginnt es nun kräftig anzusteigen. Mühsam kämpfen wir uns durch den Wald auf dem schmalen, steilen Weg empor. Immer wieder verhaken sich die Skier an den Bäumen am Wegesrand. Oben wird uns klar, warum Skitouren hier süchtig machen. Vor uns dehnt sich eine weite Hochfläche aus mit dem malerisch verschneiten Rondane-Gebirge als Kulisse. In der Sonne funkelt der Schnee wie tausend Diamanten. Im Rücken setzen der schimmernde Winterwald und der Furusjøen Glanzpunkte. Kein Motorenlärm, keine Abgase und keine dringenden Termine. Nur Weite und Stille – ein Meer sanft fließender Puderzuckerwellen. Das leicht wellige Gelände bereitet keine Schwierigkeiten. Dennoch wünsche ich mir nach einigen Kilometern, ich wäre ein Troll und könnte Riesenschritte machen: Obwohl wir gut vorankommen, scheinen die Berge einfach nicht näher zu rücken. Langsam wird es Abend und immer kälter. Die sinkende Sonne färbt den Schnee orangerot und lässt die Berge am Horizont glühen. Endlich liegt die DNT-Hütte von Eldåbu vor uns. 71 km

Mutter Natur hat sich hier indes einen bösen Streich erlaubt. Ein enger Canyon grinst uns hinter dem nächsten Hügel an. Unmöglich, da per Ski hinüber zu gelangen. Laut

Karte müssen wir nördlich drum herum, was einen drei Kilometer langen Umweg bedeutet. Schließlich stoßen wir auf den Abzweig nach Eldåbu, das sich ein Stück tiefer am Rand der Schlucht versteckt. Auf einem kleinen Grat nahe des Steilabfalls halten wir uns rechts. Erschöpft quetschen wir uns die letzten Meter auf dem beengten Pfad zwischen Sträuchern hindurch und erreichen mit dem letzten Licht nach 21 Kilometern auf den Skiern die heiß ersehnte Selbstversorgerhütte.

Zum Abendessen zaubern wir herrliche Pfannkuchen mit Marmelade auf den Tisch. Und dazu lässt Helge eine Flasche goldbraunen norwegischen Aquavit kreisen. Diesen Luxus haben wir uns nach der Plackerei ehrlich verdient. Der Gang zum Toilettenhäuschen bei minus 20 Grad kostet dann noch einmal Überwindung. Zum Waschen ist es aber allen zu kalt. Bereits um halb zehn schlüpfen wir todmüde in die Schlafsäcke.

Mitten in der Nacht dringen durch das Fenster langgezogene, schaurige Laute. Wolfsgeheul über Rondane? Tatsächlich – nachdem der graubraune Beutegreifer auch in Skandinavien mit Flinte und Gift so gut wie ausgerottet worden war, hat er in dem weitläufigen, spärlich besiedelten norwegisch-schwedischen Grenzland in den letzten zehn Jahren wieder Fuß gefasst. Auf etwa 80 Tiere ist der Bestand angewachsen. Einige sind aus dem benachbarten Østerdalen in die einsamen Rondaneberge geflüchtet. Auf Protest der Bauern – weil die Wölfe Schafe gerissen haben – sind die scheuen Grauköpfe seit dem Jahr 2001 wieder zur Jagd freigegeben. Viele Norweger sind damit nicht einverstanden, denn nur ein sehr kleiner Teil der Schafe fällt tatsächlich Wölfen zum Opfer. Die meisten stürzen ab, ertrinken in Seen und Sümpfen oder vergiften sich durch ein spezielles Liliengewächs. Noch lange liege ich wach und lausche dem seltsamen Konzert. Es klingt wie ein Klagelied über Jahrtausende altes Leid.

Der fünfte Tag

Über Nacht ist der kleine Bach nebenan zugefroren. Mit der Axt muss ich ein neues Wasserloch ins Eis schlagen. Zum Frühstück gibt es Grøt, einen nahrhaften Haferbrei mit Milch, Marmelade oder Zucker. Als wir aufbrechen, zeigt das Thermometer immer noch minus zwölf Grad an. Der Wind fegt erbarmungslos den Schnee über die weiße Dünenlandschaft. Kein Baum, kein Strauch, nirgends gibt es Schutz vor den Eiskristallen, die sich wie winzige Dolche in die Haut bohren. Dick in Kapuze und Schal eingemummelt, trotzen wir den Elementen. In südöstlicher Richtung schieben wir uns oberhalb des Frydalen über langgezogene, niedrige Hügelkuppen. Immer auf der Troll-Løypa. Mittags gewährt uns eine Schneewehe ein bisschen Erholung. Aber die bittere Kälte treibt uns bald wieder auf die Skier. Der Wind wird immer stärker. Mit gesenkten Köpfen stemmen wir uns dagegen an. Doch selbst jetzt können wir uns der Faszination dieser wilden Landschaft nicht entziehen. Oberhalb der Häuser von Spidsbergseter verlassen wir die Troll-Løypa endgültig und gleiten hinab in das breite Hochtal von Venabygd. Quer hinüber auf der anderen Seite sehen wir schon unser Endziel, das Venabu Fjellhotell.

Hardangervidda per Ski

Wintersport auf der größten Hochebene Europas

von Tonia Körner

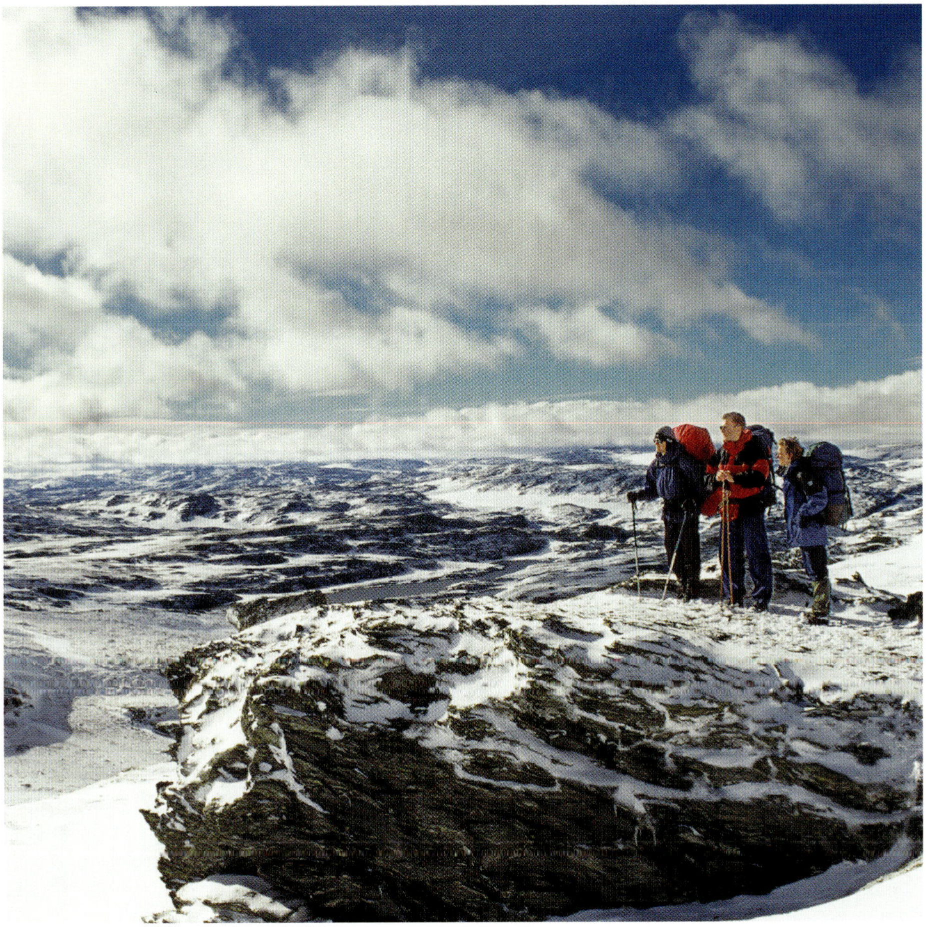

Tour 16

Hardangervidda per Ski

Schwierigkeit	Höhendifferenz	Zelten	Hüttenübernachtung
★★☆☆	★★☆☆	★★★★	★★★★

Charakter der Tour

Diese Skitour führt durch den östlichen Teil der Hardangervidda mit größtenteils welliger, überschaubarer Landschaft in einer Lage von meist etwas über 1.000 Metern. Die Hardangervidda ist hier übersät mit unzähligen niedrigen Kuppen und ausgedehnten Seen. Unterwegs trifft man auf einige Hütten der lokalen Wandervereine, einzelne private Hütten sowie alte Gebirgsbauernhöfe und ehemalige Schutzhütten. Die Strecke ist einfach zu gehen, dafür sind einige Etappen bis zu 20 km lang. Insgesamt sind kaum große Höhenunterschiede zu bewältigen, doch lässt sich der erste kräftige Aufstieg zur Hochebene und zum Abschluss die rasante Abfahrt ins Tal zurück zur Zivilisation nicht umgehen.

Anreise:
Von Oslo mehrmals täglich mit der Bergen-Bahn nach Ustaoset (Platzreservierung Pflicht). Mit dem Auto von Oslo über die Provinzstraße 7 über Hønefoss, Gol und Geilo nach Ustaoset (241 km). Ab Bergen ebenfalls auf dem Riksvei 7 bis Bruravik. Dort mit der Fähre nach Brimmes (ca. alle 20 - 40 Min). Dann auf der 7 in Richtung Geilo nach Ustaoset (194 km).

Abreise:
Von Steinsbøle mit dem Taxi von ***Svein Tore Rue*** (Tel. (+47) 41 44 55 66, www.st-rue.no, vorher bestellen) nach Mæl rasteplass. Dort Anschluss an den Rjukanekspressen-Bus Rjukan-Oslo. Nach Bergen: Zunächst mit dem Rjukanekspressen Rjukan-Skien/Porsgrunn nach Notodden. Dort umsteigen in den Haukeliekspressen nach Bergen. Alternative zum Taxi: siehe sonstige Aktivitäten.

Startpunkt:
Ustaoset.

Endpunkt:
Steinsbøle im Breidsetdalen.

Beste Reisezeit:
Februar bis Mitte April. Dann sind die Tage schon länger und die Gefahr von Winterstürmen wird geringer. Ab Mitte April kann der Schnee aufgrund von Temperaturen von über Null Grad matschig werden und dadurch an Tragfähigkeit verlieren. Die meisten Hütten sind nur von Anfang März bis Mitte April geöffnet. Um Ostern herum sind die Unterkünfte oft überfüllt. Ein Platz ist jedoch immer garantiert. Empfehlenswert: März – ideale Ski- und Schneebedingungen, alle Hütten sind geöffnet und dabei nicht zu voll.

Markierung & Wegzustand:
Die gesamte Route ist mit Stecken bzw. Zweigen markiert. Diese sogenannten „kvisteløyper" – also Zweigloipen – werden jedoch größtenteils erst ab März abgesteckt, wenn die meisten Hütten geöffnet sind. Abseits der markierten Routen bieten sich zahlreiche lohnenswerte Abstecher an. Viele der runden Kuppen der Hardangervidda lassen sich gut besteigen.

114 km

Verpflegung:
Keine Einkaufsmöglichkeit unterwegs, im Frühjahr in regelmäßigen Abständen bewirtschaftete Hütten.

Länge der Tour:
114 km, 7 Tage.

Übernachtung:
Berghotel in **Ustaoset**, Tel. (+47) 32 09 31 61, www.ustaoset.no
Bewirtschaftete Touristenhütten der norwegischen Bergwandervereine in **Krækkja,** Tel. (+47) 47 81 36 60 oder 32 08 91 30, **Rauhellern,** Tel. (+47) 41 55 04 04, **Mårbu,** Tel. (+47) 90 11 80 56 und **Kalhovd,** Tel. (+47) 35 09 05 10. Alle unter: www.hardangerviddanett.no
Bewirtschaftete Privathütten in **Tuva,** Tel. (+47) 48 21 94 14 oder 32 09 47 87 und **Heinseter,** Tel. (+47) 90 66 50 41. Alle Hütten sind von Anfang März bis nach Ostern geöffnet (und im Sommer). Ist die Haupthütte geschlossen, bieten **Rauhellern** und **Mårbu** eine ***Selbstversorgerhütte*** an.

Skiverleih in Geilo, www.geilo.no

Kartenmaterial:
Turkarten 2558 und 2556: Hardangervidda Vest und Øst, 1:100.000 Verlag Nordeca, Sommer- und Winterrouten sind eingezeichnet. Auf den Hütten oder im Buchhandel erhältlich.

Karte Hardangervidda

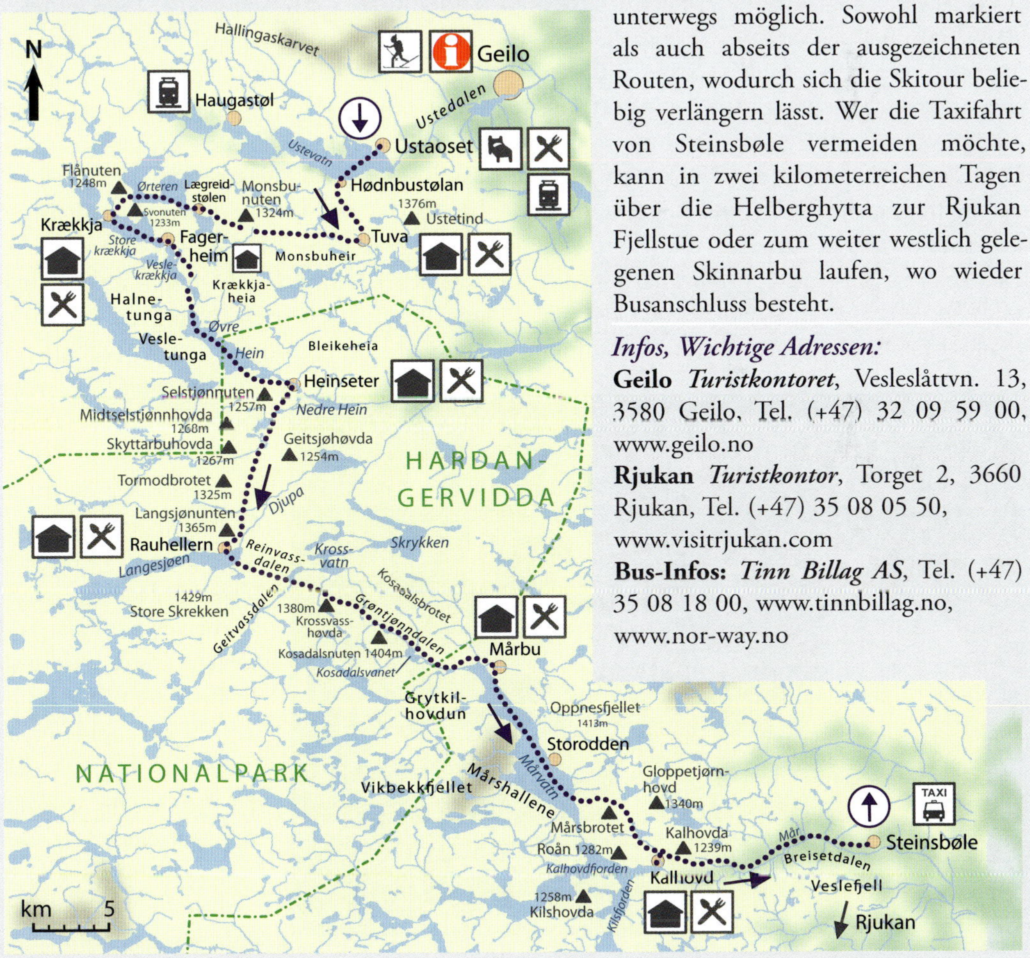

Sonstige Aktivitäten:
Zahlreiche Abstecher und Rundtouren unterwegs möglich. Sowohl markiert als auch abseits der ausgezeichneten Routen, wodurch sich die Skitour beliebig verlängern lässt. Wer die Taxifahrt von Steinsbøle vermeiden möchte, kann in zwei kilometerreichen Tagen über die Helberghytta zur Rjukan Fjellstue oder zum weiter westlich gelegenen Skinnarbu laufen, wo wieder Busanschluss besteht.

Infos, Wichtige Adressen:
Geilo *Turistkontoret*, Vesleslåttvn. 13, 3580 Geilo, Tel. (+47) 32 09 59 00, www.geilo.no
Rjukan *Turistkontor*, Torget 2, 3660 Rjukan, Tel. (+47) 35 08 05 50, www.visitrjukan.com
Bus-Infos: *Tinn Billag AS*, Tel. (+47) 35 08 18 00, www.tinnbillag.no, www.nor-way.no

Wintersport auf der größten Hochebene Europas

Das im Mittel zwischen 1.200 und 1.400 Meter hohe Plateaufjell ist die größte Hochebene Europas und seit 1981 sind 3.422 Quadratkilometer der tundraartigen Hardangervidda – als größter Nationalpark Norwegens – weitestgehend vor menschlichen Einflüssen geschützt. Neben der betriebenen Schafzucht lebt auch die größte wilde Rentierherde Norwegens in der Hardangervidda. Im Frühling wandern die Rentiere von den Winterweiden im Osten der Hochebene auf die höheren, nahrungsreicheren Sommerweiden im Westen. Es gibt unter anderem Schneeeulen, Schneehühner, Polarfüchse, Schneehasen, Vielfraße und eine massenhafte Anzahl von Berglemmingen, deren Population alle elf bis zwölf Jahre sprunghaft ansteigt. Aufgrund der extremen Winterbedingungen ist die Hochebene für viele polare Tier- und Pflanzenarten das südlichste Verbreitungsgebiet. Das Klima ist zumeist subpolar, selbst im Hochsommer steigen die Temperaturen selten auf mehr als plus zehn Grad, während sie im Winter schon mal auf minus 40 Grad fallen können. Da mag es nicht verwundern, dass viele Polarreisende ihre Ausrüstung in einigen Teilen der Vidda testen.

Der erste Tag

Es ist bewölkt und kalt. Schneeflocken, zu phantastischen Eissternen erstarrt, rieseln still auf unsere kleine Gruppe nieder. Weiße Pudelmützen thronen auf den Häusern und Hütten Ustaosets. Drohend ragen im Norden die schroffen Bergwände des Gebirgszuges Hallingskarvet auf. Im Süden dagegen dehnt sich die verträumte, weiße Fläche des Sees Ustevatn aus. In der Ferne liegen die in Skifahrerkreisen berüchtigten Abhänge der Monsbuheii.

Zwischen Bahnhof und Berghotel gelangen wir durch eine Unterführung auf die andere Seite des Bahndammes. Nur noch ein kleiner Hügel, und schon gleiten wir im gleichmäßigen Rhythmus flink in südwestlicher Richtung über den See. Während die Siedlung Ustaoset in unserem Rücken zurückbleibt, rückt das andere Ufer und damit die größte Herausforderung des Tages rapide näher. Nach zwei Kilometern ist es soweit: es geht 300 Höhenmeter steil bergauf. Je höher wir kommen, desto überwältigender wird dafür die Aussicht über das

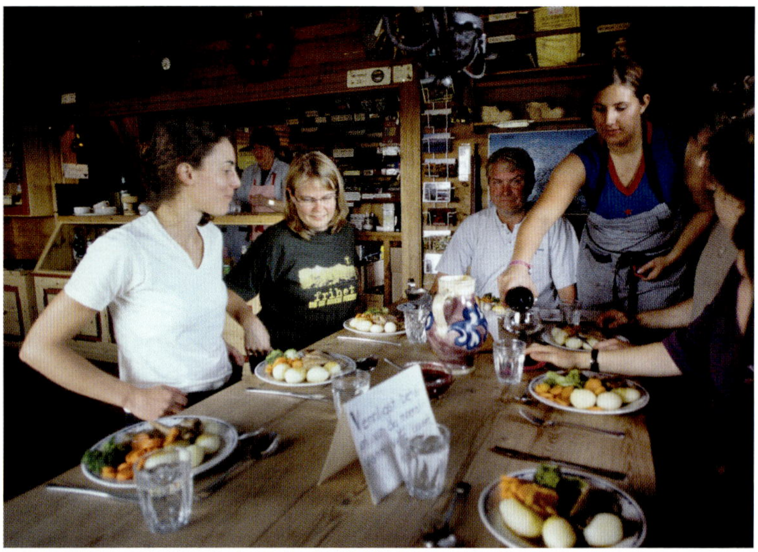

Rentier, Elch, Forelle und Lachs kommen in Berghütten auf den Tisch.

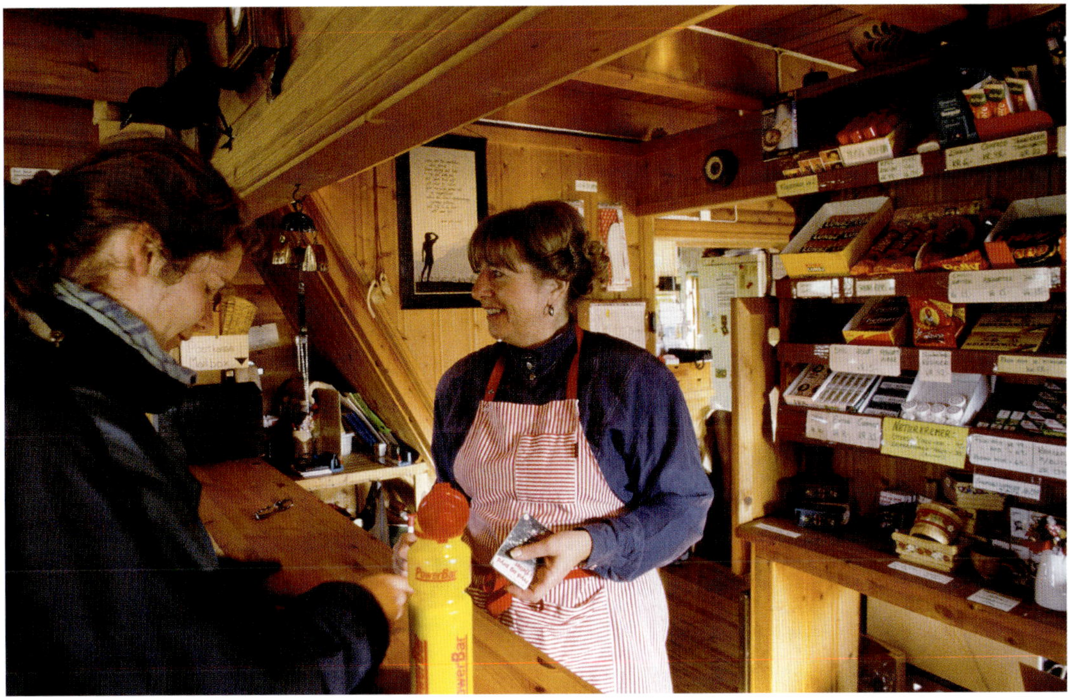

Die „gute Seele" der Tuva Turisthytta: Aileen Schwindewolf.

schmale Ustedalen und den mächtigen Gebirgskamm Hallingskarvet.
Ein ganzes Stück westlich vom Ustetind – der kleine weiße Kegel ist die einzige Erhebung weit und breit – erklimmen wir die etwas flacheren Berghänge hinauf zur Monsbuheii. Nach einer kurzen Atempause wenden wir uns auf der weitläufigen Hochfläche nach Südosten. Jetzt ist es nicht mehr weit zum ersten Etappenziel nach acht Kilometern, der Hütte von Tuva. Die gibt sich allerdings erst im letzten Moment zu erkennen, verschmilzt am Fuße eines langgezogen Hügelrückens fast mit der weißen Umgebung.
Bereits seit 27 Jahren bewirtschaften Aileen und Peter Schindewolf die Tuva Turisthytte: eine Handvoll Kämmerchen mit pieksauberen Etagenbetten, ein Schlafsaal, im Hof Plumpsklo und Waschhäuschen. Die Blockhütte ist einfach: ein Holzplankenflur, eine Tafel mit hölzernen Bänken, ein paar bequeme Korbsessel, Geweihe und Bilder an der Wand, ein gusseisener Ofen – alles urgemütlich. Während Aileen mit mütterlicher Fürsorge Rentierbraten, Kartoffeln, Erbsen und Schokoladenpudding mit Vanillesauce auf den Tisch zaubert, erzählt Peter von dem Leben hier oben in den Bergen. Dass der alte Bergbauernhof die zweitälteste Hütte auf der Hardangervidda ist, das Tuva schon in der dritten Generation geführt wird, und wie er vor Jahren aus Deutschland kam und hier hängen blieb...

Der zweite Tag

Der Wind, der schon nachts wütend versuchte, die Hütte von ihrem Dach zu befreien, heult morgens immer noch mit unverminderter Stärke. Wir hören, dass es gegen Mittag besser werden soll und beschließen, weiter zu gehen. Nach Krækkja,

114 km

dem nächsten Etappenziel, 20 Kilometer entfernt, zieht sich der Weg in westlicher Richtung leicht bergauf über die ganze Länge der Monsbuheii. Mühsam stemmen wir uns gegen den Wind. Die Skibrille ist schon längst vereist. Fast trete ich meinem Vordermann auf die Skier. Bloß nicht den Anschluss verlieren! Zum Glück sind die Stecken der Winterroute noch zu erkennen. Mulden und Kanten, an denen wir uns orientieren könnten, gibt es kaum. Wir sitzen wie auf dem Präsentierteller und hätten im Notfall kaum eine Möglichkeit, eine Schneehöhle zu graben. Nur langsam kommen wir voran – gerade mal zwei Kilometer in der Stunde.

Gegen Mittag hört es auf zu schneien; die Sicht wird besser. Nach knapp zehn Kilometern treffen wir im äußersten Westen der Monsbuheii endlich wieder auf eine markante Erhebung, den oval geformten Monsbunuten. Entlang seiner Südseite rutschen wir bergab. Unten ist schon der Riksvei 7 zu sehen, den wir bei den Hütten von Lægreidstølen überqueren. Schnurgerade setzt sich die Skiroute auf der anderen Seite vier Kilometer über den See Ørteren fort. Und der Wind wird wieder heftiger. Vor der kleinen Kuppe Flånuten schwenken wir nach Süden ab. Kurz gewährt sie etwas Windschatten, bis über eine kleine Hügelschwelle der nächste See erreicht wird. An seinem Westende liegt die DNT-Hütte Krækkja. Noch einmal mobilisieren wir für zwei lange Kilometer unsere letzten Kräfte. Nicht ohne Grund haben Nansen und Amundsen wohl für ihre Nord- und Südpolbezwingungen ausgerechnet auf der Hardangervidda trainiert.

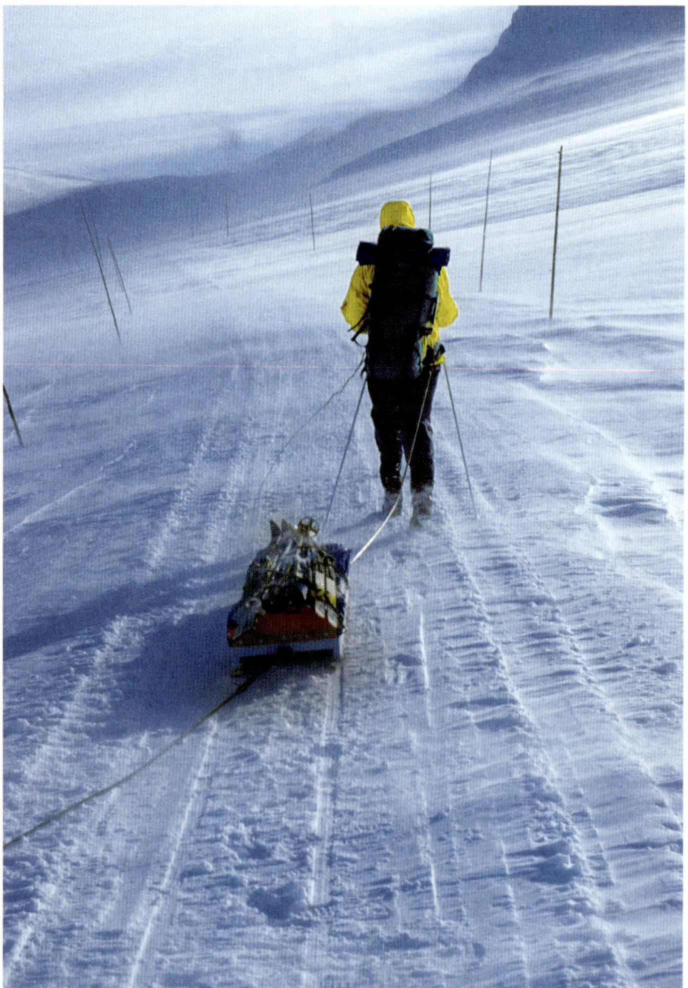

Mit Pulka und Ski unterwegs nach Krækkja.

114 km

Krækkja war die erste Hütte auf der Hochebene. Die 1878 gebaute Originalhütte ist heute Teil des geräumigen Esssaals. Auch ansonsten bietet die große und freundliche Hütte jeglichen Komfort. Abgesehen von den Toiletten – sie befinden sich wie üblich vor der Tür.

Bei einem draußen tobenden Schneesturm ist ein Toilettengang kein leichtes Unterfangen: Ausgerüstet mit Taschenlampe und eingemummelt bis obenhin, ähnelt er eher einer kleinen Expedition.

Der dritte Tag

Über Nacht hat es aufgeklart. Zwar fegt der Wind immer noch über den See, doch diesmal haben wir ihn im Rücken. Die vier Kilometer über den Storekrækkja bis nach Fagerheim am Riksvei 7 legen wir in Rekordzeit zurück. Entlang des Ostufers des Veslekrækkja schieben uns die Windböen gleich weiter. Als sich das Tal etwas verengt, wechseln wir am Ende des Sees die Seite und erreichen zur Mittagspause den nächsten großen See Øvre Hein. Bei minus zehn Grad Picknick in den tief verschneiten Bergen – warum nur? Die Frage kommt unwillkürlich auf, als wir zähneklappernd unsere Brote verzehren. Doch sobald wir wieder auf den Skiern stehen, ist die Kälte vergessen und es zählt nur die unglaubliche Schönheit der stillen, weißen Bergwelt.

Der östliche, flachere Teil der Hardangervidda spiegelt deutlich ihren Charakter als Hochebene wider. Vidda bedeutet „die Weite – das Hochplateau". Spitzen und Gipfel werden hier zu niedrigen runden Kuppen, enge Täler zu weiten Ebenen und mächtige Gebirgskämme zu Hügeln. Statt schroffer Felswände beherrschen riesige Seen das Landschaftsbild. Wir folgen nun der ganzen Länge des Øvre Hein mitten über die dick unter Eis und Schnee begrabene Wasserfläche. Der kleine Anstieg entlang der Nordseite der Kuppe Selstjønnuten am anderen Ende des Sees ist kaum nennenswert. So entdecken wir bald die Dächer von Heinseter zu unseren Füßen. Die schmucke Berghütte ist auch leicht, an der nahen Brücke über den Seezufluss des kleineren Nedre Hein auszumachen.

Der vierte Tag

Am nächsten Morgen weckt uns strahlender Sonnenschein. Die Strecke nach Rauhellern ist kurz (13 km). Zunächst geht es auf der Ostseite des Selstjønnuten hinauf, dann im Auf und Ab östlich entlang der Kuppen Midtselstjønnhovda, Skyttarbuhovda und Tormodbrotet weiter. Die Aussicht ist phantastisch. Fast der gesamte nordöstliche Teil der Hardangervidda lässt sich überblicken. Etwas besorgt sind wir nur wegen der letzten zwei Kilometer um den Langsjønutan herum. Bei Firn, wenn die Sonne tagsüber den Schnee antaut und dieser über Nacht an der Oberfläche gefriert, verwandeln sich seine etwas steileren Hänge in völlig vereiste, gefährliche Rutschbahnen. Doch bei dem schönen Wetter haben wir etwas getrödelt und finden am Nachmittag von der Sonne angewärmten, weichen Schnee vor.

Ein ungewohntes Geräusch dringt an unser Ohr. Rauschendes Wasser hier oben in der eisigen Winterwelt? Tatsächlich! Der wilde Fluss Djupa, der sich links unter uns seinen Weg sucht, friert selbst im tiefsten Winter nicht ganz zu. Kurz bevor er in den Langesjøen mündet, biegt die Skiroute nach Solheimstulen über eine Brücke hinüber Richtung Osten ab. Wir bleiben jedoch auf gleicher Höhe und schwenken nach rechts um den Berg herum. Jetzt, Mitte März, ist die Haupthütte von Rauhellern schon geöffnet. Etwas weiter oben am Hang ragt die hübsche kleine Selbstbedienungshütte aus dem Schnee. Beide sind sehr beliebt – wegen ihres Services und ihrer tollen Lage am Langesjøen. Der langgezogene See ermöglicht ungehinderte Sicht nach Westen, Osten und Süden. Als abends die Sonne in einem farbenprächtigen Schauspiel untergeht, umgibt ein Strahlenkranz den prominentesten Berg der Hardangervidda, den

114 km

Hårteigen. Der hutförmige Tafelberg ist von weitem gut zu erkennen, was ihn als König der Hardangervidda zum Wahrzeichen der Gegend macht.
Der unverwechselbare Felsklotz ist 50 Kilometer entfernt...

Der fünfte Tag

Wir brechen früh auf. Nach Mårbu, unserem heutigen Ziel, sind es 20 Kilometer. Von der Hütte in Rauhellern laufen wir quer über den Langsjøen in südöstlicher Richtung. Nach eineinhalb Kilometern geht es durch das Reinvassdalen sanft bergan, nach weiteren dreieinhalb Kilometern kreuzen wir das kleine Geitvassdalen. Wir steuern gerade auf die nächst höhere Kuppe zu, die Krossvasshovda, als plötzlich lautes Motorengeräusch ertönt und zwei Schneescooter auf uns zugebraust kommen. „Halt! Wohin wollt ihr?", wird uns energisch zugerufen. Passkontrolle in den Bergen? Nein, die zwei „berittenen" Polizisten aus Geilo sind zum Schutz der wilden Rentiere auf der Hardangervidda abgestellt. Im Nachbartal soll sich eine große Herde mit Jungtieren aufhalten. Unsere Route führt aber hinab ins schmale Grøntjønndalen. So können wir nach einem freundlichen Plausch weiterziehen. Auf unserer Abfahrt runter zum kleinen Kosadalsvatnet sehen wir massenhaft Rentierspuren, die sich in breiten Bahnen über die Hänge schlängeln.
Schon von weitem ist die Hütte Mårbu zu sehen, die am Nordende des riesigen Sees Mår thront. Drinnen werden wir gleich fröhlich von der Hüttenwirtin begrüßt, die uns für das Abendessen Forelle aus dem „hauseigenen" See in Aussicht stellt. Frisch gewaschen sitzen wir in Windeseile am Tisch und lassen uns das Essen nach dem langen Tag schmecken. Vom köstlichen Fisch bleibt nichts übrig.

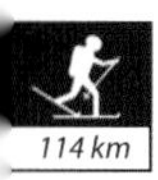

Der sechste Tag

Von Mårbu folgen wir dem scheinbar endlosen See Mår nach Süden. Kilometer für Kilometer schieben wir uns über die weite Fläche. Nach neun Kilometern, bei den Hütten von Storodden, weitet sich der See und die Skiroute biegt wieder nach Osten in die Berge ab. Gemächlich gewinnen wir an Höhe. Vor uns erhebt sich die Kuppe Mårsbrotet, die wir auf ihrer Ostseite durch ein kleines Hochtal umgehen. Dann schwingt sich die Skispur in einem Bogen nach Südosten über die anschließende Hochfläche bis zum Abzweig nach Kalhovd. Die Hütte ist eine der größten und modernsten auf der Hardangervidda, aber nicht unbedingt auch die schönste. Dafür verfügt sie über einen ungewohnten Luxus: Toiletten im Haus. Den letzten Kilometer geht es steil zwischen Ferienhütten bergab. Das viele Bremsen lässt unsere Oberschenkel brennen. Und in Gedanken bin ich schon beim nächsten Tag, denn jeden Meter der Abfahrt müssen wir auch wieder hinauf.

Der siebte Tag

Etliche Schweißtropfen später stehen wir am folgenden Tag neben der Anhöhe Kalhovda. Nur einige hundert Meter noch, dann rauschen wir abwärts nach Osten ins Breidsetdalen. Die ersten Kilometer ist das Tal noch breit und nach jedem steilerem Absatz genug Auslauf vorhanden. Doch bald wird es eng, und wir rasen auf einem schmalen Waldweg auf der linken Talseite entlang. Die Bäume kommen immer näher. Rechts ist der Abgrund, dann wechseln wir die Talseite. Die teilweise hohen Bodenwellen auf dem ausgefahrenen Weg sind tückisch. Schließlich endet die rasante Achterbahnfahrt auf dem Talgrund. Die restlichen sieben Kilometer bis zum Parkplatz bei Steinsbøle gleiten wir im leichten Auf und Ab durch einen märchenhaften Winterwald.

Mit Ski und Pulka im Jotunheimen

Weiße Tour durchs Heim der Riesen

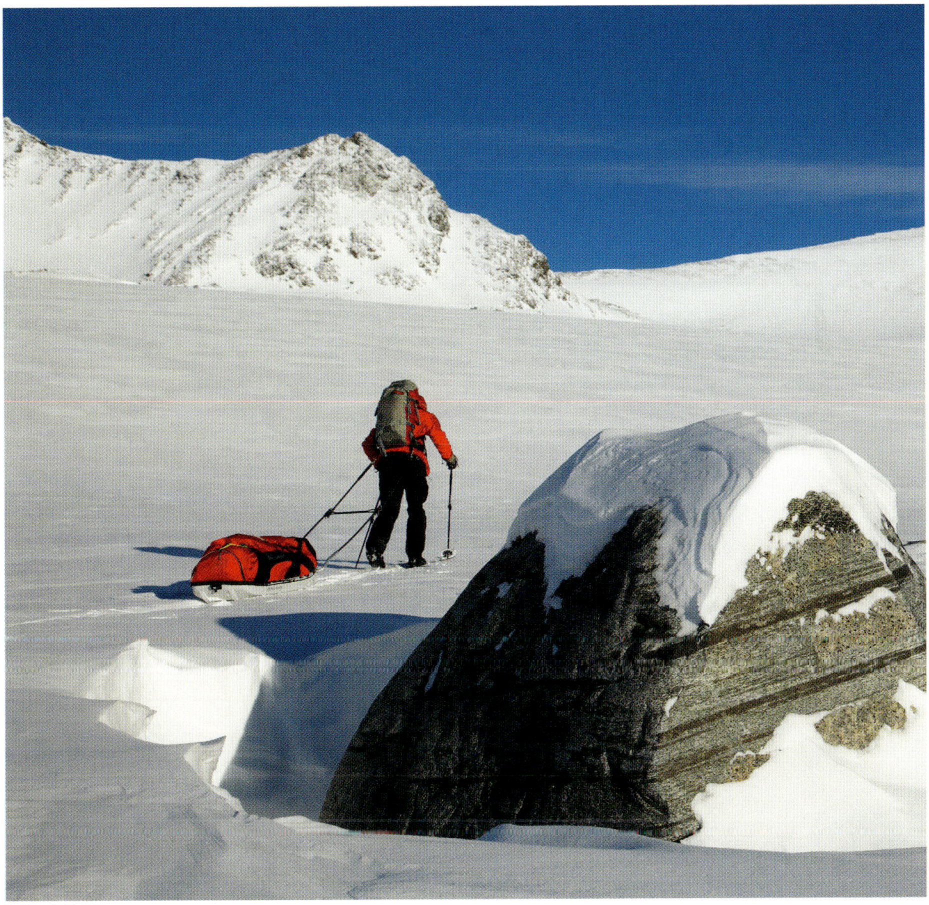

Tour 17

Mit Ski und Pulka im Jotunheimen

Schwierigkeit	Höhendifferenz	Zelten	Hüttenübernachtung
★★★☆	★★☆☆	★★★★	★☆☆☆

Charakter der Tour

Der Jotunheimen-Nationalpark ist das alpinste Gebiet Norwegens mit insgesamt über vierzig Zweitausendern und den 27 höchsten Gipfeln des Landes. Im Sommer und Herbst wird der Park viel besucht, aber auch im Winter bieten sich unzählige schöne Touren, viele von ihnen in der Saison gespurt und markiert. Die hier beschriebene Route eignet sich für alle, die gern auch im Winter zelten und schon ein wenig Erfahrung mitbringen. Dabei gibt es an zwei Tagen längere Aufstiege und an zwei Tagen Abfahrten, die mit der Pulka im Schlepp (bzw. dann Schub) für einen erhöhten Puls sorgen. Felle sind unabdingbar und auch einen Lawinenpiepser sollte man dabei haben.

An- und Abreise:

Der Jotunheimen-Nationalpark und der Ausgangspunkt Gjendesheim sind am einfachsten mit dem eigenen Auto zu erreichen. Dafür fährt man im Winter von Oslo aus auf der E 6 nach Sjoa (zehn km südlich von Otta) und biegt dort zunächst westlich, etwas später südlich nach Gjendesheim ab (ca. 350 km). Auch per Bus oder Bahn erreicht man den 60 Kilometer entfernten Ort Otta. Wer vor und nach der Tour im schönen Hindsæter Fjellhotel nördlich von Gjendesheim übernachtet, kann den dort angebotenen Abholservice nutzen.

Startpunkt:

Gjendesheim.

Endpunkt:

Bessheim. Zu Fuß oder mit Ski an der Straße zurück nach Gjendesheim (ca. 4 km).

Beste Reisezeit:

Februar bis April.

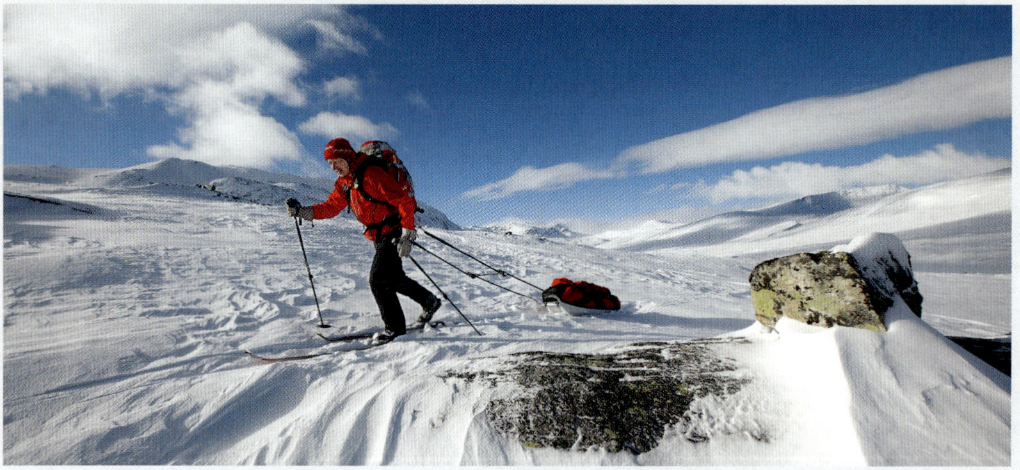

48 km

Karte Jotunheimen Nationalpark

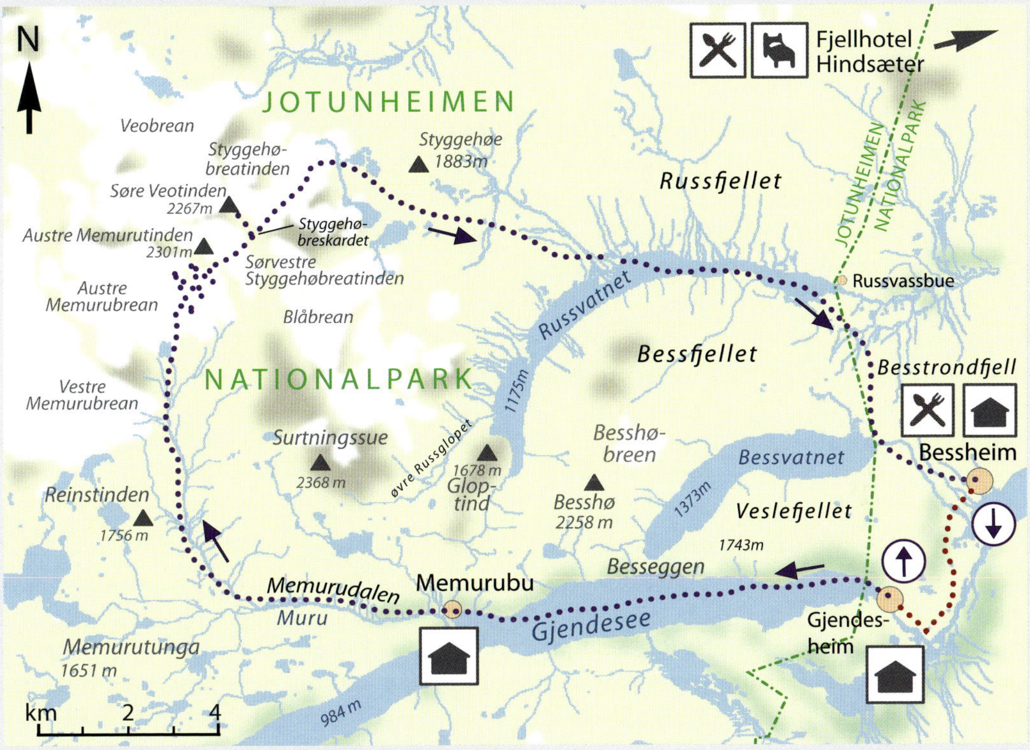

Verpflegung:
Die gesamte Verpflegung muss mitgeführt werden.

Übernachtung:
Unterwegs übernachtet man auf dieser Tour im ***wintertauglichen Zelt***, DNT-Hütten liegen nicht an der Route. Es gibt eine ***DNT-Hütte*** in **Gjendesheim** am Startpunkt und eine ***private Hütte in*** **Memurubu** sowie die rustikale ***Fjellstation*** in **Bessheim** und das sehr gemütliche **Hindsæter** ***Fjellhotell*** für Entspannung und gutes Essen nach der Tour.
DNT-Hütte Gjendesheim, Tel. (+47) 61 23 89 10 www.gjendesheim.no; ***Memurubu Turisthytte,*** Tel. (+47) 61 23 89 99 oder 61 21 15 74, www.memurubu.no; ***Bessheim Fjellstue***, Tel. (+47) 61 23 8913, www.bessheim.no; ***Hindsæter Fjellhotell,*** Tel. (+47) 61 23 89 16, www.hindseter.no

Kartenmaterial:
Turkart 2503: Jotunheimen Aust 1:50.000, Verlag Nordeca.

Infos, Wichtige Adressen:
Fremdenverkehrsamt Jotunheimen, Tel. (+47) 61 21 29 90, www.visitjotunheimen.com;
Bus: www.nor-way.no

Route:
Gjendesheim – Memurubu – Austre Memurubrean – Styggehøbreskardet – Russvatnet – Besstrondfjell – Bessheim Fjellstue.

Länge der Tour:
48 km, fünf Tage

48 km

Weiße Tour durchs Heim der Riesen

Der erste Tag

Die ersten Meter sind noch ungewohnt. Es ist ungewohnt auf den schmalen Skiern unterwegs zu sein, ungewohnt die schwere Pulka gleichzeitig dabei zu ziehen. Es quietscht noch ein bisschen im Zuggeschirr und in den Knochen. Dafür knirscht der Schnee wunderschön unter unseren Skiern. Ringsum ist alles weiß, der Gjendesee gefroren, mit Schnee bedeckt wie auch die Berge zu beiden Seiten des Sees. Zweige stecken im Schnee und markieren die Winterroute, die von Gjendesheim nach Westen über den bekannten, langgezogenen See führt – auf den ersten neun Kilometern zumindest. So weit ist die Route gespurt, dann wartet Tiefschnee auf uns. Wir sind jetzt, Anfang Februar, ein wenig früh dran für unsere Wintertour – sofern man gespurte, markierte Routen und bewirtschaftete DNT-Hütten als Maßstab für den richtigen Zeitpunkt einer Tour wählt. Wir waren daran nicht sonderlich interessiert und haben der Einsamkeit einen höheren Stellenwert eingeräumt. Und tatsächlich: wir werden bis zum Ende der Tour allein bleiben. Wer sonst würde auch gern mit einer Pulka durch knietiefen Schnee stapfen? Aber noch können wir das nicht ahnen und gehen mit großer Vorfreude in den Nationalpark. Der See ist dafür hervorragend geeignet: mehr als 15 Kilometer ragt er von Gjendesheim ins Jotunheimen, Skandinaviens höchstem Gebirge, das, übersetzt „Heim der Riesen“ bedeutet und über 40 Gipfel beheimatet, die über 2.000 Meter hoch sind.

Gut kommen wir auf diesen ersten Metern voran. Sechs Kilometer freuen wir uns darüber und können die Landschaft ringsherum in vollen Zügen genießen, die Sonne, den blauen Himmel, die Berge. Rechts oberhalb erblicken wir bald den berühmten Besseggen-Grat, das schmale Felsband zwischen dem

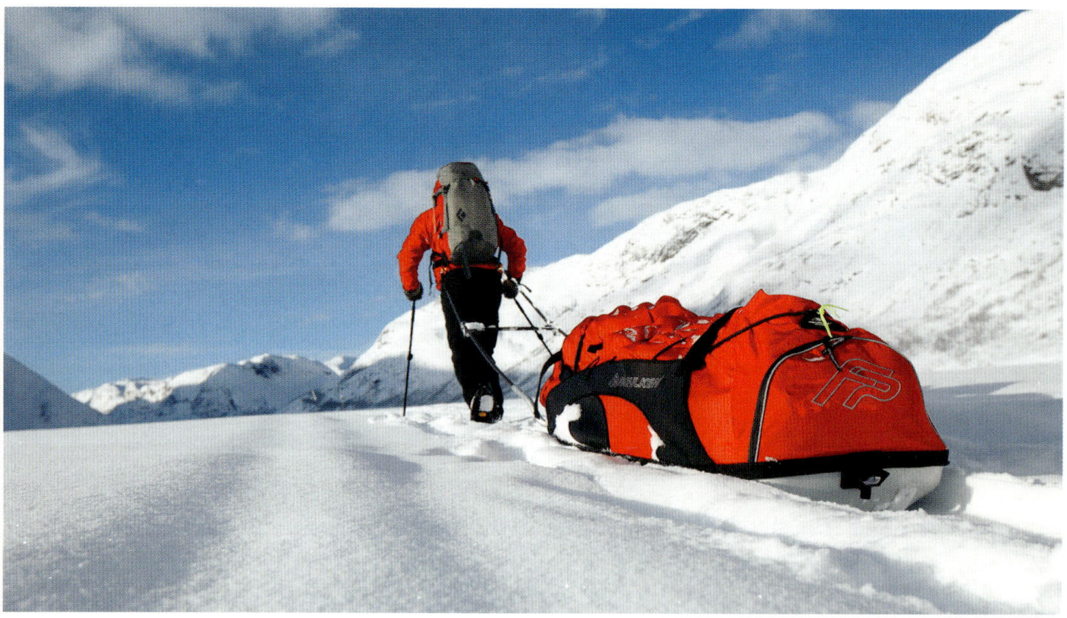

Anfangs gespurt, verläuft die Tour über den Gjendesee, auf den letzten Kilometren durch Tiefschnee.

48 km

Bessvatnet oben und uns auf der anderen Seite, 400 Meter tiefer. 30.000 Menschen laufen im Jahr dort hinüber. Heute scheinbar kein einziger.

Dann, ganz plötzlich, endet unsere schöne Spur, die scheinbar nur für die Kurzausflüge der Langläufer eingerichtet wurde. Auf den folgenden drei Kilometern gibt es noch eine alte, verwehte Spur, nicht ganz so schlecht im Vergleich zu dem, was uns nun erwartet: Durch 30 Zentimeter tiefen Schnee müssen wir die Pulka einmal quer über den See ziehen, geschätzte 1.200 Meter. Während Boris Spur-Dienst hat und den leichteren Rucksack trägt, bin ich dran, die Pulka zu ziehen. Schwitzend erreichen wir 40 Minuten später das andere Seeufer. Und es wird nicht leichter. Hier, nahe der kleinen Hüttenansammlung von Memuru, biegen wir ab ins Memurudalen. Die Hütten liegen allesamt verlassen da, die Hauptsaison liegt rund um Ostern. Vom See wandern wir das Memurudalen hinauf. Diesmal hat Boris das Geschirr der Pulka angelegt und auch seine Felle, die die Ski vor dem Zurückrutschen bewahren, auch bei Zug von hinten. Das heißt nicht, dass der Marsch nun nicht an strengend ist, aber immerhin kommt man so überhaupt voran. Mit Pulka und ohne Felle wäre hier ansonsten Endstation. Drei Kilometer steigen wir noch auf, versuchen eine erste kleine Terrasse im Tal zu erreichen. „It will be hard work", hatte die Wirtin der Turiststation in Bessheim gesagt, als sie von unseren Plänen hörte. „Most people come from Mid-February to Mid-April."

Doch nach einer Stunde ist auch dieser Aufstieg geschafft und wir haben genug für den Tag. Der Blick zurück ist wunderbar, der See und die Gipfel an seinem Nordufer leuchten im warmen Licht der untergehenden Wintersonne, alles ist still und friedlich. Wahrscheinlich sind wir die einzigen Menschen im Umkreis von zehn Quadratkilometern.

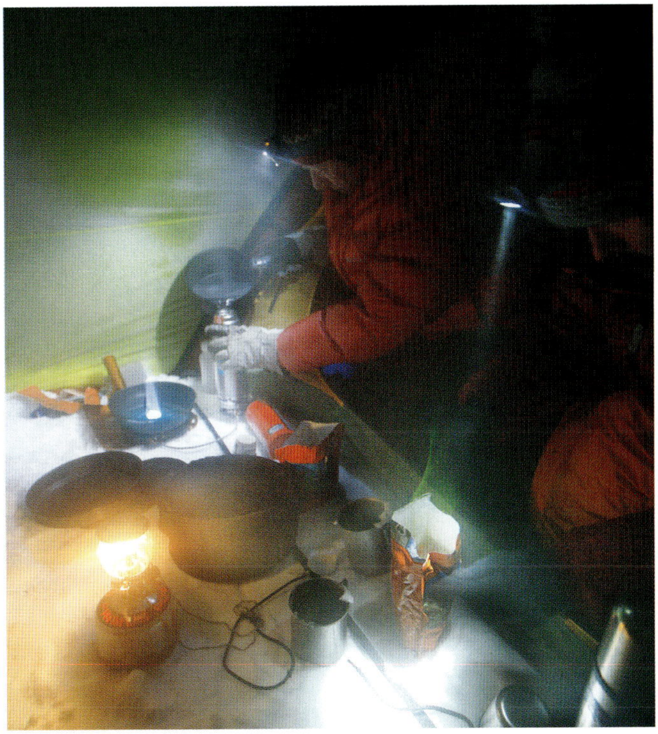

Stirnlampe und Gaslaterne gehören unbedingt ins Gepäck.

Mit unseren Schneeschaufeln ebnen wir uns ein Stück Boden für das Zelt. Die oberste Schicht Schnee muss abgetragen, die darunter geglättet werden. Dann erst wird das Zelt aufgebaut. Später heben wir im Vorzelt noch eine Grube aus, so gestaltet sich das Ein- und Aussteigen viel angenehmer und wir können im Zelt sitzen und trotzdem die Beine baumeln lassen.

Zum Abendbrot gibt es Real Turmat, eine norwegische. gefriergetrocknete Trekking-Mahlzeit, die die Konkurrenz aus dem Rest der Welt um Längen schlägt. Von den Inhaltsstoffen und vor allem dem Geschmack. Für mich

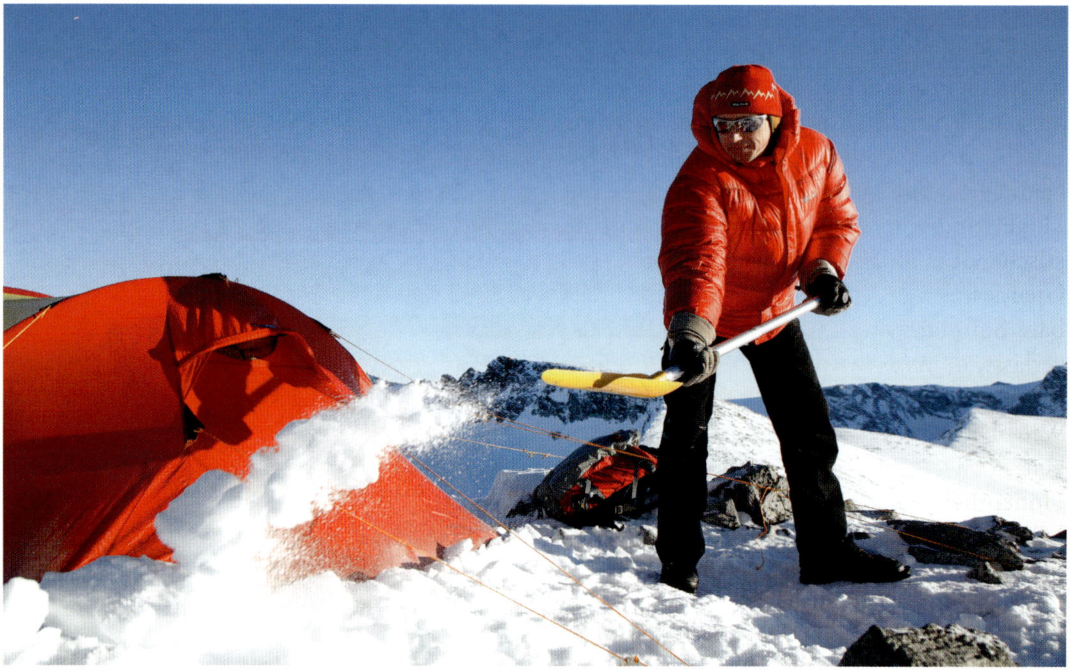

Eine Schaufel ist nicht nur Pflicht in Sachen Lawinenrettung, sondern auch wichtig beim Aufbau des Camps.

gibt es Wildtopf, Boris probiert Wolffisch in Dillsauce. Was Trekkingmahlzeiten für Touren draußen besonders reizvoll macht: das kochende Wasser vom Kocher wird einfach in die Beutel geschüttet, und nach fünf Minuten isst man direkt aus der Tüte. Der Abwasch kann somit ausfallen. Kaputt und zufrieden fallen wir gleich nach dem Essen in unsere Schlafsäcke. Es gibt eine halbe Tafel Schokolade zum Nachtisch, noch ein paar Zeilen fürs Tagebuch, dann fallen uns auch schon die Augen zu.

Der zweite Tag

48 km

Das Wetter hat sich über Nacht gewandelt. Aus dem klaren Himmel am Abend ist ein kleiner Sturm geworden, Schnee fliegt durch die Luft, es ist trüb und kälter als gestern. Beim Zeltabbau muss daher besonders aufgepasst werden, ein davon gewehtes Überzelt wäre fatal. Doch wir sind von früheren Touren ein eingespieltes Team und bekommen alles sicher in die Pulka und Rucksäcke verpackt. Heute klebe ich mir zunächst die Felle – wir besitzen leider nur ein Paar – unter die Ski und nehme wieder die Pulka in Schlepptau. Langsam steigt das Memurudalen weiter an und bringt uns näher an die nördlich gelegenen Gletscher heran. Irgendwo unter uns fließt der Fluss Muru in Richtung Gjendesee, der von Zeit zu Zeit im Nebel hinter uns verschwindet, doch Eis und Schnee haben jede kleine Stufe im Fluss, jede Stromschnelle, komplett verhüllt. Das Tal vollzieht eine sanfte Rechtskurve und weitet sich für eine kurze Strecke. Weit vor uns ragen die Berge höher in den Himmel, als links und rechts von uns. Dort wollen wir hin, dort liegt ein Konglomerat aus Gletschern und Berggipfeln, durch die wir uns einen Weg suchen wollen. Die Route wäre nächste Woche schon gespurt und das Vorankommen so viel leichter. Und doch macht jetzt jeder Schritt und jedes Zerren an der Pulka Spaß (auch wenn man dann und wann leise flucht). Am Nachmittag kommt nach einem kurzen Aufbäumen des Sturms tatsächlich noch einmal kurz die Sonne durch. Die Umgebung wird mit einem Mal viel greifbarer, Schneeverwehungen, Hügel und Gipfel wirken unglaublich plastisch. Gut 500 Höhenmeter oberhalb des Gjendesees befinden wir uns, als die unsichtbare Sommerroute unsere Spur nach Osten verlässt, dem Gipfel des 2.368 Meter hohen Surtningssue entgegen.

Wir bleiben der Nordrichtung treu und steigen noch einmal zwei Kilometer und 200 Höhenmeter weiter auf. Boris hat seit dem Mittag wieder das Pulkageschirr übergezogen, für mich ist es plötzlich ganz leicht, voranzukommen, eine Spur in den Schnee zu legen und trotzdem Zeit und Muße für einen Blick in die Umgebung zu haben. Je mehr das Licht schwindet, je größer die Schatten werden, desto imposanter wirken die Berge. Am frühen Abend finden wir am linken Talrand einen idealen Platz für unser Lager: An der Seite eines großen Felsblocks hat sich durch den Wind ein kleine Kammer gebildet, die zur einen Seite vom Fels, zur anderen vom Schnee eingefasst wird. Unser Zelt passt nach 20 Minuten schaufeln vollständig in diese Lücke hinein – perfekt geschützt vor dem Wind.

Dann ist alles aufgebaut, Pulka und Ski sind geschützt geparkt, ein Haufen Schnee zum Schmelzen für Tee und Kochwasser liegt im Vorzelt und dann begeben wir uns in die Horizontale. Wie gestern Abend und an den noch folgenden Abenden liegen wir mit Einbruch der Dunkelheit im Zelt und bleiben für mindestens die nächsten zwölf Stunden in dieser Position. Egal, ob beim Essen, Lesen, Tagebuchschreiben, Schlafen. Sitzen ist im niedrigen Zelt kaum möglich.

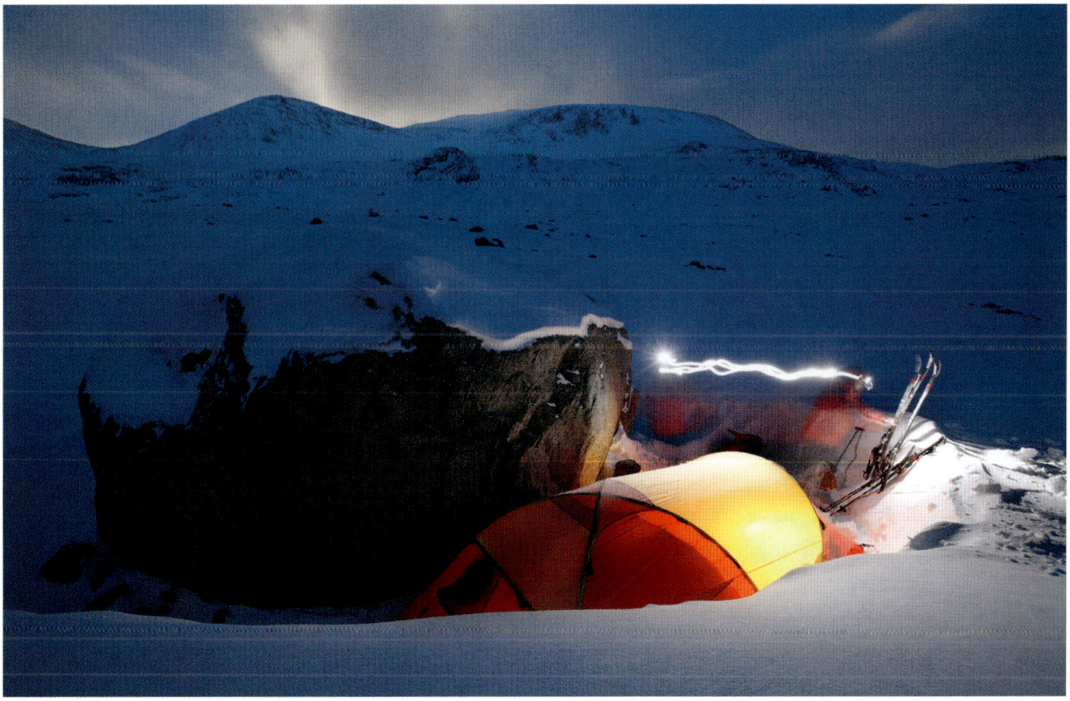

An einen großen Felsen schmiegt sich unser Zelt – der perfekte Windschutz!

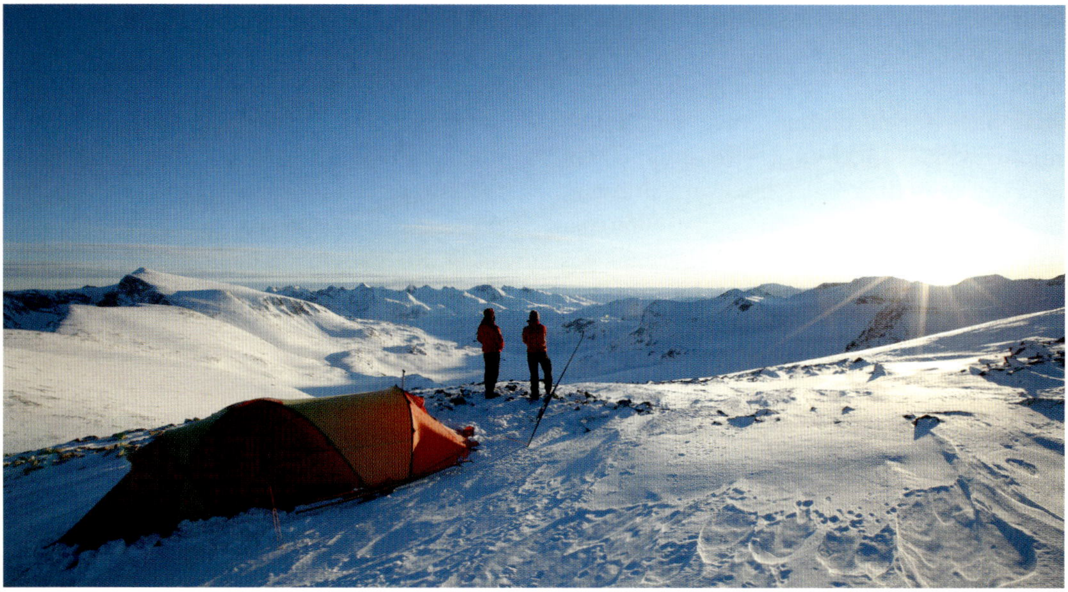

Der höchste Punkt der Tour, der Pass Styggehøbreskardet (2130 m) ist erreicht.

Der dritte Tag

Einer neuer Wintermorgen. Im Zelt misst das Thermometer minus 14 Grad, wieder muss man sich gegenseitig motivieren den Schlafsack noch ein bisschen weiter zu öffnen um den Tag beginnen zu lassen. Als wir das Zelt öffnen, lacht uns ein azurblauer Himmel an. Keine Wolke weit und breit. Doch noch befindet sich unsere Talseite komplett im Schatten. Wir starten den Kocher und schmelzen uns Schnee für ein Müsli mit warmem Wasser. Anstatt frischer Milch (oder auch Milchpulver) färben wir das Wasser mit einem großen Berg Ovomaltine-Pulver. Was man zuhause bestimmt nicht ausprobieren würde, schmeckt hier ganz fabelhaft und stärkt für den Tag. Dann fangen wir an, uns umzuziehen – wieder im Liegen – und die Sachen zusammenzupacken. Jede Bewegung muss ein bisschen vorsichtig ausgeführt werden: stößt man beim Anziehen oder Zusammenpacken der Schlafsäcke und Isomatten an das Zeltdach, rieselt das gefrorene Kondenswasser in Form kleiner Eiskristalle herab – bevorzugt ins freiliegende Genick. Aber auch das ist Teil einer Wintertour mit Zelt.

Zuerst einmal warten 600 Höhenmeter zum Pass Styggehøbreskardet auf uns. Da wir gestern festgestellt hatten, dass die Felle kaum noch kleben und es heute noch etwas kälter werden sollte, hatten wir sie über Nacht an den Skiern gelassen. Doch 20 Minuten nachdem wir mit der Pulka gestartet sind, löst sich das erste Fell vom Ski. Nur mit Klebeband und einer trickreichen Straffung des Fells, hält es etwas besser. Es auf meinen Ski zu ziehen, wagen wir heute allerdings nicht mehr und somit bin ich dafür zuständig, die Spur zu legen.

Das Tal steigt nun steiler an und bald beginnen wir unsere Begehung über den ersten großen Gletscher, der sich sanft von links in den Weg schiebt. Es ist eine Zunge des Austre Memurubrean. Spalten sind keine zu sehen, der Schnee hat für eine schöne gleichmäßige Oberfläche gesorgt, und auch die offizielle Winterroute führt über diesen Gletscher, weshalb wir uns keine großen Sorgen machen. Einen Kilometer weiter erreichen wir die Schlüsselstelle des Tages: eine Steilflanke von vielleicht 100 Höhenmetern, die wir mitsamt Pulka überwinden müssen. Dummerweise auch in einer direkten Linie, weil Felsen einen Zickzack-Kurs verhindern. Also stemmt sich Boris vorn ordentlich ins Geschirr und ich schiebe von hinten nach. Meine Ski habe ich abgeschnallt und lasse sie erst einmal zurück, um am Hang einen sicheren Halt zu bekommen. Wir keuchen ordentlich, müssen immer wieder kleine Pausen einlegen, aber nach einer halben Stunde ist der Gewaltakt vollbracht.

Nach der Mittagspause liegen noch einmal 300 Höhenmeter zum Pass vor uns. Luftlinie sind es keine drei Kilometer bis zum höchsten Punkt, doch müssen und können wir diesmal dem Hang seine Höhenmeter Serpentine um Serpentine abkämpfen. Nun befinden wir uns auf dem Gletscher Sørvestre Styggehøbreatinden. Vorsichtshalber haben wir unsere Lawinenpiepser eingeschaltet und gehen in etwas größerem Abstand voneinander. Der Hang sieht von der Schneesituation eigentlich sicher aus, aber wir wollen kein Risiko eingehen. Je höher wir steigen, desto grandioser wird das Panorama. Ringsum steigen Bergketten aus dem Schnee und aus dem Dunst der Täler, graue, schroffe Felsburgen, die sich wunderschön vor der blauweißen Bühne abzeichnen. Der Blick reicht zurück bis zu den Bergen südlich des Gjendesees.

Am Nachmittag erreichen wir die Passhöhe auf etwa 2.130 Metern Höhe. Ein tolles Gefühl. Weil das Wetter so gut ist und die Aussicht in alle Himmelsrichtungen grandios, schleppen wir unsere Skier und Pulka noch einmal einen Absatz am Hang des nordwestlich vom Pass gelegenen Søre Veotinden hinauf und bauen unser Zelt rund 70 Höhenmeter oberhalb der Passhöhe auf. Der Sonnenuntergang und das langsame Erwachen des Sternenhimmels machen jeden Schweißtropfen des Aufstiegs wett. So einen

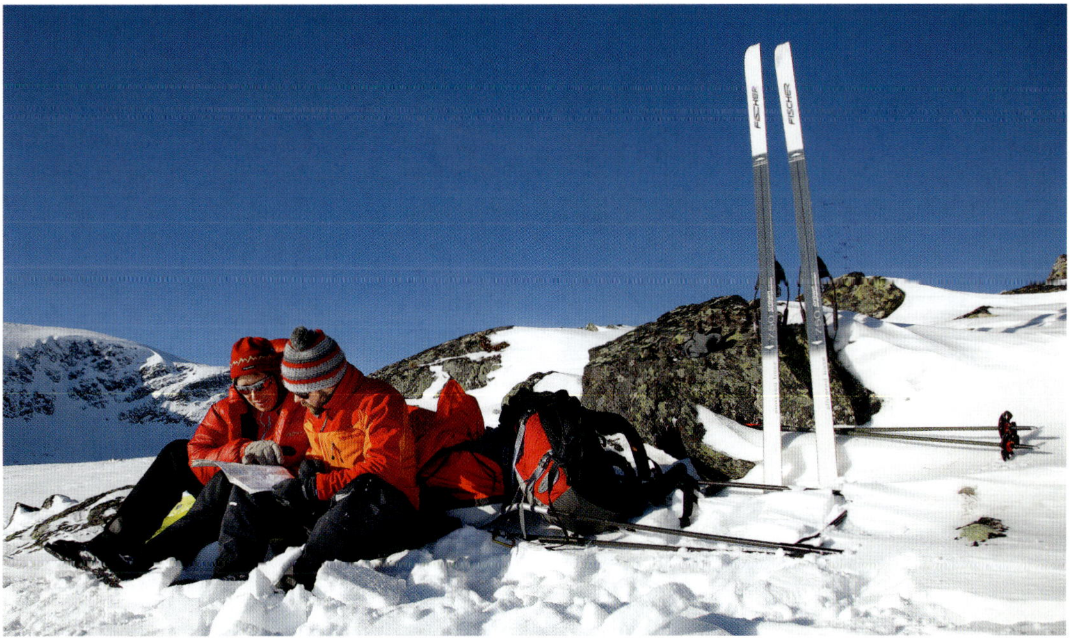

Blauer Himmel, keine einzige Wolke. Bei diesem Wetter machen Wintertouren trotz eisiger Temperaturen viel Spaß.

Zeltplatz bekommt man nicht geschenkt. Das Wissen, dass wir wahrscheinlich die einzigen Menschen im Park sind, verstärkt das Glücksgefühl sich an einem ganz besonderen Ort in einem ganz besonderen Land zu befinden noch einmal.

Der vierte Tag

Als wir aufwachen und ein wolkenloser Himmel erneut einen traumhaften Tag verspricht, beschließen wir, eine weitere Nacht hier oben zu verbringen und eine Erkundungstour in die Umgebung zu unternehmen. Überhaupt ist das eine Sache, die man an vielen Orten im Jotunheimen machen könnte: entlang der Route kleine Basislager errichten und dann für einen Tag oder zwei die Umgebung erkunden. Besonders, wenn man die Runde mit alpinen Tourenskiern geht, bieten sich diverse Berge links und rechts der Route für Touren mit tollen Abfahrten an.

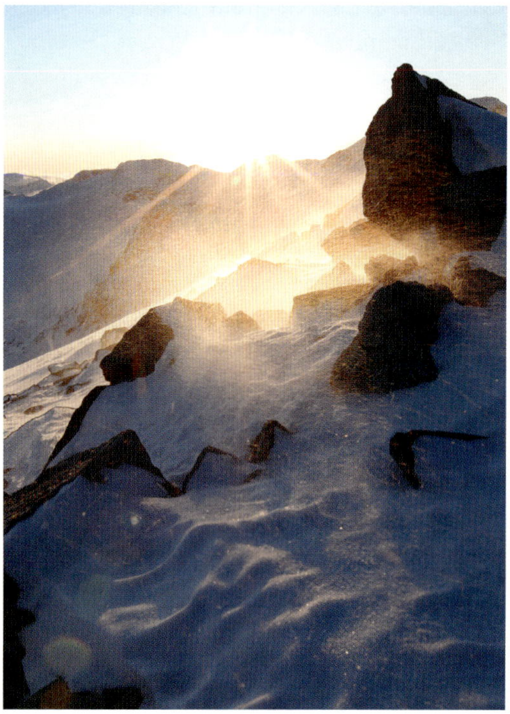

Windiger Sonnenuntergang am Styggehøbreskardet.

Der fünfte Tag

Nicht nur die Aufstiege auf einen Pass sind mit Backcountry-Skiern und Pulka erwähnenswert, sondern auch (oder vielleicht besonders) die Abfahrten. Denn selbst wenn man auf Abfahrtskiern normalerweise völlig sicher steht, ist es im Fjell mit Rucksack und der von hinten schiebenden Pulka, eine ganz andere Sache. Da Boris den Aufstieg zum Styggehøbreskardet übernommen hat, bin ich für die Abfahrt zuständig. Das erste Steilstück von unserem Zeltplatz steigen wir gänzlich ohne Ski ab, dann mache ich mich für die Abfahrt bereit. Das Problem ist nicht unbedingt die Hangneigung, denn die ist eigentlich nicht zu heftig, sondern die Beschaffenheit des Schnees: mal ganz weich, dann wieder fest, hier eine Rippe, da eine Welle, da ein Stück Eis. Und so fühlt es sich bei jedem Abbremsen der Ski an, als würde man einen Schubs oder einen Tritt bekommen und der Körper gerät aus dem Gleichgewicht. Immer wieder kann ich mich fangen, auch mal die Zugstangen der Pulka zum Ausbalancieren nutzen, doch plötzlich ist eine Welle im Schnee zu heftig. Meine Ski bremsen ab, ich gerate in Vorlage und sause einfach weiter, bis ich eine halbe Vorwärtsrolle hinlege und die Pulka gleich mit. Von außen betrachtet muss das grandios ausgesehen haben und ich muss selbst lachen. Mir geht es gut, nichts ist passiert bis auf eine Ladung Schnee im Gesicht und so kann ich die Fahrt fortsetzen bis der Hang unten sanft ausläuft.

Am Ende des Gletschers schwenkt unsere Route nach Südosten ab und unterhalb einer imposanten Steilwand des Nørdre Styggehøbreatinden wandern wir bei bestem Wetter in Richtung Russvatnet. An einen Fels gelehnt sitzen wir zum Mittag in der Sonne, haben die Füße – unsere „Frostschwachpunkte“ – hochgelegt und genießen den Tag. Wenn das

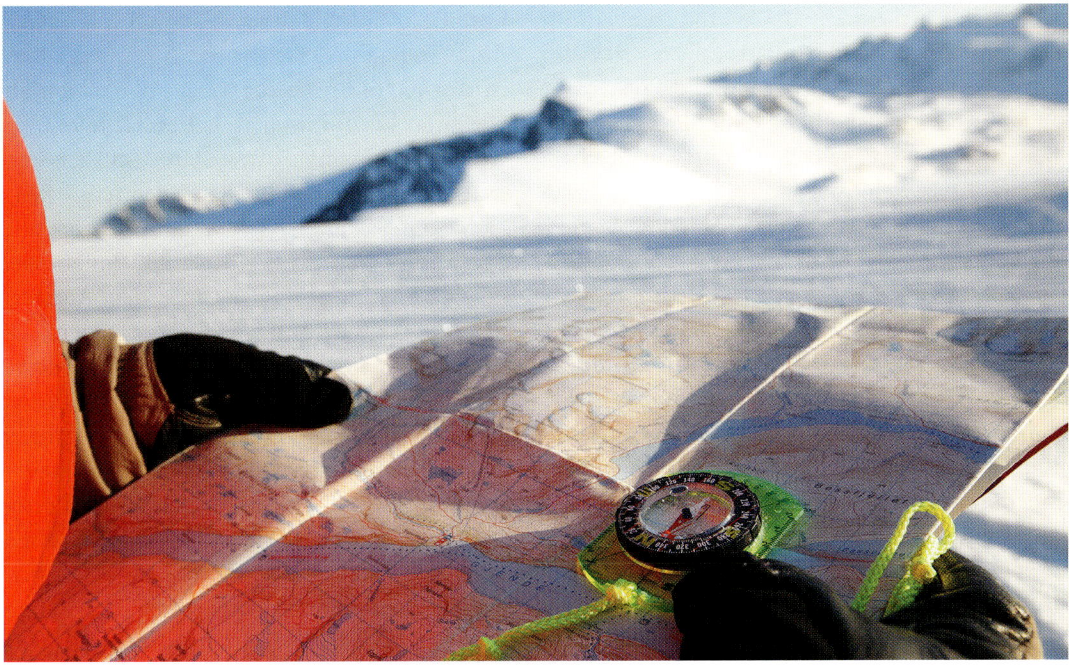

Karte und Kompass sind unabdingbar für eine Wintertour bei fehlender, markierter Route.

Wetter nicht mitspielt, ist eine Wintertour mitunter ein hartes Abenteuer, aber an einem Tag wie diesem einfach nur traumhaft schön. Wir sind wunschlos glücklich, einzig der Käse könnte sich ein bisschen besser schneiden lassen. Weil sein Wasseranteil hart gefroren ist, gibt es jetzt keine Scheiben mehr, sondern nur noch gebrochene Brocken. Auch so schmeckt der Winter.

Am Nachmittag gehen wir noch einmal vier Kilometer relativ eben weiter, nähern uns dem Russvatnet von Norden und bauen unser Zelt gut 300 Höhenmeter oberhalb der weiten, weißen Fläche auf. Im Sommer und Herbst, wenn der See eisfrei ist, leuchtet er in einem fantastischen Blau, heute liegt uns nur ein großer, sonderbar geglätteter weißer Bogen zu Füßen. Unser Lager liegt etwa auf Höhe des Scheitelpunktes des wie eine Banane geformten Sees. Wieder heißt es schaufeln, erst den lockeren Schnee, dann den festen, um ein gutes Fundament für unser Zelt zu bekommen. Doch inzwischen ist das Routine und macht Spaß, die Aussicht auf eine heiße Suppe und das Abendessen – das Highlight eines jeden Tages – treibt uns an.

Die Sonne verkriecht sich bald hinter den Bergen, doch die ganze Landschaft scheint nachzuglühen, ganz besonders die Berge, die, auf der anderen Seite des Sees, bis auf über 2.200 Meter ansteigen.

Der sechste Tag

Ein neuer Tag und der fünfte in Folge, der blauen Himmel, Sonnenschein und Windstille bringt, wäre komisch gewesen, also bekommen wir am sechsten Morgen eine starke Brise ins Gesicht geweht, als wir das Zelt öffnen. Wir sind ein wenig zugeweht worden und müssen den Schnee vom Zelt schaufeln, aber ansonsten haben wir auch diese Nacht gemütlich und warm überstanden.

Auf dem Weg nach Bessheim gilt es einige Höhenmeter zu überwinden. Die ersten gleich

48 km

nach dem Start auf der Abfahrt hinunter zum Russvatnet. Inzwischen als Abfahrtsspezialist auserkoren, bin ich wieder für die Pulka zuständig und versuche heute eine neue Taktik, die sich vor allem beim schrägen Queren des Sees gut macht: ein Ausfallschritt im Telemark-Stil. Damit schaffe ich es tatsächlich in einem Stück bis hinunter zum See, während Boris eher als Kamikaze unterwegs ist und mehrfach mit seinem Hosenboden bremst. Doch wir sind guter Dinge und freuen uns auf den Abend zurück in der Zivilisation. Wir waren nicht einmal besonders lange unterwegs, aber fünf Nächte sind trotzdem nicht wenig für Zelttouren im Winter.

Unten am See, auf 1.175 Meter Höhe, haben wir vier Kilometer in der Ebene vor uns, dann beginnt der letzte Anstieg unserer Runde durchs Jotunheimen, hinauf aufs Besstrondfjell. Noch immer haben wir keine anderen Menschen getroffen auf unserer Tour, doch oben, am höchsten Punkt, wo rechts der Bessvatnet an die Sommerroute reicht, beginnt plötzlich wieder eine rustikale Loipe. Unglaublich, wie leicht wir plötzlich vorankommen, doch leider müssen wir sie schon nach wenigen Metern wieder verlassen – fast in der Falllinie scheint sie vom Fjell hinabzuführen ins Tal und nach Bessheim. Dahin wollen zwar auch wir, aber mit unseren Skiern und der Pulka ist der direkte Weg ganz sicher keine gute Wahl. Also begeben wir uns in den Tiefschnee und fangen wieder an uns durch mal harten, mal weichen Schnee langsam und ein wenig wackelig in vielen Kurven nach unten zu arbeiten. Vom Fjell hätte man auch die Spur direkt zurück nach Gjendesheim wählen können, doch dort hinunter ist der Weg noch steiler. Irgendwann haben wir es geschafft und erreichen eine schöne Loipe, die mit einem angenehmen Gefälle nach Bessheim führt. Dessen Gebäude erkennen wir schon bald zwischen den winternackten Birken. Noch einmal genießen wir jeden Schritt, jeden Meter auf den Skiern. Die Sonne scheint mit ihrem sanftem Licht zwischen den Bäumen und verschneiten Hügeln hindurch. Wenig später stehen wir vor dem Eingang der Fjellstation Bessheim. Wir haben es geschafft.

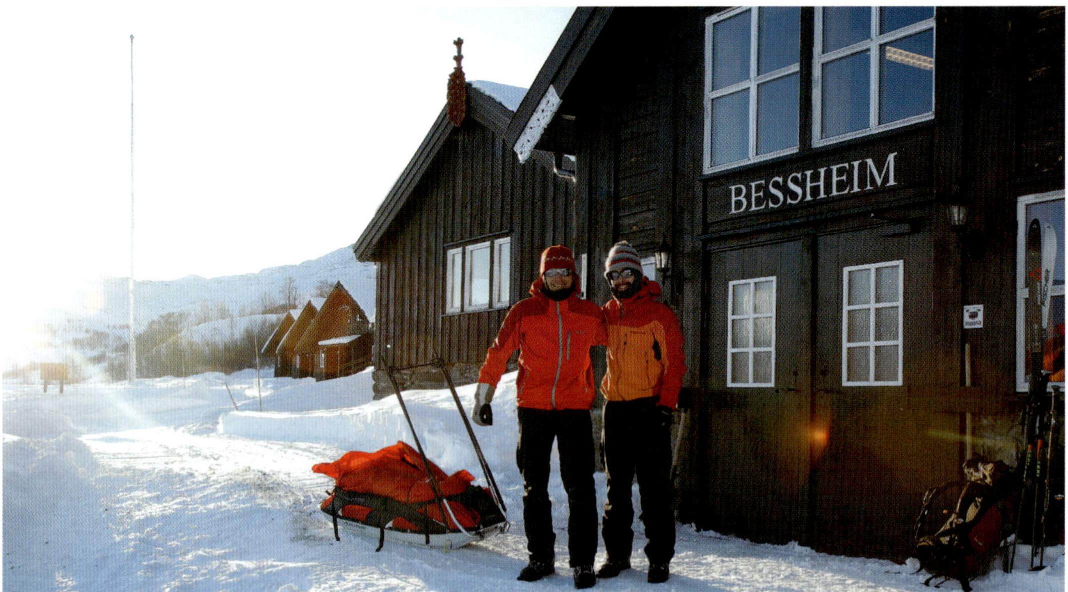

48 km

Kompakttouren

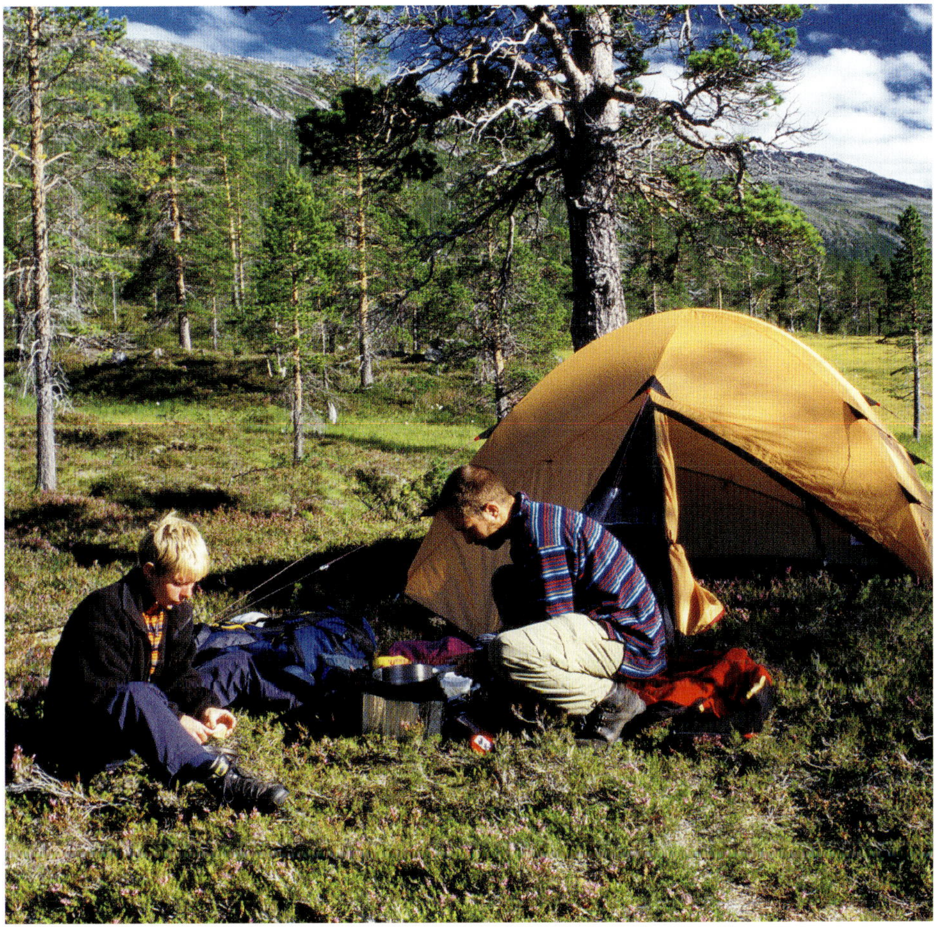

Große Rundtour Jotunheimen

Schwierigkeit	Höhendifferenz	Zelten	Hüttenübernachtung
★★★☆	★★★☆	★★★★	★★★★

Charakter der Tour

Lange Trekkingtour mit vielen Höhenmetern durch den Jotunheimen Nationalpark, Norwegens gebirgigstes Gebiet *(Siehe auch Tour 2).* Die Runde beginnt in Gjendesheim, dem östlichen Tor zum Nationalpark, und führt in einer großen Runde über den Besseggen-Grat, vorbei an Glittertind und Galdhøppingen (beide als Tagesausflüge besteigbar), durch atemberaubende Täler und eine faszinierende Bergwelt. Ein gelungener Abschluss ist die Bootstour von Gjendebu über den gesamten Gjendesee zurück nach Gjendesheim (diese Fahrt ist nur im Sommer möglich).

An- und Abreise:

Der Jotunheimen-Nationalpark und der Ausgangspunkt Gjendesheim sind am einfachsten mit dem eigenen Auto zu erreichen. Von Oslo aus entweder auf der E 16 über Fagernes nach Gjendesheim (275 km) oder auf der E 6 nach Sjoa (10 km südlich von Otta), dort biegt man westlich, etwas später südlich nach Gjendesheim ab (ca. 350 km). Beide Strecken sind landschaftlich sehr reizvoll. Es bietet sich an, die eine Route für die Hinfahrt, die andere für die Rückreise zu wählen. Gjendesheim liegt zwar an keiner Bahnlinie, ist aber auch mit Bussen aus Oslo mit Umsteigen in Fagernes oder Otta aus erreichbar. Otta ist von Oslo auch per Bahn erreichbar (Bahnverbindung Oslo – Trondheim). www.nsb.no und www.nor-way.no

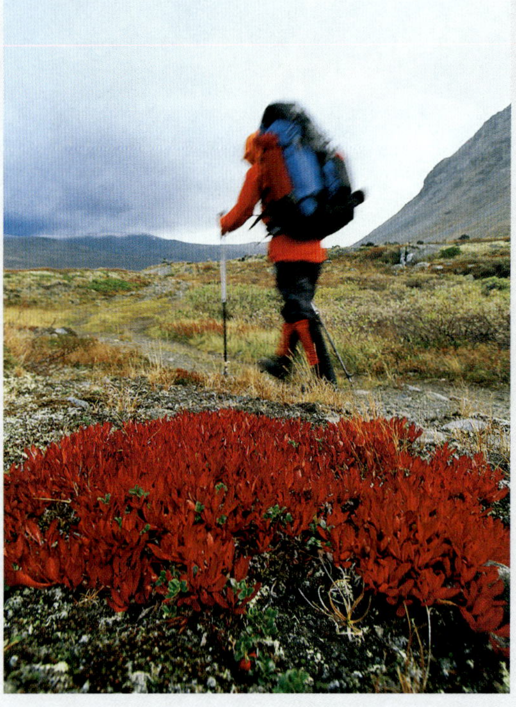

Start- und Endpunkt:

Gjendesheim.

Länge der Tour:

130 km, 10 - 14 Tage.

Verpflegung:

In den ***bewirtschafteten Hütten*** kann gegessen werden, in den ***Hütten mit Selbstbedienung*** kann man die Vorräte aufstocken. Ansonsten muss alles für die Tour mitgenommen werden.

Übernachtung:

Zelttour, die mit Übernachtungen in ***Hütte***n abwechslungsreicher gestaltet werden kann. Außerdem sind die Hütten hervorragende, trockene Unterkünfte bei allzu schlechtem Wetter.

Memurubu, Tel. (+47) 61 23 89 99
Glitterheim, Tel. (+47) 61 23 18 33
Spiterstulen, Tel. (+47) 61 21 94 00
Leirvassbu, Tel. (+47) 61 21 12 10
Fondsbu, Tel. (+47) 97 07 42 18
Gjendebu, Tel. (+47) 61 23 89 44

Kartenmaterial: ***Fjellkart Jotunheimen*** 1:100.000 und 1:50.000, Verlag Cappelen. Abdeckung des zentralen Jotunheimens im größeren Maßstab, der gesamten Region in 1:100.000.

Sehenswürdigkeiten:
Gleich am Ende der ersten Tagesetappe der Runde überschreitet man den berühmten **Besseggen-Grat,** jenen schmalen Felsriegel, der zwischen dem Gjendesee und Bessvatnet liegt. Zur einen Seite bricht der Grat knapp 400 Meter tief zum Gjendesee ab.

Infos, Wichtige Adressen:
Fremdenverkehrsamt Jotunheimen, (+47) 61 21 29 90 www.visitjotunheimen.com
Gjendeboote: Tel. (+47) 91 30 67 44, www.gjende.no

Route: Gjendesheim – Besseggen Grat – Memurubu – Glitterheim – Spiterstulen – Leirvassbu – Olavsbu – Eidsbugarden – Gjendebu per Schiff über den Gjendesee – Gjendesheim.

Karte Rundtour Jotunheimen

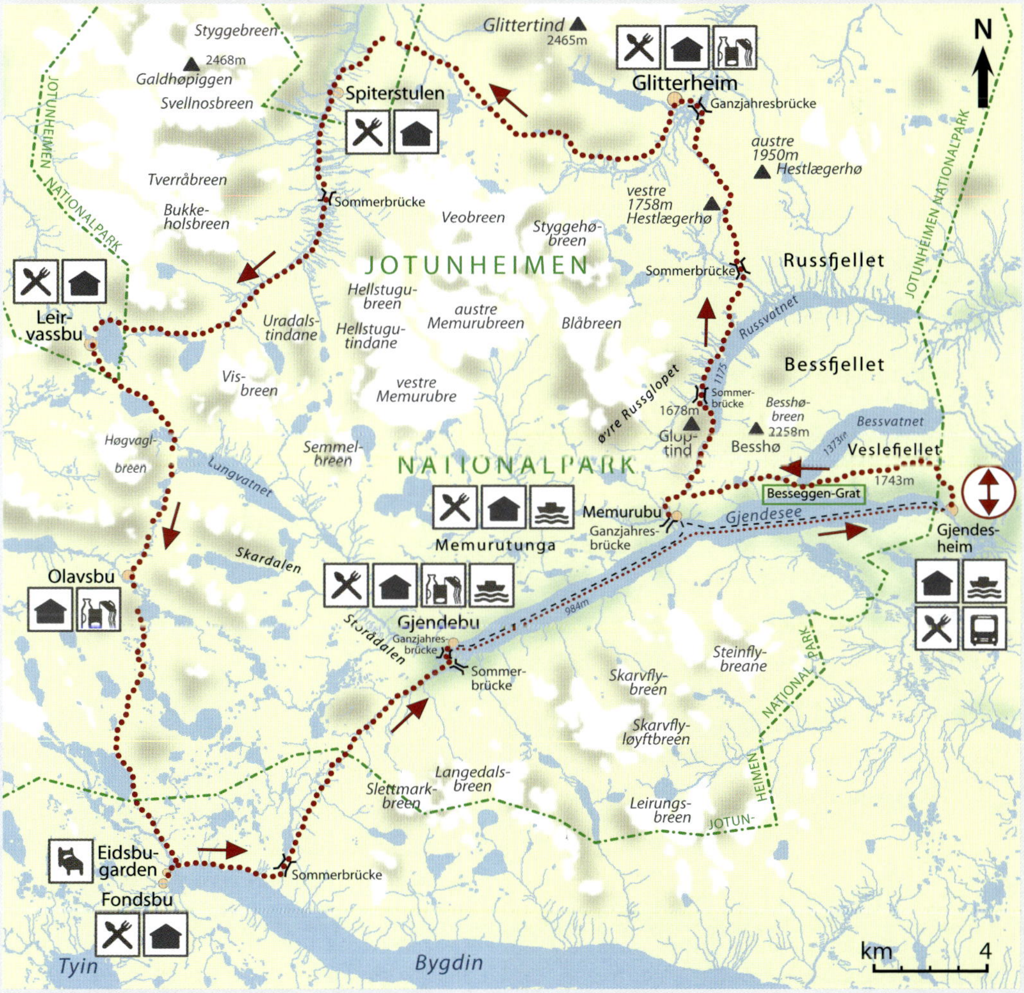

Im Kajak auf dem Trysilelva

Schwierigkeit	Baden	Zelten	Hüttenübernachtung
★★☆☆	★★☆☆	★★★★	☆☆☆☆

Charakter der Tour

Wunderschönes Wanderpaddeln auf einem Wildfluss, gewürzt durch zum Teil sehr lange Stromschnellen der Klassen WW I und WW II. Ideal für feste Kunststoffboote, normalerweise aber auch für Faltboote machbar – nur in trockenen Sommern führt der Trysilelva eventuell zu wenig Wasser. Der schönste Teil der Tour sind die ersten 45 Kilometer durch ein einsames Tal, durch das allein eine wenig befahrene Schotterpiste führt. Ab Engerneset teilt sich der Fluss das nun breitere Tal mit der etwas stärker befahrenen Straße 26. Auf den letzten Kilometern vor Trysil zum Teil wenig Strömung.

Anreise:
Eine Paddeltour, deren Ausgangspunkt eigentlich nur mit dem eigenen Pkw erreichbar ist. Von Oslo zunächst über die E 6 und die Straße 3 nach Elverum. Weiter auf der 25 nach Trysil. Von dort immer parallel zum Trysilelva auf der 26 nach Norden. In Engerneset überqueren Sie den Fluss und fahren auf einer kleinen Schotterpiste am östlichen Ufer des Trysilelva bis zur Elvbrua, einer Brücke der Straße 217 über den Fluss. Dort werden die Boote unterhalb der großen Stromschnelle eingesetzt.

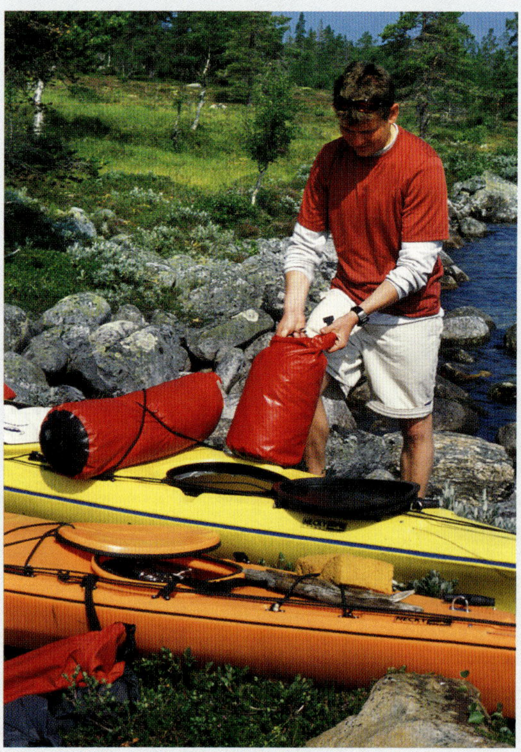

Abreise:
In Trysil ist die Tour beendet. Von dort entsprechend der Anreise-Empfehlung zurück nach Oslo. Am besten geht man die Tour mit zwei Pkws an, ansonsten muss man versuchen, per Anhalter das am Start zurückgelassene Auto zu erreichen.

Startpunkt:
Elvbrua. Die ist kein Ort - nur eine Brücke.

Endpunkt:
Trysil.

Verpflegung:
Supermärkte in **Trysil** und **nördlich im Tal bis Engerneset**, ansonsten muss die Verpflegung mitgeführt werden.

Übernachtung:
Vor allem auf dem ersten Abschnitt der Tour viele schöne ***wilde Zeltplätze,*** teilweise kleine ***offizielle Übernachtungsplätze mit Plumpsklo.*** Im Tal entlang der 26 ist man bezüglich der Zeltplatzwahl nicht mehr ganz so frei, findet aber trotzdem leicht geeignete Stellen.

70 km

Länge der Tour:
70 km, 3 Tage.

Kartenmaterial:
Zur Orientierung reicht die Cappelen/Kümmerly & Frey-Karte ***Mittel-Norwegen Alesund - Trondheim - Namsons,*** 1:335.000 aus. Der ***DKV-Auslandsführer Skandinavien*** (DKV-Verlag, 2012) bietet einige Infos zum Fluss, vor allem aber zu weiteren interessanten Gewässern in der Nähe.

Sehenswürdigkeiten:
Das ***norwegische Waldmuseum*** in **Elverum** wurde zum Museum des Jahres 2003 gekrönt. Es zeigt auf 5.000qm und 15ha Außengelände Wissenswertes zu den Themen Jagd, Fischfang, Forstwirtschaft und Forstindustrie. Tel. (+47) 62 40 90 00, www.skogmus.no

Infos, Wichtige Adressen:
FVA Trysil, Storveien 3, 2420 Trysil, Tel. (+47) 62 45 10 00, www.trysil.no

Route:
Elvbrua – Engerneset – Jordet – Trysil.

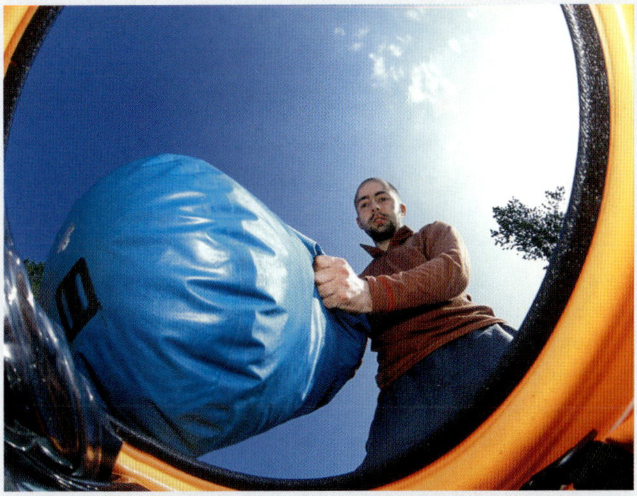

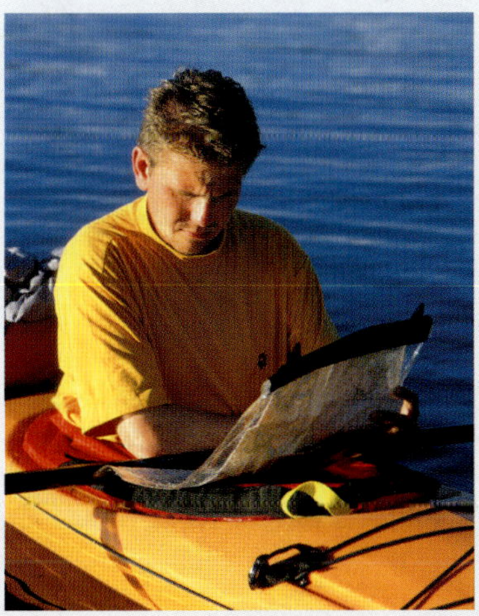

Karte Trysilelva

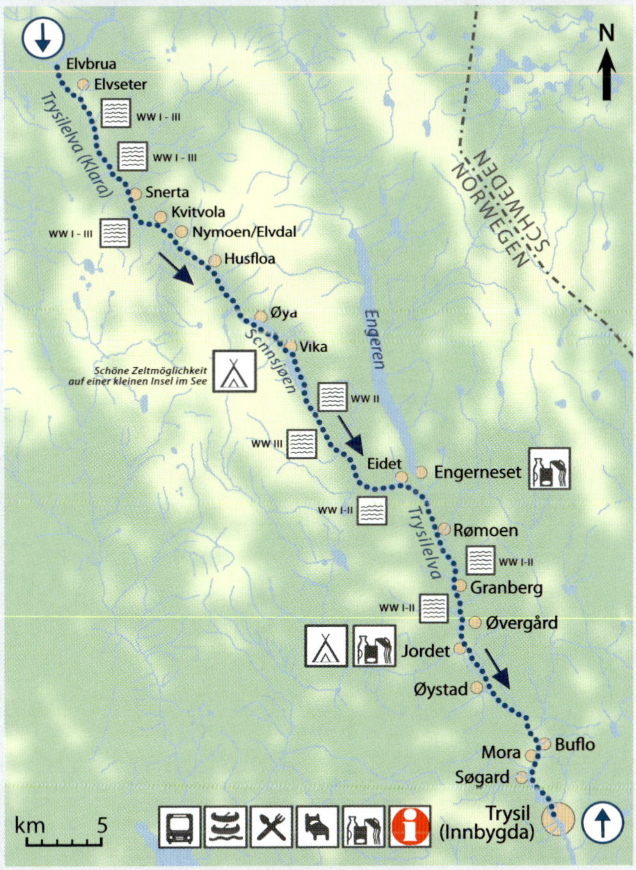

Südwestliche Runde per Rad

Schwierigkeit	Höhendifferenz	Zelten	Hüttenübernachtung
★★☆☆	★★★☆	★★★★	☆☆☆☆

Charakter der Tour

Spannende Radtour im Südwesten des Landes, die Norwegen von seinen schönsten Seiten zeigt. Hat man per Fähre Kristiansand erreicht, kann man von dort eine abwechslungsreiche Rundtour durch Südwestnorwegen starten. Zuerst auf der Straße 9 nach Norden durch das fruchtbare, idyllische Setesdal. Ab Evje auf parallel verlaufende, sehr ruhige Nebenstrecken ausweichen. Entlang des Byglands- und Åraksfjorden und der Otra weiter bis nach Nomeland. Nach diesen bisher rund 150 Kilometern nach Westen in Richtung Lysebotn abbiegen. Hier folgt eine sehr einsame Strecke über eine Hochebene – wichtig: ausreichende Vorräte mitnehmen – bis nach Lysebotn (ca. 80 km). Die letzten vier Kilometer vom Aussichtscafé Øygardstøl (von hier Wanderung zum Kjeragplateau, *Siehe Tour 4*) führt die Straße mit 27 Haarnadelkurven und einem atemberaubenden, unbeleuchteten Tunnel (inklusive Kreisel) von 900 auf null Meter. Norwegische Straßenbaukunst par excellence. Von Lysebotn per Fähre nach Stavanger oder, um das Großstadt-Straßenwirrwarr zu umgehen, eine Station früher in Lauvvik aussteigen. Man könnte auch zunächst nach Stavanger weiterfahren, um die Stadt kennenzulernen, und später per Fähre zurück nach Lauvvik zurückkehren. Von dort über Ålgård und Varhaug zur Küste radeln. Dort ist es zunächst etwas öde, man fährt durch ein landwirtschaftlich geprägtes Gebiet, dann aber schnell wieder sehr abwechslungsreich. Wo möglich, unbedingt auf kleinere Nebenstraßen ausweichen. Trotz der zusätzlichen Kilometer nicht versäumen, zum Cap Lindesnes zu fahren, dem südlichsten Punkt des Landes. Eine Tour, die – besonders durch die vielen Steigungen zum Lysefjord und entlang des letzten Küstenabschnitts – in die Waden geht und nur mit guter Kondition angegangen werden sollte.

Karte Südwesten

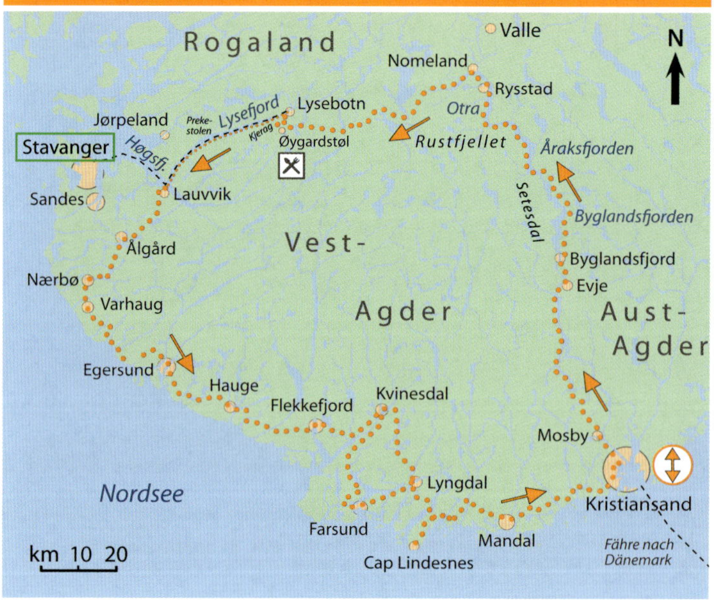

An- und Abreise:
Siehe Tour 11, Seite 150.

Start- und Endpunkt:
Kristiansand.

Verpflegung:
Abgesehen von der Etappe Setesdal zum Lysefjord kommt man täglich an Supermärkten, kleineren Landhandel oder Tankstellen mit Lebensmittelabteilung vorbei.

Übernachtung:
Zelttour mit ***wilden Zeltplätzen*** sowie ***offiziellen Campingplätzen*** – entlang der besiedelten Küste ist es oft schwer bis unmöglich, wilde Zeltplätze zu finden.

580 km

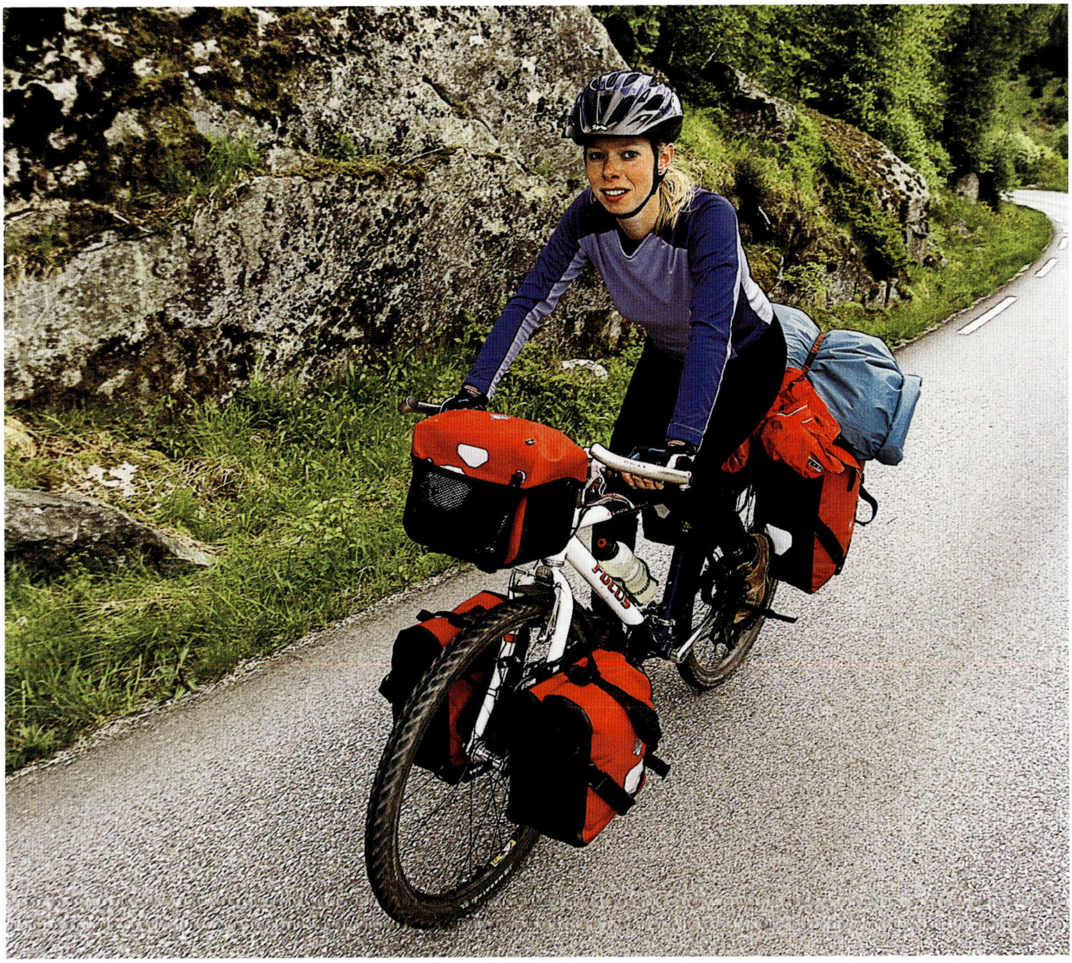

Kartenmaterial:
Süd-Norwegen Oslo - Stavanger - Bergen, 1:335.000, Kümmerly & Frey.

Sehenswürdigkeiten:
Lassen Sie sich **Stavanger** und dort ganz besonders die ***Altstadt*** nicht entgehen. Ein Spaziergang durch die schmalen, von wunderschönen, weißen Holzhäusern flankierten Gassen ist das Highlight eines Stadtbesuchs *(s. Seite 43)*. Bevor Sie zum Lysefjord abfahren, könnten Sie eine Wanderung zum **Kjeragplateau** mit dem berühmten **Kjeragbolten** einschieben *(Tour 4)*.

Infos, Wichtige Adressen:
Setesdal ***Informasjonssenter***, 4735 Evje, Tel. (+47) 37 93 14 00, www.setesdal.com **Stavanger** ***turistinformasjon,*** Domkirkeplassen 3, 4006 Stavanger, Tel. (+47) 51 85 92 00, www.regionstavanger.com **Stavanger** ***Vandrerhjem Mosvangen***, Henrik Ibsensgate 19, 4021 Stavanger, Tel. (+47) 51 54 36 36

Route: Kristiansand - Evje - Nomeland - Lysebotn - Stavanger (per Fähre) - Lauvvik (per Fähre) - Oltedal - Ålgård - Varhaug - Brusand - Egersund - Flekkefjord - Kvinesdal - Lyngdal - Jåsund - Lindesnes - Vigeland - Mandal - Kristiansand.

Länge der Tour:
580 km, 10 - 14 Tage.

Wanderung durchs Trollheimen

Schwierigkeit	Höhendifferenz	Zelten	Hüttenübernachtung
★★☆☆	★★☆☆	★★★★	★★★★

Charakter der Tour

Wanderung durch ein Gebiet, dessen Name einiges verspricht. Trollheimen, das Reich der Trolle, ist so vielseitig, als hätte jeder einzelne Troll sich etwas an der Natur gewünscht und wahr werden lassen. Trollheimen ist mal lieblich, mit Seen, Bächen, Wiesen (viele Moltebeeren) und lichten Kiefernwäldern, mal wild und schroff mit Felsburgen und grauen Gipfeln, mit rauschenden Flüssen und Wasserfällen. Eine Vielzahl von Wegen machen verschiedene Wanderungen möglich; immer wieder bieten sich Tagestouren auf die umliegenden Berge an. Nicht weit entfernt im Süden liegt der Dovrefjell-Sunndalsfjella Nationalpark. Ebenso wie dieses Gebiet ist auch das Trollheimen nicht nur ideal für Trekkingtouren, sondern auch eine schöne Gegend für Ski- und Schneeschuhtouren.

An- und Abreise:

Von Oslo auf der E 6 über Otta nach Oppdal (423 km), dort in westliche Richtung auf die Straße Nr. 70 abbiegen, sieben Kilometer nach Vognill weiterfahren und dann die Mautstraße zur Gjevilvasshytta nehmen. Von Trondheim sind es auf der E 6 nach Oppdal 120 km. Bis nach Vognill gelangt man mit dem Lokalbus von Oppdal, das sowohl von Oslo als auch von Trondheim per Bus und Bahn erreichbar ist. Von Vognill zur Gjevilvasshytta muss man versuchen, per Anhalter weiterzukommen oder laufen (ca. 10 km).

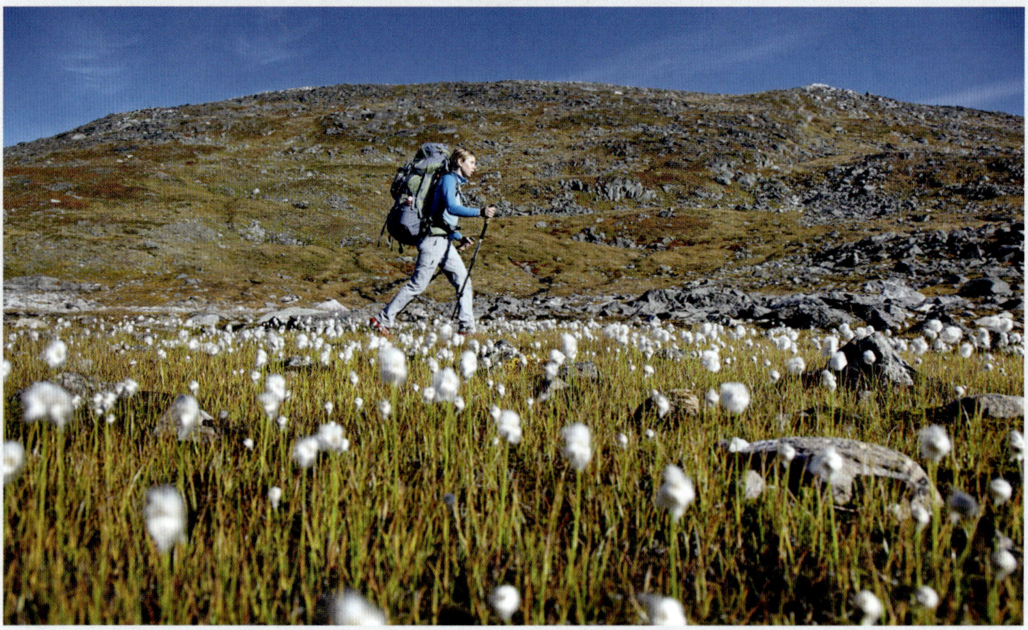

Start- und Endpunkt:
Die Gjevilvasshytta im Süden des Trollheimens, am See Gjevilvatnet gelegen. Dort kann man das Auto auf einem Parkplatz abstellen. Die Straße an den See ist eine Privatstraße, eine Maut muss für die Befahrung entrichtet werden.

Verpflegung:
Alle Hütten, die entlang der vorgeschlagenen Route liegen, bieten Verpflegung bzw. Selbstverpflegung mit Vorratsregalen an. Letzter Supermarkt in Oppdal.

Übernachtung:
Wer lange Etappen von über 20 Kilometern nicht scheut und gern in den ***Wanderhütten des DNT*** übernachten möchte, kann die Tour ganz ohne Zelt machen - muss dann aber den Abstecher ans Nordende des Gråsjöen auslassen oder ihn innerhalb eines Tages umrunden.
Gjevilvasshytta Tel. (+47) 93 24 51 46
Jøldalshytta Tel. (+47) 91 65 06 60
Trollheimshytta Tel. 0088 16 31 43 05 53 (Satellitentelefon).
Wer unabhängig sein möchte, sollte das ***Zelt mitnehmen***. Es gibt viele wunderschöne Zeltplätze entlang der Route.

Kartenmaterial: ***Turkart 2611: Trollheimen*** 1:50.000, Statens Kartverk N50.

Infos, Wichtige Adressen:
Trondhjems *Turistforening*, Sandgt 30, 7012 Trondheim, Tel. (+47) 73 92 42 00, www.tt.no ***FVA* Oppdal**, 7341 Oppdal, Tel. (+47) 72 40 04 70, www.oppdal.com

Sehenswürdigkeiten:
Der ***ehemalige Landhandel* in Vognill**, aus dem Jahre 1860, die ***Vognildsbua***, ist heute ein Museum. Bis Mitte der achtziger Jahre des letzten Jahrhunderts wurde hier noch verkauft. Für viele Wanderer war dies die letzte Möglichkeit, die Vorräte zu vervollständigen.

Karte Trollheimen

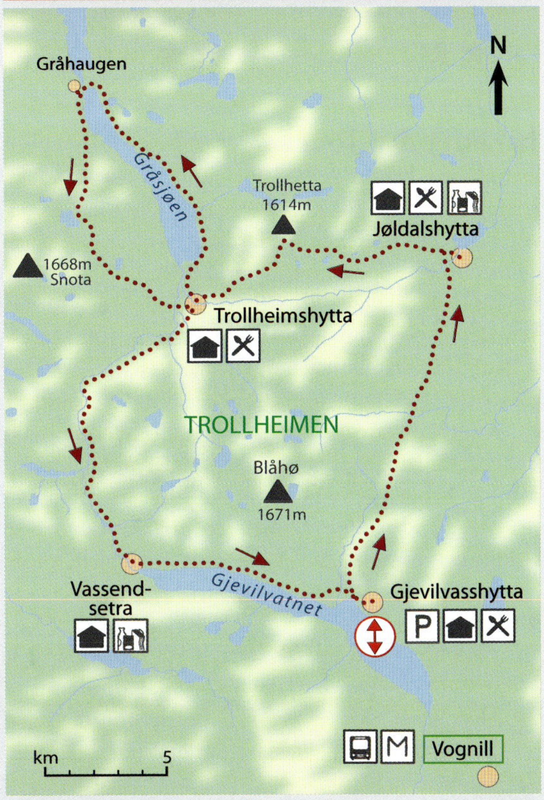

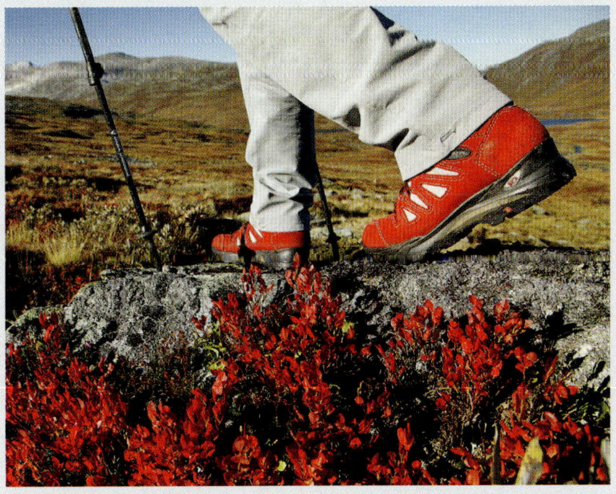

Route: Gjevilvasshytta – Jøldalshytta – Trollheimshytta – Gråhaugen (entlang des Ostufers des Gråsjøen) – Trollheimshytta (entlang des Westufers des Gråsjøen) – Vassendsetra – Gjevilvasshytta.

Länge der Tour:
95 km, 7 - 9 Tage.

Zu Fuß durch die Femundsmarka

Schwierigkeit	Höhendifferenz	Zelten	Hüttenübernachtung
★★☆☆	★★☆☆	★★★★	★★★★

Charakter der Tour

Obwohl die Femundsmarka eigentlich ein perfektes Ziel für Wanderer ist, steht sie bei vielen Mitteleuropäern nicht hoch im Kurs. Die meisten „Trekking-Touristen" machen sich noch immer auf in Richtung Jotunheimen, Hardangervidda & Co. Zugegeben, dort ist die Landschaft vielleicht noch eine Nummer imposanter, doch die Reize der Femundsmarka sind einen Besuch ganz sicher wert. In zehn bis zwölf Tagen führt diese Wanderung durch eine einsame, weite und sanft hügelige Gegend, deren Berge, die Höhen bis knapp über 1.400 Meter erreichen, sanft auslaufen.

Auf dem Trail wandern Sie durch lichte Kiefernwälder, Moorgebiete und Geröllfelder, die oft dicht von Flechten überwachsen sind. Große Teile der Route führen durch den Femundsmarka-Nationalpark, in dem es auch diverse Wanderhütten gibt. Schöne, wilde Zeltplätze findet man jeden Abend. Ein großer Vorteil dieses Landstrichs ist die klimatische Begünstigung – sehr viel Regen bleibt bereits an den Bergen der Küste hängen. Die Sommer sind hier daher oft trocken und warm. Vom Südende des Femundsees führt die Wanderung bis hinauf in die alte Bergbaustadt Røros die heute auf der Liste des UNESCO-Weltkulturerbes steht. Also kann man nach viel Natur auch noch ein wenig Kultur erleben.

Anreise:
Von Oslo fahren auf der E 6 nach Hamar (Olympia-Eislaufhalle besichtigen), dort auf die 25 nach Elverum (Norwegisches Forstwirtschaftsmuseum) abbiegen, von Elverum über die Straße Nr. 3 nach Koppang. Weiter auf den Straßen Nummer 30, 217 und 26, vorbei am Isterensee *(Tour 10)* bis nach Femundsenden, dem Südende des Femundsees. Von Oslo ca. 320 Kilometer.

Abreise:
Von Røros über die Straße 30 nach Tynset und auf der 3 über Alvdal und Stor-Elvdal zurück nach Elverum und von dort weiter entgegengesetzt zur Anreise.

Startpunkt:
Femdundsenden.

Länge der Tour:
125 km, 10 - 12 Tage.

Endpunkt:
Røros. Zurück zum Startpunkt am besten mit einem hier deponierten 2. Pkw.

Beste Zeit:
Die Region des Femundsees ist im Winter eine der kältesten des Landes südlich des Polarkreises. Auf den Bergen rings um den Femund liegt bis in den Frühsommer Schnee. Starten Sie also nicht vor Ende Mai. Wer Erfahrung im Winter hat, kann die beschriebene Tour auch mit Schneeschuhen oder auf Tourenski durchführen.

Verpflegung:
Es gibt nur wenige Verpflegungsmöglichkeiten, zum Teil durch bewirtschaftete oder unbewirtschaftete Wanderhütten mit Selbstbedienung. Planen Sie sorgfältig Ihre Etappen und nehmen Sie besser ein paar Rationen zusätzlich mit. Vergessen Sie nicht, dass Sie nur mit einem DNT-Schlüssel ganz sicher in alle unbewirtschafteten Hütten gelangen und dort am Vorratsregal „einkaufen" können, auch wenn Sie nicht über Nacht bleiben.

Übernachtung:
Die Tour kann bei Tagesetappen von zum Teil über 20 Kilometern als reine ***Hüttentour*** gegangen werden. Wird oft als kombinierte ***Zelt-Hüttentour*** begangen, um in den Genuss ***traumhafter, wilder Zeltplätze*** mit phantastischen Aussichten zu kommen.
Femundsenden*: Femundtunet*
(Hotel, Hütten & Camping),
Tel. (+47) 62 45 90 66,
www.femundtunet.no
Femundsvika, Tel. (+47) 62 45 91 23,
www.femundsvika.no
Sorken, ***Femund Canoe Camp,***
Tel. (+47) 62 45 90 19,
www.femund-canoe-camp.com
Valdalen, Tel. (+47) 45 45 64 33,
muss im Vorraus gebucht werden!
Sylen, *Sylseth,* Tel. (+47) 62 45 98 40
muss im Vorraus gebucht werden!
Svukuriset, Tel. (+47) 62 45 98 50.
Ljönsnåvollen, Tel. (+47) 72 41 34 34.

Kartenmaterial:
Turkart 2559 Femunden, 1:100.000,
Statens Kartverk N 50.

Sehenswürdigleiten:
ehemalige Bergbaustadt **Røros**
UNESCO-Weltkulturerbe *(s. Tour 9).*

Infos, Wichtige Adressen:
Røros ***Reiseliv,*** Tel. (+47) 72 41 00 00,
www.roros.no
Fremdenverkehrsamt der Region:
Hamarregionen Turistkontor,
Grønnegata 52, 2317 Hamar,
Tel. (+47) 40 03 60 36,
www.hamarregionen.no

Route: Femundsenden – Elgådalen – Valdalen – Sylen – Svukuriset – Røvollen – Ljøsnåvollen – Fjølburøsten – Marenvollen – Røros.

Karte Femundsmarka

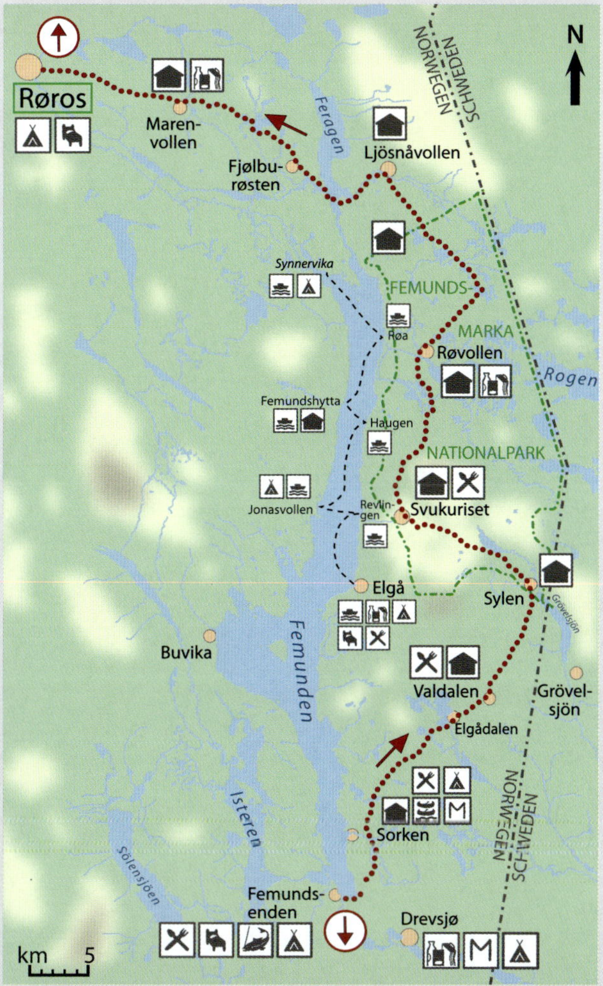

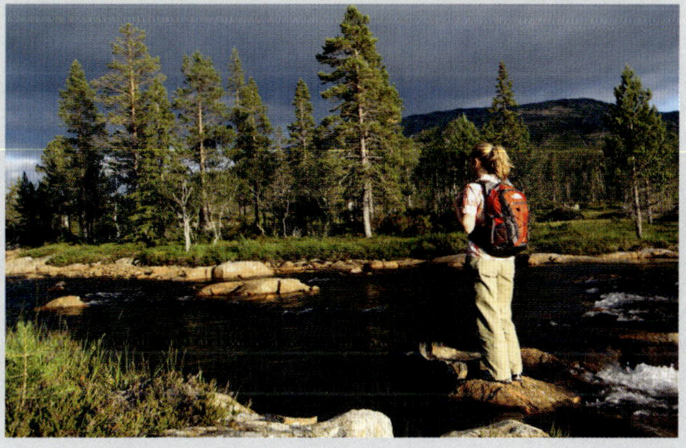

Die Femundsmarka ist von viel Wasser und Kiefernwäldern geprägt.

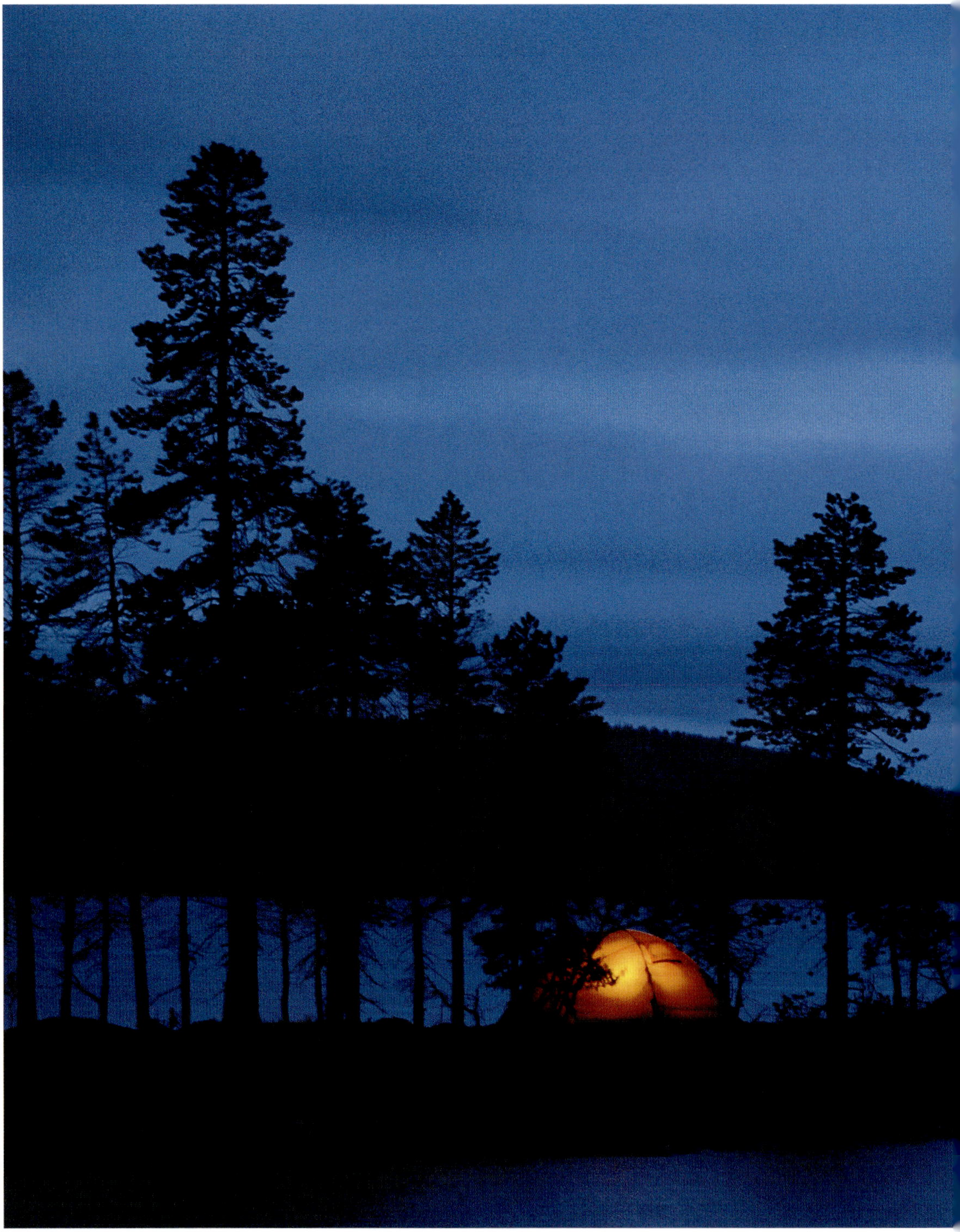

Friedliche Abendstimmung in der Femundsmarka.

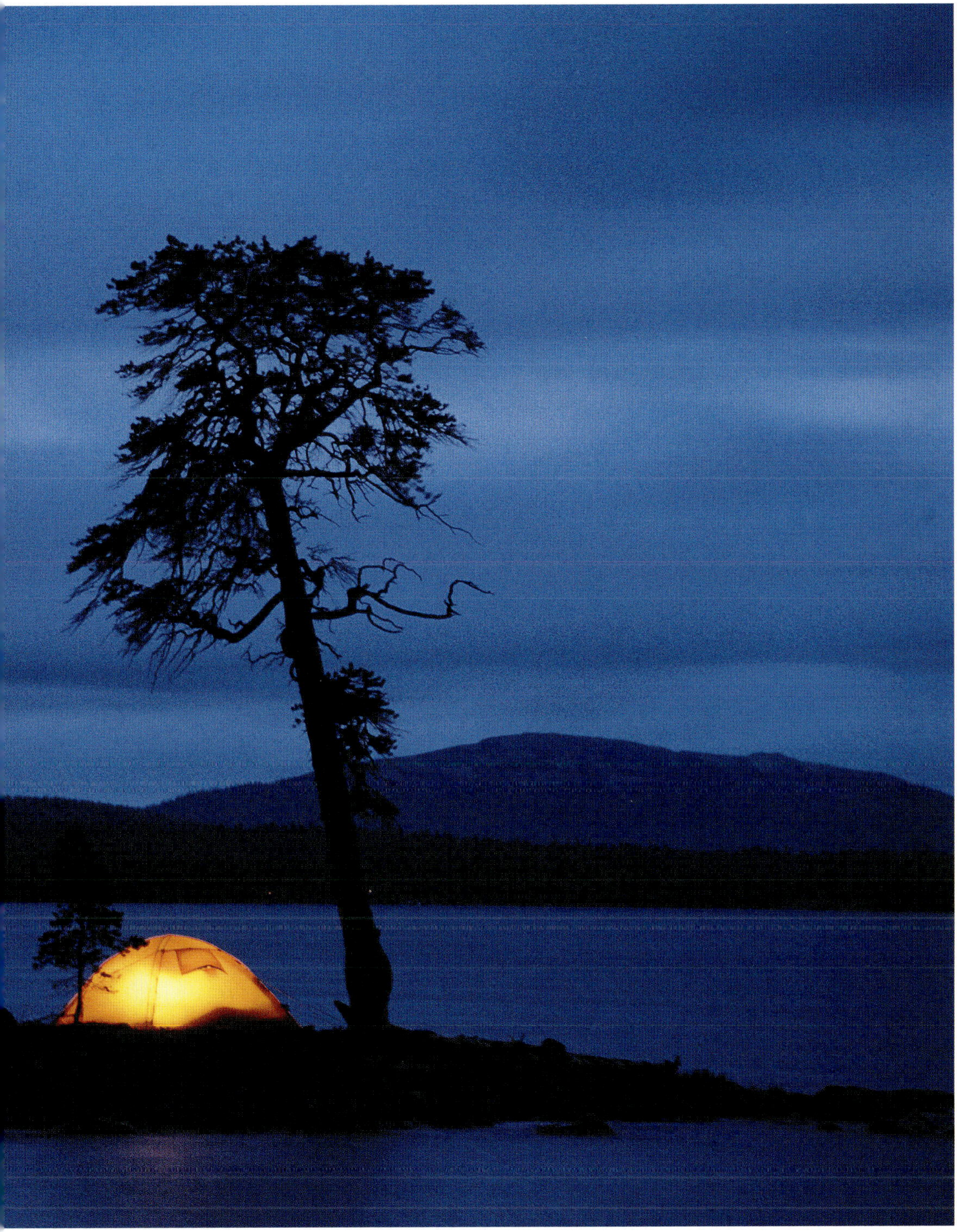

Sprachführer

Schwierigkeiten, sich in Norwegen zu verständigen, dürfte es kaum geben. Die Norweger sind äußerst sprachgewandt, sprechen oft sehr gutes Englisch und teilweise auch Deutsch. In den einsameren Regionen auf dem Land hilft es allerdings, wenn man die wichtigsten Begriffe der Sprache beherrscht. Dort sind Fremdsprachen weniger verbreitet. Mit etwas Phantasie und gutem Willen kann man Straßenschilder und Überschriften in den Zeitungen deuten, sich mit etwas mehr Sprachtalent auch schnell in grundlegenden Dingen verständigen. Dabei werden es Norddeutsche leichter haben als Süddeutsche, da das Norwegische dem norddeutschen Platt mitunter etwas ähnlich zu sein scheint.

In Norwegen gibt es zwei unterschiedliche Schriftsprachen: Nynorsk und Bokmål. Im Jahre 1995 wurden beide Sprachen als offizielle und gleichberechtigte Schriftsprachen anerkannt. Wirtschaft, Verwaltung, Literatur und Presse halten sich an die aus dem Dänischen hervorgegangene Bokmål, während sich die Landkultur an das Nynorsk hält. Ungefähr 16 % der Bevölkerung sprechen Nynorsk, der größte Teil, ca. 84%, Bokmål. Die Unterschiede zwischen beiden Sprachen sind nicht allzu gravierend, viele Wörter sind sich sehr ähnlich – Probleme dürften daraus nicht resultieren.

Norweger werden sich über jeden Versuch, auf Norwegisch mit ihnen zu kommunizieren, freuen. Meist beginnt man mit kurzen Wörtern wie ***takk*** (Danke), wenn man an der Kasse sein Rückgeld bekommt, oder ***hei*** (Hallo), wenn man einen Laden betritt. Da die Norweger wie selbstverständlich antworten, kommt es, dass man mit der Zeit immer mutiger wird. Der folgende Sprachführer soll beim Kennenlernen der norwegischen Kultur und des norwegischen Lebens eine kleine Hilfe sein. Die für mich wichtigsten Worte und Redewendungen sind aufgeführt und sollen das Reisen in Norwegen erleichtern. Wer tiefer in diese schöne Sprache einsteigen will, dem sei ein ausführlicher Sprachführer zu empfehlen.

Literatur-Tipp: ***Langenscheidt Norwegisch mit System*** *(Buch, Begleitheft, CDs), 2012*

Oh, dieses Norwegisch! sprachgeschichtlicher Hintergrund, Gebrauch des Norwegischen sowie amüsante Geschichten über Besonderheiten und Eigenarten dieser Sprache
Oh, diese Norweger! Aufschlussreiches über unsere norwegischen Nachbarn,
beide *Conrad Stein Verlag.*

Vorab aber noch ein kleiner Tipp beim Umgang mit dem Du oder dem Sie.

Im Norwegischen gibt es – wie im Deutschen auch – eine vertraute und eine höfliche Anredeform. Allerdings verwendet man in Norwegen fast ausnahmslos gegenüber bekannten und auch unbekannten Personen die vertraute Anrede du, im Plural ***deg***.

Es kann jedoch vorkommen, dass man von älteren Norwegern mit ***De***, (Plural Dem), angesprochen wird. Bei Personen, denen man außergewöhnliche Höflichkeit entgegenbringen will, kann man die höfliche Form wählen. Im folgenden Sprachführer wird die vertraute Anredeform verwendet.

Das Allerwichtigste

Hallo!	Hei!
Tschüss/ Auf Wiedersehen!	Ha det bra!
Bis morgen!	Vi sees!
Gute Reise!	God tur!
Guten Morgen!	God morgen!
Guten Tag!	God dag!
Guten Abend!	God aften!
Gute Nacht!	God natt!
..., bitte! (Bitte um etwas)	...vær så snill!

bitte (schön)	vær så god
Danke!	Takk!
Alles Gute!	Ha det godt!
ja/nein	ja/nei
Entschuldigung	unnskyld
schade	det var synd
Mein Name ist...	Mitt navn er...
Sprechen Sie Deutsch / Englisch?	Snakker du tysk / engelsk?
Bitte sprechen Sie etwas langsamer.	Snakk sakte, er du snill.
Ich spreche leider kein Norwegisch.	Jeg snakker dessverre ikke norsk.
Ich verstehe Sie nicht.	Jeg forstår deg ikke.
Wann?	Når?
Was?	Hva?
Wo?	Hvor?
Wie viel?	Hvor mye?
Warum?	Hvorfor?
Wo ist...?	Hvor er...?
Wo gibt es...?	Hvor finner jeg...?
dort	der borte
hier	her
rechts / links	høyre / venstre
geradeaus	rett fram
heute / morgen	i dag / i morgen

Unterkunft

Übernachtung	Overnatting
Hotel	hotell
Jugendherberge	vandrerhjem
Mehrbettzimmer	flermannsrom
Für mich ist bei Ihnen ein Zimmer reserviert.	Det er bestilt et rom til meg her.
Haben Sie ein Doppelzimmer / Einzelzimmer frei?	Har du et dobbeltrom / enkeltrom?
Wie viel kostet es?	Hvor mye koster det?
mit Bad	med bad
mit Frühstück	med frokost
Halbpension	halv-pension
Vollpension	full-pension
Hauptsaison	hovedsesong
Vor- / Nachsaison	lavsesong
Campingplatz	campingplass
Duschmünze	polett
Dürfen wir auf Ihrem Grundstück zelten?	Kan vi få lov til å sette opp teltetpå tomta di?
Vermieten Sie auch Hütten?	Leier du også ut hytter?
Wo können wir unser Zelt aufstellen?	Hvor kann vi sette opp teltet?

Essen & Trinken

Wo gibt es hier ...	Hvor finner jeg...
ein Café?	en kafé?
ein gutes / preiswertes Restaurant?	en god / rimelig restaurant?
ein typisch norwegisches Restaurant?	en typisk norsk restaurant?
Ist dieser Platz noch frei?	Er det ledig her?
Die Karte bitte.	Kan jeg få menyen, takk.
Ich möchte...	Jeg skal ha...
Haben Sie...?	Har du/De...?
Guten Appetit!	Vær så god, la det smake!
Zum Wohl!/Prost!	Skål!
Hat es Ihnen geschmeckt?	Smakte maten?
Danke, sehr gut.	Takk, meget bra.
Ich möchte zahlen.	Jeg vil gjerne betale.
Es stimmt so.	Det er i orden.
Vielen Dank.	Tusen takk.

Einkaufen

Bäckerei	bakeri
Buchhandlung	bokhandel
Fotogeschäft	fotoforretning
Kaufhaus	varehus
Lebensmittelgeschäft	dagligvarebutikk
Optiker	optiker
Sportgeschäft	sportsforretning
Supermarkt	supermarked

Wäscherei	vaskeri
Reisebüro	reisebyrå
Bank	bank
Postamt	postkontor
Briefkasten	postkasse
Telefonzelle	telefonboks
Haben Sie...?	Har du...?
Was kostet das	Hvor mye koster dette?
Bier	øl
Fisch	fissk
Fleisch	kjøtt
Gemüse	grønnsaker
Milch	melk
fettarme Milch	lettmelk
(fast) fettfreie Milch	skummet melk
Sauermilch	surmelk
entrahmte Dickmilch	skummet kultur
saure Sahne	rømme
süße Sahne	fløte
Käse	ost
Reis	ris
Brot	brød
Butter	smør
Zahnpasta	tannkrem
Hautcreme	hudkrem
Mückenöl	myggolje
Mückenspray	myggspray
Mückenstift	myggstift
Haarshampoo	sjampo
Sonnencreme	solkrem
Taschentücher	lommetørklær
Feuerzeug	lighter
Gaskartusche	gasspatron
Brennspiritus	spiritus
Streichhölzer	fyrstikker
Farbfilm (Papierbilder)	film for lysbilder
Diafilm	fargefilm
Briefmarke	frimerke
Ferngespräch	rikstelefonsamtale
Ich möchte Geld wechseln.	
	Jeg skulle gjerne ha vekslet noen penger.
Ich möchte gerne Geld abheben.	
	Jeg vil gjerne heve noen penger.
Geldschein / Münze	pengeseddel / mynt
Scheckkarte	kontobevis
Schalter	luke

Gesundheit

Hilfe!	Hjelp!
Arzt	lege
Augenarzt	øyelege
Frauenarzt	gynekolog
Hals-Nasen-Ohren-Arzt	øre-nese-hals-lege
Orthopäde	ortoped
Zahnarzt	tannlege
Rufen Sie schnell einen Arzt.	
	Få tak i en lege! Fort!
Wo ist die nächste Apotheke?	
	Hvor er nærmeste apotek?
Antibabypille	p-pille
Antibiotikum	antibiotikum
Desinfektionsmittel	desinfeksjonsmiddel
Fieberthermometer	(feber)termometer
Hustensaft	hostesaft
Jod	jod
Kondome	kondomer
Mullbinde	gasbind
Pflaster	plaster
Salbe	salve

Wetter

Wie wird das Wetter heute?	
	Hvordan blir været i dag?
bewölkt	overskyet
Frost	frost
Gewitter	tordenvær
heiß	meget varmt
kalt / kühl	kaldt / kjølig

Regen/Schnee	regn/snø
Sonne	sol
Sturm	storm
Wetterbericht	værmelding
Wind	vind

Zahlen

0	null	*20*	tjue
1	en	*21*	tjueen
2	to	*22*	tjueto
3	tre	*23*	tjuetre
4	fire	*24*	tjuefire
5	fem	*25*	tjuefem
6	seks	*26*	tjueseks
7	sju	*27*	tjuesju
8	åtte	*28*	tjueåtte
9	ni	*29*	tjueni
10	ti	*30*	tretti
11	elleve	*40*	førti
12	tolv	*50*	femti
13	tretten	*60*	seksti
14	fjorten	*70*	sytti
15	femten	*80*	åtti
16	seksten	*90*	nitti
17	sytten	*100*	hundre
18	åtten	*1.000*	tusen
19	nitten	*10.000*	Ti tusen

Tage & Uhrzeiten

Montag	mandag
Dienstag	tirsdag
Mittwoch	onsdag
Donnerstag	torsdag
Freitag	fredag
Samstag	lørdag
Sonntag	søndag
Feiertag	helligdag
Werktag	hverdag
Januar	januar
Februar	februar
März	mars
April	april
Mai	mai
Juni	juni
Juli	juli
August	august
September	september
Oktober	oktober
November	november
Dezember	desember
Frühling	vår
Sommer	sommer
Herbst	høst
Winter	vinter
Ostern	påske
Himmelfahrt	kristi himmelfart
Pfingsten	pinse
Weihnachten	jul
Sylvester	nyttårsaften
Wie spät ist es	Hva er klokka?
Es ist sieben Uhr.	Klokka er sju.
Es ist fünf Minuten nach sieben Uhr.	
	Klokka er fem fem over sju.
Es ist Viertel nach sieben Uhr.	
	Klokka er kvart over sju.
Es ist halb acht Uhr.	
	Klokka er halv åtte.
Es ist Viertel vor 8.	
	Klokka er kvart på 8.
Es ist fünf Minuten vor acht Uhr.	
	Klokka er fem på åtte.

Geographische Bezeichnungen

Bach	bekk/å
Fluss	elv
Wasserfall/Schnelle	foss
Meer	hav
See	innsjø / vann / sjø / vatn

Teich	tjørn
Sund / Meerenge	sund
Insel	øy
Landzunge	tangen
Bucht	vik / våg / bukt
Tal	dal
Talmulde	botn
Schlucht	juv / kløft
Brücke	bro
Hütte	bu
Schutzhütte	lægret
Wanderhütte	turisthytte
Berg	fjell / berg
Gebirgskamm	egg / rygg
Gebirge	fjell
Hügel / Grat	ås
Höhe / Gipfel	hø
Gipfel	nibba
Geröll	ur
Grenze	grense
Weg	turvei / vei
Pfad	sti
Wanderkarte	turkart

Unterwegs

Wie komme ich nach / zu ...?	Hvordan kommer jeg til ...?
Bahnhof	jernbanestasjon
Fahrplan	rute
Fahrkarte	billett
Wann fährt der nächste / letzte Zug nach ...?	Når går nes te / siste tog til ...?
Ich möchte mein Fahrrad mitnehmen.	Jeg vil gjerne ta med sykkelen min.
Gepäckwagen	bagasjevogn
Schlafwagen	sovevogn
Speisewagen	spisevogn
Bitte reservieren Sie einen Platz für...	Kan du reservere en på toget til ...
den Zug nach ...	med avgangn
um ... Uhr.	klokka ...
Schließfach	oppbevaringsboks
Bahnsteig	plattform
Gleis	spor
Abteil	kupé
Nichtraucher	ikke røykere
Raucher	røykere
Flughafen	flyplass
Flug	flytur
Rückflug	retur
Ticket	flybillett
Wann fliegt die nächste Maschine nach ...?	Når går neste fly til ...?
Abflug	avgang
Ankunft	ankomst
Verspätung	forsinkelse
Schalter	skranke
geschlossen	stengt
Öffnungszeiten	Åpningstider
Handgepäck	håndbagasje
Schiff	båt, skip
(Auto-) Fähre	(bil-) ferge
Hafen	havn
Überfahrt	ovefart
Außen- / Innenkabine	ytter- / innerlugar
Rettungsboot	livbåt
Schwimmweste	redningsvest
Wann fährt ein Schiff / die Fähre nach ... ab?	Når går båten/ferga til ...?
Wie lange dauert die Überfahrt nach ...?	Hvor lenge varer turen til ...?
Ich möchte ein Auto mitnehmen.	Jeg skal ha med (meg) bil.
Auto	bil
Was muss ich tanken?	Hva skal jeg fylle?
Wie weit ist die nächste Tankstelle?	Hvor langt er det til nærmeste bensinstasjon?
Fahrrad	sykkel
Maut	bompenger

Mautstraße	bomvei
Straßenarbeiten	område
Ich möchte ein Auto / Fahrrad mieten.	Jeg ønsker å leie en bil / en sykkel.
Wieviel kostet das?	Hvor mye koster det?
Abschleppseil	slepetau
Werkstatt	verksted
Ich habe eine Panne.	Jeg har hatt et uhell.
Vielen Dank für ihre Hilfe.	Tusen takk for hjelpen.
Können sie mir bitte bitte Fahrradflickzeug leihen?	Kunne jeg få låne lappesaker til sykkelen?
Busbahnhof	bussterminal
Welcher Bus fährt nach ...?	Hvilken buss går til ...?
Sagen Sie mir bitte, wann ich aus- / umsteigen muss.	Kan du si fra når jeg skal gå av?
Fahrkartenautomat	billettautomat
Haltestelle	holdeplass
Straßenbahn	trikk
U-Bahn	T-bane
umsteigen	bytte
werktags	hverdager/kvardager
werktags außer Samstags	hvd/kvd u. Lø/La
täglich außer Samstags	dgl. u. Lø/ La
Ich möchte nach ...	Jeg skal til ... .
Können Sie mich ein Stück mitnehmen?	Kan jeg få sitte på med deg (et stykke)?
Vielen Dank fürs Mitnehmen.	Takk for skyssen.

Über den Autor

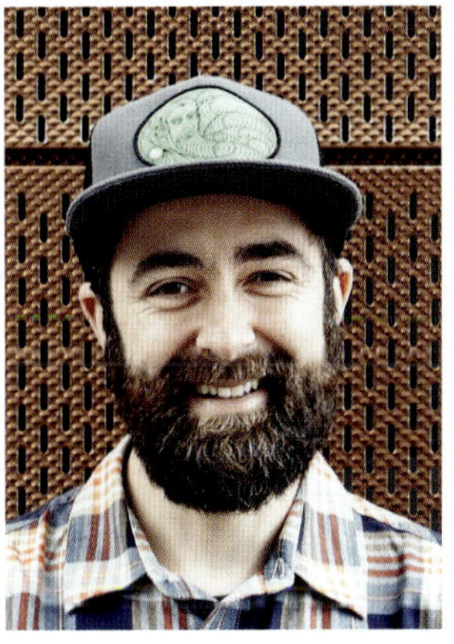

Lars Schneider (geb. 1975) lebt und arbeitet zusammen mit seiner Frau Katrin als Team freier Journalisten und Fotografen in Hamburg. Ihre Themenschwerpunkte sind Outdoor-Sportarten aller Art sowie Reise- und Landschaftsfotografie.
Dreieinhalb Jahre lang war Lars Redakteur der Zeitschrift „outdoor". Seine Reportagen und Bilder erscheinen heute in Magazinen wie outdoor, Alpin, NORR, Outdoor Guide, Kanumagazin, Geo Saison, ADAC Reisemagazin oder Runner's World, aber auch in Katalogen vieler Ausrüstungsfirmen sowie in Kalendern und Büchern.
Mehr über die Arbeit von Lars Schneider erfahren Sie im Internet unter: www.outdoor-visions.com.

Danke an...

Für ihre Hilfe bei der Entstehung dieses Führers möchte ich meinen Reisepartnern sehr für die Unterstützung danken: Allen voran Katrin Schneider, die mich auf fast allen Norwegenreisen begleitet hat und die meine Liebe für dieses großartige Land teilt sowie Wilfried Schneider, Jens Martin und Boris Gnielka (allesamt ebenfalls Norwegenfans).
Außerdem ein großes Dankeschön an Tonia Körner, Martin Hülle, Color Line und Innovation Norway sowie Helga Rahe von *Nach Norden*.

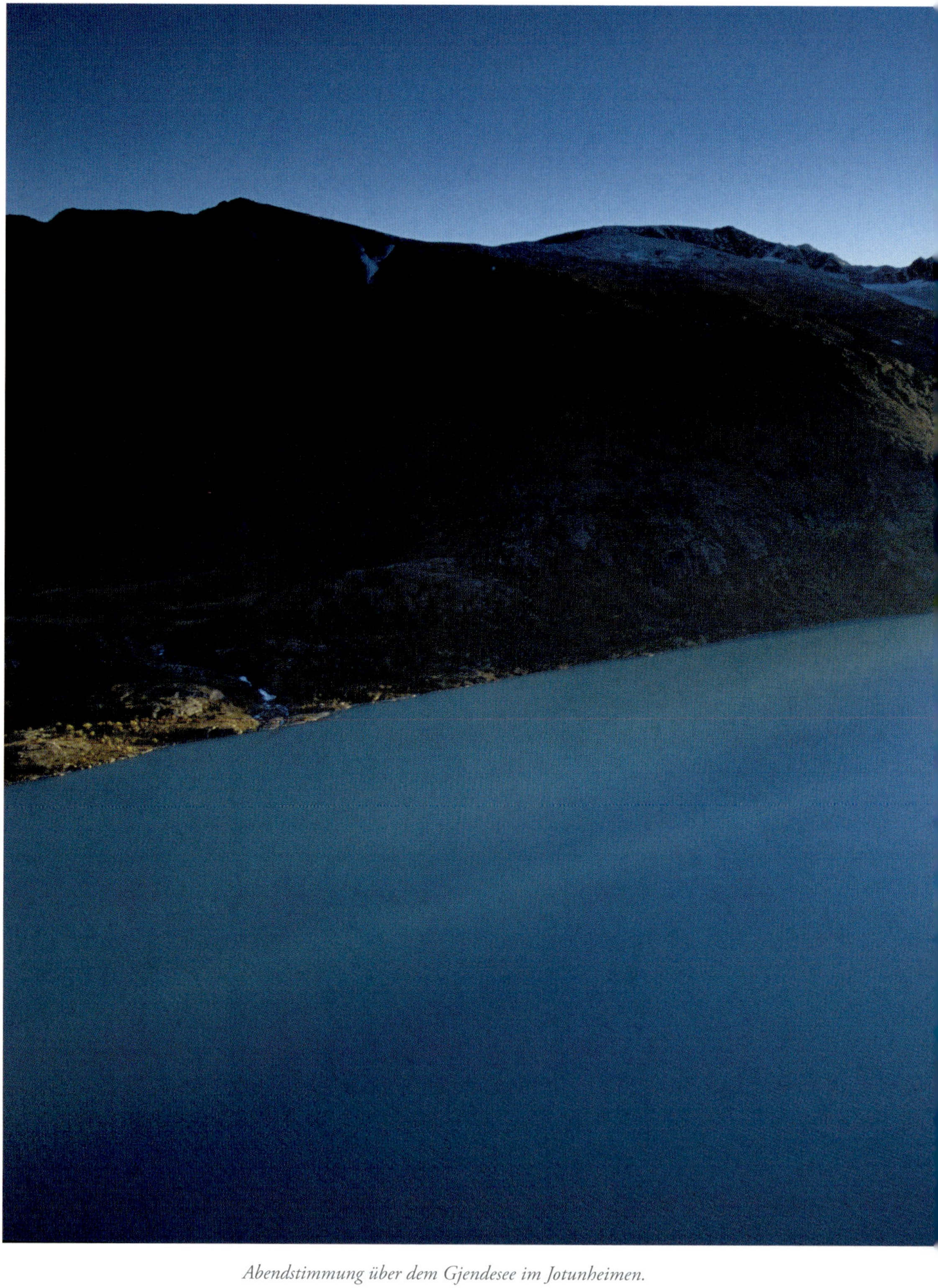

Abendstimmung über dem Gjendesee im Jotunheimen.

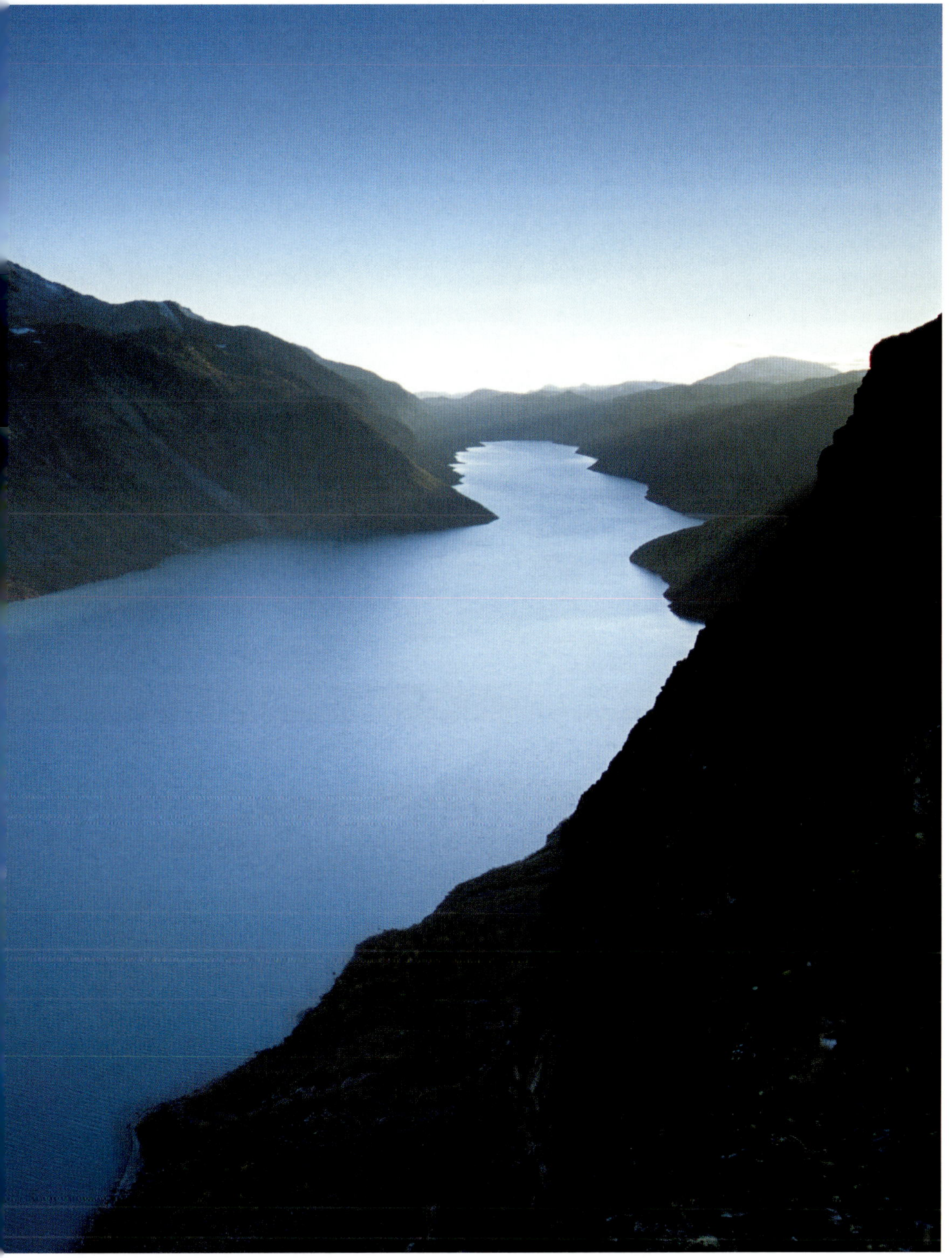

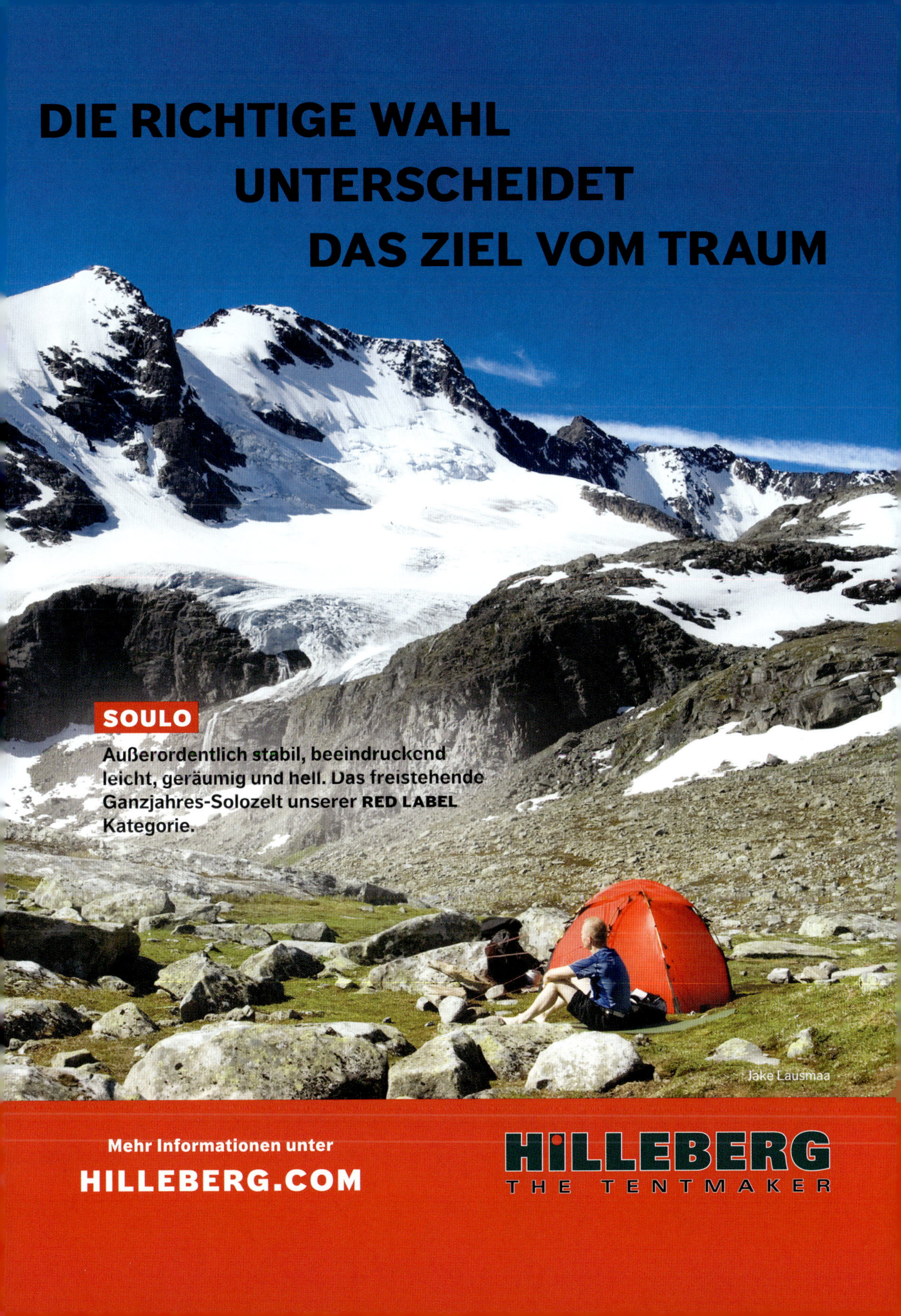
DIE RICHTIGE WAHL
UNTERSCHEIDET
DAS ZIEL VOM TRAUM
SOULO
Außerordentlich stabil, beeindruckend leicht, geräumig und hell. Das freistehende Ganzjahres-Solozelt unserer RED LABEL Kategorie.
Jake Lausmaa
Mehr Informationen unter
HILLEBERG.COM
HILLEBERG
THE TENTMAKER

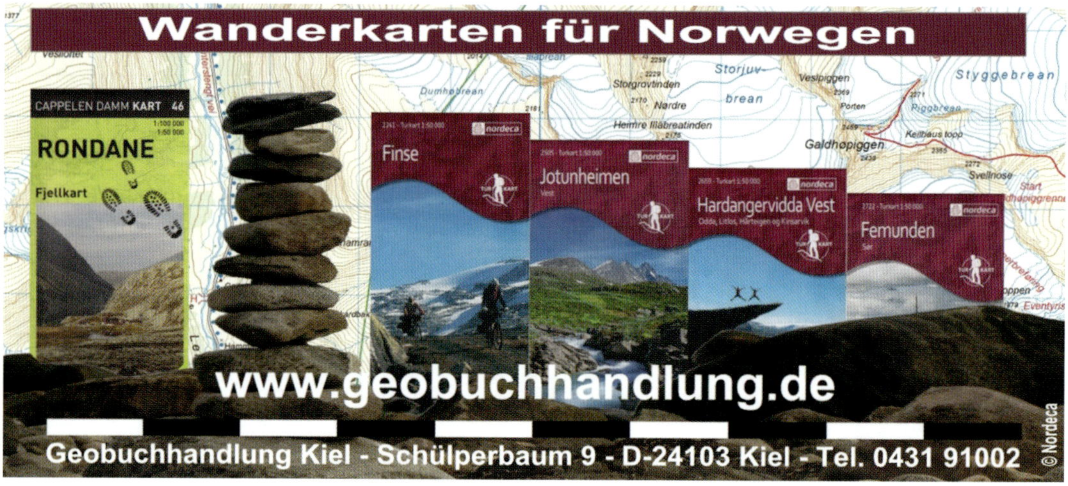
Wanderkarten für Norwegen
CAPPELEN DAMM KART 46
RONDANE
Fjellkart
Finse
Jotunheimen
Hardangervidda Vest
Femunden
www.geobuchhandlung.de
Geobuchhandlung Kiel - Schülperbaum 9 - D-24103 Kiel - Tel. 0431 91002
© Nordeca

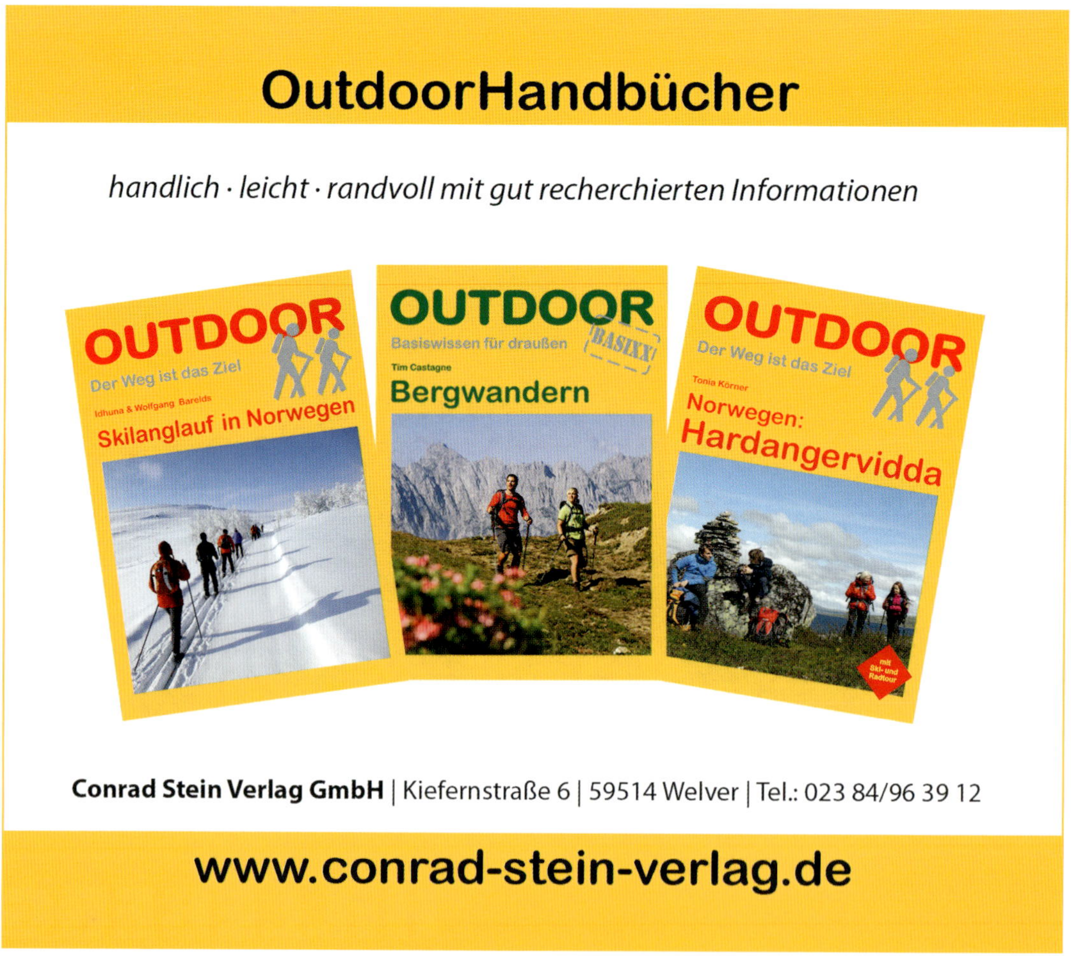
OutdoorHandbücher
handlich · leicht · randvoll mit gut recherchierten Informationen
OUTDOOR
Der Weg ist das Ziel
Idhuna & Wolfgang Barelds
Skilanglauf in Norwegen
OUTDOOR
Basiswissen für draußen
BASIXX
Tim Castagne
Bergwandern
OUTDOOR
Der Weg ist das Ziel
Tonia Körner
Norwegen: Hardangervidda
Conrad Stein Verlag GmbH | Kiefernstraße 6 | 59514 Welver | Tel.: 023 84/96 39 12
www.conrad-stein-verlag.de

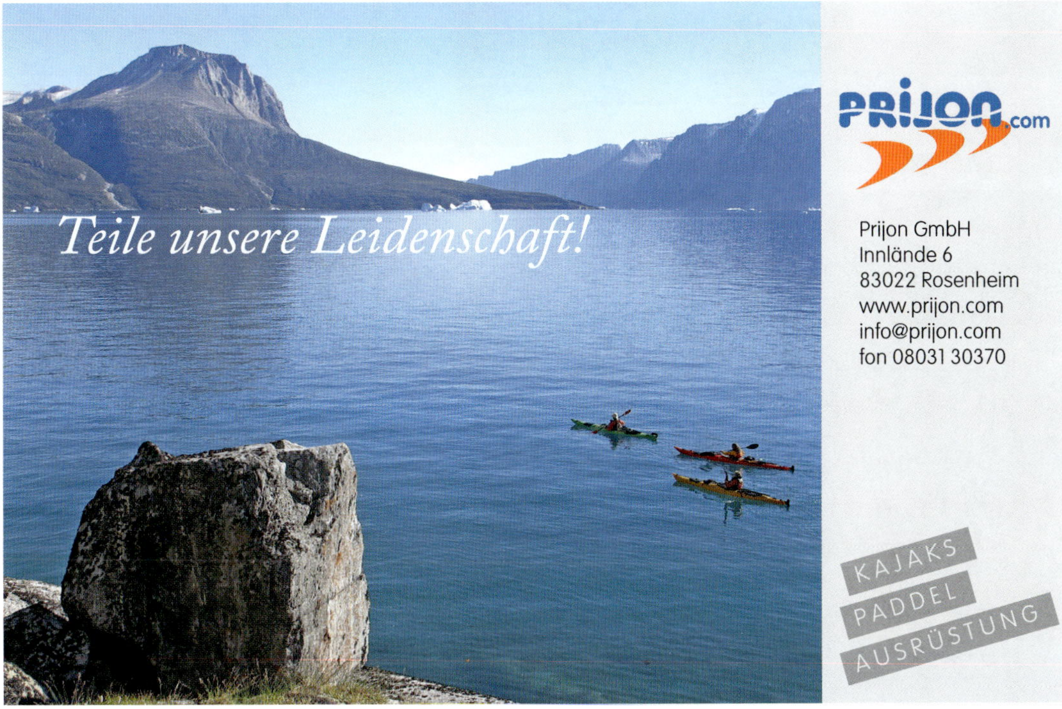
Teile unsere Leidenschaft!
PRIJON.com
Prijon GmbH
Innlände 6
83022 Rosenheim
www.prijon.com
info@prijon.com
fon 08031 30370
KAJAKS
PADDEL
AUSRÜSTUNG

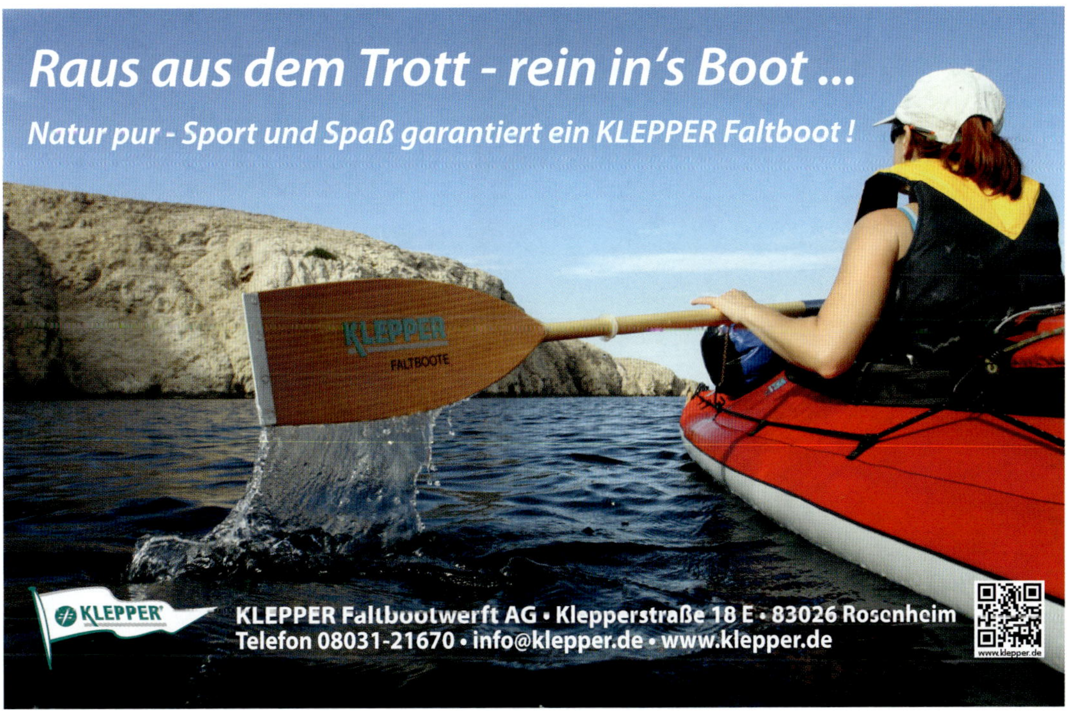
Raus aus dem Trott - rein in's Boot ...
Natur pur - Sport und Spaß garantiert ein KLEPPER Faltboot!
KLEPPER
FALTBOOTE
KLEPPER
KLEPPER Faltbootwerft AG • Klepperstraße 18 E • 83026 Rosenheim
Telefon 08031-21670 • info@klepper.de • www.klepper.de
www.klepper.de

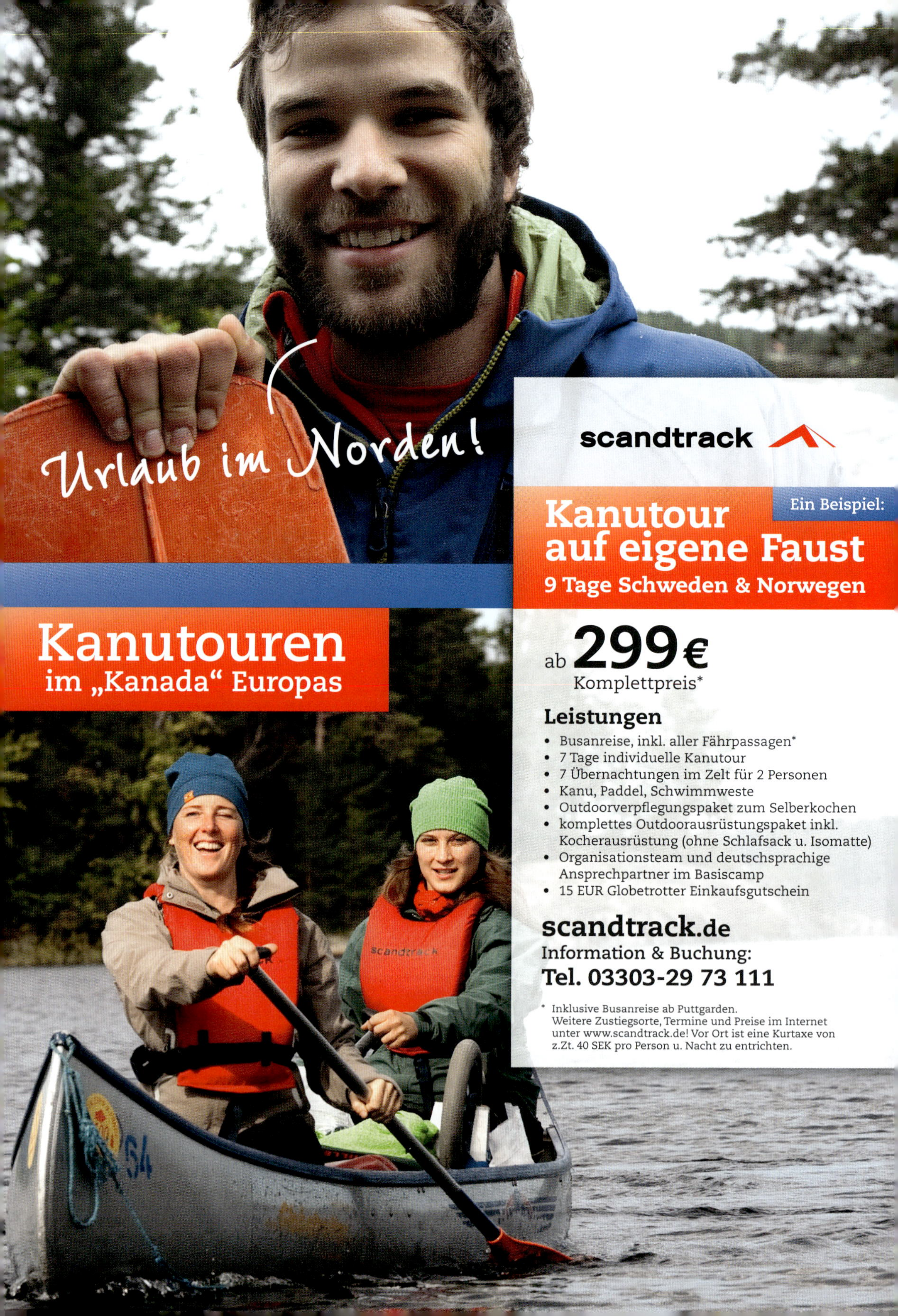
Urlaub im Norden!
scandtrack
Ein Beispiel:
Kanutour auf eigene Faust
9 Tage Schweden & Norwegen
Kanutouren
im „Kanada“ Europas
ab 299 €
Komplettpreis*
Leistungen
• Busanreise, inkl. aller Fährpassagen*
• 7 Tage individuelle Kanutour
• 7 Übernachtungen im Zelt für 2 Personen
• Kanu, Paddel, Schwimmweste
• Outdoorverpflegungspaket zum Selberkochen
• komplettes Outdoorausrüstungspaket inkl. Kocherausrüstung (ohne Schlafsack u. Isomatte)
• Organisationsteam und deutschsprachige Ansprechpartner im Basiscamp
• 15 EUR Globetrotter Einkaufsgutschein
scandtrack.de
Information & Buchung:
Tel. 03303-29 73 111
* Inklusive Busanreise ab Puttgarden. Weitere Zustiegsorte, Termine und Preise im Internet unter www.scandtrack.de! Vor Ort ist eine Kurtaxe von z.Zt. 40 SEK pro Person u. Nacht zu entrichten.
scandtrack

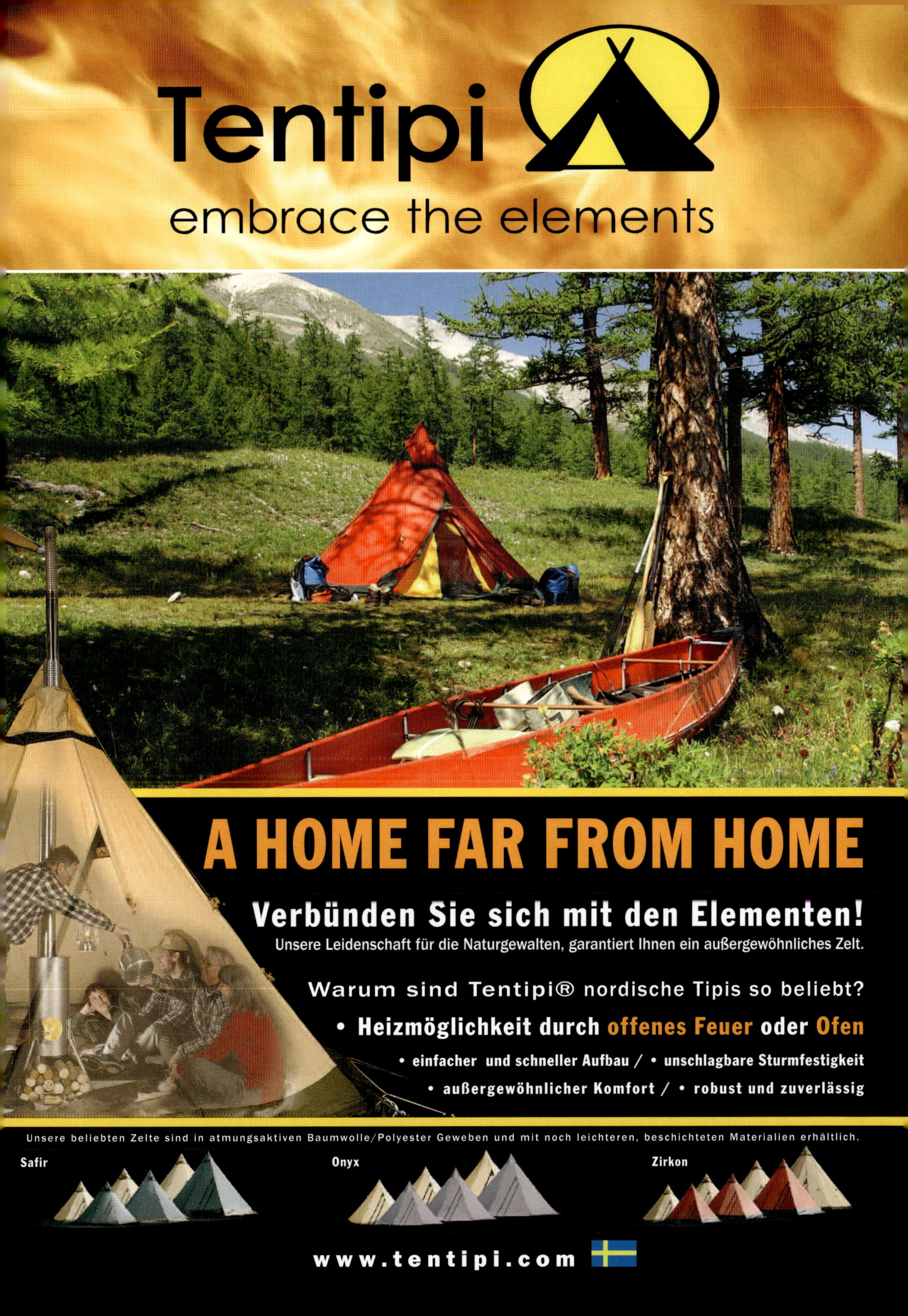
Tentipi
embrace the elements
A HOME FAR FROM HOME
Verbünden Sie sich mit den Elementen!
Unsere Leidenschaft für die Naturgewalten, garantiert Ihnen ein außergewöhnliches Zelt.
Warum sind Tentipi® nordische Tipis so beliebt?
• Heizmöglichkeit durch offenes Feuer oder Ofen
• einfacher und schneller Aufbau / • unschlagbare Sturmfestigkeit
• außergewöhnlicher Komfort / • robust und zuverlässig
Unsere beliebten Zelte sind in atmungsaktiven Baumwolle/Polyester Geweben und mit noch leichteren, beschichteten Materialien erhältlich.
Safir
Onyx
Zirkon
www.tentipi.com

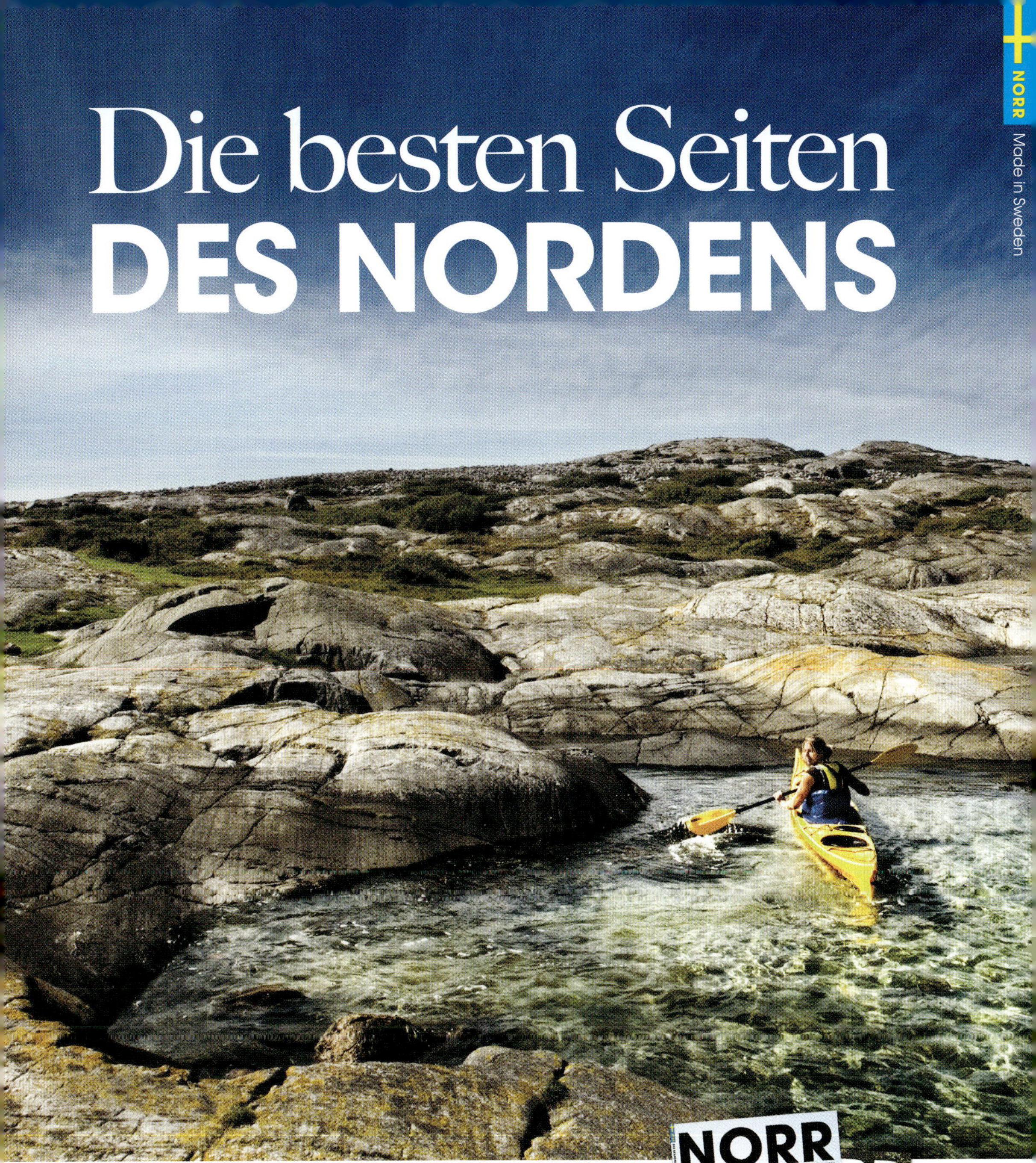

Die besten Seiten
DES NORDENS
NORR
Made in Sweden

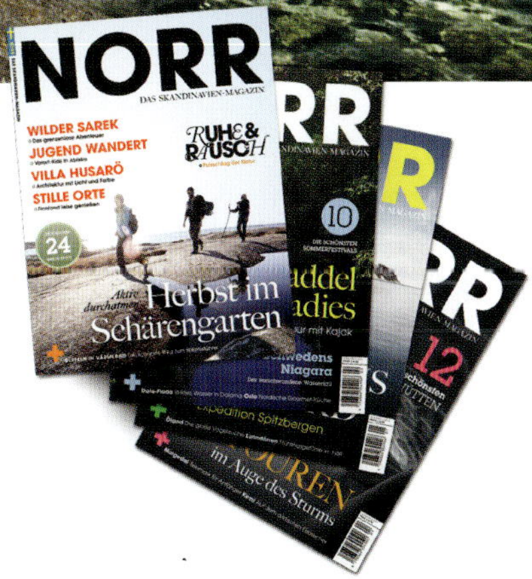

NORR
DAS SKANDINAVIEN-MAGAZIN
WILDER SAREK
JUGEND WANDERT
VILLA HUSARÖ
STILLE ORTE
Herbst im Schärengarten